Claude Dulong

Anne d'Autriche

Mère de Louis XIV

Hachette Littérature

Archiviste de formation, Claude Dulong a consacré l'essentiel de ses travaux au XVIIe siècle français, et notamment aux femmes. Deux de ses livres, dont *Anne d'Autriche*, ont été couronnés par le Grand Prix Gobert de l'Académie française.

Pour M.

I

MARIAGE D'UNE INFANTE

Oui, c'est elle, celle des *Trois Mousquetaires* et des deux cardinaux : Richelieu qui la persécuta, Mazarin qui l'aima; c'est elle qui a grisé le plus grisant de tous : Buckingham. C'est elle enfin, c'est elle, surtout, qui a donné le jour à Louis XIV, et Louis XIV, avec une autre mère, n'aurait peut-être pas régné.

Elle était belle. Pour une fois, les courtisans ont dit vrai. Il faut voir au Louvre le portrait que Rubens a fait d'elle. La luminosité solaire qui baigne la toile, c'est bien celle qui émanait d'Anne d'Autriche. Rien d'espagnol dans cette infante d'Espagne. Des yeux verts, une chair pulpeuse, un teint de lys et de rose, pour parler le langage du temps, et qui n'éblouissait pas moins que la blondeur des cheveux; le nez un peu irrégulier, peut-être, et un soupçon de lippe Habsbourg, mais juste ce qu'il en fallait pour sensualiser la bouche. Le corps n'était pas grand, mais sans défauts, et il le restera longtemps. Quant aux mains, leur finesse était si célèbre qu'on l'évoquera jusque dans les oraisons funèbres.

Doña Ana Maria Mauricia était née le 21 septembre 1601, à Valladolid, de Philippe III et Marguerite d'Autriche. Deux fois Habsbourg. Son arrière-grand-père : Charles-Quint. A dix ans, elle se trouve orpheline de mère avec ses six frères et sœurs. Elle est l'aînée. Plus guère de sourires dans son éducation espagnole, à base d'exercices de piété, que surveille doña Maddalena de Gusman, marquise del Valle, comtesse d'Altamira (Victor Hugo n'a rien inventé). Mais la famille est très unie. Ana voue à ses cadets une affection qui ne se démentira jamais.

Le mariage avec le roi de France, Louis XIII, est décidé en 1611. Ils ont dix ans l'un et l'autre. Il faudrait dire *les* mariages : madame Elisabeth, sœur de Louis, est donnée au frère d'Ana, le prince des Asturies, futur Philippe IV d'Espagne – des enfants, eux aussi. Mariages politiques, assortis d'une alliance défensive. Ils ont été voulus par Marie de Médicis, mère de Louis XIII et régente de France, ou plus exactement par le nonce et l'ambassadeur d'Espagne qui influencent sans difficultés le petit cerveau de la « grosse banquière », veuve d'Henri IV. C'est une ultramontaine qui se fera toujours la championne du parti catholique. Sait-on, imagine-t-on que le nonce est admis par elle au conseil ? Il doit se retourner dans sa tombe, le roi Henri (« Paris vaut bien une messe... ») ! Pour le mariage espagnol, il est vrai qu'il l'avait envisagé ; mais, au moment de son assassinat, un an plus tôt, il n'y songeait plus ; bien au contraire, il projetait d'en finir avec la prépondérance de l'Espagne. Mieux vaudrait dire de la maison d'Autriche.

La maison d'Autriche règne à Madrid comme à Vienne. Que l'empire de Charles-Quint, sur lequel le soleil ne se couchait pas, ait été partagé entre ses descendants, c'est tant mieux pour l'Europe. Mais la France a de bonnes raisons de rester inquiète : ses frontières, du nord au sud, de la Méditerranée à l'Atlantique, sont presque entièrement bordées par les territoires des deux monarchies Habsbourg. Le roi d'Espagne, qui porte encore les titres de roi de Jérusalem, du Portugal, des Indes orientales et occidentales, règne aussi sur les Deux-Siciles ; il contrôle le duché de Milan, les présides de Toscane, la Franche-Comté et les Pays-Bas (notre actuelle Belgique). Et les trente-cinq années de guerre religieuse que la France vient de subir ont permis à la très catholique Espagne d'y multiplier les ingérences sous couleur d'aider la vraie religion. Mettre fin à ces empiètements, restaurer l'indépendance nationale sont des impératifs. Anne d'Autriche sera victime de cette politique, que son mari reprendra à son compte, après Henri IV.

Nous n'en sommes pas là. En 1612, des fêtes de trois jours, qui resteront dans la mémoire des Parisiens, marquent les doubles fiançailles. En France comme en Espagne, le bon peuple, toujours crédule, veut y voir un gage de paix, non seulement entre les deux couronnes, mais pour l'univers. Il ignore les âpres discussions auxquelles donne lieu la dot de la sérénissime infante. C'est que les deux parties sont pleines d'arrière-pensées. Outre-Pyrénées, la loi salique n'existe pas; en cas de mort de ses frères, Ana, leur aînée, pourrait faire valoir ses droits à la couronne d'Espagne... Philippe III paiera la renonciation de sa fille au prix fort : une dot de 500 000 écus d'or; Louis XIII est prié de l'« assigner sur rentes sûres et cautionnées ». Il s'engage, de son côté, à verser à sa future épouse un douaire de 21 000 écus d'or par an, et, pour ses « frais de chambre et entretenement de son état et maison, les moyens convenables à femme et fille de si grands et puissants rois ». On a tout prévu; en cas de dissolution du mariage, doña Ana pourra se retirer où elle voudra, avec ses biens, dot, douaire, joyaux, vêtements, vaisselle d'argent « et tous autres meubles, officiers et serviteurs de sa maison ». Leurs Majestés Très Chrétiennes en donnent acte par écrit.

Ana a montré de la joie et de la fierté à l'idée de devenir reine de France. Ayant craint un moment qu'on ne mît en avant sa sœur cadette, à cause de la difficulté ci-dessus, elle avait déclaré qu'en ce cas elle choisirait le couvent plutôt que de consentir à une moins glorieuse alliance. Maintenant, on lui donne du majesté à la cour de son père et on la sert à genoux. Pour comprendre ce qu'elle souffrira, plus tard, à se voir humiliée par la France, il faut toujours garder en mémoire l'orgueil de la monarchie espagnole. C'était le sien.

Trois ans plus tard, le 18 octobre 1615, le mariage est célébré par procuration dans la cathédrale de Burgos, le duc de Lerme, premier ministre d'Espagne, représentant Louis XIII. Anne d'Autriche a maintenant quatorze ans. La petite vérole, qu'elle a contractée en 1613, a fait craindre pour sa beauté; mais non, il n'en est resté aucune trace. Les poètes espagnols se désolent de perdre cette petite merveille et les français vantent les félicités qui l'attendent auprès de son jeune et royal époux, qu'ils comparent tout bonnement à un demi-dieu.

Mais il faut d'abord que la reine infante, comme on disait, parvienne jusqu'à lui. Ce ne fut pas une petite affaire. De Burgos à la frontière, quatre cents kilomètres par des chemins que détrempaient les pluies d'automne, où s'embourbaient les carrosses, chariots et mulets transportant la suite et les bagages. Ana emportait en France un assortiment complet de jupes, bonnets, chapeaux, manteaux et mantelets, justaucorps, vertugadins, basquines, chemises de jour et de nuit, « robes de lever », cols et manchettes de broderie ou de dentelle. Le trousseau comportait soixante draps et cinquante taies d'oreillers, cent serviettes, six douzaines de linges fins pour se laver les pieds, deux douzaines pour se laver les dents (brosse inconnue), six douzaines aussi de mouchoirs, de la plus fine toile de Hollande, et des pièces de drap, de taffetas, de velours, et trois cent soixante rubans! Il y avait encore les objets de culte et ornements d'autel, prie-dieu compris; les accessoires de toilette : braseros pour le chauffage et l'eau chaude, cruches, cassolettes, flacons, brûle-parfums, boîtes à savon et même un porte-cure-dents, le tout, bien sûr, en argent ou en argent doré aux armes. En filigrane d'argent, les grandes corbeilles longues pour présenter les vêtements, les corbeilles rondes pour présenter les fraises. N'oublions pas le petit plateau pour présenter les épingles à cheveux et les cuillères pour présenter les purges. Je ne parle pas des objets familiers : écritoires, chapelets, coffrets d'argent, d'écaille ou de bois des Indes.

Philippe III avait tenu à accompagner sa fille jusqu'à Fontarabie; elle pleura en le quittant. Elisabeth, sœur de Louis XIII, pleura aussi en quittant sa famille. Don Inigo de Cardenas, l'ambassadeur espagnol, la rappela impatiemment à l'ordre : « Allons, allons, princesse d'Espagne! »

Arrêtons-nous un instant. La cruauté de ces mariages princiers d'Ancien Régime, on ne peut plus se la représenter, aujourd'hui que les princes épousent des bergères, je veux dire des mannequins, les princesses, de simples lieutenants ou des photographes; aujourd'hui que l'avion met les capitales de l'Europe à quelques demi-heures les unes des autres. Mais, pour Anne comme pour Elisabeth, c'est d'un exil qu'il s'agissait. Deux petites filles qu'on arrachait à leur famille, à leurs habitudes, à leur terre natale, sans espoir de retour et pour les livrer à des inconnus. L'amour? En parler seulement eût semblé une incongruité :

Le trône met une âme au-dessus des tendresses

Corneille n'a pas encore écrit cela, mais le précepte fait loi, bien que toujours contredit par les faits.

On échangea les princesses dans une île de la Bidassoa, selon un protocole minutieusement discuté. Ana était arrivée dans une litière brodée et frangée d'or, entourée de la garde personnelle de son père. Pour descendre jusqu'à la rivière, les deux cortèges rivalisèrent de lenteur, crainte de paraître se céder mutuellement le pas. Les embarcations aussi avaient donné lieu à contestation, les Espagnols ayant orné la leur d'un globe, qui parut aux Français l'insupportable symbole de leurs prétentions à l'hégémonie.

Une fois à Bayonne, Ana se vit remettre une lettre de son mari : simple compliment de bienvenue. Elle y répondit, ou plutôt on l'y fit répondre, sur le même ton protocolaire. C'est à Bordeaux que la rencontre est prévue. Mais, seul rayon de romanesque dans ce marché, le jeune roi est impatient de connaître la petite épouse qu'on lui destine. Il monte en carrosse, réussit à l'entrevoir à Castres où elle fait halte, la suit, la rattrape. Les deux carrosses sont côte à côte; Louis se penche à la portière et, se désignant du doigt, crie à la jeune fille : « *Io son incognito! Io son incognito!* » Puis au cocher : « Touche, cocher, touche! » Et, ravi de son escapade, il rentre au galop à Bordeaux pour y accueillir, solennellement cette fois, son épouse.

Autre trait enfantin et charmant, le 22 novembre. Louis assiste à la toilette de la jeune fille. Elle a besoin d'une plume incarnate; il lui présente son chapeau qui en est orné, puis lui dit : « Il faut que vous me donniez aussi un de vos nœuds. » Et il arbore le nœud. La cour se réjouit de ces heureux débuts.

Le mariage est célébré le 25 octobre à la cathédrale Saint-André. Anne ruisselle de sueur sous le manteau royal de velours violet, doublé d'hermine, parsemé de fleurs de lys d'or, et qui mesure sept aunes de long; la couronne fermée est si lourde qu'elle menace de tomber et dérange l'ordonnance de sa coiffure. Louis est en satin blanc brodé d'or, son long visage encore joufflu, pas trop ingrat, émergeant d'une fraise. Le demi-dieu est bègue, mais sans difformités; malgré ses épaules étroites, que la chasse et la vie au grand air ne réussiront pas à développer, on le juge bien bâti. En fait, il n'a de beau que les cheveux, bruns, ondulés, qu'il ne prendra jamais la peine de faire couper, lançant ainsi une mode qui fera la fortune des perruquiers : il faut bien que les chauves puissent copier le roi.

La cérémonie a duré une heure et demie. Louis

reconduit la petite reine à son appartement, puis regagne le sien. Fatigué – il est de santé fragile – il se met au lit et y soupe. (Au XVIIe siècle, le souper, c'est notre dîner, le dîner, notre déjeuner, et le déjeuner, le premier repas du matin.) Mais il n'est pas question de repos ce soir-là. A huit heures, apparition de Marie de Médicis : « Mon fils, ce n'est pas tout que d'être marié, il faut que vous veniez voir la reine votre femme. – Madame, répond l'adolescent, je n'attendais que votre commandement. » Et il ajoute : « Je m'en vas, s'il vous plaît, la trouver avec vous. » Il a peur. Depuis six heures du soir, des courtisans, autour de son lit, lui font des « contes gras » pour le mettre en condition.

On revêt le jeune époux de sa robe de chambre, on lui met aux pieds des bottines fourrées : il fait froid dans les salles humides du palais de l'archevêché où l'on est logé. Un petit cortège emboîte le pas au roi : son gouverneur, M. de Souvré, sa nourrice et celle d'Anne, le marquis de Rambouillet, grand-maître de la garde-robe, M. de Beringhen, premier valet de chambre, qui porte le bougeoir. « Ma fille, dit Marie de Médicis à Anne, voici votre mari que je vous amène; recevez-le auprès de vous et l'aimez bien, je vous prie. » Anne répond en espagnol qu'elle n'a d'autre intention que d'obéir et de complaire au roi et à la reine mère. Elle se met au lit, du côté de la ruelle, où s'est postée Marie de Médicis; Louis prend place auprès d'elle. La reine mère, se penchant, dit alors aux deux adolescents quelque chose qu'on n'entend pas, puis, quittant la ruelle, lance : « Allons, sortons tous d'ici! » Tous, sauf les nourrices, qui ont reçu instruction de laisser les époux ensemble une heure et demie ou deux.

A dix heures et quart, Louis retourne à sa chambre et Anne va se coucher dans le petit lit apporté d'Espagne. Le roi dit à son médecin Héroard qu'il a un peu dormi chez sa femme et « fait deux fois » avec elle. Héroard note dans son journal : « Il y paraissait, le guillery rouge. » Inutile de préciser quel organe désignait le guillery. Les nourrices diront que le mariage a bien été consommé. Et pourtant, après ce premier contact, il s'écoulera quatre ans avant que les deux époux repartagent une même couche, vingt-deux ans avant qu'ils procréent !

Qu'un adolescent, pudique et timide comme ils le sont généralement, comme l'était en tout cas celui-là, ait été choqué par l'obligation précoce et publique de prouver sa virilité, ce ne serait pas la première fois dans l'histoire. Mais pendant quatre ans, je le répète, Louis XIII, malgré tous les encouragements qu'on lui prodigue, ne fera plus l'amour avec sa femme, ni avec une autre. Quoi qu'ait pu éprouver Anne, ce n'est pas elle qui a interdit sa porte ; elle n'en avait pas le droit, elle le savait ; au reste on y veillait. Alors ? La déception ou le dégoût du roi ont-ils été si grands ? Et le mariage, ce premier soir, a-t-il été réellement consommé ? Un fiasco humiliant ne s'est-il pas ajouté à la pudeur blessée ? La constatation d'Héroard n'est pas une preuve, ni les dires des nourrices, qui n'ont rien vu, puisque les rideaux du lit étaient fermés.

La responsabilité de Marie de Médicis est grande. Pourquoi avoir précipité l'accouplement de ces adolescents inexpérimentés ? S'il est vrai qu'on mariait les princes à quatorze ans, ou plus tôt, on ne les obligeait pas à consommer tout de suite leur mariage : on laissait à leurs désirs le temps de s'éveiller et l'on chargeait quelque femme de chambre de leur initiation. Instruite par l'expérience, c'est ainsi, disent certains, qu'agira plus tard Anne d'Autriche pour son fils Louis XIV.

Quelques historiens ont supposé que Marie de Médicis avait seulement demandé au jeune, au trop jeune couple, de se prêter à un simulacre. Tout s'inscrit en faux contre cette hypothèse : les aveux que fera plus tard Louis XIII lui-même et la constatation d'Héroard, témoin scrupuleux et digne de foi. Il y a bien eu une tentative. Ce qui est vrai, c'est que la reine mère a voulu faire croire que cette tentative avait abouti. Politique, là encore. La non-consommation était une cause d'annulation. Or, il fallait que le mariage fût inattaquable, parce qu'il avait été attaqué. L'alliance espagnole ne plaisait pas à tout le monde. C'est sous considérable escorte militaire que la cour s'était rendue à Bordeaux pour la cérémonie et en était revenue : on craignait que les protestants ne s'en prissent au cortège. Leur chef, Condé, premier prince du sang, avait tout fait pour retarder les noces. Mais tous les princes étaient à craindre dans un royaume qui n'avait plus l'autorité d'Henri IV, pas encore celle de Richelieu.

En revanche, on avait Concini... pardon! le maréchal marquis d'Ancre, puisque cet aventurier italien était parvenu, par la seule faveur de sa compatriote Marie de Médicis, à ces titres et charges dont il était parfaitement indigne.

On a tout dit sur les Concini. On en a même trop dit. La femme du maréchal, Leonora Dori Galigaï, fut réputée sorcière. Ce n'était qu'une hystérique. Ses portraits nous la peignent maigre, noire, les joues creuses, avec des yeux brûlants et un long nez pincé qui lui mangent le visage. Étrange créature, qui vivait dans la peur du diable et du mauvais sort, craignait d'être ensorcelée par un simple regard et se voilait de noir pour échapper à ce péril. Anne connut-elle son appartement du Louvre, juste au-dessus de celui de la reine mère? Leonora y vivait en recluse au milieu de ses tapisseries, fourrures, cabinets de bois des Indes et vaisselle d'or. Médecins et charlatans de tout poil, portugais, espagnols, juifs et arabes, se succédaient auprès du lit à colonnes, garni de broderies au petit point de soie et d'or; faute de pouvoir guérir la malade, ils lui chantaient, le soir, des mélopées en s'accompagnant au guitaron. Leonora avait aussi tâté des exorcismes. Entre ses crises, elle trouvait assez de forces pour faire et défaire des ministres et empocher des pots-de-vin. Madrid exploitait et récompensait ses sentiments hispanophiles; elle intercéda plusieurs fois pour faire aboutir les multiples demandes formulées par le duc de Monteleone, ambassadeur d'Espagne, en faveur de la jeune reine.

On a voulu attribuer à la magie l'empire que Leonora exerçait sur Marie de Médicis. C'était sa sœur de lait; elle avait été élevée auprès d'elle à Florence, au palais Pitti, résidence des grands ducs de Toscane; elle lui servait de confidente beaucoup plus que de dame d'atour, son titre officiel. D'où leur attachement réciproque; d'où le mariage avec Concini, qui ne l'aimait pas, mais cherchait les moyens de parvenir. Quand on lui demanda, à son procès, de quel « charme » elle s'était servie pour capter l'esprit de la reine mère : « Point d'autre, aurait-elle répondu, que l'ascendant qu'un esprit supérieur a toujours sur un esprit faible. » Le mot, qui a beaucoup servi, est faux, comme presque tous les mots historiques, mais il traduit assez bien la réalité. En privé, Leonora disait qu'il n'était pas besoin d'être « sorcière » pour influencer Marie de Médicis.

Concini était habile, mais il n'avait pas l'intelligence de sa femme ni son doigté. Un parvenu, avec tous les défauts de l'espèce, et dont l'insolence n'épargnait même pas le jeune roi. Il passait dans la grande galerie du Louvre, entouré de quarante-cinq gardes du corps, sans le saluer; jouant au billard, il se couvrait devant lui; sortant de la chambre de Marie de Médicis, il affectait de renouer son aiguillette pour faire croire que... Louis XIII se voyait-il refuser de l'argent par sa mère, Concini s'offrait à le recommander aux trésoriers de l'Épargne ou à lui en prêter. Et cet argent qu'il proposait, c'était, bien sûr, celui de la France, patiemment amassé par Sully. Neuf millions de livres en domaines, charges, créances, pierreries et liquidités prudemment placées à l'étranger! Mais cela ne lui suffisait pas : il voulait la connétablie, la plus haute charge du royaume et qui le rendrait maître des armées.

En février 1617, on est au bord de la guerre civile. Les princes désertent la cour, lèvent des troupes, en appellent aux Français contre « l'usurpateur ». Concini riposte en faisant dresser plus de cinquante potences dans Paris, en recrutant six mille reîtres, en fortifiant ses places de Picardie et de Normandie. Il est maître de la vallée de la Seine et du ravitaillement de Paris. La reine mère lance trois armées contre celles des princes rebelles. L'œuvre de pacification et de redressement accomplie par Henri IV est anéantie. On n'ose même plus faire voyager le produit des impôts et le Trésor est à sec.

Louis XIII, d'humiliation, a perdu le sommeil. Mais que faire ? Il est espionné, il n'a ni pouvoir ni argent. En revanche, il a un ami, Charles d'Albert de Luynes. Celui-ci lui amène quelques hommes sûrs : son frère, Honoré d'Albert, son cousin, le baron de Modène (dont le fils sera l'amant de la Béjart et le protecteur de Molière) ; s'y joignent Louis Tronson et Guichard Déagent, hommes de bureau et têtes politiques. Mais ce ne sont pas des gens en vue, aussi les conciliabules n'éveillent-ils pas les soupçons. Cependant, toutes les combinaisons que ce *shadow cabinet* tente de mettre sur pied pour écarter Concini échouent. Il ne reste plus qu'à l'éliminer. Un des collègues de Luynes à la fauconnerie royale, Alexandre du Buisson, « chef du vol pour émerillon », prend contact avec Nicolas de l'Hôpital, baron de Vitry, capitaine des gardes du corps, qui accepte de se charger de l'arrestation. En principe, il ne s'agit que d'une arrestation. Mais, le jour où l'on met au point les derniers détails, Vitry demande : « S'il se défend ?... – Le roi entend qu'on le tue », répond vivement Déagent. « Sire, j'exécuterai vos commandements », dit Vitry à Louis XIII qui n'a pas ouvert la bouche.

Après l'assassinat de Concini, l'arrestation de Leonora, Marie de Médicis est « autorisée » à se retirer à Blois avec ses créatures. Un jeune secrétaire d'État en est : Richelieu, évêque de Luçon. Il doit tout en effet à la reine mère. A Concini aussi, auquel il écrivait :

« Je ne prétends pas pouvoir jamais me décharger des obligations que vous avez sur moi, mais bien de vous faire paraître par la suite de mes actions que j'aurai perpétuellement devant les yeux les diverses faveurs que j'ai reçues de vous et de madame la maréchale...

« Votre très humble et très obéissant serviteur... »

Ce n'est pas toujours très joli, les débuts d'un grand homme, mais comment parvenir à une époque où l'École nationale d'administration n'est pas inventée ?

Dès la mort de Concini, Louis XIII est venu dire à sa femme : « Maintenant je suis le roi et vous, la reine. » Mais aucune effusion n'a suivi cette déclaration. Quand Marie de Médicis, en sanglotant, quitte le Louvre, Louis se rend encore chez sa femme pour regarder avec elle, de son balcon, le départ de cette mère qui a vainement essayé de lui arracher un geste de tendresse. Puis il dit : « Allons-nous-en au bois de Vincennes. » Et il monte en carrosse à son tour. Anne le rejoindra le lendemain avec la cour.

Que pensait-elle, la petite reine ? Il fallait des événements de cette sorte pour que son mari la mêlât à sa vie. Il venait la voir deux fois par jour, en cérémonie, et ne lui parlait d'aucune affaire. D'ailleurs, se plaignait Monteleone, elle ne s'intéressait pas à la politique. Tout de même, elle devait bien savoir que Concini n'avait pas été tué par accident, que son corps avait été déterré, souillé, dépecé, brûlé par la populace. Le 8 juillet, elle saura bien que Leonora, condamnée par le Parlement, est décapitée. Qui laissait faire tout cela, sinon son mari de dix-sept ans ?

Elle avait heureusement autour d'elle sa nombreuse maison espagnole, venue avec elle de Madrid et dirigée par la comtesse de la Torre : confesseurs, aumônier, chapelain, médecins, six dames et demoiselles d'honneur, douze femmes de chambre, sans parler des écuyers, apothicaires, chefs de paneterie et de gobelet... Avec ses « filles », Anne montait de temps en temps une petite comédie ou un petit ballet espagnols ; récréations de pensionnaires auxquelles Louis XIII venait assister par devoir : tout cet espagnolisme l'agaçait et d'ailleurs il n'aimait que la chasse. Mme de Motteville, qui devait plus tard se faire la mémorialiste d'Anne d'Autriche, a recueilli des témoignages sur la façon dont elle vivait alors dans son appartement du Louvre, parmi sa cour étrangère : « Elle était assise sur des carreaux (*coussins plats*), à la mode d'Espagne, au milieu d'un grand nombre de dames, habillée à l'espagnole d'un satin vert en broderie d'or et d'argent, ses manches pendantes et renouées sur les bras avec des gros diamants qui lui servaient de boutons. Elle avait une fraise fermée, avec un petit bonnet sur la tête, de même couleur que sa robe, où il y avait une plume de héron qui augmentait par sa noirceur la beauté de ses cheveux. »

Ces « gros diamants qui servaient de boutons » n'étaient pas les seuls trésors qu'Anne d'Autriche avait apportés d'Espagne. Ses colliers, bracelets, bagues, diadèmes et « bouquets » de pierreries étaient estimés à 61 221 ducats d'Espagne. A son arrivée en France, le roi et la reine mère lui avaient donné, comme ils s'y étaient engagés par contrat, pour quelque 50 000 écus d'autres joyaux, la plupart appartenant à la couronne. Anne avait aussi sa vaisselle dans laquelle elle mangeait, servie par ses officiers. Son mari mangeait ailleurs, servi par ses officiers à lui.

II

APPRENTISSAGES

Le lendemain de la mort de Concini, Louis XIII a pu enfin, pour la première fois, présider le conseil sans sa mère. A l'âge qu'il a, est-ce lui qui gouverne ? En tout cas il approuve les décisions prises. De Marie de Médicis qui, à Blois, continue ses cabales, on exige une déclaration d'obéissance ; on retire d'auprès d'elle Richelieu pour l'exiler en Avignon, terre pontificale. A tout cela Anne est sans doute restée assez indifférente. Mais voici que l'autorité toute neuve du roi s'étend jusqu'à elle. Non pas qu'il la traite – enfin – en mari, mais en maître. Il fait dire à l'ambassadeur d'Espagne, Monteleone, de ne plus lui rendre visite qu'une fois par semaine. Monteleone proteste : il se rend au Louvre, non seulement comme ambassadeur, mais comme majordome de la maison de la reine. On lui répond que la fonction de majordome est inconnue à la cour de France.

Ce n'est qu'un début. Le 30 novembre 1618, le roi ôte à sa femme cette maison espagnole, autant dire ce qu'elle a de plus cher ; ne restent qu'un médecin, un confesseur et une vieille femme de chambre qui l'a élevée, doña Estefania de Villaguiran, autrement dite Stephanille, que nous retrouverons. Le coup est d'autant plus rude qu'Anne vient de perdre Monteleone, rappelé en Espagne et, qu'atteinte de la rougeole, elle a été confinée trois semaines dans sa chambre, sans visites de son mari, qui ne veut et ne doit pas risquer la contagion. « La plus abandonnée et la plus misérable de toutes les femmes », voilà comment la reine de France se décrit alors. Mais ce n'est pas tout. Qui lui donne-t-on pour diriger sa nouvelle maison française? Mme de Luynes, la femme de l'homme « qu'elle a toutes les raisons de détester », comme elle a osé le confier à l'ambassadeur d'Angleterre, qui s'est empressé de le répéter.

Anne d'Autriche fait-elle seulement allusion au renvoi de sa suite espagnole? A dix-sept ans, comment comprendrait-elle que Luynes n'a pas eu tort de conseiller ce geste au roi? Toutes ces maisons étrangères qui suivaient les princesses à marier dans leurs nouvelles patries étaient autant de nids d'espions, et Madrid, de son côté, ne s'était pas fait scrupule de renvoyer la suite française d'Élisabeth, sœur de Louis XIII. Mais Anne d'Autriche a d'autres griefs contre Luynes. Elle a entendu dire qu'il conseillait au roi de la répudier pour lui faire épouser une parente de sa femme; elle sait qu'il s'est vu offrir par Louis les bijoux de la Galigaï et que, si elle a reçu quand même « un filet de grosses perles », c'est parce que le favori, qui est prudent, n'a pas voulu tout accepter. Enfin comment ignorerait-elle que son mari voue à Luynes une amitié qu'il faut bien qualifier de passionnée? Toute la cour en jase.

C'est par ses connaissances cynégétiques que Charles d'Albert de Luynes, gentilhomme méridional sans fortune, a d'abord capté la faveur du jeune roi. De toutes les formes de chasse que Louis aime et pratique depuis l'enfance, c'est la chasse au vol qu'il préfère. Elle est difficile, exige le dressage préalable de rapaces. La grande fauconnerie royale en compte cent quarante, mais le petit roi, dès l'âge de dix ans, s'est constitué en plus un « cabinet des oiseaux » dans ses appartements; il y élève des éperviers, des autours, des faucons de toutes espèces (gerfauts, laniers, crécerelles et ces émerillons auxquels M. du Buisson est spécialement affecté). Les mauvaises langues attribuent la faveur de Luynes à sa connaissance des pies grièches, petits oiseaux de proie qu'il aurait appris au roi à faire voler. La réalité est un peu différente. Si Luynes était expert en pies grièches, il avait la charge du cabinet des oiseaux dans son ensemble et la présence constante des oiseaux auprès du roi impliquait la présence constante de l'oiseleur. Marie de Médicis, si prompte à écarter de son fils tous ceux qui pouvaient l'influencer, c'est-à-dire contrebalancer sa propre influence, s'est inquiétée de la faveur grandissante de Luynes, mais celui-ci, qui est habile, charmeur et respectueux, a endormi ses soupçons. Et c'est ainsi que, peu à peu, l'oiseleur accomplit pour le roi des missions qui n'ont plus rien à voir avec les oiseaux. En octobre 1615, à Bayonne, c'est lui qui a remis à Anne la lettre de bienvenue de Louis XIII; celui-ci l'y qualifiait « d'un de mes plus confidents serviteurs ». Un an plus tard, Luynes, qui est déjà gouverneur d'Amboise, achète la capitainerie du Louvre et obtient à ce titre un appartement au palais, juste au-dessus de celui du roi. À la mi-octobre, il devient grand fauconnier. Pour d'autres, ce pourrait être une fin de carrière. Pas pour lui. L'extraordinaire attachement que lui porte le jeune roi le promet aux plus hautes destinées. C'est pourquoi il l'aide à se débarrasser de Concini; c'est pourquoi il lui insuffle l'audace de bannir sa mère. Ces deux opérations accomplies, il devient premier gentilhomme de la chambre et lieutenant général de Normandie. On lui donne au Louvre un autre appartement, somptueux, laissé vacant par une dame d'honneur de Marie de Médicis. En juin 1617, il est reçu conseiller au Parlement; le 22 août, tous les biens confisqués aux Concini lui sont donnés. Le voilà richissime. Avec sa fortune et la faveur du roi, il peut prétendre aux plus belles alliances.

Hercule de Rohan, duc de Montbazon, n'hésite pas à lui donner sa fille Marie. Les Rohan descendent des ducs souverains de Bretagne, ils sont alliés à tous les rois d'Europe; leur cri d'armes :

Roi, je ne puis,
Duc, je ne daigne,
Rohan je suis.

Pourtant Louis XIII voulait mieux encore : il a tenté de faire épouser à Luynes sa demi-sœur, Mlle de Vendôme, née des amours du Vert-Galant avec Gabrielle d'Estrées. Mais elle a refusé ce parti, indigne d'une fille, même adultérine, d'Henri IV. En mai 1618, Luynes est gouverneur de l'Ile-de-France, avant de devenir duc et pair, puis connétable.

Dès son arrivée en France, Anne a pu constater que son mari passait beaucoup plus de temps avec Luynes qu'avec elle. En revenant de Bordeaux, après les noces, on a fait une longue halte à Tours. Tours est près d'Amboise. Le roi est allé chasser chez M. de Luynes à plusieurs reprises; il y a même passé trois jours d'affilée, sans sa femme. Au Louvre, c'est bien pire : Louis dîne chez Luynes, il y soupe, il y couche parfois, à moins que ce ne soit le favori qui vienne partager la chambre de son maître. Quand M. de Souvré, le gouverneur, un peu inquiet de cette intimité, a voulu interdire les visites nocturnes, Louis a été saisi d'une violente colère.

On nous dit que Luynes n'avait pas une réputation d'homosexuel et qu'aux abords de la quarantaine c'eût été tard pour changer de mœurs; on nous rappelle que la jeune Mme de Luynes ne s'est pas plainte de la virilité de son mari et qu'ils ont eu trois enfants en quatre ans. Tout cela est vrai. Mais ce sont les tendances du roi, pas celles de Luynes, qui sont en cause. Il y a eu, il y aura d'autres hommes dans la vie de Louis XIII. Déjà, il a manifesté trop d'attachement au cocher Saint-Amour, au valet de chiens Haran, à son demi-frère Alexandre de Vendôme; le jeune marquis de Montpouillan (un La Force) a rivalisé un moment dans son affection avec Luynes. Un adolescent solitaire peut éprouver de ces sentiments un peu troubles pour des jeunes hommes, surtout quand ils partagent ou servent ses goûts, comme le faisaient ceux-là pour la chasse. Admettons-le. Admettons aussi que Luynes, plus âgé que les précédents, ait incarné pour l'orphelin le père disparu. On voit que je suis prudente et fais la part des choses. Mais plus tard? Mais Barradat, que le roi aima « violemment »? Mais Cinq-Mars, qu'il aima « éperdument » (Tallemant)? Les rois ont besoin de favoris? Ce n'est pas toujours vrai. Et un favori n'est pas nécessairement aimé violemment ou éperdument. Et il n'est pas toujours beau, comme Barradat, comme Cinq-Mars.

Une énigme, Louis XIII. L'enfance peut expliquer beaucoup de choses. Elle fut difficile, bouleversée par la mort du père dont on lui laissa voir le cadavre ensanglanté, outragée auparavant par la vie de ce père. Les qualités politiques d'Henri IV ne doivent pas nous faire oublier ses déportements privés. Privés? Même pas. Le Vert-Galant vivait publiquement entre sa femme et ses maîtresses, ses enfants bâtards et légitimes. Les accouchements de ces dames alternent, parfois coïncident. Quand Henri IV épouse Marie de Médicis (pour renflouer le Trésor), il a déjà trois enfants de Gabrielle d'Estrées (les Vendôme); un mois après la naissance du dauphin, notre Louis XIII, Henriette d'Entragues, qui a remplacé Gabrielle morte, lui donne un fils. En 1603 naissent une fille de la reine, une fille d'Henriette; en 1607, un fils de la reine, trois semaines plus tard, un fils de la comtesse de Moret; en 1608, une fille de Charlotte des Essarts, un fils de la reine; en 1609, une autre fille de la reine, une fille de Charlotte! Étrange cercle de famille, que vient agrémenter de sa présence d'épouse répudiée la reine Margot, qui, elle aussi, affiche ses amants. L'Europe stupéfaite contemple ce spectacle d'autant plus scandaleux qu'il est donné par un petit-fils de Saint Louis. L'envoyé du grand duc de Toscane écrit à son maître : « On n'a jamais rien vu qui ressemble plus à un b... que cette cour. »

Henri IV est capable de sentiments sincères, mais incapable de fidélité. La contrainte lui est inconnue. Ses femmes et ses maîtresses doivent s'accommoder tant bien que mal de son inconstance, de sa brusquerie, de son odeur. De son langage aussi, qu'imite naïvement son fils. Louis a six ans quand il se vante de n'être plus puceau parce qu'il a couché avec Doundoun, sa nourrice, une nuit que le mari de celle-ci était absent. Qu'on lui parle de Charlotte des Essarts, il répond : « C'est une p... ». Henri IV ne s'est pas du tout inquiété de l'onanisme de son fils ; pour lui, c'était un signe de virilité. Aussi parlait-il sans cesse à l'enfant de son « guillery » et celui-ci le montrait-il à qui voulait le voir ; un soir, au dîner du roi, il l'avait donné à baiser aux gentilshommes présents. Mme de Montglat, sa gouvernante, ne fut guère plus prudente, le laissant parfois coucher entre elle et son mari. « *Insignis impudentia* », note Héroard. M. de Montglat, lui, tapait sur les fesses des filles de chambre, soulevait leurs jupes et, pour rire, le dauphin l'imitait.

Qu'en grandissant il soit devenu pudibond, qu'il n'ait plus supporté qu'on dise des « saletés » devant lui, c'est une réaction compréhensible et tout à son honneur. Mais elle prendra des formes excessives. Est-il normal de se scandaliser du décolleté d'une dame au point de cracher dessus ? La femme, pour Louis XIII, c'est le péché. Or il craint le péché. D'aucuns se demandent même si à cela ne se réduit pas sa religion. « Jamais, dit Tallemant, homme n'a moins aimé Dieu et plus craint le diable. » Que la femme soit le péché, c'est une théorie que l'Église aime alors à développer. N'est-ce pas Ève qui a induit Adam en tentation ? Ces créatures dangereuses sont aussi des créatures inférieures. Une thèse de 1620 pose sérieusement la question de savoir si la femme est un ouvrage imparfait de la nature ; un théologien écrit : « Si Dieu avait voulu que la femme fût l'égale de l'homme, il ne l'aurait pas tirée de sa côte, mais d'une partie plus noble de son corps. » (On se demande laquelle...)

De la femme, Marie de Médicis n'a pas offert une très belle image à son fils. Je ne parle pas tant du physique de la reine mère que de son caractère, encore que le second transparût dans le premier. Recourons aux portraits; dans celui que Van Dyck a fait de la Florentine, la méchanceté et la vulgarité éclatent. Pourtant Van Dyck a dû flatter son royal modèle...

Qui sait même si Marie de Médicis n'est pas un peu responsable des tendances homosexuelles de son fils? Le sevrant, dès l'enfance, d'une affection qu'elle réservait à ses cadets, elle l'a détourné vers d'autres attachements; lui enlevant l'un après l'autre, par politique, tous ses amis, elle a exaspéré les sentiments qu'il leur portait.

Un refoulé, Louis XIII? Certainement. Et, sinon impuissant (la suite le prouvera), mal doué quant à la virilité. On a noté le retard de son système pileux : c'est à vingt-trois ans qu'il se fait raser pour la première fois; encore sa barbe est-elle imperceptible. Il y aura toujours de l'enfant en lui; dans son écriture, dans son style, dans ses passe-temps. « Esprit de détail appliqué uniquement à de petites choses », dit La Rochefoucauld. Jugement que confirme, presque mot pour mot, Richelieu. Louis XIII est ce que nous appellerions un bricoleur; il confectionne lui-même les accessoires nécessaires à ses chasses (guêtres de cuir, lacets, filets), il façonne et assemble avec minutie arbalètes et arquebuses; il s'amuse à construire des châssis, à reconstituer des jeux d'eau en miniature et même à faire des confitures, à larder les viandes. Il a un établi, manie la varlope, s'est fait installer au Louvre et à Saint-Germain de petites forges. On songe immanquablement à l'atelier de serrurerie de son malheureux descendant Louis XVI.

Pourtant le mot rapporté par Tallemant :

Il eut cent vertus de valet
Et pas une vertu de maître

est sévère. Louis XIII a exercé son métier de roi et il a eu l'immense mérite de reconnaître le génie de Richelieu.

Ce qui frappe encore dans les amusements du roi, c'est une certaine malignité sournoise. Il se divertit, un jour, à raser barbes et moustaches de ses officiers, parce qu'il sait qu'ils ne peuvent protester; ayant interdit les duels, il regrette de donner ainsi un alibi aux couards qui répugnent à s'entretuer. Souvent, accoudé à une fenêtre du Louvre, il regarde les armoiries des carrosses qui entrent dans la cour et demande à d'Hozier, le généalogiste : « Tu connais celles-là? » Et rit mauvaisement quand l'autre lui dit qu'elles sont usurpées ou inventées. Il va même jusqu'à contrefaire les grimaces des mourants ou des condamnés. On a beaucoup parlé des rigueurs de Richelieu; elles ont toujours été approuvées, parfois suscitées par Louis XIII, que son naturel « portait plus volontiers aux sévérités qu'aux grâces et qui avait plus d'aversion de faire du bien que du mal », comme le disait Luynes, qui pourtant avait reçu tant de grâces.

Pour la vie de société, qu'aime tant sa femme, le roi n'a ni goût ni dons. Son bégaiement, d'ailleurs, le gêne (pour en éviter l'humiliation, il a pris l'habitude de parler peu et lentement). Chasse mise à part, rien ne lui plaît davantage que les manœuvres, parades et montres (revues) auxquelles il convie la reine et les dames de la cour. D'autres leur eussent offert des sérénades... Louis XIII participe aux ballets de cour, mais c'était une obligation et on a eu toutes les peines du monde à lui apprendre à danser. Il se pare quand la solennité l'exige, mais il préfère les habits de bure et de couleur sombre; il prendra à plusieurs reprises des édits contre le luxe (ce qu'on ne saurait lui reprocher, mais qui témoigne de son austérité autant que de son économie). Ses plaisirs sont des plaisirs solitaires : le dessin, où il ne réussit pas mal; la musique, qu'il aime beaucoup; il joue de la guitare, il compose, mais surtout des airs d'église : on lui doit un office des ténèbres et un *De profundis*. Du théâtre il n'aime que la comédie; encore lui arrive-t-il de s'y endormir. La littérature ne l'intéresse pas. Il n'a joué aucun rôle dans la vie culturelle de son temps; c'est Richelieu qui protégera les gens de lettres, pas lui. Quand, en 1643, Corneille voudra lui dédier *Polyeucte,* il refusera d'abord, craignant d'en être de sa poche. Si les salons, sous son règne, ont brillé d'un vif éclat (Mme de Rambouillet, Mme de Sablé...), c'est parce que les gens de bonne compagnie cherchaient ailleurs ce que la cour ne leur offrait pas.

Est-ce là tout? Non. Louis XIII est un malade. On a parlé d'épilepsie, à cause des crises mystérieuses qui le saisissent de temps en temps, de sa tête légèrement hydrocéphaloïde, et aussi parce qu'il n'avait pas, comme dit un contemporain, « des gouttières les plus naturelles » : transpirait peu, ne crachait pas, éprouvait rarement le besoin de se moucher (s'irritant des gens qui, à sa différence, avaient la goutte au nez). Mais les convulsions du roi (car il en eut) n'ont jamais comporté la miction et la morsure de la langue, inséparables de l'épilepsie. L'hypertrophie des végétations et des amygdales pourrait expliquer l'absence de sécrétions nasales, mais pas l'insuffisance de toutes les sécrétions naturelles, qui fait plutôt songer à un déséquilibre neurovégétatif. Plus tard, la tuberculose fera son apparition. Héroard, le médecin, attribue les malaises du roi à de « mauvaises vapeurs de l'intestin ». Il est sûr que Louis XIII était atteint d'entérite chronique; il n'est pas moins sûr que ses médecins ont aggravé son état. Ils croyaient l'aider à évacuer ses « humeurs organiques » (glaires et bile) en excitant son intestin déjà malade. Bouvard, qui succédera à Héroard, ne fera pas mieux que lui. Comment l'aurait-il pu? La médecine se réduit alors à ce que Molière décrira. En une seule année, Louis XIII est saigné quarante-sept fois, reçoit deux cent douze purges et deux cent quinze lavements! Le 31 octobre 1616, quelle nourriture donne-t-on à ce malade qui vient d'avoir des convulsions? Bouillie, hachis de perdrix avec pain, tarte aux coings avec pain, un coing cuit, des cerises confites. Après quoi on s'étonne qu'il perde connaissance!

On peut tout de même se demander si ces malaises gastro-intestinaux ne relèvent pas aussi, parfois, de la neurologie. Quand Louis XIII subit une contrariété, son ventre « bouffe », c'est-à-dire qu'il a une crise d'aérophagie. C'est un névropathe, un anxieux dont l'anxiété, avec l'âge, tournera à la neurasthénie. Aucun roi n'a davantage voyagé et je ne parle pas des voyages officiels; il se déplace sans arrêt, d'un de ses châteaux à l'autre, ne se sentant bien nulle part et traînant partout sa mélancolie avec lui.

Le mariage de Luynes ne changea d'abord rien à sa familiarité avec le roi. Louis continuait à s'inviter chez son ami presque tous les soirs. Agée de dix-sept ans, ce n'est pas Mme de Luynes qui pouvait s'y opposer. Mais s'oppose-t-on à un roi? Et le souhaitait-elle?

Il est étrange que Louis XIII – portons cela à son crédit – n'ait pas donné à son favori une femme laide. Peut-être Marie de Rohan n'était-elle pas encore la grande beauté qu'elle allait devenir; peut-être sa coquetterie n'avait-elle pas eu l'occasion de s'exercer. Elle allait bientôt se dévoiler et bouleverser la cour... avant de bouleverser le royaume.

C'est, bien entendu, pour accorder un nouvel honneur à Luynes que Louis XIII a confié à sa femme la charge très importante de « surintendante de la maison et finances de la reine et chef de son conseil » (à dix-huit ans!). La sœur du favori, Antoinette du Vernet, a reçu pour sa part la charge de dame d'atour. Les deux femmes doivent s'employer à franciser Anne, trop nostalgique de l'Espagne et de sa royale famille, avec laquelle elle entretient une correspondance assidue.

Elle s'était bien trompée, la jeune reine, si elle avait cru que le mariage du favori lui rendrait son époux. Mais comment aurait-elle pu prévoir le nouveau danger qui allait en découler? Ce danger, il vient de Mme de Luynes. La cour constate avec étonnement que la jeune épousée réussit à dérider le timide et morose souverain. En fait, Louis semble prendre tant de plaisir à sa compagnie qu'on se demande pour qui, maintenant, de Luynes ou de sa femme, il se rend si souvent chez eux. Et voici Anne jalouse! En juillet 1617, elle s'était déjà irritée que le roi semblât manifester de l'intérêt à l'une de ses filles d'honneur, Mlle de Maugiron. Fausse alerte? Quand on avait écarté la jeune fille, le roi n'avait rien dit. Maintenant, c'est plus sérieux. Or si l'on se résigne (peut-être) à la froideur d'un époux quand on le croit insensible, le découvrir sensible pour une autre, c'est humiliant et douloureux; mais que cette autre soit la femme de l'homme qui, déjà, vous donnait de la jalousie, il faut avouer que la situation est peu commune et insupportable! Anne se plaint au nonce et à l'ambassadeur d'Espagne; le nonce consulte le confesseur du roi, qui le rassure : Louis n'a pas dépassé avec Mme de Luynes les bornes de l'amitié. Amitié qui cependant dure et se confirme. Rentrant de voyage, le roi se contente d'une brève visite à sa femme, mais va s'attarder auprès du lit de Mme de Luynes, qui vient d'accoucher, et embrasse le nouveau-né avec « une très tendre affection ». Il y a de quoi s'inquiéter! Le confesseur, pourtant, avait dit vrai. Rien que de platonique. D'aucuns le regrettèrent. « Il n'eut jamais l'esprit de faire le connétable cocu, écrit Tallemant. Il eut pourtant fait grand plaisir à toute la cour, et elle en valait bien la peine. Elle était jolie, friponne, éveillée et ne demandait pas mieux. »

Luynes mit fin à ces badinages. Était-il jaloux, lui aussi? Et de qui? De son épouse ou de son roi? De la première assurément. Il l'aimait et Richelieu l'accusera plus tard d'avoir écourté des campagnes pour aller la retrouver. Quoi qu'il en fût, Luynes n'avait qu'un moyen de détourner le roi de sa femme : le ramener vers la reine, lui rappeler qu'il pouvait goûter avec elle, sans péché, ces plaisirs de l'amour auxquels il semblait enfin s'éveiller. Par ailleurs, Luynes voyait bien que l'étrange situation du couple royal était porteuse de dangers : à l'extérieur, l'Espagne s'en offensait; à l'intérieur, la cour en jasait, et l'absence d'héritier affaiblissait la couronne qui n'avait certes pas besoin d'être affaiblie. Bref, l'affaire était devenue affaire d'État dont tous les ambassadeurs étrangers entretenaient leurs souverains respectifs. Couchera, couchera pas? D'aucuns, à la cour, suggéraient de confier le roi à quelque initiatrice, mais le nonce Bentivoglio, renseigné par le P. Arnoux, confesseur, écrivait à Rome que Louis XIII se refuserait sûrement à commettre un tel péché. (Il est assez plaisant de voir des ecclésiastiques entrer dans ces détails.) Les poètes s'en mêlaient aussi :

Réservez le repos à ces vieilles années
Par quoi le sang est refroidi.
Tout le plaisir des jours est en leurs matinées,
La nuit est déjà proche à qui passe midi,

écrivait Malherbe au roi.

« Nous sommes trop jeunes », répondait évasivement Louis XIII à ceux qui lui rappelaient ses devoirs de mari. Mais au P. Arnoux il finissait par avouer qu'il avait honte, qu'aucun désir en lui n'était assez fort pour tuer cette honte et que le souvenir de sa première, et jusqu'ici dernière, nuit conjugale, lui avait laissé d'insurmontables répugnances.

Anne d'Autriche s'efforçait naïvement de se faire aimer. Elle mettait des « patins » pour se grandir, soignait sa toilette et, sans les recommandations de son père, eût cédé à la mode des choquants décolletés qui sévissait chez nous. Dans les plaines du Roule ou de

Vaugirard elle allait souvent voir son mari chasser au vol, s'essayait elle-même à jeter un faucon. Son entourage secondait ses efforts : Monteleone, avant de quitter son poste, était allé jusqu'à proposer de lui inculquer quelques notions de séduction. Louis XIII, scandalisé, le lui avait interdit. Incident ridicule. Moins que d'autres pourtant. Un soir où le roi prenait congé de sa femme, les dames de l'entourage le supplièrent de rester et leur insistance fut telle qu'il dut se dégager, rouge de colère. Un autre jour, Anne étant venue le retrouver inopinément à Lésigny-en-Brie, un domaine de Luynes, il en manifesta un tel mécontentement qu'elle dut repartir. Et c'est elle qui s'excusa, envoyant à son mari un bouquet de fleurs! Il ne répondit pas.

Pauvre petite reine! Le plus touchant est qu'elle essayait de donner le change, allant jusqu'à écrire à son père que le roi était très ardent *(muy caliente)* et qu'il ne fallait pas croire ce qu'on racontait : ce n'étaient que caquetages de vieilles femmes *(parlerias de mujeres viejas)*.

Luynes, donc, allait réussir là où tout le monde avait échoué. En fait, il n'avait obtenu le départ de la suite espagnole que par un petit chantage : que la camarilla s'en aille et le roi honorerait sa femme, il l'avait promis. Mais les choses allaient traîner encore. Le 17 janvier 1619, le nouvel ambassadeur d'Espagne, Fernando Giron, écrit à Philippe III : « Voilà quarante-huit jours que la comtesse de la Torre est partie; le roi et la reine vivent toujours en frère et sœur! »

Deux événements vont aider Luynes.

En ce mois de janvier 1619, la deuxième sœur de Louis XIII, Chrétienne de France, est fiancée à l'héritier de Savoie, Victor-Amé, prince de Piémont. Le nonce, toujours actif, en profite pour glisser au roi : « Sire, je ne crois pas que vous voudriez recevoir cette honte que votre sœur ait un fils avant que votre Majesté n'ait un dauphin. » Louis rougit, murmure qu'il ne compte pas avoir cette honte. Un autre mariage dans sa famille va lui être l'occasion d'une leçon de choses, si l'on ose ainsi dire. Le 20 janvier, sa demi-sœur, Catherine Henriette de Vendôme (cette même Catherine qui avait refusé Luynes), épouse Charles de Lorraine, duc d'Elbeuf. Après souper, le roi se rend dans leur appartement « pour leur faire la guerre », c'est-à-dire pour participer, bon gré mal gré, aux plaisanteries de rigueur à l'époque envers les jeunes mariés. Suivant l'usage, il devrait se retirer une fois les rideaux tirés. Mais Luynes le persuade de rester et les rideaux ne sont pas tirés. La nouvelle duchesse d'Elbeuf, en digne fille du Vert-Gallant et de la belle Gabrielle, n'en éprouve aucune gêne; son mari non plus, qui consomme, non pas une, mais trois fois le mariage! C'est une révélation. Le roi s'en retourne chez lui d'autant plus pensif que la jeune épousée a tiré la morale de l'affaire en lui disant : « Sire, faites, vous aussi, la même chose avec la reine et bien vous ferez! »

Cinq jours se passent. Le vendredi 25 janvier, Louis se met au lit vers dix heures et demie avec le cérémonial ordinaire, fait ses prières. Va-t-il dormir? Non. Luynes entre inopinément chez lui. C'est pour le supplier d'aller chez la reine. La discussion est animée et dure longtemps : Louis « résiste fort et ferme... jusqu'aux larmes », nous dit Héroard. Luynes, à bout d'arguments, mais décidé à vaincre, n'a plus qu'un recours : la force. Se produit alors une scène étonnante : le roi « emporté » par son favori jusque chez la reine. Qui croirait qu'il s'agit du fils d'Henri IV!

Le protocole ne perdant jamais ses droits, M. de Beringhen s'est précipité à la suite du roi et de Luynes avec le bougeoir. On enlève à Louis XIII sa chemise de nuit et on le couche auprès de sa femme. Luynes et Beringhen s'éclipsent, de même que la fidèle Stéphanille. Mme de Bellière, première femme de chambre, reste dans la pièce. S'agissant d'un couple royal, de celui-là surtout, il faut un témoin. Le témoignage sera positif sans être décisif : « Le roi s'est efforcé deux fois, comme on dit », note Héroard. Le fait nouveau est que ces efforts n'ont pas déplu à Louis XIII, puisqu'il retourne le surlendemain 27 partager de son plein gré la couche de sa femme. Parler de lune de miel serait pourtant prématuré. Que ce soit pour y souper, y répéter un ballet, y assister à une comédie, le roi continue à passer presque toutes ses soirées chez les Luynes, où la reine ne va guère.

Il est bien dommage qu'Anne d'Autriche n'ait pas eu, elle aussi, un Héroard. De ses sentiments, ou plutôt de ses sensations pendant cette période, nous ne savons rien. Le 17 mars, le nonce, toujours à l'affût, écrit à Monteleone : « La reine régnante se porte bien. Je lui demande souvent que fait monseigneur le dauphin. Elle rougit, sourit et ne dit mot. » Ce qui ne suffit pas à nous éclairer.

Il semble que la nuit décisive, pour lui en tout cas, soit celle du 18 mars. Le roi se rend tôt chez sa femme, à dix heures et demie du soir; il y reste longtemps et, cette fois, *cum voluptate*, note Héroard. C'est la première mention de ce genre dans son journal. Autres signes : les visites aux Luynes s'espacent et le roi n'attend pas toujours la nuit pour honorer son épouse. Le 25 avril, ne la prend-il pas à dix heures du matin ? Très exactement entre la messe et le conseil ! C'est la liesse à la cour, au Vatican et à Madrid aussi, que l'on a officiellement avertis de la « perfection » du mariage. Malgré « sa gravité espagnole », Philippe III n'a pu cacher sa joie quand le sieur Grenelle, notre chargé d'affaires, lui a annoncé la nouvelle. Les dédains de Louis XIII envers la reine infante, s'ajoutant au renvoi de la suite espagnole, avaient accru les soupçons et la méfiance du roi d'Espagne envers cette France qui « depuis deux cents ans, écrivait-il à Monteleone, a eu des intérêts opposés aux nôtres » et dont il fallait toujours craindre qu'elle ne s'alliât avec les protestants et les Turcs, au détriment du catholicisme (comprenons des Habsbourg).

En mai, Anne accompagne son mari en voyage (il s'agit d'aller se réconcilier avec Marie de Médicis) et la suite du roi remarque les attentions qu'il lui prodigue.

Quand ils ne logent pas dans le même château, Louis monte à cheval pour aller la retrouver nuitamment; Héroard peut tracer ses points de repère dans son journal en marge des 11, 12, 14, 18, 19, 20, 21 et 30 mai, des 2, 9, 10, 11, 12, 13, 15 juin, etc. [1]. Une véritable explosion!

1620 est encore une année heureuse. Louis XIII compose, vers et musique, une *Chanson d'Amaryllis* où s'expriment des sentiments ingénus qu'on veut croire inspirés par sa femme :

Tu crois, ô beau soleil,
Qu'à ton éclat rien n'est pareil
En cet aimable temps
Que tu fais le printemps.
Mais quoi! tu pâlis
Auprès d'Amaryllis

Oh! Que le ciel est gai
Durant ce gentil mois de mai!
Les roses vont fleurir,
Les lys s'épanouir.
Mais que sont les lys
Auprès d'Amaryllis?

Sans doute, cela ne vaut pas Théophile de Viau, qui écrivait à la même époque :

Quand tu me vois baiser tes bras
Que tu poses nus sur tes draps
Bien plus blancs que le linge même;
Quand tu sens ma brûlante main
Se promener dessus ton sein,
Tu sens bien, Chloris, que je t'aime...

Mais Théophile était un grand poète; Louis XIII, un rimeur pudibond, qui l'avait un temps banni pour les « saletés » qu'il écrivait. (Il est à l'honneur de Luynes qu'il ait protégé Théophile, sans oublier pourtant qu'il cherchait en lui une bonne plume qui pût répondre aux libellistes qui l'attaquaient.)

Au début de février 1620, Anne d'Autriche tomba malade, et gravement : fièvre ardente, délire. Neuf médecins la soignent en vain avec ventouses et saignées. On la croit perdue; les prières des quarante heures sont dites dans les églises. Le roi ne cache pas son chagrin; il reste trois jours et trois nuits au chevet de sa femme, lui caresse la main, lui dit : « Il n'y a rien au monde que je ne fisse pour vous, y allât-il de la moitié de mon royaume. » Comme Anne refuse ses remèdes, il se jette à genoux pour la supplier de les prendre. Il fait un vœu à Notre-Dame de Lorette, ordonne qu'on apporte des reliques, auxquelles il attribuera la guérison (qu'on ne saurait en tout cas attribuer aux médecins). Sauvée, la reine, à son tour, prendra la main de son mari, y déposera un baiser.

Les diplomates, dont les dépêches nous font connaître ces scènes attendrissantes, ont raison de s'en réjouir. Il ne faudrait pas croire pour autant que le ciel conjugal fût sans nuages. Richelieu, dans ses Mémoires, l'ambassadeur de Venise, dans ses dépêches, nous disent que la maladie de la reine avait été causée par ses chagrins et sa mélancolie, qu'ils attribuent aux intrigues de cour. Ne s'agit-il que de cela? L'amour d'un roi, pour véritable qu'il soit (et l'émotion au chevet d'une épouse en danger ne suffit pas à prouver que celui-ci l'ait été), l'amour d'un roi ne peut être semblable à celui d'un simple mortel. La raison d'État prime toujours. Louis XIII n'a rien changé et ne change rien aux règles de vie qu'il a imposées à sa femme et qu'elle supporte mal. Prison dorée, mais prison tout de même, que cet appartement du Louvre où d'autres, sur ordre, font la loi, surveillant la correspondance de la reine, régentant jusqu'à ses promenades. Anne s'était fait une amie de sa dame d'honneur, Mme de Montmorency. Mais, duchesse et veuve de connétable, celle-ci a refusé d'être subordonnée à la jeune Mme de Luynes et, ne pouvant obtenir satisfaction, s'est retirée.

Ne chicanons pas trop. Plus rien, dans la vie conjugale de Louis XIII et d'Anne d'Autriche, ne ressemblera à ces années 1619-1621, et l'on peut bien parler de lune de miel. Le 17 mai 1620, une grande parade a lieu place Royale, la plus belle place de Paris, qu'on doit à Henri IV (notre place des Vosges) ; le bon peuple y fait une ovation au couple royal réconcilié et à la reine guérie. Anne est dans la loge royale, tendue de velours violet à semis de fleurs de lys d'or, sous les tapis d'Orient qui pendent aux fenêtres. Louis XIII est en lice, vêtu de satin blanc, coiffé d'un panache blanc, monté sur un cheval blanc. Par trois fois il réussit à emporter la bague (ou anneau) avec la pointe de sa lance et, ayant fait, il va recevoir le prix – un diamant – des mains de sa femme, qui l'embrasse sous les vivats d'une foule délirante de joie, comme se plaît à nous le rapporter le sieur Jean-Baptiste Matthieu, historiographe du règne de Louis XIII. Notons tout de même que le roi s'est d'abord dirigé, pour lui faire hommage de son succès, non pas vers sa femme, mais vers Pluvinel, son maître d'équitation ; c'est celui-ci qui l'a envoyé à la loge de la reine. Mais quoi ! A dix-neuf ans, on a le droit d'être timide.

Il y a d'autres faits positifs : les lettres, qu'au cours de ses expéditions, Louis XIII écrit à sa femme : « J'aime à voir ce qui vient de vous ; je vous prie de le croire et que l'écharpe que vous m'avez envoyée m'est aussi bien agréable... Je réserve à la porter aux jours de la montre générale de mon armée... Elle témoignera que j'étais seul au monde digne de porter les faveurs de votre main. » Ou encore : « Venez, venez aussi gaiement que vous serez attendue de moi qui souhaite passionnément de vous voir. »

Les réponses d'Anne témoignent surtout de sa soumission, mais tout de même elle s'inquiète de savoir si son mari va bientôt revenir, s'il ne s'expose pas trop.

Qu'elle ait conquis, en même temps que les bonnes grâces du roi, un peu de sa confiance, c'est un fait. Je ne parle pas tant de la cour, où elle organise maintenant elle-même des divertissements, que de politique. En juillet, avant de partir pour la Normandie en rébellion. Louis XIII a convoqué les cours souveraines afin de les charger de veiller à la tranquillité de sa bonne ville de Paris, où il laissait la reine, son épouse, avec le chancelier et une partie du conseil. Anne contresigne les actes officiels. Que surgisse une affaire urgente, c'est elle qui demande au chancelier de convoquer le conseil. Bassompierre nous apprend même qu'elle prit alors une initiative importante et couronnée de succès pour secourir le gouverneur d'Angers, que Marie de Médicis avait fait arrêter et menaçait de pendaison. Elle a exercé en somme, pendant ce mois de juillet 1620, une sorte de régence sans le titre. On ne voit pas pourquoi, d'ailleurs, son mari ne lui a pas accordé ce titre ou du moins celui de chef du conseil et gouvernante de la capitale : c'était l'usage pendant les absences des souverains, et aucun membre de la famille royale ne pouvait, à ce moment, être préféré à la reine : son beau-frère avait douze ans et sa belle-mère était bannie. Ce qu'il importe de remarquer, pour l'avenir, c'est qu'Anne d'Autriche, à l'âge de dix-neuf ans, ne s'est pas montrée inégale aux premières responsabilités politiques qu'on lui a confiées.

Ah, si la reine avait pu, dès cette époque, avoir un enfant, que de choses eussent changé pour elle et pour le royaume! Mais elle n'en a pas, et ce n'est plus la faute du roi : une fausse couche à la fin de 1619, une autre au printemps 1621. A ces chagrins s'ajoute la mort du roi d'Espagne. Anne n'a pu assister aux obsèques de son père, non plus qu'à l'entrée solennelle à Madrid de son frère Philippe IV, le nouveau roi.

Heureusement, il y a Mme de Luynes. Oui, Mme de Luynes! Les relations des deux femmes se sont progressivement améliorées. Anne est influençable, sa surintendante a une forte personnalité, de l'esprit, du charme à revendre, et, quand elle veut plaire, personne n'y résiste. Les préventions de la reine ont fondu. C'est la jalousie surtout qui les avait provoquées; mais cette jalousie n'a plus d'objet, maintenant que le roi s'est rapproché de sa femme. M. de Luynes, grandement soulagé, lui aussi, se garde bien de contrarier une entente conjugale qui le rassure sur celle de son ménage et qu'après tout il a provoquée. En décembre 1620, quand Mme de Luynes accouche d'un fils, Anne la veille toute la nuit.

Au printemps 1621, les deux femmes accompagnent leurs maris qui s'en vont réduire les protestants du Languedoc en révolte. Un incident survenu pendant cette expédition illustre ce qu'il faut bien appeler le toupet de Mme de Luynes par contraste avec la réserve encore naïve de la jeune reine.

Le 17 avril, Louis XIII et le connétable (il l'est depuis le 31 mars) établissent leur quartier général à Piquecos, sur la rive droite de l'Aveyron, au nord de Montauban. Le château de Piquecos, qui appartient au marquis de Montpezat, est trop exigu pour abriter la reine et sa suite, qui s'installent à l'évêché de Moissac, à deux heures et demie de cheval. On échange des visites. Louis XIII vient, quand il le peut, partager la couche de sa femme. Mais celle-ci ne va à Piquecos que de jour, pour dîner avec son mari. Or, un après-midi que la reine, après une de ces visites, se prépare à quitter Piquecos en compagnie de Mme de Luynes, celle-ci annonce son intention de rester coucher sur place.

« Mais il n'y a point de lit, s'étonne la reine.

– Eh! dit Mme de Luynes, le roi n'en a-t-il pas un et le connétable un autre? »

Et elle resta, seule, poussant la malice jusqu'à crier à la reine par une fenêtre : « Madame, adieu! Pour moi, je me trouve fort bien ici. » Espérons qu'Anne, au moins, n'avait plus de doutes quant au lit que choisirait son amie.

Deux mois plus tard, devant Montauban, le temps ne sera plus aux plaisanteries. Luynes a-t-il eu tort ou raison de vouloir mettre fin à un siège meurtrier, mais politiquement important, en négociant avec le duc de Rohan, nouvelle étoile du parti protestant ? Un homme qui ne s'était jamais mesuré qu'à des cerfs et des sangliers était-il digne de l'épée de connétable ? demandaient ses ennemis. Du moins espérait-on qu'il ne l'avait prise que pour « extirper l'hérésie ». Les tractations avec Rohan parurent prouver le contraire et démoralisèrent l'armée. Au reste, elles échouèrent, comme les boulets, et il fallut lever le siège de Montauban sans aucune concession des rebelles. Louis XIII, qui n'avait pas encore l'expérience d'une défaite militaire, en pleura d'humiliation. Pire, il avait dû accepter, pour négocier (vainement) avec les Montalbanais, les bons offices de l'Angleterre, soutien traditionnel des protestants français.

Luynes a perdu son étoile. Victime des circonstances peut-être, sûrement de sa trop rapide ascension. Comme beaucoup de favoris, sa puissance l'a grisé. Il n'a pas perçu qu'il n'avait plus affaire à un enfant, il n'a pas percé la force de dissimulation de Louis XIII (qu'héritera son fils Louis XIV). Quand, après avoir reçu, le 4 octobre, milord Hay, l'envoyé britannique, le roi a vu celui-ci aller chez Luynes, il a dit à Bassompierre, ancien compagnon de son père : « Il va prendre l'audience du roi Luynes. »

C'est que Luynes s'est arrangé pour cumuler les deux charges de connétable et de garde des sceaux (depuis août) ; c'est qu'il a confisqué à son profit et à celui de ses frères les plus beaux gouvernements et les plus belles places ; c'est qu'il a autour de lui, comme naguère Concini, une véritable cour ; c'est qu'il écarte du roi, comme Concini encore et comme Marie de Médicis, tous ceux qui pourraient lui faire ombrage. L'échec de Montauban dont, soyons juste, il n'était pas seul responsable, cristallisa les oppositions. La disgrâce était inscrite dans les faits; la mort la prendra de vitesse.

Le 29 novembre, Louis XIII établit son quartier à Longuetille, non loin de Marmande. Il pleut, il vente, il fait froid. Le connétable est souffrant. Un rhume, croit-on, mais avec une forte fièvre. Quelques jours plus tard une éruption se déclare : c'est la scarlatine. Le roi, qui est venu tous les jours prendre des nouvelles de Luynes, le quitte néanmoins au matin du 15 décembre, pour ne pas risquer la contagion. Luynes meurt à deux heures de l'après-midi. On rapporta son corps dans son domaine de Maillé (auquel il avait donné son nom). Pendant le trajet, ses valets jouèrent au piquet sur le cercueil. On peut voir là une sorte de symbole : celui de l'abandon. Louis XIII avait manifesté quelque chagrin, écrit de belles lettres « consolatoires » à la famille, mais il n'aurait pas gardé Luynes et, s'il l'avait gardé, le parti dévot se serait arrangé pour l'éliminer. Le P. Arnoux misait, depuis juin déjà, sur Richelieu, ce qui venait d'ailleurs de lui coûter son poste : Luynes l'avait remplacé avant de mourir. Mais Richelieu, rentré d'exil sinon rentré en grâce, avait d'autres appuis. Il n'épargnait ni la peine ni l'intrigue pour se les procurer, payait des propagandistes et plaçait ses pions partout où il pouvait : n'avait-il pas marié une de ses nièces à un neveu de Luynes?

Peu de temps après son retour à Paris, Louis XIII, en mars 1622, doit repartir en expédition contre les protestants du Languedoc. Sa femme ne l'accompagnera pas : elle est enceinte. Après sept ans de mariage et deux fausses couches, c'est un événement. Une imprudence le fera avorter, et ce petit drame mettra fin à la période rose du couple royal; à la faveur de Mme de Luynes aussi.

Marie de Luynes n'est pas femme à pleurer les morts. C'est une veuve joyeuse qui se console ouvertement avec le duc de Chevreuse. Un soir, au Louvre, elle accompagne la reine à l'appartement de la princesse de Condé qui tient le lit, c'est-à-dire qui reçoit. La compagnie, qui comprend plusieurs princesses, dames et seigneurs de la cour, est fort gaie. Il est plus de minuit quand la reine s'en va. Pour retourner à son appartement, elle passe par la grande salle du Louvre, déserte à cette heure et à peine éclairée. Mme de Luynes et Mlle de Verneuil (encore une demi-sœur légitimée de Louis XIII) sont avec elle. Aucune des trois femmes n'a plus de vingt ans, ne l'oublions pas. Bref, dans l'étourderie de leur jeunesse, de la gaieté d'une soirée réussie, elles se lancent, bras dessus bras dessous, courant, glissant, sur les dalles. C'est tentant, il faut l'avouer, avec un petit zeste de profanation qui ajoute au plaisir. Car c'est la salle où l'on met le trône les jours de cérémonie, sur une estrade. Anne bute contre cette estrade et tombe. On est le 15 mars. Le 16, fausse couche. On en cacha la cause au roi du mieux qu'on pût, écrit Bassompierre qui était de la soirée, mais quelques bonnes âmes se chargèrent d'instruire Louis XIII, alors qu'il était déjà en route pour le Languedoc. Sa colère fut grande; Anne était blâmable, mais Mme de Luynes et Mlle de Verneuil étaient inexcusables, puisque chargées de veiller sur elle. Le roi leur écrivit à chacune de quitter le Louvre et manda à sa femme de ne plus les voir.

S'agissant de Mme de Luynes, cette dernière imprudence n'était que la goutte d'eau qui faisait déborder le vase. Louis XIII ne pouvait plus souffrir la duchesse et lui avait déjà joué deux assez vilains tours : d'abord, du vivant du connétable, en révélant à celui-ci qu'elle se laissait courtiser par Chevreuse; puis en lui enjoignant de quitter l'appartement de son mari défunt. Elle était pourtant enceinte et tout près de son terme, mais le roi n'y voulut voir qu'une circonstance aggravante : l'honneur d'accoucher au Louvre n'était-il pas réservé aux seules princesses du sang? N'osant rappeler à Louis XIII qu'il avait fait fi de ce règlement désuet au temps où il passait des heures au chevet de Mme de Luynes et embrassait ses nouveau-nés, on lui avait seulement et respectueusement remontré que l'ordre était déraisonnable et difficilement applicable. Le roi s'était alors contenté de reléguer la duchesse dans un appartement à l'écart et plus modeste, celui dont il voulait maintenant la déloger.

Faut-il chercher dans un sentiment mal éteint, dans une jalousie réveillée, l'aversion du roi pour la première femme qui avait su l'émouvoir? La vraie raison est ailleurs. Mme de Luynes se révélait jour après jour ce qu'elle était : une coquette, et son ascendant sur la reine ne pouvait être que nocif. Sa liberté d'allure et de paroles, sa tiédeur religieuse, que partageait sa belle-sœur, Mme du Vernet, comme d'ailleurs Mlle de Verneuil, étaient mal vues. Ces dames ne faisaient-elles pas lire à la reine les poésies plus que gaillardes du *Cabinet satyrique*? Dès février, le nonce Corsini avait mis Anne en garde contre ses trois compagnes; dès février, le roi avait menacé Mme du Vernet de lui ôter sa charge de dame d'atour : elle venait de subir ce qu'on appelait pudiquement un « accident », c'est-à-dire une fausse couche. Or elle était veuve...

Nos actes nous suivent. Mme de Luynes serait-elle devenue le mauvais génie de la reine si Luynes n'avait été le favori du roi? Et les dames espagnoles, que Louis XIII avait cru bon de renvoyer, n'auraient-elles pas mieux su que la veuve et la sœur du connétable entretenir la reine dans l'esprit de soumission conjugale?

Car Anne n'obéit pas aux ordres de son mari absent. Elle continue à voir ses amies. Comment pourrait-elle éviter Mme de Luynes, puisque celle-ci est toujours surintendante de sa maison? Il aurait fallu que Louis XIII lui ôtât cette charge; mais, c'est tout lui, il n'a pas osé aller jusqu'au bout de son ressentiment. Reste la liaison de la duchesse avec Chevreuse. Elle fait scandale? Qu'à cela ne tienne : on régularisera! Le mariage est célébré le 20 avril 1622. Il n'y a pas cinq mois que Luynes est mort.

À la vérité, Chevreuse n'avait pas très envie de se marier, ou plus exactement d'épouser une femme qui n'était plus en faveur, mais il n'était brave qu'à la guerre. C'était un Lorraine, le plus séduisant des fils du duc de Guise (Henri le Balafré, assassiné à Blois). Bel homme de quarante ans et qui ne manquait pas d'esprit, il avait quelques glorieuses conquêtes à son actif : la duchesse de Villars, Angélique Paulet, qui avait à quinze ans ému Henri IV et faisait maintenant, assagie, l'ornement du salon de Mme de Rambouillet; la maréchale de Fervaques enfin, qui s'était ruinée pour lui. En épousant la jeune Mme de Luynes, ce séducteur va trouver son maître, et très bientôt.

Et elle? Quels étaient ses sentiments? L'aurait-elle épousé si elle n'avait eu besoin de lui pour rétablir sa situation à la cour? En tout cas, elle ne pouvait guère trouver mieux. Ce très haut et très illustre prince, à qui l'on donnait du monseigneur, était pair de France, grand chambellan, gouverneur et lieutenant général d'Auvergne, et surtout très bien vu du roi : pendant les troubles qui, depuis la mort d'Henri IV, n'avaient cessé d'agiter le royaume, il était resté loyal. Par égard pour lui et bien que le mariage l'ait mécontenté, Louis XIII, après avoir quelque temps écarté la nouvelle duchesse de Chevreuse, l'autorise à revenir à la cour où elle retrouve ses charges. Quel triomphe! Mais il était plus précaire que ne le pensait la triomphatrice.

Tout cela s'était passé par lettres et par messagers, Louis XIII étant encore en Languedoc, occupé à réduire les protestants, malgré la maladie. Fiévreux, il toussait sans arrêt, souffrait de douleurs aux tempes et à la nuque. Étaient-ce les fatigues de cette longue expédition? Plus probablement une première atteinte de tuberculose. Louis XIII avait toujours été de santé fragile; désormais il est un malade chronique.

C'est à Lyon, le 6 novembre, que le roi retrouve la cour et sa femme venues à sa rencontre. Le soir même, après huit mois d'abstinence, il renoue les relations conjugales. Mais les assistants ont remarqué que les retrouvailles publiques ont été froides; le roi n'a pas répondu aux témoignages d'affection de la reine. Il lui en veut encore de sa désobéissance et s'irrite du retour de Mme de Chevreuse... qu'il a pourtant autorisé.

C'est à Lyon aussi que, le 10 novembre, Louis XIII remet à Richelieu le bonnet de cardinal (accordé par le pape au mois de septembre). Marie de Médicis exulte. Elle s'est réconciliée avec son fils, une fois de plus, en août 1620, après avoir été jusqu'à prendre les armes contre lui (fallait-il que la grosse banquière payât bien pour que Rubens ait illustré de son génie ces misérables querelles!). Mais, jusqu'à la mort de Luynes, la reine mère n'a pu retrouver son influence ni servir efficacement son cher Richelieu. Maintenant elle ne cessera plus de suggérer ou de faire suggérer à son fils qu'il faut reprendre le cardinal au conseil, qu'il est l'homme indispensable.

C'était vrai, mais ne faisons pas gloire à Marie de Médicis de sa perspicacité. A travers Richelieu, c'est son propre pouvoir qu'elle veut reconquérir. Déjà, pour regagner l'esprit de son fils, elle a mis jusqu'à Dieu dans son jeu; le P. Arnoux a représenté au roi que c'était péché mortel que de ne pas aimer et honorer sa mère, que de l'écarter de ses conseils. Bonne tactique, puisque Louis craint le péché et que, s'il est cruel, il est aussi un scrupuleux que hante le remords de ses cruautés. Le P. Suffren prend le relais du P. Arnoux; il est confesseur de Marie de Médicis et, grâce à elle, le deviendra aussi du roi. Nos deux jésuites, ultramontains comme l'Italienne, croyaient bien servir la cause de l'Église.

Soumis à ces influences, privé de Luynes, sans ministres ni conseillers qui sortent du commun, Louis XIII retombe sous la coupe de sa mère. Anne d'Autriche va en être la première victime et une victime innocente. Elle s'est toujours bien conduite avec sa belle-mère (son père le lui avait recommandé). En 1617, quand Marie de Médicis, après la mort de Concini, était emprisonnée dans ses appartements avant d'être expédiée à Blois, elle avait demandé la permission d'aller la consoler. Ensuite, elle avait correspondu avec elle, encourant pour cela les foudres de son mari. En juilet 1620, il est vrai, Anne a pris des initiatives pour contrecarrer celles de sa belle-mère, mais il le fallait bien puisque Marie de Médicis était en rébellion ouverte! N'importe, ce petit contentieux va peser lourd sur leurs relations et d'autant plus qu'il a créé un précédent. Qui peut assurer que le roi, pendant ses voyages, ne confierait pas à nouveau des pouvoirs et même la régence à sa femme plutôt qu'à sa mère? Perspective inacceptable pour l'orgueilleuse et autoritaire Florentine qui n'a même pas toléré qu'Anne, pourtant reine régnante, ait le pas sur elle. Après de longues contestations, Louis XIII lui a donné satisfaction. Anne s'en est irritée. Elle s'irrite bien davantage, maintenant, que la reine mère ne se contente pas de ce passe-droit, qu'elle provoque à tout propos des incidents protocolaires, qu'elle prétende faire la loi jusque dans son appartement. Ne s'est-elle pas permis d'en chasser, et avec quelle vivacité! un ancien protégé de Luynes?... Empiètement inadmissible et, cette fois, Louis XIII a exigé des excuses au nom de son épouse, ce qui n'a pas arrangé les choses.

Cette jalousie d'autorité se conjugue avec une jalousie de femme. Marie aime d'autant moins sa belle-fille que le roi semble l'aimer – et qu'il n'est pas le seul. Anne d'Autriche n'est plus une petite infante timide et gauche; c'est une femme de vingt-deux ans, en plein éclat. Or Marie de Médicis a toujours été, bien à tort, assez vaine de son physique, et les infidélités de son mari ont exacerbé ses frustrations. Comment pardonnerait-elle à sa belle-fille ces admirateurs qu'elle aurait tant voulu avoir pour elle?

Henri, duc de Montmorency, a vingt-huit ans, « l'esprit court », mais il a été formé à la galanterie par Mme de Sablé, l'ancêtre des précieuses, et plaît aux dames « par un charme inexprimable qui était dans toutes ses actions et dans toute sa personne » (Mlle de Scudéry). Sa manière de dire valait mieux que ce qu'il disait, surtout quand un autre le disait pour lui. Mécène, il avait des poètes à sa solde qui s'employaient à servir sa, ou plutôt ses flammes. Le 26 février 1623, on danse devant le roi et la reine le ballet des Bacchanales; Montmorency y dit des vers composés pour lui par Théophile de Viau. Cela ressemble fort à une déclaration. Le personnage incarné par le duc veut devenir dieu,

Non pas pour souffrir moins de peine

mais pour être digne

De l'amitié d'une déesse

La suite était plus explicite encore :

Plût au ciel qu'un jour seulement
Jupiter m'eût donné sa face,
Et qu'il voulût pour un moment
Me laisser régner en sa place!

Jupiter-Louis XIII manifesta, dès la fin du ballet, une irritation que raviva au mois de mai la publication des vers en librairie. Montmorency protesta de son innocence et de sa loyauté : il aimait mieux s'exiler que de rester en butte aux soupçons du roi. Mais l'affaire se compliquait d'une intrigue de cour (comme si tout, dans une cour, n'était intrigue!...). Montmorency était le beau-fils de la connétable du même nom, veuve de son père. Nous l'avons déjà rencontrée. C'est cette dame d'honneur d'Anne d'Autriche qui n'avait jamais accepté d'être subordonnée à la jeune Mme de Luynes. De celle-ci elle s'était crue débarrassée en 1622. Mais l'intrigante, grâce à son mariage avec Chevreuse, a retrouvé sa charge de surintendante de la maison de la reine. C'en est trop. Mme de Montmorency, profitant peut-être des sentiments de son beau-fils pour la reine, demande le renvoi de Mme de Chevreuse. Marie de Médicis, qui a tant souffert des Luynes, qui les a tant combattus, devrait approuver. Mais non! Elle se sert de l'incident pour inquiéter son fils sur les complaisances de la reine envers les Montmorency. Ce n'est qu'un début. Chaque fois, désormais, qu'un homme lèvera des yeux sur Anne, Marie de Médicis en profitera pour la desservir dans l'esprit du roi; les confesseurs, en cela aussi, serviront ses desseins.

Tallemant va plus loin. Pour lui, Marie de Médicis avait en sous-main pris le parti de Mme de Chevreuse, parce qu'elle voulait que sa belle-fille continuât à subir l'influence de cette tête folle qui la brouillerait assurément avec le roi. Autres têtes folles, Mme du Vernet et Mlle de Verneuil (devenue Mme de La Valette) auraient été, elles aussi, pour les mêmes raisons, encouragées par la reine mère à rester auprès d'Anne d'Autriche. Ce témoignage a le mérite de nous expliquer ce qui autrement resterait inexplicable : que, malgré le roi, ces dangereuses créatures se soient maintenues auprès de la reine.

La princesse de Conty, que nous trouvons aussi dans l'intimité d'Anne d'Autriche en ces années 1620, n'a pas meilleure réputation que les précédentes, bien au contraire. Louis XIII, dans sa correspondance secrète, l'appelle « le péché ». A quarante-cinq ans, elle n'a que l'amour en tête; maîtresse de Bassompierre, elle l'a été de bien d'autres avant lui. Mieux, elle fait du prosélytisme; c'est elle qui a servi les amours de son frère Chevreuse avec Mme de Luynes (elle a été leur « maquerelle », dit crûment le maréchal de Marillac). Or la princesse de Conty est une intime de Marie de Médicis. Alors, est-ce seulement pour espionner sa belle-fille, comme on le murmure, que la reine mère encourage leur amitié? Pour Tallemant, aucun doute : c'est la princesse de Conty « qui apprit à la reine à être coquette ».

Comment Louis XIII pourrait-il soupçonner sa mère d'une telle noirceur? La Florentine joue son jeu et se joue de son fils avec une habileté consommée. Elle feint, quand il s'inquiète des amitiés ou des admirateurs de la reine, de prendre la défense de celle-ci. Ne vous laissez pas impressionner par les ragots, lui dit-elle en substance ; votre femme est jeune et influençable ; elle a trop de « facilité », mais pas de « malice » ; elle a des « défauts », mais ne commet point de « crimes ». Soyez indulgent, prenez garde qu'on ne vous brouille avec elle pour vous empêcher d'avoir un héritier, etc. Et le jour où Louis XIII, troublé par un de ces ragots (qu'elle a suscité), parle de faire faire des remontrances à son épouse par sa première femme de chambre (c'est tout lui), la reine mère se dévoue : elle ira elle-même accomplir ce qui lui est pourtant une « corvée ». Or ce qui irrite Anne d'Autriche, ce n'est pas seulement qu'on la soupçonne, pas seulement qu'on l'empêche de gouverner seule sa maison, c'est qu'on lui fasse savoit tout cela par des tiers. Elle s'est plainte, déjà, que son mari ne lui dise pas les choses en face, seul à seule. Comment accueillerait-elle de bon cœur les remontrances de sa belle-mère? Elle les refuse. Mais c'est à elle que son mari donne tort, l'obligeant à aller faire des excuses à Marie de Médicis.

Premier résultat de cette guerre d'usure : en avril 1623, Louis XIII a réformé l'accès aux appartements de sa femme ; aucun homme, désormais, n'y doit être admis hors de sa propre présence. Mesure offensante et qu'Anne a ressentie, comme telle. On ne s'étonnera pas, qu'après cela, elle refuse, l'été suivant, d'aller rendre visite à sa belle-mère qui prend les eaux dans son château de Montceaux-en-Brie. Il faudra pourtant qu'elle y aille, et deux fois. L'étrange malaise dont elle est victime au cours de ce même été procède-t-il d'autre chose que de l'insupportable ambiance de suspicion, de délation et de critique permanente dans laquelle elle vit maintenant? Écoutons Giovani Pesaro, ambassadeur de Venise : « Cette nuit *(2 juillet)*, il est survenu à la reine un pénible accident : on dit qu'elle est tombée à terre comme en délire ; dans sa chute elle s'est blessée à la main, au nez et au front. Aussi, au milieu de la nuit, a-t-elle été saignée. Il paraît qu'elle n'a pas d'autre mal que le coup de la chute. Comment cette chute a eu lieu, on n'en dit rien qu'en secret; il y a là quelque mystère qui sera bientôt divulgué. En raison de cet accident, le roi différera son départ *(pour Saint-Germain).* »

Du 10 juillet : « La reine reste dans le même état de faiblesse cérébrale et d'anxiété cardiaque. On parle de grossesse; mais le vrai est que les médecins redoutent que l'accident ne soit dû au mal caduc *(épilepsie).* On lui donne le nom de convulsion, délire, vertige et grossesse pour dissimuler à la reine et au roi la nature du mal. » Et enfin, le 14 : « La reine reste en médiocre état de santé et n'a pas quitté Paris, mais il n'est plus question de grossesse. »

Il ne s'agissait pas en effet d'une grossesse; il ne pouvait s'agir non plus d'une crise d'épilepsie : les signes cliniques manquaient, et jamais ils ne se manifesteront dans toute la vie d'Anne d'Autriche. Que voir alors dans cette crise sinon une crise de nerfs, le point culminant d'un état dépressif?

Fait à noter, nous ignorons si, d'avril à juillet 1623, les relations conjugales se sont poursuivies, les pages concernant cette période ayant été arrachées dans le journal d'Héroard, ce qui en soi est curieux. Mais nous savons que le roi partage de moins en moins la vie de sa femme. Il s'est remis à chasser comme un fou et passe le plus clair de ses loisirs dans les bois. Pour se livrer plus commodément à sa passion, il fait construire un « petit château de gentilhomme » dans une région giboyeuse au sud-ouest de Paris. La bourgade s'appelle Versailles.

En novembre, nouvelle crise à la cour avec la décision prise par le roi et son conseil pour mettre fin au différend Chevreuse-Montmorency. Les deux plaignantes sont renvoyées dos à dos : la première perd sa charge de surintendante de la maison de la reine, mais le seconde perd sa charge de dame d'honneur. Ce qui mécontente les deux femmes et leurs deux puissantes familles; ce qui consterne Anne d'Autriche, qui les aimait l'une et l'autre. Elle pleura, nous le savons, ce qui laisse présumer de sa vertu : consolée par quelque Montmorency, elle n'aurait pas pleuré.

A travers tous ces incidents, c'est l'incompatibilité d'humeur de Louis XIII et de sa femme qui se faisait jour; elle aimait la vie dc cour : il en concevait à peine l'utilité. Richelieu, plus tard, se verra obligé de lui conseiller de faire plus souvent « bonne chère » aux grands. (Et Dieu sait que Richelieu n'aimait pas les grands!) Mondain, Louis XIII ne se fût pas offusqué des succès de sa femme. Mais, austère et jaloux comme il est, il s'irrite que l'appartement de la reine soit devenu un pôle d'attraction et prend tout complimenteur pour un séducteur. Il oublie qu'Anne est espagnole et, qu'en Espagne, rendre hommage à une reine, célébrer la beauté d'une femme, c'est un rite. Écoutons Mme de Motteville : « La reine m'a fait l'honneur de me dire, se moquant alors de sa vanité passée, qu'elle n'avait jamais fait de réflexions sur les sentiments que le duc de Montmorency pouvait avoir pour elle, et qu'elle n'avait remarqué et pris tout ce que disait la voix publique de lui que comme un tribut qu'elle croyait devoir être dû par tout le monde à sa beauté. »

Mme de Sablé, celle-là même qui avait « formé » Montmorency et répandu l'espagnolisme en France, ne disait-elle pas « que les hommes pouvaient sans crime avoir des sentiments tendres pour les femmes » et que celles-ci « qui étaient l'ornement du monde, étaient faites pour être servies et adorées »? Anne ne comprenait pas « que la belle conversation, qui s'appelle ordinairement l'honnête galanterie, où on ne prend jamais aucun engagement particulier, pût jamais être blâmable, non plus celle que les dames espagnoles pratiquent dans le palais, où vivant comme des religieuses et ne parlant aux hommes que devant le roi et la reine, elles ne laissent pas de se vanter *(entre elles)* de leurs conquêtes et d'en parler comme d'une chose qui, bien loin de leur ôter leur réputation, leur en donne beaucoup ».

La Rochefoucauld, lui, dira d'Anne d'Autriche : « Avec beaucoup de vertu, elle ne s'offensait pas d'être aimée. » C'est très exactement ce que Tallemant appelle la coquetterie de la reine. S'agissant d'un siècle qui a mis tant de soin à définir les mouvements du cœur et les replis du caractère, une incursion dans la terminologie n'est pas inutile. Si la coquetterie s'accommode de « l'honnête galanterie », elle est bien différente de la galanterie tout court. « Une femme galante veut qu'on l'aime : il suffit à une coquette d'être trouvée aimable et de passer pour belle... Ce qui domine dans l'une, c'est la passion et le plaisir ; et, dans l'autre, c'est la vanité et la légèreté », écrit La Bruyère. La femme galante, c'était Mme de Chevreuse, pas la reine.

Le beau Montmorency devait être décapité à Toulouse, en 1632, pour crime de rébellion. C'était le premier baron chrétien du royaume, sa sœur avait épousé le premier prince du sang (Condé), ses ancêtres comptaient quatre connétables et six maréchaux de France. Cette rigueur, ce fut d'abord celle de Richelieu qui voulait briser les féodaux ; mais le ressentiment personnel de Louis XIII contre l'ancien soupirant de sa femme joua son rôle. Le roi n'oubliait rien. Un certain bracelet trouvé sur Montmorency, lors de sa capture, aurait ravivé sa jalousie : le bijou était orné d'un portrait d'Anne d'Autriche en médaillon. On peut s'étonner qu'un séducteur tel que Montmorency, qui avait eu d'autres amours, ait fait faire ou conservé si longtemps ce souvenir. Mais peut-être avait-il sincèrement aimé la reine. On disait qu'il avait chez lui un portrait d'elle devant lequel il forçait les visiteurs à s'agenouiller !

Roger de Saint-Lary, duc de Bellegarde, était d'une autre espèce et d'une autre génération. Cet ancien mignon d'Henri III, qui courait les petits pages, restait pourtant sensible au charme féminin. Il l'avait prouvé en disputant à Henri IV deux de ses maîtresses et en faisant le galant auprès de sa veuve. Après de tels exploits, il ne pouvait déchoir et entreprend, vers la fin de 1623, de courtiser l'épouse de son troisième souverain. Il se peut que cette « folie » ait été suggérée à « l'antique galant » (il avait soixante ans) par les amies de la reine, pour le ridiculiser. Un jour, Bellegarde demande à Anne : « Que ferait Votre Majesté à un homme qui lui parlerait d'amour? – Je le tuerais, répond-elle. – Ah, je suis mort! » s'écrie Bellegarde. Une autre fois, au moment de partir en campagne, il la sollicite de lui accorder une faveur. Anne montre quelque inquiétude. Bien à tort : Bellegarde voulait seulement qu'elle touchât de sa blanche main la garde de son épée.

On voit le ton. Bellegarde était peut-être sincère et décidé à réussir, mais il était démodé et sera facilement éclipsé par celui qui va maintenant – et cette fois nous en sommes sûrs – éblouir Anne d'Autriche. Louis XIII aurait mieux fait de réserver sa jalousie, puisqu'il se donna le ridicule d'en avoir aussi contre Bellegarde.

III

LES FERRETS DE DIAMANTS

Au début du mois de mars 1623, le prince de Galles, Charles Stuart, est passé par Paris. Il n'était pas seul; milord Bouquinquan l'accompagnait. Saluons Georges Villiers, duc de Buckingham. Nos ancêtres ne s'embarrassaient pas de prononciations étrangères.

Buckingham a tout pour lui : la jeunesse, la beauté, l'élégance, la puissance aussi. A trente ans, il gouverne de fait l'Angleterre. Réussite éclatante et enviée qu'il doit à la trouble affection de son roi, Jacques Ier. Situation qu'on a connue en France avec Luynes et Louis XIII, à cette différence près, qu'en Angleterre, le roi, beaucoup plus âgé que son favori, joue les papas gâteaux (et gâteux) et que Buckingham sera une calamité pour son pays.

Il faut voir absolument le portrait que Rubens a fait de lui (au palais Pitti) : sa séduction y éclate encore. Taille fine, épaules d'athlète, œil de velours, il est rare de rencontrer un mélange aussi réussi de grâce et de virilité. Exactement ce qu'on aimait à une époque de guerriers en dentelles. Le col de dentelle que porte Buckingham, Rubens en fait un écrin pour le parfait visage, mince, triangulaire, dominateur, éclairé par un petit sourire qui en dit long. Les yeux sont bruns, les cheveux fauves, comme la fine moustache, et savamment négligés. Ce beau ténébreux n'a de britannique que le teint et la carrure. Au moral comme au physique, c'est un jaillissement. A son long corps élancé correspond une impulsivité toute latine, qui le dessert en politique, mais bouleverse les cœurs féminins. Pourquoi, mais pourquoi les rois qu'on épouse ne sont-ils jamais ainsi?

Les deux visiteurs ne sont restés que quarante-huit heures à Paris et incognito, mais Buckingham y a vu Anne d'Autriche, au Luxembourg, chez la reine mère, à l'occasion d'un ballet. L'accès aux palais royaux était beaucoup plus facile qu'aujourd'hui l'accès aux palais républicains, et, de toute façon, les hommes de qualité pouvaient se rendre à toutes les fêtes sans invitation. Le duc de Montbazon, chevalier d'honneur de la reine mère, a donc introduit les nobles étrangers, ignorant qu'il se faisait ainsi l'instrument du destin. Le ballet s'intitulait « les Fêtes de Junon » et Anne d'Autriche y incarnait la déesse. « La reine de France est la plus belle », écrivit le lendemain le prince de Galles à son père. Sentiment partagé, dès ce moment, par milord Bouquinquan.

Anne, de son côté, a-t-elle remarqué ce gentilhomme masqué qui la regardait? Nous ne le savons pas. Ce que nous savons, c'est qu'elle a déjà entendu parler de Buckingham; c'est qu'elle a déjà eu l'occasion d'apprécier sa magnificence (cette qualité sans laquelle il n'est pas de grand seigneur): en 1620, il lui a offert par l'entremise de M. de Chevreuse, qu'il priait de faire agréer sa « hardiesse », huit chevaux de carrosse, pas un de moins.

Si Buckingham fait traverser la France au prince de Galles, c'est pour lui donner l'occasion de conquérir à Madrid le cœur de celle qu'on lui destine, l'infante Maria, sœur d'Anne d'Autriche. Démarche inusitée. Les mariages princiers sont affaires d'État qui se négocient par ministres interposés. A-t-on jamais vu que l'amour y doive jouer un rôle? Mais justement! Buckingham espère que ce geste extraordinaire touchera la cour de Madrid, l'incitant à accorder à l'Angleterre des avantages supplémentaires. Mauvais calcul. L'équipée se solde par un échec. Les Espagnols mettaient leur alliance à trop haut prix, prétendant même convertir au catholicisme l'héritier d'Albion. (Et puis la diplomatie française n'est pas restée inactive...) Le dépit de Buckingham se traduit par des prises de bec avec le ministre duc d'Olivares, par des hauteurs qui choquent la cour de Madrid dont la sévérité dévote s'offusque par ailleurs de la joyeuse vie que mène le négociateur dans ses heures de loisir. Les deux pays sont à couteaux tirés quand les visiteurs repartent pour l'Angleterre. Ils ne rapportent de leur voyage qu'un ravissant portrait de l'infante Maria. Chez les Habsbourg d'Espagne, les filles, décidément, avaient la beauté en partage.

Anne d'Autriche a pu apprendre par les lettres de sa famille de quelle romanesque façon le prince de Galles, inspiré par Buckingham, avait tenté de conquérir sa sœur. N'a-t-il pas poussé l'audace jusqu'à sauter un mur pour atterrir aux pieds de l'infante, dans le verger de la Casa del Campo, où elle se promenait? A se voir complice malgré elle de ce crime inimaginable – un tête-à-tête avec un homme – Maria s'est enfuie en poussant des cris. Accouru, le vieux marquis qui la gardait s'est jeté aux pieds du prince pour le supplier de partir (par la porte). A l'admettre auprès de l'infante, il eût risqué sa tête. Quelle aventure! Anne aussi s'est promenée, adolescente, à la Casa del Campo, ce pavillon d'été, mais nul prince charmant n'y est venu troubler sa solitude.

C'est l'échec du mariage anglo-espagnol qui va ramener Buckingham à Paris et cette fois officiellement. Londres, toujours à la recherche d'une alliance continentale, se rabat sur la France. Henri IV n'avait-il pas déjà envisagé un mariage franco-anglais? Luynes n'avait-il pas repris ce projet?... On voit d'abord arriver, au printemps 1624, milord Rich, comte de Holland. C'est à Henriette de France, la plus jeune sœur de Louis XIII, qu'il vient proposer le prince de Galles. Il faudra un an pour arriver à un accord, aucune des deux couronnes ne voulant renoncer à soutenir ses coreligionnaires dans le pays de l'autre; mais, comme toutes deux ont besoin d'un allié contre les Habsbourg, le traité sera finalement conclu et à l'avantage de la France. C'est que Richelieu a été admis au conseil le 29 avril 1624. Avec voix délibérative seulement. Au bout de quatre mois, il est quand même devenu chef du conseil. Or Richelieu joue mieux, incomparablement mieux que tous les négociateurs anglais; il obtient des mesures de clémence pour les catholiques d'outre-Manche, la liberté de culte pour la future reine et toute sa suite; et, s'il n'obtient pas que les enfants à naître soient catholiques, du moins leur première éducation est-elle confiée à Henriette, ce qui veut dire qu'on leur inculquera le culte de la vraie religion, ce qui veut dire – Richelieu l'avait-il prévu? – que la dynastie Stuart est condamnée à terme, l'Angleterre protestante ne pouvant s'accommoder d'un souverain papiste.

C'est le 8 mai 1625 que sont célébrées les fiançailles d'Henriette de France avec Charles Ier d'Angleterre, puisque, dans l'intervalle, le prince de Galles est devenu roi sous ce nom par la mort de son père. La cérémonie a lieu au Louvre, dans la chambre de parade de Louis XIII dont on a enlevé le lit. A la place, derrière la balustrade, le fauteuil royal sous un dais de velours cramoisi; d'autres fauteuils sont réservés aux reines et à la fiancée. A cinq heures du soir, on introduit les personnalités. Disons les personnages. La monarchie d'Ancien Régime, c'est l'État-spectacle, et, à l'intérieur de ce grand spectacle permanent, se joue, dans la chambre royale, le prologue d'une tragi-comédie : celle qui va empoisonner pour longtemps la vie d'Anne d'Autriche et fournir aux romanciers et cinéastes un thème inépuisable qu'Alexandre Dumas sera le premier à exploiter.

La voici, justement, Anne d'Autriche, qui fait son entrée dans la pièce, en robe de satin rouge incarnat brodée d'argent; Marie de Médicis est en noir, Henriette en blanc : robe de satin brodée d'or, ornée de perles et de diamants. Les ambassadeurs extraordinaires du roi d'Angleterre, le comte de Holland, le comte de Carlisle, étincellent, eux aussi, de pierreries. Carlisle n'est autre que le milord Hay rencontré en 1621 à Montauban. Oublions ce mauvais souvenir; mais n'oublions pas le nom de Carlisle : lady Carlisle va bientôt se joindre à la troupe de nos personnages.

Après la signature du contrat, les deux ambassadeurs vont chercher le duc de Chevreuse qui doit épouser Henriette par procuration pour le roi d'Angleterre. Si celui-ci l'a désigné, c'est qu'il lui est apparenté par l'infortunée Marie Stuart, jadis reine d'Écosse, dont la mère était une Guise. Il y a une autre raison : Mme de Chevreuse est la maîtresse de Holland.

Ici, l'historienne se sent un peu gênée. Elle a l'air de céder au roman, d'exploiter le filon surexploité des amours célèbres ou des stupres de l'Ancien Régime. Tous ces ducs et milords qui défilent dans le lit de Mme de Chevreuse (et nous n'en sommes qu'au début!), cela ne fait pas sérieux. Pourtant, c'est vrai et il importe de le savoir : Mme de Chevreuse est la maîtresse de Holland; elle l'est devenue l'année précédente, quand il séjournait à Paris pour y négocier le mariage franco-anglais. N'oublions pas le portrait que Retz a tracé de la duchesse :

« Elle aimait sans choix et purement parce qu'il fallait qu'elle aimât quelqu'un. Il n'était pas même difficile de lui donner, de partie faite, un amant; mais dès qu'elle l'avait pris, elle l'aimait uniquement et fidèlement... Son dévouement à sa passion, que l'on pouvait dire éternelle quoiqu'elle changeât d'objet, n'empêchait pas qu'une mouche ne lui donnât quelquefois des distractions; mais elle en revenait toujours avec des emportements qui les faisaient trouver agréables. Jamais personne n'a fait moins d'attention sur les périls et jamais femme n'a eu plus de mépris pour les scrupules et les devoirs : elle ne reconnaissait que celui de plaire à son amant. »

Plaire à Holland, c'est intriguer pour son compte. En cela Mme de Chevreuse n'a pas à se forcer : elle aime « les affaires », comme on disait alors. Ce trait de sa nature, qui ne fera pas moins de ravages que sa beauté, trouve pour la première fois l'occasion de s'exercer à l'échelle internationale. Ici, c'est La Rochefoucauld notre témoin, La Rochefoucauld qui fut lui aussi, plus tard, l'amant de Mme de Chevreuse et qui a pour nous l'avantage sur tous les autres d'avoir laissé des Mémoires. Donc, nous apprend-il, Holland et la duchesse, « pour honorer leur passion », avaient formé le dessein, dès 1624, « de faire une liaison d'intérêts et même de galanterie entre la reine et le duc de Buckingham ». On n'a pas assez remarqué, il me semble, ce mot « d'intérêts ». Holland était un diplomate; il avait besoin d'appuis à la cour de France pour que réussît le projet de mariage anglo-français. Peut-être n'eût-il pas songé de lui-même à une liaison entre la reine de France et Buckingham; mais, puisque Mme de Chevreuse, qui connaît bien la reine, lui dit qu'il y a là un cœur et un esprit à prendre, pourquoi pas? D'autant que Holland, s'il connaît peu Anne d'Autriche, connaît bien Buckingham; il sait que ce séducteur, que ce fat, ne résistera pas au plaisir et à la gloire d'une telle conquête. On s'emploie donc, de chaque côté de la Manche, à mettre en condition les deux intéressés en leur disant... oh! sans doute, qu'ils sont faits l'un pour l'autre, qu'ils rêvent l'un de l'autre et que cette liaison peut être utile à leur gloire et à celle de leurs pays respectifs.

Replacé dans le contexte de l'époque, ce mélange des genres, romanesque et politique – qu'on a déjà rencontré dans l'équipée espagnole de Galles et Buckingham et qu'on retrouvera tout au long de cette histoire –, est moins invraisemblable qu'il n'y paraît. Le XVIIe siècle a connu une étrange aventure : il est devenu « classique » et les génies de l'âge classique ont oblitéré les gloires secondaires. Si les romans du début du siècle n'ont plus de place dans nos manuels d'histoire littéraire, ils en occupaient une très grande dans la société du temps. Le prodigieux succès de *l'Astrée* (parue de 1607 à 1627) avait engendré une innombrable filiation. Ces romans, qu'ils fussent pastoraux, héroïques, historiques, illustraient tous la même idée-force : il n'y a de grande vie qu'inspirée par l'amour; l'amour est le moteur de l'histoire et le mentor des hommes. Sentiments éternels, passions désespérées, larmes, soupirs, effusions, rêveries au clair de lune, on parlerait de romantisme si cet amour tout-puissant n'était aussi un amour contraignant. En cela, romans et salons prêchent le même idéal : c'est par une vertu sans tache que les femmes méritent les hommes; c'est par un dévouement sans limites que les hommes méritent les femmes, et c'est par d'admirables discours, dignes de la Chambre bleue, que les uns et les autres, qu'ils appartiennent aux contrées les plus sauvages, aux temps les plus barbares, se séduisent mutuellement. Las du matérialisme, des brutalités et des grossièretés qu'avaient suscités trente années de guerre civile, le public s'enchantait de ces conventions qui nous paraissent aujourd'hui insupportables. Les femmes, surtout, que les lois soumettaient à la tyrannie de leurs pères ou de leurs maris, que la société réduisait à n'être que des ménagères et des reproductrices, ne se lassaient pas de ces pays imaginaires où, par la grâce de la fiction, elles se voyaient reines et inspiratrices. Et n'oublions pas tout l'accessoire, tout ce que Retz appelait la « romanesquerie » : naufrages, enlèvements, princesses persécutées et princes exilés, résurrection sous un nom d'emprunt du fiancé qu'on avait cru mort, retrouvailles miraculeuses dans une cour exotique, voire dans quelque « désert », de deux amants séparés par la guerre ou les intrigues des méchants. Rien n'était plus invraisemblable qu'une telle accumulation d'aventures, mais c'est de rêve que l'humanité a besoin.

Le schéma imaginé par Mme de Chevreuse et Holland : rendre à distance le plus beau et le plus puissant seigneur d'Angleterre amoureux de la plus belle et de la plus noble des reines, c'est tout simplement un schéma de roman. Rien d'étonnant à ce que les deux intéressés s'y prêtent; rien d'étonnant à ce qu'ils ne s'arrêtent point aux difficultés de l'entreprise. « Le duc de Buckingham était jeune, libéral, audacieux... hardi, entreprenant » (La Rochefoucauld) et il n'avait que « le roman en tête » (Tallemant). Les deux mémorialistes négligent de nous dire que Buckingham était marié, mais est-ce que ces choses-là comptent? La fidélité conjugale n'est bonne que pour les bourgeois. Anne d'Autriche, stylée par Mme de Chevreuse, commencerait-elle à le penser? Non, mais elle aussi adore les romans, elle aussi a besoin de romanesque; elle a surtout grand besoin, désespérément besoin d'amour!

Il y a des modes en histoire. La mode étant aujourd'hui à la réhabilitation de Louis XIII, on réhabilite l'homme aussi bien que le roi et des historiens vont jusqu'à rejeter sur Anne d'Autriche seule la mésentente du couple; ils se servent du premier faux pas, qu'elle n'a pas encore commis, pour nous démontrer *a posteriori* qu'elle avait bien mérité la désaffection de son mari. La misogynie, décidément, n'épargne même pas l'érudition. L'affaire Buckingham est la conséquence et non la cause de la désaffection du roi. Les hommes courtiseraient-ils la reine, s'ils ne sentaient, s'ils ne savaient qu'il y a là un cœur – et un corps – à prendre? Oublient-ils, nos historiens, les avanies que subit la reine depuis trois ans du fait du roi et de la reine mère? S'inquiètent-ils de savoir si elle a jamais éprouvé quelque plaisir aux caresses de son mari? Il leur suffit que Louis XIII ait rempli ses devoirs conjugaux et qu'il se soit montré jaloux. Mais qu'est-ce que cela prouve? Les amours du roi, écrit Tallemant, « étaient d'étranges amours. Il n'avait rien d'un amoureux que la jalousie ». Et La Rochefoucauld : « Cet amour *(du roi)* ne ressemblait pas à celui des autres hommes. » Et d'Ormesson, plus péremptoire encore : « Jamais il n'a été aimé, parce qu'il n'a rien aimé. » Anne d'Autriche, elle-même, ne confiera-t-elle pas un jour à Mme de Motteville que son mari n'avait jamais eu ce qui s'appelle de « l'inclination » pour elle ?

Que Louis XIII fasse encore « mettre le chevet » chez sa femme (c'est l'expression consacrée) n'est pas non plus une preuve d'amour. Les mots *devoir conjugal* disent bien ce qu'ils veulent dire : il faut absolument que le roi perpétue sa dynastie, qu'il donne un héritier à la couronne. Richelieu, dès son arrivée au pouvoir, s'est permis d'insister là-dessus.

On a peine à comprendre, dans une république élective, l'importance que revêtait l'existence d'un dauphin dans une monarchie héréditaire. Comme devait l'écrire le P. Senault dans l'oraison funèbre d'Anne d'Autriche, en ce style noble et ternaire des latinistes de l'Oratoire : « C'est une espèce de paradoxe, mais véritable pourtant, qu'un enfant qui est enveloppé de langes, qui suce le lait d'une femme, qui n'a pas encore l'usage de ses mains ni de sa langue, relève l'espérance d'un monarque, dissipe les factions de son État et retient ses sujets dans leur devoir. Cela est si vrai, messieurs, que le grand Alexandre, après avoir gagné tant de batailles, défait tant de rois et conquis tant de provinces, se plaignait à ses domestiques que les Macédoniens le méprisaient parce qu'il n'avait point de fils. » Et Senault ajoutait qu'Anne d'Autriche, elle aussi, n'avait rien tant désiré qu'un fils. Sans doute commençait-elle à comprendre que, stérile, elle avait tout à craindre. Avec sa piété d'Espagnole, elle multipliait donc les neuvaines, les aumônes, les pèlerinages et les fondations pieuses pour obtenir du ciel ce dauphin tant désiré et si nécessaire. Eût-elle été moins vertueuse que ses vœux auraient été bientôt exaucés.

Car, à Londres, on n'est pas resté inactif. Buckingham s'est fait désigner pour venir en France chercher la nouvelle reine d'Angleterre. Il arrive à Paris le 24 mai et il y arrive « avec plus d'éclat, de grandeur et de magnificence que s'il eût été roi ». Il a vingt-sept habits dans ses bagages et dispose pour se parer des pierreries de la couronne d'Angleterre. Les diamants pleuvent, à la lettre, de sa personne, « moisson brillante, destinée aux dames ». Et les dames – telles étaient les mœurs, hélas ! – ramassent ces joyaux que Buckingham, par un raffinement de galanterie, a pris soin de n'attacher que négligemment à ses vêtements. Sportsman autant que dandy, il va aussi lancer en France la mode du bouquinquan, coiffure de cavalier recouverte de velours noir, ce que nous appelons aujourd'hui une bombe. Si toutes les femmes sont éblouies, tous les hommes sont jaloux.

Fait à noter, car il trahit l'éternelle et souvent coupable prudence des diplomates, notre ambassadeur en Angleterre, Leveneur de Tillières, a appris que Buckingham méditait de former « une intelligence » avec la reine ; mais il n'en a pas averti son ministre. Il avait supposé, écrira-t-il plus tard, que Richelieu le savait mieux que lui « et que, le sachant, il en devait bien prévoir les inconvénients » !

Voici donc Buckingham sur le théâtre des opérations. Il se présente chez la reine. Elle « lui parut encore plus aimable que son imagination ne lui avait pu représenter, et il parut à la reine l'homme du monde le plus digne de l'aimer. Ils employèrent la première audience de cérémonie à parler d'affaires qui les touchaient plus vivement que celles des deux couronnes et ils ne furent occupés que des intérêts de leur passion » (La Rochefoucauld). Ce qu'on avait voulu simple liaison de galanterie et de politique devient, dès que les deux héros sont en présence, un coup de foudre : *love at first sight.*

Buckingham, qui a passé deux ans de sa jeunesse sur notre sol, parle couramment le français, et le français « fabuleux » des salons. C'est un atout. Il en a un autre : ses prérogatives d'ambassadeur extraordinaire dont il use et abuse pour s'entretenir avec la reine. Il ne fallait pas moins, puisque le roi avait interdit qu'aucun homme pénétrât hors de sa présence dans les appartements de sa femme. Mais, de plus, il se trouve que Louis XIII est malade en cette fin de mai 1624 et ne peut assister à toutes les réjouissances organisées pour le mariage de sa sœur. Mais, de plus, Buckingham est descendu à l'hôtel de Chevreuse, rue Saint-Thomas-du-Louvre, où il a une alliée toute prête à transmettre les messages et faciliter les entrevues.

La maladie de Louis XIII n'aurait-elle pas quelque chose de diplomatique? D'aucuns murmurent que, si le roi n'est pas allé, le 27 mai, à la soirée donnée par sa mère au Luxembourg, c'est pour éviter Buckingham.

Il faut savoir que Louis nourrissait déjà des griefs contre l'Anglais, et des griefs justifiés. Passer incognito par la France pour aller négocier une alliance avec l'Espagne, c'était pour le moins une inconvenance. Et voici que ce même Buckingham se permet de courtiser la reine de France à la barbe de son époux!... Louis XIII ne l'ignore pas. Comment l'ignorerait-il? Il a maintenant un informateur de premier ordre en la personne de Richelieu. Au reste, émerveillés l'un de l'autre, Anne et Buckingham oublient les précautions.

Que Richelieu veuille préserver l'honneur de la reine et l'empêcher de devenir un jouet de la politique anglaise n'aurait rien que de louable. Mais il y a autre chose; il est jaloux, lui aussi : de Buckingham, qui n'a eu qu'à paraître pour éclipser la cour de France, et, s'il faut en croire La Rochefoucauld, de la reine aussi, qu'il aurait déjà tenté de conquérir. Ici, La Rochefoucauld, qui n'était pas encore à la cour à cette époque, bouscule un peu la chronologie. Quelque admiration qu'ait pu éprouver, dès cette époque, Richelieu pour Anne d'Autriche, il serait invraisemblable qu'il se fût déjà essayé à la séduire : en sa première année de pouvoir et d'un pouvoir encore mal assuré, il n'eût pas pris le risque de compromettre sa position en suscitant la jalousie de son maître. D'autres témoins, d'ailleurs, soulignent sa prudence; pendant les absences du roi, il affectait, paraît-il, de ne point aller faire sa cour aux deux reines et nous savons qu'il devait tout à l'une d'entre elles. Ce qui est sûr, c'est que le cardinal a voulu tout de suite faire d'Anne d'Autriche, comme de tout le monde, un instrument de sa politique; ce qui est sûr, c'est que, tout de suite, elle ne l'a pu souffrir. Pourquoi? Peut-être par antipathie personnelle, sans doute parce qu'il était la créature de sa belle-mère et prétendait régner sans partage sur l'esprit du roi. Richelieu a ressenti cet échec. Il n'était pas homme à l'oublier. « Tout ce qui n'était pas soumis à ses volontés était exposé à sa haine », écrit La Rochefoucauld.

Bellegarde et Montmorency, qui ont été, eux aussi, éclipsés par Buckingham, en montrent quelque dépit. Voiture chansonne le premier :

L'astre de Roger
Ne luit plus au Louvre;
Chacun le découvre,
Et dit qu'un berger
Arrivé de Douvre,
L'a fait déloger.

Bref, tout le monde veut le départ de Buckingham, qui, au bout de neuf jours, le 2 juin, s'en va enfin, emmenant avec lui la nouvelle reine d'Angleterre.

Il a été prévu qu'Anne d'Autriche escorterait sa belle-sœur jusqu'à Boulogne-sur-Mer. Le secrétaire d'État Brienne croit de son devoir de l'en dissuader. Qu'elle demande à être dispensée de ce voyage pour rester auprès de son mari souffrant : il lui en saura gré. Mais le roi lui-même, à son habitude, n'a rien dit à sa femme et celle-ci préfère écouter d'autres voix que celle du sage Brienne. C'est Mme du Vernet qui l'aurait persuadée de ne pas renoncer au voyage, d'ailleurs prévu dans les moindres détails. Louis XIII et Richelieu se contentent d'en modifier l'itinéraire. Anne, accompagnée de Marie de Médicis, ne rejoindra le cortège d'Henriette qu'à Montdidier : ainsi aura-t-elle moins d'occasions de rencontrer Buckingham. L'écuyer et le porte-manteau de la reine, Putange et La Porte, reçoivent eux aussi de sévères instructions pour éviter les rencontres. C'est donc le 5 juin seulement que la reine retrouve le cortège d'Henriette et de Buckingham à Montdidier. On y reste deux jours. Le 7, on est à Amiens où l'on va s'attarder neuf jours, Marie de Médicis étant souffrante et obligée de garder la chambre. Quelle aubaine pour Buckingham !

Amiens est une petite ville, mais elle dépend d'Honoré d'Albert, duc de Chaulnes, lieutenant général de Picardie. Ce frère de Luynes va s'efforcer de distraire ses princiers invités et il y réussira : on s'amuse tellement mieux quand le roi et le cardinal sont absents ! Il y a, entre autres réjouissances, un bal « où les dames parurent, à l'envi les unes des autres, avec tout l'éclat que leur beauté naturelle et les artifices leur pouvaient fournir ». La plus élégante est sans doute Mme de Chevreuse, qui dispose pour se parer des bijoux de la Galigaï; mais la plus belle est la reine qui, ce soir-là, éblouit comme « un astre nouveau ». La certitude d'être aimée a toujours été le meilleur des fards.

J'aime beaucoup ce bal, qui fait songer à celui où, dans *La Princesse de Clèves*, l'héroïne et Nemours s'éblouissent mutuellement. La vie, ce soir-là, à Amiens, est devenue roman. Qui n'eût perdu la tête? « Elle est à moi ! » se dit Buckingham.

C'est dans une maison au bord de la Somme qu'est logée Anne d'Autriche. Il fait beau, les soirées de juin sont longues, elle prend plaisir à se promener dans le jardin. Le lendemain de ce fameux bal... Mais laissons la parole aux témoins. Mme de Motteville :

« On a fort parlé d'une promenade qu'elle *(la reine)* fit dans un jardin du logis [...] : elle se fit en présence de toute la suite qui d'ordinaire accompagnait cette princesse, et j'ai vu des personnes qui s'y trouvèrent qui m'ont instruite de la vérité. Le duc de Buckingham, qui y fut, la voulant entretenir, Putange, écuyer de la reine, la quitta pour quelques moments, croyant que le respect l'obligeait de ne pas écouter ce que ce seigneur anglais lui voulait dire. Le hasard alors les ayant menés dans un détour d'allée, où une palissade les pouvait cacher au public, la reine, dans cet instant, surprise de se voir seule et apparemment importunée par quelque sentiment trop passionné du duc de Buckingham, elle s'écria, et appelant son écuyer, le blâma de l'avoir quittée. Par ce cri elle fit voir sa sagesse et sa vertu, préférant la conservation de son innocence intérieure à la crainte qu'elle devait avoir d'être blâmée, et que ce cri, allant aux oreilles du roi, ne lui coutât beaucoup d'embarras. »

La Rochefoucauld, lui, transcrit les souvenirs de Mme de Chevreuse, qui, à la différence de Mme de Motteville, était sur place. Aussi la scène est-elle assez différente. La reine ne se trouve plus dans le jardin, mais dans un « cabinet » (pavillon), où elle s'est retirée, seule, après sa promenade nocturne. Buckingham l'y rejoint : « L'occasion était favorable et il essaya d'en profiter avec si peu de respect que la reine fut contrainte d'appeler ses femmes et de leur laisser voir une partie du trouble et du désordre où elle était. » La Porte qui, lui aussi, était sur place, dit avec moins de détours que Buckingham « s'émancipa fort insolemment jusqu'à vouloir caresser la reine ». Tallemant franchit un pas de plus : « Le galant culbuta la reine et lui écorcha les cuisses avec ses chausses en broderie ; mais ce fut en vain... »

Que Buckingham se soit jeté sur la reine, la chose est sûre. Ce qui est moins clair, c'est la réaction d'Anne d'Autriche. Elle confiera plus tard à Mme de Motteville que, si une honnête femme pouvait aimer un autre homme que son mari, c'est Buckingham qu'elle aurait aimé. Jusqu'où ?... Aucun des témoins de la scène d'Amiens n'accuse la reine d'avoir cédé, mais le « désordre » évoqué par La Rochefoucauld donne à penser. Il semble bien qu'Anne n'ait crié qu'à l'ultime moment, par peur de sauter le pas. « Tous les hommes sont brutaux », soupirera-t-elle un jour. Eh oui ! on veut bien être aimée et même désirée, comme dans les romans, mais on se choque que, dans la vie, les princes charmants se conduisent tout simplement en hommes [1].

Une certitude : la complicité de Mme de Chevreuse. On peut même parler de coup monté. La duchesse se trouvait dans le jardin et s'y promenait au bras de Holland, à quelque distance du couple formé par Anne et Buckingham. Si la suite de la reine, qui avait de si sévères instructions, les a négligées au point de la laisser seule avec son soupirant, ce ne peut être que parce que Mme de Chevreuse s'est arrangée pour qu'il en fût ainsi, aidée en cela par Mme du Vernet qui était aussi dans le jardin. En tout cas, c'est ce que comprendront Louis XIII et Richelieu.

Les historiens anglais ne croient guère à l'amour de Buckingham pour Anne d'Autriche et attribuent l'assaut donné par lui à la vertu de la reine d'abord à son tempérament, ensuite à un désir de vengeance. Buckingham ne s'était guère mieux entendu avec Richelieu qu'avec Olivares ; au cours de leurs conversations, il avait compris que la France n'avait pas l'intention de se laisser entraîner dans une guerre contre les Habsbourg, ni ceux de Madrid, ni ceux de Vienne, avec lesquels l'Angleterre avait aussi quelques comptes à régler. Il est vrai que la France se refusait à être le soldat continental de l'Angleterre ; Richelieu savait que le royaume, dans l'état où il se trouvait, ne pouvait se battre sur deux fronts : à l'intérieur contre les protestants, à l'extérieur contre la maison d'Autriche. Mais pourquoi Buckingham aurait-il choisi de se venger sur la reine ? L'homme était bien trop impétueux pour avoir agi de sang-froid et, si cette impétuosité fut d'abord celle du désir, toute la suite montre qu'après le tête-à-tête du jardin le désir s'est transformé en amour véritable et même en amour fou et même en amour désespéré. La frustration produit de ces effets.

Avertie, Marie de Médicis a pris la décision, pour étouffer le scandale, d'expédier incontinent sa fille Henriette, que Buckingham sera bien forcé d'escorter. Le départ a lieu le surlendemain matin, 16 juin [2]. Anne monte en carrosse pour accompagner sa belle-sœur jusqu'au dehors de la ville. La princesse de Conty prend place auprès d'elle. Arrivé au point convenu, le cortège s'arrête et Buckingham vient faire ses adieux à la reine. Pour se cacher de la Conty, il se fait un écran du rideau de la portière (les carrosses n'avaient pas encore de vitres). Précaution inutile : la princesse de Conty a tout vu ; elle a vu que Buckingham, incapable de prononcer une parole, s'était mis à pleurer. Elle dira ensuite qu'elle peut répondre de la cruauté de la reine, mais pas de sa vertu, et, plus tard, améliorant son mot d'esprit, qu'elle ne peut répondre de cette vertu « que de la ceinture aux pieds » (le reste ayant été évidemment chiffonné dans le jardin d'Amiens).

Le roman n'est pas fini, loin de là. Avant même d'arriver à Montreuil-sur-Mer, sa prochaine étape, Buckingham, « par un emportement que seul l'amour pouvait rendre excusable », tourne bride pour revenir à Amiens, et au galop, afin de revoir la reine. Aux gentilshommes français qui l'accompagnent il a donné un prétexte : un courrier arrivé d'Angleterre l'oblige à ce retour pour proposer à la reine mère une union entre leurs deux pays plus étroite encore que celle prévue par le contrat de mariage. Le mensonge est audacieux ; une fois en Angleterre, les Français pourront découvrir que Charles Ier n'a jamais envoyé à Buckingham de telles instructions. Ils le découvriront en effet ; mais l'Anglais se tirera de ce mauvais pas avec sa désinvolture habituelle.

A Amiens, Anne est au lit, s'étant fait saigner. Est-elle souffrante ? Et de quoi ? Normalement, dans son état, elle ne devrait pas recevoir les deux ambassadeurs (Buckingham s'est fait accompagner de Holland). Mme de Lannoy, la nouvelle et sévère dame d'honneur que lui a donnée son mari, va le leur dire. Anne les reçoit pourtant, après avoir feint quelques réticences; « Revenus? Je croyais que nous en étions délivrés! » Mais peut-elle faire moins que sa belle-mère qui, bien qu'alitée elle aussi, a reçu les ambassadeurs? Mme de Lannoy rameute en hâte toutes les dames de la cour qui se trouvent à Amiens pour qu'elles assistent à l'entretien.

Une fois dans la chambre d'Anne d'Autriche, Buckingham se conforme d'abord au protocole : trois révérences, soulignées par les arabesques du chapeau dont palpitent les plumes. Mais, cela fait, il se précipite vers le lit, se jette à genoux, baise les draps, prend les mains de la reine, le tout en pleurant (on pleurait beaucoup dans les romans). Dans son embarras, ou dans son émotion, Anne se trouve incapable d'articuler une parole. La comtesse de Lannoy croit mettre fin à cette scène extraordinaire en faisant apporter un siège à Buckingham : on ne parle point à genoux à la reine de France. Je ne suis pas français, répond Buckingham, je n'ai pas à observer vos usages; et, retournant à la reine, il lui dit « les choses du monde les plus tendres ». (Pour que Mme de Motteville l'avoue!...)

Il faut croire, vraiment, que Buckingham avait perdu l'esprit. Se donner ainsi en spectacle, ajouter un deuxième scandale au scandale du jardin, et cela après avoir abandonné sur les routes, non seulement la reine d'Angleterre, épouse de son maître, dont il avait la garde, mais sa femme, oui, sa propre femme qui venait de le rejoindre, apportant un éventail de plumes en cadeau pour Anne d'Autriche!

Mme de Lannoy ne s'est pas laissé intimider; elle est restée auprès du lit. On ne peut plus échanger que quelques mots; force est à Buckingham de quitter la pièce et, le lendemain matin, la ville, après une dernière et protocolaire visite à la reine. A Boulogne, il rongera son frein pendant trois jours encore, attendant des vents favorables. Il est désespéré; il sait, et c'est vrai, qu'il abandonne sa bien-aimée aux persécutions de Louis XIII et de Richelieu; il sait, et c'est vrai, que la séparation risque d'être éternelle. Le 22 juin enfin, il embarque. M. de Chevreuse est du voyage. Mme de Chevreuse aussi, mais non sans mal : son mari a prétendu lui interdire de prendre la mer. Il est vrai qu'elle est enceinte, mais la raison est ailleurs : Holland est sur le même bateau. Non pas que M. de Chevreuse soit persuadé de son infortune conjugale, mais il est bien le seul ! Richelieu et Louis XIII, comme toute la cour, ne l'ignorent pas et il semble que ce soit eux qui aient souhaité que la duchesse reste en France, redoutant qu'elle ne continue à intriguer en Angleterre avec Holland, au détriment des intérêts français. (On admirera au passage la santé de ces amazones qui, dans un état où aujourd'hui les femmes se ménagent, ne craignaient ni les intrigues, ni les navigations, ni les adultères.)

Mme de Chevreuse embarqua donc et fut mieux que bien accueillie en Angleterre. Buckingham eut « tout le sujet qu'il désirait de faire paraître sa magnificence et celle d'un royaume dont il était le maître, et il reçut Mme de Chevreuse avec tous les honneurs qu'il aurait pu rendre à la reine qu'il aimait » (La Rochefoucauld).

Curieuse phrase, à rapprocher d'une autre que la Chevrette (Richelieu l'appelle ainsi dans sa correspondance secrète) aurait elle-même dite plus tard à Retz : « Elle nous a avoué [...] que, par un caprice de la fortune, elle n'avait jamais aimé le mieux ce qu'elle avait estimé le plus, à la réserve toutefois, ajouta-t-elle, du pauvre Buckingham. » Si le mot aimer recouvre des sentiments divers, le contexte, ici, interdit le doute ; il s'agit bien de cette sorte d'amour dont un homme et une femme échangent des preuves. Mme de Chevreuse et Buckingham auraient donc eu l'occasion d'échanger ce genre de preuves ? Mais où et quand ? Pas à Paris ni à Amiens : Buckingham y était tout occupé d'Anne d'Autriche et passait en cérémonies, fêtes et audiences le temps qu'il ne passait pas avec elle. Alors à Londres ?

Certes, Buckingham avait besoin d'être consolé et nous savons qu'il s'isolait en de longs tête-à-tête avec la duchesse. Daniel de la Mothe-Houdancourt, évêque de Mende, grand aumônier de la nouvelle reine d'Angleterre (et qui, selon l'usage s'occupait beaucoup plus d'espionnage que de religion) écrivait à Richelieu que Holland avait « lâché sa prise » à Buckingham. Un ménage à trois, en quelque sorte, et même à quatre : n'oublions pas M. de Chevreuse! On avait honte pour celui-ci de sa « simplicité » ou de sa « faiblesse ». C'était une « farce publique » qui déshonorait la France. « Il semble, écrivait encore l'évêque de Mende, que ces femmes (*deux autres Françaises accompagnaient Mme de Chevreuse*) soient venues ici pour établir des b... plutôt que la religion. » Et Richelieu répondait : « Quand elle sera de retour, on n'aura plus besoin d'aller chercher des guilledines d'Angleterre. » Ou à Schomberg : « Les Anglais qu'on appelle bouquins [...] parce que quelques-uns ont bouquiné une de nos chèvres. Ce billet ne sera vu, s'il vous plaît, que de vous. » Mais Schomberg a fait ce que nous faisons tous : il n'a pas déchiré. Voilà pourquoi nous pouvons apprécier ces jeux de mots sur Bouquin (quan) et Mme de Chevreuse-la Chevrette... et nous étonner du langage de ces princes de l'Église.

Qu'ils aient cru aux coupable relations de Mme de Chevreuse avec Buckingham ne nous oblige pas à y croire. On sait ce que valent en cette matière les rapports d'espionnage et l'on sait que Richelieu ne s'est jamais fait une belle idée de la nature humaine, de la nature des femmes surtout. (« Ces aminaux sont étranges », écrira-t-il un jour.) C'est un fait que Buckingham et la Chevreuse eurent en Angleterre de longs entretiens confidentiels, mais ces entretiens pouvaient n'avoir pour objet qu'Anne d'Autriche, les moyens de correspondre avec elle et de la revoir, ce à quoi le séducteur était bien décidé. Et puis enfin un nouvel adultère de Mme de Chevreuse, à ce moment, dans ces circonstances, vraiment, la chose paraît un peu forte.

Elle était sur le point d'accoucher! Son enfant, une fille, allait naître en Angleterre (non, elle n'était pas de Holland, les dates s'y opposent). Alors que penser? Qu'on ne prête qu'aux riches et qu'on aura prêté à Buckingham et à la Chevreuse cette liaison commune et supplémentaire.

A Fontainebleau, où elle avait retrouvé la cour et son mari, Anne d'Autriche vivait des jours moins triomphaux que Mme de Chevreuse en Angleterre. Les incidents d'Amiens fournissaient à Marie de Médicis l'occasion d'un morceau de bravoure, petit chef-d'œuvre d'hypocrisie. Je ne peux m'empêcher, disait-elle à son fils, « de rendre témoignage de la vérité », mais je vous assure que tout cela est sans gravité; quand bien même votre femme eût voulu mal faire, elle ne l'aurait pu : on l'observait. Milord Bouquinquan, sans doute, lui a témoigné plus que de l'estime : de l'amour; mais quoi! les jeunes femmes ont du mal à se défendre des hommages masculins; moi-même, autrefois, n'ai-je pas subi, eh oui! « quantité de choses de cette nature »? Inutile de dire que « ces raisons, quoique incontestables, n'éteignaient pas la jalousie du roi » (La Porte).

Louis XIII et Richelieu commencèrent par s'en prendre aux mauvais serviteurs de la reine. Mme du Vernet ne fut qu'écartée, mais Putange fut chassé, ainsi que le chevalier de Jars, autre écuyer, Ripert, le premier médecin, et un certain Dattal, domestique de Mme du Vernet, bref tous ceux, ou à peu près, qui s'étaient trouvés dans le jardin. Le P. Seguiran, confesseur du roi, ne perdit pas de temps pour venir annoncer à la reine ces cinq disgrâces et se présenta chez elle le lendemain 20 juillet à l'aube. Stéphanille, la fidèle femme de chambre, qui avait son franc-parler, le reçut mal : « *Teatino*, lui dit-elle, *tan de mañana a visitar esta señora, non es buena señal, ny por bien* » (Théatin, venir de si bon matin visiter cette dame, ce n'est pas bon signe ni pour bien faire).

Le P. Seguiran revint pourtant le lendemain pour

annoncer une sixième disgrâce, celle de La Porte, à qui on donnait deux heures pour quitter la cour, bien qu'il fût malade et alité. Anne d'Autriche, malgré son chagrin, trouva la force d'une réplique d'humour glacial : elle suppliait Sa Majesté le roi de nommer une bonne fois toutes les personnes qu'il voulait lui ôter « afin que ce ne fût plus à recommencer ».

Comme on voit, tout continuait à se passer par intermédiaires. Il n'y eut pas d'explication entre Louis XIII et sa femme. Il était bien dans la manière du roi de préférer dresser entre elle et lui un mur de silence. D'indifférence aussi. Il ne l'aimait plus, à supposer qu'il faille appeler amour l'élan de sexualité juvénile qui l'avait un moment porté vers elle. Mme de Motteville nous dit que tout sentiment n'était pourtant pas éteint en lui; il restait sensible à la beauté de sa femme, mais n'osait le lui témoigner de peur de mécontenter sa mère et surtout le cardinal « dont les conseils et les services lui étaient plus utiles que de se plaire avec sa femme ». Si cela est vrai, quelle étrange réaction! Celle d'un enfant, encore une fois. Un homme, un vrai, aurait-il eu peur de sa mère et de son ministre?

Il y a autre chose, que Mme de Motteville ne dit pas, soit qu'elle l'ait ignoré, soit qu'elle n'ose en parler : les goûts profonds du roi reprenaient le dessus; Barradat était déjà entré dans sa vie. En six mois, ce page de la petite écurie devient premier écuyer, premier gentilhomme de la chambre, capitaine de l'hôtel de Bourbon; le début de l'année 1626 le verra capitaine de Saint-Germain, lieutenant général en Champagne, grand bailli de Troyes, gouverneur de Châlons. « Ce jeune homme de nul mérite est venu en une nuit, comme un potiron », dira Richelieu, pas mécontent d'ailleurs que ce soit un médiocre qui occupe le roi. Médiocre, mais très beau.

Un jour, chez la reine, Louis XIII, qui emmène partout Barradat avec lui, jette « par caresse » au visage du favori quelques gouttes d'eau de fleur d'oranger. Le garçon, surpris ou vexé, se précipite sur le roi, lui arrache le flacon, qui est de porcelaine (« d'époque », bien entendu), le lui jette aux pieds et le casse. « Ce n'est pas là l'action d'un homme qui voulait mourir en faveur », commente Malherbe. En effet, Barradat ne durera pas deux ans. A cause de ses emportements et aussi parce qu'il s'était amouraché d'une fille d'honneur de la reine, et surtout parce que, grisé par sa faveur, il s'était permis de politiquer. Richelieu y mit bon ordre.

Mais peu importe le destin de Barradat. C'est d'Anne d'Autriche qu'il s'agit. Imaginons ce qu'elle pouvait ressentir devant de telles scènes. Ah, qu'il est peu enviable le sort des femmes! L'épouse de César ne doit pas être soupçonnée, mais César, lui, peut tout faire. Alors qu'Anne commence à payer ses imprudences par des persécutions qui dureront jusqu'à la mort de ses persécuteurs, son mari s'affiche impunément avec un éphèbe et commet avec lui « cent ordures ». Du moins le chuchote-t-on et il faut reconnaître que les apparences prêtent à tous les soupçons.

C'est Barradat, notons-le au passage, qui révélera plus tard à Tallemant à quel point le cardinal et la reine mère avaient « brouillé » l'esprit du roi sur le sujet d'Anne d'Autriche, allant jusqu'à susciter de faux témoins et de faux témoignages pour le persuader de son inconduite avec Buckingham, comme avec Montmorency.

Désormais, Anne est entourée d'un réseau d'espions. Richelieu tente même d'y inclure Mme de Chevreuse après son retour d'Angleterre. Il sait fort bien que la Chevrette est du parti de la reine et de Buckingham, mais pour lui tout être humain est achetable; il suffit de trouver la bonne monnaie. Quelle était la monnaie qui pouvait tenter Mme de Chevreuse? Les présents? Il semble que Richelieu en ait fait : elle aimait les bijoux et un ministre, alors, pouvait offrir des bijoux. La galanterie? A cela aussi il semble que le cardinal se soit essayé. Sans être beau, il avait grande allure, grand esprit, et Marie de Médicis avait assez montré, montrait encore qu'une femme pouvait être sensible à son charme altier. Mais Marie de Médicis était laide. Avec les jeunes et jolies femmes Richelieu n'eut jamais de chance. « Ce grand homme, qui n'était pédant en rien, l'était tout à fait en galanterie », écrit Retz. Mme de Chevreuse va se moquer de lui, avant que Marion de Lorme, « un peu moins qu'une prostituée » (Retz), n'en fasse autant. La Chevrette a dû dire au cardinal qu'elle n'aimait pas la robe rouge; alors Richelieu se déguise en cavalier, épée au côté, chapeau à plumes sur la tête. Mme de Chevreuse fait cacher la reine pour qu'elle s'amuse du spectacle. On ira jusqu'à raconter que l'Éminence a dansé la sarabande devant les deux femmes, en chausses de velours vert avec des grelots d'argent à ses jarretières et castagnettes aux mains. Bien qu'on sache que Richelieu se soit, naguère, donné le ridicule d'apprendre à jouer du luth pour plaire à la reine mère, cette histoire-ci est difficile à croire. On la crut à l'époque; la cour et la ville en firent des gorges chaudes. Le public, toujours, s'enchante des ragots sur les puissants [3].

Mme de Chevreuse n'aimait pas moins l'intrigue que les hommages et, là, le cardinal avait plus d'atouts. Tant qu'à intriguer, mieux valait intriguer pour lui qui était le maître : voilà ce qu'il dut faire entendre à la duchesse. Quoi qu'il en soit, elle fit des promesses, qu'elle n'avait pas l'intention de tenir, ce dont son interlocuteur, non moins rusé, se doutait bien. Et puis deux précautions valent mieux qu'une. Richelieu chercha et trouva une autre alliée. En Angleterre.

Avant sa venue en France, Buckingham a été l'amant très aimé de la comtesse de Carlisle. Le cardinal le sait, comme il sait tout. Lucy de Carlisle, belle, intelligente, intrigante, et qui défraiera longtemps encore la chronique anglaise, c'est la Chevreuse d'outre-Manche. Fille du comte de Northumberland, c'est aussi une très grande dame, dont l'orgueil et la jalousie ne pardonnent pas à Buckingham son infidélité. Elle accepte de devenir l'espionne anglaise du cardinal. Sa mission ? Tenter d'apprendre si Buckingham correspond avec la reine, trouver une preuve de leur liaison.

Lady Carlisle remarque que Buckingham, depuis son retour de France, arbore des ferrets de diamant qu'elle ne lui connaissait point [4]. Viendraient-ils d'Anne d'Autriche ? Comment en être sûre ? Il faudrait les envoyer à Paris, à Richelieu, pour identification. Donc les dérober. Ce qu'elle fait. Buckingham est trop fat ou trop léger pour se défier d'elle, qui prend soin d'ailleurs de lui faire bonne figure, comme avant. A un bal, elle s'arrange pour l'entretenir en particulier, et il fallait que ce fût de très près puisqu'elle réussit à arracher de son pourpoint les ferrets de diamant. La nuit même, Buckingham s'aperçoit de la disparition ; il voit bien que les ferrets ont été arrachés, comprend tout de suite l'importance du fait et tout de suite trouve la parade. Vers tous les ports d'Angleterre il dépêche des courriers pour interdire les départs de bateaux pour la France (n'oublions pas qu'il est grand amiral). Dans le même temps, il fait refaire en hâte par son orfèvre des ferrets identiques à ceux qu'on lui a dérobés, puis les envoie à la reine avec une lettre d'explication. Lady Carlisle est jouée, Richelieu privé de la preuve qu'il souhaitait pour confondre la reine, car les ferrets venaient bien d'elle et pis, c'était son mari qui les lui avait donnés.

Lady Carlisle, c'est Milady, et cette histoire, qui tient deux pages dans La Rochefoucauld, c'est celle, on l'a déjà compris, qui a donné naissance aux *Trois Mousquetaires*.

Est-elle vraie ? La Rochefoucauld est le seul des mémorialistes du temps qui la rapporte, mais c'est aussi le seul qui pouvait la connaître, par Mme de Chevreuse. En tout cas, les ferrets ne sont pas imaginaires ; l'inventaire après décès d'Anne d'Autriche mentionne « six ferrets de diamants, prisés ensemble 700 livres [5] ». Il est permis de rêver. Reste à savoir si ces ferrets sont bien ceux que Buckingham fit copier en Angleterre. Il faudrait pouvoir les examiner, mais où sont-ils? Nous savons seulement qu'ils passèrent en héritage à Philippe d'Orléans, le fils cadet d'Anne d'Autriche. Celui-ci connut-il jamais leur histoire ou leur légende?

Autre remarque : de tels présents étaient habituels entre gens de cour et Anne d'Autriche possédait des bijoux beaucoup plus précieux; le don fait à Buckingham, si don il y eut, était relativement modeste. Mais il est sûr que, dans les circonstances, Louis XIII y aurait vu la preuve des sentiments de sa femme et même de son inconduite.

Nous ne possédons, bien sûr, aucune des lettres que Buckingham réussit à faire parvenir à Anne d'Autriche en cette occasion comme en d'autres (ce genre de missives se brûle aussitôt lu); mais nous savons qu'il ne cessait de chercher le moyen de revenir la voir en France. En septembre 1625, à propos d'une de ses tentatives, le secrétaire d'État Brienne écrit : « Le roi continue dans les mêmes pensées et ne peut consentir que le duc de Buckingham vienne. » En novembre, on craint toujours que l'Anglais ne passe la Manche : « Il y a grande apparence qu'il surprendra le roi lorsqu'on y pensera le moins, tels tours étant ordinaires en Angleterre... » (Richelieu). Chacun sait que les Anglais sont des extravagants et celui-là l'est plus que tous les autres.

En décembre 1625, faute de pouvoir venir lui-même en France, Buckingham y envoie Holland. Voici ce que celui-ci lui écrit de Paris : Le ⚜ (*roi*) persiste dans ses soupçons, en parle très souvent et se laisse dire par les vilains que ♡ (*la reine*) a des tendresses infinies, vous imaginez vers qui... Je ne puis donc, ni pour les affaires, ni pour votre sûreté personnelle, vous engager à venir; sachez pourtant que vous êtes à la fois le plus heureux et le plus malheureux des hommes, car ♡ est pour vous au-delà de toute imagination et ferait des choses qui la perdraient plutôt que de ne pas satisfaire son désir. Je n'ose parler comme je voudrais et je crains d'en avoir trop dit, tant je sais quelles sont les mauvaises pratiques de ces gens-ci. » Autrement dit, les Anglais sont des extravagants, mais les Français des assassins !

Faut-il croire qu'Anne d'Autriche était prête à faire pour Buckingham « des choses qui la perdraient » ? La suite prouvera que non. Holland, instigateur de la liaison, avait tout intérêt à flatter la vanité de son maître et ses missives témoignent généralement d'un goût prononcé pour le superlatif.

Si Louis XIII resta toujours ferme dans son hostilité, Richelieu, au début, semble n'avoir considéré l'affaire que sous l'angle politique. Souhaitant ménager l'Angleterre, il demandait seulement des gages de bonne volonté : que Buckingham fît appliquer le contrat de mariage de la reine Henriette et on l'admettrait en France. Au ressentiment personnel de Louis XIII s'ajoutait en effet ce grief justifié. Les Anglais n'avaient jamais eu l'intention de respecter tous les articles du contrat ; ils ne voulaient ni ne pouvaient tolérer que la nouvelle reine et sa suite de cent six personnes, dont vingt-quatre ecclésiastiques, pratiquent ouvertement le catholicisme. Charles Ier s'irritait que l'évêque de Mende pénétrât à toute heure dans la chambre de lit de sa femme (c'est-à-dire sa chambre à coucher, par opposition à la chambre de parade, celle où l'on reçoit) ; il accusait l'entourage français de nuire à leur bonne entente et même à leur vie sexuelle. La France, au contraire, rendait Buckingham responsable des difficultés du couple ; il voulait la brouille entre les deux pays, chuchotaient certains, à seule fin de se poser en conciliateur, trouvant ainsi le prétexte de revenir en France, on devine pourquoi. En réalité, Buckingham faisait ce que font tous les favoris, ce que faisait en France Richelieu : il écartait de son roi ceux qui pouvaient l'influencer, épouse comprise, afin de rester seul maître de son esprit.

Henriette est si déprimée qu'elle souhaite revenir en

France, au moins momentanément. A condition que vous m'emmeniez, répond Buckingham. Henriette transmet la demande à sa mère. Nouveau refus. Marie de Médicis et Louis XIII préfèrent se priver de revoir et consoler leur fille et sœur que d'admettre de nouveau Buckingham à la cour. Malgré ses efforts et ses manœuvres, qui dureront jusqu'à la fin de 1627, jamais le trop bel Anglais ne remettra le pied à Paris. « Il ne faut pas s'en étonner, écrit Mme de Motteville, le bruit de ses sentiments en devait être un obstacle invincible. »

Les choses sont un peu plus complexes. La liaison Anne d'Autriche-Buckingham est un élément, mais n'est qu'un élément des rapports franco-anglais, et Buckingham fut précisément bien léger de compromettre les chances de sa politique en affichant ses sentiments pour la reine de France. Cette politique, elle vise encore et toujours à créer un front européen contre la maison d'Autriche. Pour peser sur les décisions de la France, Buckingham dispose d'un atout : nos protestants, qu'il peut, soit exciter, soit apaiser. Au moment du mariage franco-anglais, il a choisi l'apaisement; mieux, il est allé, au mépris de son opinion publique, jusqu'à nous prêter des bateaux. Ignorait-il vraiment que Richelieu s'en servirait contre ses coreligionnaires? Car les huguenots français, qui tiennent La Rochelle, maîtresse de l'Atlantique, lancent, de là, des opérations contre les îles avoisinantes et les ports de la côte. Au début de février 1626, nouveau « coup » de Richelieu : il conclut sans les Anglais un accord avec les protestants. Sans eux encore, et même contre eux, il remporte en mars un deuxième succès diplomatique en obtenant de l'Espagne qu'elle évacue la Valteline. Cette haute vallée de l'Adda reviendra sans partage à la république des Grisons (que nous protégeons). Fait « importantissime », puisqu'elle est le seul passage entre le Milanais espagnol et le Tyrol autrichien, c'est-à-dire entre les territoires des deux monarchies Habsbourg. « Par une conduite pleine d'industrie inaccoutumée, on porta les huguenots à consentir à la paix de peur de celle d'Espagne, et les Espagnols à faire la paix de peur de celle des huguenots. » Admirons la feinte modestie de cet *on* : c'est Richelieu lui-même, qui écrit cela dans ses Mémoires.

Comment Anne d'Autriche, à l'âge qu'elle a et dans l'ignorance où on la tient, pourrait-elle comprendre ces subtilités? Comment, ce que personne encore ne comprend : que Richelieu, au milieu de difficultés inouies, en se gardant à gauche, en se gardant à droite, est en train de faire de la France une puissance? De cette incompréhension, de cette animosité butée, le cardinal a sans doute raison d'en vouloir à la reine (que n'a-t-il été plus adroit avec elle!). Car il connaît fort bien ses sentiments, il sait qu'elle ne cesse de former des vœux pour le succès des entreprises de Buckingham. Fallait-il qu'Anne d'Autriche fût éprise, ou alors révoltée par le sort qu'on lui faisait en France pour souhaiter le succès d'un ennemi de sa chère Espagne! (Il est vrai que l'Espagne n'eût pas été mécontente que l'Angleterre s'en prît à la France.)

Mme de Chevreuse – qui s'en étonnera? – ne se contente pas de former des vœux : elle fait des projets. Puisque Buckingham ne peut venir en France pour voir Anne d'Autriche, c'est Anne d'Autriche qui ira en Angleterre pour voir Buckingham. Sous quel prétexte? Le meilleur : celui de réconcilier le roi et la reine d'Angleterre. Marie de Médicis, pour l'amour de sa pauvre petite Henriette, de plus en plus malheureuse et maltraitée, appuiera l'entreprise, qui offre un autre avantage : permettre à Mme de Chevreuse de revoir Holland. De tous les hommes de sa vie, il fut le seul, nous dit-on, qu'elle ait passionnément aimé.

C'est peu de dire que Mme de Chevreuse se laisse emporter par son imagination. Jamais Louis XIII n'aurait permis à sa femme de se rendre en Angleterre et ce n'est pas en cette année 1626 qu'il eût relâché de sa rigueur. Ne lui apprenait-on pas qu'un complot, approuvé et soutenu par les Anglais, s'était formé en France même contre son autorité, que son propre frère y était mêlé et qu'il avait partie liée avec Anne d'Autriche?

IV

LA DÉCHIRURE

En 1626, Gaston, duc d'Anjou, deuxième et dernier fils survivant d'Henri IV et de Marie de Médicis, autrement dit Monsieur, frère du roi, est âgé de dix-huit ans. Il a toujours été le préféré de sa mère et non sans raisons : il a tout le charme qui manque à son aîné. Aimable garçon, intelligent, spirituel, bon vivant comme son père, comme lui aimant les femmes et n'aimant qu'elles, il forme, dans cette galaxie qu'est la cour, une constellation qui commence à briller et dont l'éclat atteint jusqu'aux cours étrangères. Qu'il manque de caractère, on l'ignore encore et d'aucuns pensent qu'il ferait un « grand prince », un meilleur roi que son frère.

A dix-huit ans, pour un prince, il est temps de se marier. Dès l'enfance, Gaston a été destiné à Marie de Montpensier, unique descendante d'une branche cadette des Bourbons et la plus riche héritière du royaume. Anne d'Autriche s'est toujours bien entendue avec son jeune beau-frère, qui apporte à la cour un peu de cette gaieté qui lui manque si cruellement, mais elle craint ce mariage; pas seulement parce qu'il est voulu par sa belle-mère, mais parce que Gaston, qui n'a pas les inhibitions de son frère, aura sûrement et très tôt un enfant. Anne n'en ayant pas, cet enfant sera l'héritier de la couronne.

Inutile de dire que Mme de Chevreuse a bien vu, elle

aussi, le danger que constituerait pour la reine le mariage de Gaston. Il faut traverser ce projet, lui dit-elle. Un homme semble tout désigné pour influencer Gaston : Jean-Baptiste d'Ornano, son ancien gouverneur, qui est maintenant surintendant de sa maison et qui reste son maître à penser. C'est un Corse, habile, ambitieux, qui commande avec le titre de colonel les « bandes » que son île fournit à la France. De plus, il admire la reine, qui le sait. Aussi lui fait-elle dire « qu'il lui ferait plaisir de mettre de l'obstacle » à l'union projetée. Mme de Chevreuse sert d'intermédiaire. Elle connaît bien d'Ornano : il était une créature de son premier mari (il a même trempé dans l'assassinat de Concini). Elle a de longues conférences avec lui, auxquelles se joignent la princesse de Conty, Mme de la Valette (ex-Mlle de Verneuil) et Mme du Vernet, bref toutes les amies de la reine. On est à la fin de 1625, d'Ornano est malade; aussi ces dames vont-elles le voir chez lui, à son chevet, ce qui n'avait aucune conséquence, parce qu'il était laid, écrit Fontenay-Mareuil.

Remarquons que, jusqu'ici, les intérêts de la reine coïncident avec ceux de son mari qui, pour les mêmes raisons qu'elle, craint le mariage de Gaston; avec ceux de Richelieu aussi, qui craint tout ce qui peut affaiblir la position du roi, donc la sienne. C'est pourquoi, en un premier temps, le cardinal ne réagit pas à la démarche de la reine. Il la connaît, pour la simple raison que d'Ornano, assez embarrassé, lui en a fait part. Afin de gagner celui-ci, il obtient même du roi qu'on le nomme maréchal de France.

Richelieu n'agira que lorsque « le parti d'aversion au mariage » aura pris l'allure d'une conspiration; lorsqu'il saura, par les renseignements venus d'Angleterre et d'ailleurs, par ses espions surtout, qu'au nombre des conspirateurs et sympathisants se trouvent les deux Vendôme, demi-frères de Louis XIII, et le prince de Condé, premier prince du sang (tous trois peuvent espérer la couronne si le roi ni son frère n'ont d'héritiers); il y a aussi le comte de Soissons, autre prince du sang, qui voudrait épouser pour son compte Mlle de Montpensier, et encore le duc de Longueville, beau-frère du précédent, et bien d'autres, mus « par la légèreté ordinaire des Français et leur désir de changement ». Par eux Gaston est incité à se poser en chef de la cabale. Mais Gaston hésite, bien qu'il n'ait pas envie d'épouser Mlle de Montpensier (ni aucune autre), bien qu'il soit mécontent du roi et de Richelieu qui ne lui donnent ni les avantages ni les postes auxquels il croit pouvoir prétendre. Éternelle jalousie des cadets, que trop de mécontents ont intérêt à attiser, et qui, soyons juste, correspondait ici à une jalousie d'aîné. Avec son frère, comme avec sa femme, comme avec tout le monde, Louis XIII était maladivement « ombrageux et soupçonneux » (les mots sont de Richelieu). Que les chiens de Gaston forcent un cerf, alors que les siens perdent la piste, le roi n'en dort plus!

Comment cette affaire se conjugue-t-elle avec l'affaire Buckingham? D'abord par une raison d'ordre général, hélas! C'était une habitude chez les grands que de chercher des appuis à l'étranger contre leur propre pays. Les liens de parenté qui unissaient toutes les familles princières d'Europe expliquent, sans l'excuser, cette aptitude à la trahison. Quant à la raison particulière, dans le cas qui nous occupe, elle se résume aisément. Les conspirateurs songent à soulever la Bretagne dont César de Vendôme est gouverneur; la Bretagne, c'est l'Ouest, et l'Ouest, c'est les protestants. Buckingham commence à comprendre que Richelieu n'a traité avec ceux-ci que pour les endormir et que la conquête de La Rochelle reste son objectif; il sait qu'il porte la plus grande attention aux questions maritimes et qu'il vient de se faire nommer grand maître, chef et surintendant général de la navigation et du commerce. Cela, l'Angleterre ne peut l'accepter : il faut qu'elle garde la maîtrise des mers. Tout concourt, en somme, la politique et le sentiment, à jeter Buckingham contre la France. Puisqu'il n'y peut revenir en ami, il y reviendra en médiateur ou en conquérant; puisque Richelieu gêne ses entreprises, privées et publiques, il aidera à le renverser.

Richelieu commence à gêner tout le monde. Si nos conspirateurs en sont venus à projeter contre lui quelque acte de violence ou d'intimidation, ce n'est pas seulement parce qu'il s'est finalement rallié au mariage de Gaston (pour mettre fin aux cabales et ne pas s'aliéner la reine mère), pas seulement parce qu'il a fait arrêter d'Ornano (le 4 mai 1626); c'est parce qu'il a inquiété les « bons chrétiens » en s'entendant avec les protestants, en damant le pion à la très catholique Espagne et au pape qui la soutient. Bref, c'est parce que Richelieu est Richelieu. Les hommes d'État dérangent. « Appartenir à l'histoire, c'est appartenir à la haine », dira plus tard Malraux d'un autre homme d'État.

Celui qui nous occupe ne craignait pas la haine. Si l'arrestation de d'Ornano fit tant d'impression, c'est parce qu'elle éclairait d'un jour terrible la détermination du cardinal. Depuis si longtemps l'autorité royale se laissait braver impunément! C'en était fini de ce temps-là : « L'obéissance est le vrai caractère du sujet. » D'Ornano n'avait pas encore trahi, mais il suffisait qu'il fût capable de trahir, et, en dressant Monsieur contre le roi, de se dresser lui-même en rival contre le cardinal. On le punissait préventivement, lui, comme ses frères, embastillés, comme sa femme, chassée de la cour, comme son beau-frère Modène, comme Déagent et bientôt Tronson, que nous connaissons déjà : tous, des anciens protégés de Luynes dont Richelieu trouvait ainsi l'occasion de se venger. Les deux Vendôme, quoique demi-frères du roi, devaient aussi être emprisonnés.

La reine et son petit clan furent particulièrement consternés par l'arrestation de d'Ornano : plus d'allié, plus d'intermédiaire avec Monsieur. Faisant allusion, plus tard, au visage défait de Mme de Chevreuse, un gentilhomme devait faire un mot d'esprit : « Je croyais qu'il n'y avait plus d'hommes dans le royaume... »

Ce gentilhomme, c'était Henri de Talleyrand-Périgord, comte de Chalais. En ce mois de mai 1626, il n'en était pas encore au sarcasme : il adorait Mme de Chevreuse de toute l'ardeur de ses vingt-huit ans. Une aubaine dont elle allait profiter. Car Chalais était bien vu de Monsieur : il pourrait donc agir sur lui ; car Chalais était grand maître de la garde-robe royale : il pourrait donc renseigner sur les intentions du roi et de Richelieu. Pour l'exciter contre celui-ci, Mme de Chevreuse n'hésita pas à lui dire qu'il était amoureux d'elle.

Nous n'avons pas à entrer dans les détails de l'affaire. Ce qu'il nous faut savoir, c'est : jusqu'où est allée la reine ? Ne cherchait-elle qu'à empêcher le mariage de Monsieur ou trempait-elle dans le complot contre le cardinal ? La question est d'importance, puisqu'un ennemi de Chalais va dire que ce complot contre le cardinal est aussi un complot contre le roi.

La mauvaise santé de Louis XIII et l'absence de dauphin n'ont jamais cessé de susciter des rumeurs et des convoitises. Des astrologues viennent justement de prédire la mort prochaine du roi, comme ils le font périodiquement. Or, si le roi meurt, que deviendra sa veuve ? Pour rester sur le trône, elle n'aura qu'un recours : épouser Monsieur, son beau-frère, héritier de la couronne. Si Anne d'Autriche a approuvé ce projet, si elle y a seulement prêté l'oreille, cela veut dire qu'elle souhaite la mort de son mari.

Trois personne vont la mettre en cause. Mais voyons pourquoi et comment.

Roger de Gramont, comte de Louvigny, est cet ennemi de Chalais dont nous venons de parler. Il était son ami jusqu'à ce qu'une querelle les sépare et aussi, s'il faut en croire Mme de Motteville, une rivalité amoureuse dont Mme de Chevreuse – encore elle ! – aurait été l'objet. Aucun mémorialiste ne doute que Louvigny n'ait dénoncé Chalais par vengeance (« perfidie inouïe », dit Tallemant). Richelieu avait à peine besoin de solliciter ses aveux, ce qu'il fit. Donc, Louvigny « révèle » au cardinal que le complot se poursuit, et qu'après avoir voulu le tuer, lui, Richelieu, on médite de tuer le roi pour permettre à la reine d'épouser Gaston (entre autres choses).

On arrête Chalais, le 9 juillet, à Nantes, où la cour s'est rendue pour s'assurer de la Bretagne. Gaston, mandé par le roi et la reine mère, est soumis à interrogatoire. Par peur ou dans l'espoir d'obtenir par sa confession la libération de Chalais et de d'Ornano, il trahit tous ses amis, avoue les contacts avec l'Angleterre et autres cours étrangères [1]. Pourquoi ménagerait-il Anne d'Autriche? Or, sur elle, il dit seulement ce qu'on sait déjà : qu'elle est opposée à son union avec Mlle de Montpensier, ajoutant cette précision : qu'elle l'a récemment supplié de subordonner au moins son consentement à l'élargissement du maréchal d'Ornano.

Les informateurs de Richelieu vont plus loin : la reine se serait mise à genoux devant Monsieur pour le supplier. Ils ajoutent que, lorsqu'elle lui disait : « N'oubliez pas le maréchal! », cela signifiait : « Vengez-vous du cardinal, qui le maintient en prison. » Ce qui ressort de ces propos c'est surtout la frayeur d'Anne d'Autriche à l'idée que Monsieur puisse se marier et donc procréer (elle, infante d'Espagne et reine de France, se mette à genoux devant son jeune beau-frère!). Dans ce contexte, la condition qu'elle aurait suggérée (« Attendez au moins la libération de d'Ornano ») apparaît plutôt comme l'ultime et pauvre subterfuge d'une femme affolée qui veut retarder une échéance pour elle fatale. Quant à son prétendu projet d'épouser Gaston, celui-ci, quand on l'interrogera là-dessus, répondra seulement qu'il sait depuis deux ans déjà que Mme de Chevreuse « a tenu ce langage ». Ce qui n'engage que la Chevrette, et on connaît la Chevrette! Les « langages » ne lui coûtaient rien et celui qu'elle tenait à la reine depuis deux ans concernait surtout Buckingham.

Troisième témoin : Chalais. Les accusations de Louvigny l'accablent, les dépositions de Monsieur aussi. Il n'a pas comploté longtemps, mais sa déloyauté est d'autant plus criminelle qu'il est grand officier de la couronne, intime du roi auprès de qui il a été élevé et enfin qu'il a joué double jeu, donnant des assurances à l'un et l'autre camp. Quarante jours de procès devant une commission (dont le rapporteur se nomme Descartes : c'est le père du philosophe) affaiblissent sa résistance nerveuse. Il doit aussi répondre aux questions de Richelieu qui vient le voir en personne dans sa prison et lui promet la vie sauve s'il dit tout ce qu'il sait. La promesse ne sera pas tenue ; d'un complot où trempent à la fois le frère et les demi-frères du roi, et que favorise l'étranger, il faut que Richelieu connaisse toutes les ramifications, peu importent les moyens. Et, de fait, il va en employer de plus vils encore que le chantage à la grâce.

Chalais, de sa prison, écrit de folles lettres d'amour à Mme de Chevreuse. Celle-ci, moins éprise ou plus prudente, lui fait répondre... qu'elle ne peut pas lui répondre. Richelieu part de là pour persuader Chalais que sa maîtresse l'a oublié et trahi, qu'elle se sauve à ses dépens. Chalais perd alors tout ressort ; il charge Mme de Chevreuse comme il croit qu'elle l'a chargé ; il dit tout ce que souhaite entendre le cardinal : qu'elle était dans le secret du projet d'attentat contre lui, qu'elle excitait Monsieur contre le roi, etc. Richelieu insiste : il veut savoir si Gaston méditait d'épouser la reine et vice versa. A cela Chalais répond seulement « qu'il a ouï dire que, si Dieu rappelait le roi, Monsieur pourrait épouser la reine ». Encore une fois, il ne s'agit que d'un propos, au moins aussi vague que ceux de Gaston et que nous verrons resurgir à chaque maladie de Louis XIII. Dans ses Mémoires, Brienne, confident de la reine, niera que celle-ci ait jamais eu la pensée d'épouser son beau-frère ; Chalais, au moment de mourir, se rétractera, chargera son confesseur d'aller demander pardon à Anne ; la mère de Chalais (admirable femme, fille du maréchal de Montluc) viendra ensuite la trouver pour lui rendre justice.

Enfin, Richelieu lui-même reconnaîtra plus tard que Louvigny avait menti en disant qu'il était question d'attenter à la vie du roi. Pourquoi n'a-t-il pas vérifié tout de suite les assertions de son informateur? Pourquoi a-t-il couru chez le roi pour le persuader de leur réalité, comme il l'avait, trois mois plus tôt, persuadé de la nécessité de sévir préventivement?

Cette fois, une scène violente a lieu entre Louis XIII et sa femme. Anne est convoquée en présence de Marie de Médicis. On ne lui offre même pas le fauteuil auquel elle a droit, mais une sellette, comme à une criminelle. Vous avez voulu ma mort, lui dit son mari, et pour épouser mon frère. Outrée, outragée, elle retrouve la hauteur d'une fille d'Espagne pour répondre, méprisante : « J'aurais trop peu gagné au change! » Et, sur sa lancée, elle accuse ouvertement sa belle-mère d'être responsable avec le cardinal de « toutes les persécutions » qu'on lui fait.

Cette affaire aura des conséquences infinies. Le ménage royal ne s'en remettra pas. Louis XIII restera persuadé que sa femme a voulu l'assassiner; quand, à ses derniers moments, pour la dernière fois, elle le fera supplier de ne point croire qu'elle ait trempé dans la conspiration de Chalais, ni qu'elle ait jamais songé à épouser Monsieur, il répondra : « En l'état où je suis, je lui dois pardonner; mais je ne suis pas obligé de la croire. »

Anne, de son côté, restera persuadée que son mari et Richelieu n'avaient cherché qu'un prétexte pour la répudier et, jusqu'au miracle de 1638 (la naissance de Louis XIV), elle vivra dans la crainte de cette répudiation. Que l'idée, dès cette époque, ait été dans l'air, c'est un fait; de récentes dépositions en avaient donné la preuve. Des proches du roi s'étaient laissés aller à dire qu'il faudrait sans doute que Louis XIII en vînt à se séparer de sa femme, si elle était stérile, et qu'il aurait tout avantage ensuite à épouser pour son compte Mlle de Montpensier et son immense fortune. Ils ajoutaient cependant que le roi devrait d'abord donner la preuve de sa propre fécondité en engrossant quelque « garce », chambrée et payée à cet effet. Richelieu se déclara horrifié par des propos aussi « damnables » et de nouvelles disgrâces s'ensuivirent. Mais on voit que l'inquiétude de la reine n'était pas sans fondements. La bain de sang qui va suivre achèvera de la dresser contre son mari et contre Richelieu.

L'exécution de Chalais, le 19 août, à Nantes, est une des horreurs de notre histoire. Les amis du condamné ayant enlevé le bourreau, le roi, furieux, confie le supplice à des amateurs, deux condamnés qui reçoivent leur grâce en échange de leurs services. On leur procure en hâte une épée de Suisse dont ils assènent sans succès deux coups sur la nuque de Chalais. Ils s'acharnent alors sur le malheureux avec une doloire (le marteau des tonneliers) : trente-quatre coups ! Encore leur faudra-t-il retourner le corps pantelant face vers le ciel, pour achever la décollation en frappant au gosier. Chalais a gémi jusqu'au vingtième coup. Quinze jours plus tard, d'Ornano meurt inopinément en prison. D'une rétention d'urine, affirme le pouvoir ; mais Mme de Rambouillet dira que la cellule du maréchal valait « son pesant d'arsenic » ! Des deux Vendôme, l'un mourra aussi en prison. Défense est faite à tous particuliers d'entretenir des rapports, non seulement avec les princes étrangers, mais avec leurs représentants. Finis, les dîners d'ambassade ! Désormais Richelieu est le tyran, le bourreau, l'homme rouge – le rouge du sang et non celui de la pourpre cardinalice. Le roi lui donne une garde pour le protéger ; il lui donne beaucoup plus : sa confiance et l'affection dont il est capable. Le danger commun les a rapprochés et c'est pour cela, peut-être, que Richelieu a exagéré ce danger.

Mme de Chevreuse est bannie, Mme du Vernet

chassée. La duchesse s'était d'abord retirée à Dampierre, dans le château de son mari. Le roi fit dire à celui-ci de l'expédier en Poitou, chez son frère, avec défense d'en sortir. S'enterrer à la campagne? Affreux destin! Mme de Chevreuse choisit la fuite et passa la frontière pour se rendre en Lorraine dont le duc était cousin de son mari. Elle n'était nullement contrite, bien au contraire ulcérée : on ne la connaissait pas, on n'avait encore rien vu de ce dont elle était capable; elle ferait traiter tous les Français en Angleterre comme on la traitait en France et elle s'abandonnerait à un soldat plutôt que de ne pas tirer raison de ses ennemis!

La reine n'était pas moins ulcérée, mais avec plus de raisons. N'était-ce pas pour la bonne cause qu'elle avait agi? Et le supplice de Chalais, et tant d'emprisonnements et de disgrâces n'avaient donc pas suffi à son mari et à l'haïssable ministre? Voici qu'on resserrait la surveillance autour d'elle, qu'on renforçait, une fois de plus, les interdictions concernant l'accès à ses appartements, qu'on l'obligeait à solliciter Richelieu pour toute nomination dans sa maison! Voici, enfin, qu'on lui enlevait son intime amie et confidente! Elle jeta feu et flammes, s'écria qu'elle aimerait mieux ne jamais avoir d'enfant que de se résigner à ces dernières injustices.

C'étaient bien des injustices par rapport au sort fait à son beau-frère. Car Monsieur, lui, fut épargné. Il fut même comblé : on paya sa lâcheté et on acheta sa loyauté avec le duché d'Orléans (dont il portera désormais le titre), avec le duché de Chartres, le comté de Blois et une pension annuelle de 560 000 livres. A quoi il faut ajouter les terres et les revenus de sa femme. Oui, il avait dû se marier : on ne peut pas tout avoir.

La nouvelle duchesse d'Orléans fut enceinte au bout de deux mois, comme on l'avait prévu. Mais, fait inattendu, la reine aussi! Le mariage de Gaston, la crainte qu'il n'eût un héritier avaient sans doute aidé le roi à surmonter ses répugnances. On en fit des plaisanteries. C'était, disait Monsieur, une réédition du mystère de l'Incarnation. Les partisans de la reine, au contraire, se félicitaient. D'après Bellegarde, son ancien soupirant, elle allait retrouver à la cour la place qui lui était due et, pour commencer, elle ne devrait plus souffir les mauvais traitements du cardinal. Hélas! Anne fit une fausse couche à la fin de novembre. Les espoirs s'envolaient. Triste période pour elle que cet hiver 1626-1627 où elle dut subir, malade, humiliée, le spectacle de sa belle-sœur faisant parade de son ventre, se voyant déjà mère d'un fils, attirant déjà les hommages et les dévouements des courtisans qui, semblables aux tournesols, se tournent toujours vers le soleil levant. Mais le destin veillait. C'est d'une fille qu'accouchera la nouvelle duchesse d'Orléans (nous la retrouverons : c'est la Grande Mademoiselle). « Tout est fendu! » s'écria triomphalement Louis XIII en apprenant la nouvelle. Et, comme la jeune mère mourra huit jours après ses couches, un répit sera donné au roi pour tenter, une fois encore, d'avoir un héritier.

A l'annonce de la fausse couche d'Anne d'Autriche, Richelieu lui avait écrit une lettre de condoléances : « Il m'est impossible de représenter à Votre Majesté l'affliction que je ressens... Je la puis assurer que le roi en a autant de déplaisir pour l'amour d'elle que de lui-même et de son État... » On a bien lu : c'est le ministre qui fait part à l'épouse des regrets de l'époux. Elles devaient être gaies, les nuits conjugales!

Les journées ne l'étaient pas davantage. En juillet 1627, quand Louis XIII tombera malade à Villeroy, Anne d'Autriche, naturellement, ira le voir. La porte du roi est condamnée aux visiteurs, mais comment d'Humières, premier gentilhomme de la chambre, pourrait-il imaginer que cette consigne s'applique à la reine? Résultat : il est chassé.

La soumission de Monsieur avait stupéfié et consterné les Anglais. « Ils disent, écrivait l'évêque de Mende, qu'il faut que le cardinal soit un ange ou un diable pour avoir démêlé toutes ces fusées [2]. » Le bannissement de Mme du Vernet et surtout de Mme de Chevreuse fut aussi ressenti comme un échec par Buckingham ; la duchesse était plus qu'une alliée : une entremetteuse. En représailles, Charles Ier et son favori précipitent le geste qu'ils méditaient déjà et expulsent sans ménagements la suite française de la reine Henriette (août 1626). Richelieu apprend que, de plus, Londres cherche à traiter avec Madrid pour pouvoir se consacrer à la défense des protestants de la Rochelle et rassemble une flotte à cet effet.

Louis XIII, qui avait trouvé naturel, jadis, de renvoyer la suite espagnole de sa femme, juge inadmissible qu'on renvoie la suite française de sa sœur. En novembre, Bassompierre est dépêché à Londres pour demander des explications, pour exiger aussi le respect des engagements pris à l'égard des catholiques anglais. Buckingham lui offre des fêtes (un bal masqué coûtera à lui seul six mille livres sterling) et tout de même aussi quelques promesses. Mais les événements vont leur train : la rivalité maritime et commerciale des deux pays suscite de graves incidents. Des vaisseaux marchands français sont capturés par des navires anglais, avec leur cargaison, bien sûr ; fin octobre, c'est sur un million d'or que les Anglais ont mis la main en s'emparant de trois bateaux normands. La guerre semble inévitable. Buckingham, une fois de plus, demande à se rendre en France pour apaiser les différends et se heurte, une fois de plus, à un refus. Anne d'Autriche elle-même, par l'intermédiaire de Bassompierre, lui fait savoir que sa venue ne lui serait pas « agréable ». Agit-elle de son propre mouvement ou sous la pression ?

En Angleterre même, la position de Buckingham est critique ; ses échecs diplomatiques, politiques, militaires (impossible ici d'entrer dans le détail), ses dépenses effrénées, la conversion de sa femme au catholicisme le font haïr. Il a échappé de peu à l'*impeachment* que voulait prononcer contre lui le Parlement anglais. Ce dernier refus français l'exaspère; il se jure de revenir dans le royaume comme un général qui porte la guerre, puisque décidément on ne veut pas l'y recevoir comme un ambassadeur qui porte la paix. C'est-à-dire qu'il prendra en personne le commandement de l'armada constituée pour soutenir les Rochelais. Son image de marque en reprendra peut-être quelque lustre; ses compatriotes, après cela, ne pourront plus l'accuser de complaisance envers les catholiques.

De Nancy, Mme de Chevreuse l'aide de tout son pouvoir. Séduire le duc de Lorraine a été l'affaire de quelques semaines; et comme Charles IV déteste Richelieu avec qui il a déjà eu maille à partir, il consent à marcher sur Paris par la Champagne. Le duc de Savoie envahira le Dauphiné et la Provence, secondé par le comte de Soissons, rescapé du complot de Chalais et réfugié à Turin. L'adhésion de Soubise et Rohan, chefs des protestants français, est acquise d'avance; Mme de Chevreuse, leur parente, s'emploie à resserrer leurs liens avec les conjurés et à leur procurer de l'argent. Au cours de l'année 1627, lord Montagu, grand ami de Buckingham et de la Chevrette, se rend plusieurs fois à Nancy et à Turin. Il a vingt-cinq ans et il semble qu'il ne soit pas resté insensible, lui non plus, aux charmes de la duchesse.

Anne d'Autriche a-t-elle eu part à ce complot, bien plus grave que le précédent? Quand les sbires de Richelieu, en novembre 1627, capturent Montagu, son inquiétude est telle qu'elle « perd le dormir et le manger ». C'est La Porte qui nous dit cela, La Porte réapparu et qui va l'aider. Il lui doit beaucoup : elle lui a donné un secours d'argent après sa disgrâce et l'a fait verser dans sa compagnie de gendarmes. Cette compagnie doit justement se joindre aux autres troupes chargées d'amener Montagu jusqu'à la Bastille. Un tel déploiement de force pour trois prisonniers (Montagu, son secrétaire et un valet) peut étonner. Mais c'est qu'on craint un coup de main du duc de Lorraine.

Richelieu a fait enlever Montagu sur son territoire au mépris de tous les usages.

Anne profite d'un séjour de La Porte à Paris pour le convoquer un soir, à minuit, dans sa chambre. Elle lui fait part de son désarroi ; elle n'a personne à qui se fier, lui seul peut l'aider en cette affaire d'où dépend « son salut ou sa perte ». La Porte doit s'arranger pour parler à Montagu, pour lui demander si la reine est nommée dans les papiers saisis sur son secrétaire, pour l'adjurer enfin de ne pas prononcer son nom quand on l'interrogera.

Tout cela suppose des complicités. Et en effet, c'est un domestique de la reine, M. de Lavau, qui a pris contact avec La Porte, qui l'a aidé à pénétrer chez elle ; et c'est un ancien officier de la reine qui va maintenant l'aider à s'entretenir avec Montagu pendant le transfert de celui-ci à la Bastille. Toute sa vie, même aux pires moments, Anne d'Autriche conservera des partisans et des serviteurs dévoués.

Montagu affirma à La Porte que la reine n'était nommée ni directement ni indirectement dans les papiers saisis et que, quant à lui, il ne dirait jamais rien qui pût lui nuire, « quand même on devrait le faire mourir ». Anne, lorsque La Porte lui rapporta ces paroles, « tressaillit de joie ».

Il est de fait que, dans ce qui nous reste des papiers de Montagu, Anne d'Autriche n'est pas mentionnée. Richelieu, pourtant, affirme qu'en toute cette affaire Mme de Chevreuse avait agi « du consentement de la reine » dont elle ranimait le courage en lui écrivant que l'empereur, le roi d'Espagne, celui d'Angleterre étaient prêts à la défendre contre lui-même et contre son mari. C'est fort probable. Mais Richelieu fait trop d'honneur à la reine quand il la soupçonne d'avoir concerté avec Buckingham l'expédition anglaise vers La Rochelle. Anne d'Autriche était bien incapable, alors, de concevoir d'aussi vastes projets. Mais qui n'était pas pour le cardinal était contre lui. Or il est sûr que la reine n'était pas pour lui. Qu'elle ait eu tort d'approuver les intrigues de Mme de Chevreuse et d'appeler de ses vœux le succès des ennemis de la France, certes. Mais la France, pour cette étrangère, se réduisait à un mari qui ne l'aimait pas, à un ministre qui la persécutait. Nous la verrons agir tout autrement quand l'un et l'autre auront disparu.

C'est à la fin de juillet 1627 que Buckingham est arrivé devant La Rochelle, à la tête d'une flotte de quatre-vingt-dix navires. On raconte que, sur son vaisseau, le vaisseau amiral, flottait un pavillon aux couleurs jaune et noire : celles d'Anne d'Autriche. « J'aime et j'ai toujours aimé et honoré les Français, a-t-il dit avant de prendre la mer, mais eux, ils m'ont haï. »

Ce n'était pas tout à fait vrai, mais ce n'était pas tout à fait faux. Richelieu et Louis XIII eurent-ils raison de s'obstiner contre Buckingham ? Aurait-on évité une guerre franco-anglaise en lui permettant de venir s'expliquer en France ? Difficile à dire. Et Mme de Chevreuse ? Aurait-on évité ses intrigues européennes en la laissant rentrer dans le royaume ? Elle l'avait demandé, et à plusieurs reprises, avant de commencer, de recommencer à conspirer. Anne d'Autriche, elle-même, s'était entremise en sous-main pour son amie. Richelieu, parlant au nom du roi, avait ironiquement répondu : « Sa Majesté ne peut croire que cette princesse, qui se plaît si fort à être parmi les étrangers qu'elle est sortie deux fois de son royaume, non seulement sans sa permission, mais contre, désire revenir à la cour. »

En réalité, Richelieu appelait de ses vœux l'abcès de fixation de La Rochelle. Ce serait l'occasion d'en finir avec les protestants et peut-être avec les Anglais.

On reconnaît un homme d'État aux risques qu'il sait prendre. Mais il faut avouer que le risque était énorme. Qui pouvait prévoir que les alliés européens de Buckingham attendraient, pour bouger, ses premiers succès ? Qui pouvait prévoir que les Rochelais, divisés, refuseraient en un premier temps d'ouvrir leurs portes aux soldats anglais? Buckingham commit alors l'erreur de s'attarder à réduire l'île de Ré, donnant ainsi à Richelieu le temps d'encercler La Rochelle d'ouvrages terrestres et maritimes.

En septembre 1627, après deux mois de siège devant Saint-Martin-de-Ré, Buckingham sembla chercher un compromis. Un de ses parents et officiers, Ashburnham, fut envoyé à Paris en compagnie d'un défenseur de Saint-Martin, le baron de Saint-Surin. Saint-Surin fut d'abord reçu sur le vaisseau amiral. Il trouva Buckingham dans un salon (on n'ose dire un carré) orné de boiseries dorées, avec tapis de Perse sur le plancher. Au fond de la pièce, une sorte d'autel, et, sur cet autel, le portrait d'Anne d'Autriche entouré de bougies allumées, comme une icône. Nous n'avons là-dessus que la parole de Tallemant. Du moins nous donne-t-elle le ton des racontars parisiens. On ne potinait pas qu'à Paris. Un conseiller du roi écrivait à Richelieu, dans une lettre pourtant fort sérieuse, que l'anagramme de Bouquinquan donnait « coquin banni ». On a raconté aussi que, si Buckingham s'était attardé devant Saint-Martin-de-Ré, c'est parce qu'Anne d'Autriche, manipulée par Richelieu, le lui avait demandé « pour l'amour d'elle ». Mais que ne racontait-on pas!

Ashburnham et Saint-Surin étaient chargés de dire au cardinal que Buckingham abandonnerait Ré et ses projets sur La Rochelle à condition qu'on le laissât revenir à la cour comme ambassadeur extraordinaire et qu'on adoptât une attitude de clémence envers les protestants français. On imagine comment ils furent reçus. Richelieu aurait même menacé Saint-Surin de lui faire couper le cou.

Il y a, comme d'habitude, deux lectures de cet épisode. L'une, politique. Richelieu savait que les défenseurs de Saint-Martin-de-Ré, affamés, souhaitaient une trêve ou même un armistice : il fallait couper les ailes au défaitisme. Tallemant nous dit que Saint-Surin était aussi chargé de voir la reine. C'est l'autre lecture, romanesque. Mais elle n'est pas invraisemblable ; le cardinal ne dit-il pas lui-même, dans ses Mémoires, que tous les prisonniers français libérés par les Anglais (à ce moment-là et plus tard) étaient des agents doubles chargés de prendre contact avec les opposants de France et tout particulièrement avec la coterie des « dames », c'est-à-dire de la reine ?

Malgré cette fin de non-recevoir, il y eut d'autres ouvertures anglaises. Des intermédiaires officieux, Montagu lui-même, laissèrent entendre à Richelieu qu'une attitude plus compréhensive à l'égard de Buckingham amènerait celui-ci à cesser les hostilités. On ne donna pas suite. D'aucuns, en France, regrettaient cette intransigeance, pour des raisons plus ou moins pures. Les grands craignaient qu'un éventuel succès du cardinal à La Rochelle n'accrût par trop son prestige. Et puis, les caisses étaient vides. Louis XIII hésitait. Richelieu usa de tous les arguments, politiques et extra-politiques : si l'on n'écrasait pas maintenant Buckingham, il recommencerait la guerre, « puisque la même passion lui demeure », et il reviendrait, « triomphant, en France, apporter ses lauriers à ceux en faveur de qui il les aurait acquis ». Ces euphémismes désignaient la reine. Louis XIII n'hésita plus.

Le 30 octobre, Schomberg reprenait l'île de Ré. Il était temps : les survivants désertaient. Mais les Anglais avaient perdu douze cents hommes et l'on disait que Buckingham était blessé. Louis XIII, triomphant, expédia à Paris les drapeaux et les canons capturés. « Nous envoyons, la reine ma fille et moi, tous nos gens au devant », écrivait Marie de Médicis. Et, quelques jours plus tard : « La nouvelle que vous nous avez envoyée, à la reine ma fille et moi [...] de la retraite du reste des Anglais [...] nous a continué le contentement que nous avions déjà reçu... »

« La reine ma fille », c'est Anne d'Autriche, qui dut en effet, on imagine dans quels sentiments, prendre sa part de la liesse officielle, admirer dans la cour du

Louvre les trophées anglais exposés, se rendre à Notre-Dame pour y entendre un *Te Deum*. Mais ce n'était rien encore : il fallut féliciter Richelieu et en l'appelant « cousin », puisque les princes de l'Église avaient droit à ce titre : « Mon cousin, la nouvelle de la fuite et retraite des Anglais donne trop de contentement pour différer plus longtemps le témoignage que vous recevrez du mien. »

On admirera l'implicite restriction. Mais Richelieu maniait encore mieux le langage diplomatique (et la perfidie) : « Bien que la joie que j'ai de la défaite des Anglais soit telle qu'il semble impossible d'y rien ajouter, celle que Votre Majesté en a reçue est capable de l'augmenter. »

Et n'oublions pas que ces missives s'échangeaient au moment même où Anne, tremblante de peur, convoquait en secret La Porte dans sa chambre pour l'envoyer auprès de Montagu, ami de Buckingham, afin de savoir jusqu'à quel point elle était compromise!

C'est en vain qu'au cours du printemps 1628 Buckingham tenta de faire parvenir des secours à La Rochelle. Les échecs s'ajoutaient aux échecs pour le favori trop sûr de lui, inconscient ou dédaigneux de la haine qu'il suscitait. A la fin d'août, il se trouvait à Portsmouth où il avait réussi, malgré la pénurie du trésor anglais (plus vide encore que le nôtre), à rassembler une nouvelle flotte : soixante vaisseaux de guerre, trente bateaux de ravitaillement et de transport. De quoi, cette fois, non seulement secourir La Rochelle, mais anéantir notre flotte et envahir notre territoire. L'armada n'eut pas le temps de prendre la mer. Le 23 août au matin, Montagu se rendait chez Buckingham pour lui communiquer certains renseignements. Il était escorté par le lieutenant Felton. Felton était un puritain exalté; une fois en présence de Buckingham, il lui plongea un poignard dans le cœur, mettant fin à ses ambitions, à ses espoirs, à ses amours. On peut voir son monument funéraire à Westminster Abbey.

La mort de Buckingham était de nature à décourager les Rochelais, à les inciter à la reddition : le roi d'Angleterre fit fermer ses ports. Mais un émissaire de sa femme réussit à passer la Manche pour apporter la nouvelle à la cour. Dans sa joie, Louis XIII gratifia l'homme de mille écus, ce qui n'était pas une petite somme.

Que le beau Buckingham fût rayé de la surface du globe, Anne d'Autriche ne put d'abord le croire. « Mais je viens de recevoir de ses lettres ! » laissa-t-elle échapper. D'autres disent qu'elle s'évanouit. Richelieu la ramena à la réalité. « Il triompha inhumainement de cette mort », écrit Tallemant. Quant à Marie de Médicis, elle déclara qu'il était dans le destin des favoris d'être un jour ou l'autre assassinés, et qu'Olivares, en Espagne, venait de mourir ainsi, ajoutant aimablement que c'était le propre frère d'Anne d'Autriche, don Carlos, qui l'avait tué. Anne trouva la force de s'indigner : jamais son frère n'aurait commis un tel acte et d'ailleurs Olivares n'était point mort (ce qui était vrai).

Si nous ignorons quelles furent les « choses piquantes » que le cardinal dit à la reine, nous savons ce qu'il a écrit de Buckingham dans ses Mémoires. « Ses entreprises sans raison furent exécutées avec malheur, mais elles ne laissèrent pas de nous mettre en grand péril et de nous faire beaucoup de mal, la folie enragée d'un ennemi étant plus à craindre que sa sagesse, d'autant que le fol n'agit pas d'un principe commun avec les autres hommes ; la raison y perd son escrime ; on n'est jamais en sûreté contre lui ; il tente tout, viole ses propres intérêts et n'est retenu que par la seule impossibilité...

« Le roi (*d'Angleterre*) fût blâmé de tout le monde d'avoir fait un si mauvais choix et d'avoir commis ses affaires au seul soin d'une personne qui, n'ayant pas soumis toutes ses passions au service de son maître, avançait ou retardait les affaires selon ses affections particulières. »

Une chose émerveillait tout de même Richelieu : que Buckingham ait eu « toutes les prérogatives de la fortune » et que sa faveur ait duré sous deux règnes. Charles Ier avait eu tort, sans doute, de conserver ce « fol », mais il fallait lui rendre hommage d'avoir honoré sa mémoire par des pompes royales, d'avoir payé ses dettes et pris toute sa famille sous sa protection, « contre l'ordinaire des princes en la mémoire desquels les services du meilleur serviteur du monde meurent d'ordinaire avec sa personne ». Remarque nostalgique, qui trahit les inquiétudes de Richelieu quant à la solidité de sa propre faveur. Comment être sûr d'un homme tel que Louis XIII, aussi dissimulé que méfiant, et qui avait en effet donné la preuve de l'ingratitude ordinaire aux princes en oubliant si vite son cher Luynes (ce à quoi, bien sûr, Richelieu avait grandement contribué)? « Les quatre pieds carrés du cabinet du roi me sont plus difficiles à conquérir que tous les champs de bataille de l'Europe », soupirait le cardinal.

La Rochelle, où l'on n'enterrait plus les cadavres, où les survivants mangeaient le cuir de leurs bottes, capitula le 27 octobre. Le retentissement fut extraordinaire. Je ne parle pas des horreurs du siège (qui s'en souciait?) mais du succès de Richelieu. En perdant l'orgueilleuse La Rochelle, maîtresse de l'Atlantique, les huguenots français perdaient à peu près tout. L'Angleterre était ruinée, son prestige atteint, sa monarchie ébranlée. Les autres États d'Europe songeaient avec inquiétude que la France avait maintenant les mains libres pour régler ses comptes avec eux.

Rien de tout cela n'était de nature à consoler Anne d'Autriche. Du moins, put-elle, en cette fin d'année, espérer le retour auprès d'elle de Mme de Chevreuse. Le roi d'Angleterre avait intercédé pour la duchesse, le duc de Lorraine aussi. M. de Chevreuse, lui, ne cessait de faire « d'instantes prières » pour le retour de son inconstante épouse. Dans un royaume encore mal assagi, mieux valait ne pas pousser à bout ce serviteur loyal. Certes, il était « hors d'espérance », disait Richelieu, que la duchesse pût jamais bien agir; néanmoins, à l'instar « des planètes malignes », qui le sont plus ou moins selon leur séjour (astrologique), peut-être relâcherait-elle quelque chose de sa propre malignité quand elle se retrouverait dans cette France qui lui manquait si cruellement. Ajoutons qu'en France on serait plus à même de la surveiller. D'ailleurs on la confinait à l'abbaye de Jouarre dont sa belle-sœur était abbesse; elle pourrait faire des séjours à Dampierre, mais seulement quand la cour ne serait pas à Paris ou aux environs. Un couvent! Et encore la campagne! C'était pire que l'exil. Anne d'Autriche osa parler pour son amie; le roi d'Angleterre aussi, encore une fois. C'était une puissance que Mme de Chevreuse, et dont le sort importait à la conclusion de la paix. Mais rien n'y fit. L'ambassadeur de France à Londres, Châteauneuf, répondit à Charles Ier que la duchesse « était une femme de qui la malice surpassait celle de son sexe, quelque malicieux qu'il fût, et qu'on avait éprouvé que plusieurs personnes de condition et de puissance se détournaient du service du roi pour adhérer à ses passions ». Sévérité bien plaisante quand on sait que Châteauneuf va bientôt devenir l'amoureux le plus fou de tous les amoureux fous de l'irrésistible duchesse.

V

LE TEMPS DES ÉCHAFAUDS

Elle n'est pas gaie, la perspective qui s'étend maintenant devant la reine de France. Avec son mari toute confiance est morte; avec le cardinal, c'est la guerre. Quatorze années d'intrigues, d'escarmouches et de coups bas, qui ne les grandiront ni les uns ni les autres. Quatorze, oui, puisqu'elles ne prendront fin qu'en 1642 avec la mort de Richelieu.

Dans ce duel il est d'usage de donner tort à Anne d'Autriche. A nos yeux d'aujourd'hui, la grande œuvre accomplie par Richelieu le disculpe de tout. Les contemporains, qui subissaient ses rigueurs, en jugeaient autrement. Personne, surtout parmi les grands, ne se résigne alors à ce qu'incarne le cardinal et qui aboutira à ce que nous appelons l'absolutisme. On ne perçoit pas ce but et l'on ignore ce mot. Ce qu'on voit, c'est une usurpation insupportable. Qu'un ministre, c'est-à-dire un serviteur, et qui n'existe que par le roi, décide au nom de celui-ci et qu'il décide de tout, qu'il rase les châteaux forts, qu'il décapite les gentilshommes, qu'il intercepte les correspondances, qu'il prétende contrôler jusqu'aux intelligences, cela est tellement extraordinaire qu'on ne peut pas croire que Louis XIII l'approuve. D'où la légende d'un roi haïssant secrètement son ministre et ne le conservant que par paresse et incapacité. Il est vrai que Louis ne supporta pas sans impatience, surtout dans les dernières années, la supériorité et l'autoritarisme de son ministre; peut-être même ne comprit-il pas dans toute son ampleur sa politique. Mais il avait en lui quelque chose qui s'en accommodait parfaitement : le sentiment de sa royauté. Seul, Richelieu pouvait lui conserver et faire respecter, au dedans comme au dehors, ce sceptre qu'il avait eu tant de mal, déjà, à saisir.

S'agissant de la reine, les Français aimaient sa personne et respectaient son titre, auquel s'attachait encore quelque chose de sacré. Comment donc n'eussent-ils pas jugé sacrilège qu'un ministre la réduisît elle aussi, elle surtout, à la soumission?

Jamais, sauf pendant la brève période 1619-1621, Anne d'Autriche n'a compté. « La reine », dans les textes, c'est Marie de Médicis, pas elle. Richelieu ayant l'appui et de « la reine » et du roi, Anne compte encore moins maintenant; elle n'est pour ce triumvirat qu'une quantité négligeable dont les prérogatives sont oubliées. Sa stérilité n'explique pas tout puisque, même après la naissance du dauphin, on continuera à n'exiger d'elle que la soumission, jusques et y compris pour l'éducation de son enfant. Richelieu ne respecte, avec sa souveraine, que les formes; et l'on s'y tromperait à lire toutes les assurances de servile respect qu'il lui prodigue, si l'on ne savait que, pour le fond, il est le maître. Maître de son entourage, de ses déplacements, de sa correspondance; il lui dicte ses lettres et jusqu'à ses paroles. Mieux, il dicte aussi au roi les propos, écrits ou oraux, qu'il doit tenir à sa femme. Il n'est pas jusqu'aux plus simples et plus légitimes désirs d'Anne d'Autriche qui ne dépendent du cardinal et du cardinal seul. Faute de donner au moins un exemple, on s'expose à ne pas comprendre pourquoi la reine, maintenant, va entrer dans la clandestinité, pourquoi elle va mentir et se parjurer. L'hypocrisie est l'arme des opprimés.

Au début de 1630, de Lyon où elle se trouve, Anne souhaite se rendre à Toulon, où doit faire escale sa sœur Maria, maintenant reine de Hongrie (et future impératrice), cette petite sœur qu'elle n'a pas vue depuis son mariage, c'est-à-dire depuis treize ans. Les rapports franco-espagnols étant alors, comme nous allons le voir, des plus tendus, le roi prétexte des difficultés d'étiquette, dit qu'il faut s'en remettre au garde des Sceaux et s'en remet en fait au cardinal. Voici la lettre qu'Anne dut écrire à celui-ci pour obtenir cette faveur... qu'elle n'obtint pas :

« Mon cousin, j'estime que M. le garde des Sceaux vous écrit des difficultés dont le roi, mon seigneur, a désiré d'être éclairci pour l'entrevue de la reine de Hongrie, ma sœur, et moi, tellement qu'il ne restera maintenant qu'à savoir la volonté du roi, laquelle je vous prie me faire savoir le plus tôt que vous pourrez, avec la consolation que j'en attends, comme une chose en laquelle vous me pouvez extrêmement obliger et que j'aurai soin de reconnaître par toutes les voies qu'il me sera possible, étant votre bien bonne et affectionnée cousine. »

Malgré tout cela une question se pose : réduite à sa seule rancune, Anne d'Autriche serait-elle passée aux actes ? Nous commençons à connaître sa nature, fière, certes, et vindicative, capable de sursauts d'indignation et d'explosions de colère, mais au fond indolente, primesautière, inapte aux longs et noirs desseins hypocritement poursuivis. Seulement Anne n'est pas seule. Il y a les autres : ses fidèles et admirateurs pour qui elle est une victime et qui la poussent à la vengeance. Mme de Chevreuse a transformé ses retraites de Jouarre et Dampierre en P.C. d'où partent secrètement d'obligeants émissaires chargés de messages pour la reine. Eh oui ! Richelieu n'a pas pris assez de précautions ; il s'est encore fait trop d'illusions sur la « planète maligne ». Comme les émigrés, Mme de Chevreuse n'a rien appris et tout oublié. Anne d'Autriche, qu'elle aime, certes, et qu'elle plaint, lui est aussi, comme pour beaucoup d'autres, un instrument utile et qui peut représenter l'avenir. Elle n'a pas de fils, c'est vrai, du moins pas encore, mais elle a la santé que le roi n'a pas; elle a la jeunesse que la reine mère n'a plus, et surtout, et surtout elle a l'appui de la maison d'Autriche.

Fortes de leurs atouts, les deux femmes vont donc combattre la politique du cardinal, puisque c'est une politique personnelle et néfaste; elles vont aider ses ennemis, au dedans comme au dehors, puisque tout chef d'État comme tout particulier auquel il s'en prend devient, comme elles, une victime. Le nouvel ambassadeur d'Espagne, Mirabel, n'est que trop disposé à les aider, voire à les exciter. Nul doute qu'il ne rappelle à la reine les instructions que lui avait données son père et dont la plus pressante était : ne laissez pas votre mari s'en prendre à nos alliés.

C'est pourquoi, au cours de l'année 1629, Anne envoie La Porte au duc de Lorraine, afin de le renseigner sur les mauvais desseins de Richelieu à son égard. Plus tard, quand le duc, momentanément rassuré, licenciera ses troupes, Anne enverra encore La Porte à Nancy lui apporter un *tababar*. Les *tababars* étaient des bonnets fantaisie, bariolés, emplumés, comme en portaient les bouffons... et les bouffons s'appelaient aussi des fous. Le message était assez clair [1]. (Qu'on n'aille pas croire que la reine envoyait, de Paris, des messagers jusqu'à Nancy à seule fin d'y faire porter des bonnets. Non, mais c'était pire : car elle accompagnait son mari dans ses expéditions vers l'est et c'est pendant que Louis et Richelieu s'efforçaient d'intimider le duc de Lorraine qu'elle s'efforçait, pour sa part, de le prévenir.)

Si la reine, toujours à l'instigation de Mme de Chevreuse, se mêle à l'affaire du remariage de Gaston d'Orléans, c'est encore pour contrecarrer Richelieu, et aussi sa belle-mère. « Je ne suis guère propre à la galanterie qui règne encore, de faire le malade, d'être pâle et de s'évanouir », a coutume de dire Monsieur. (Et Tallemant de commenter : « En effet, il a toujours été vermeil. ») Pourtant, après avoir noyé son veuvage dans les cabarets et autres mauvais lieux qu'il aime à fréquenter, Gaston s'est mis à galantiser dans les règles auprès de la ravissante Marie de Gonzague, fille du duc de Nevers, et lui parle mariage. Colère de la reine mère. Gaston lui avait promis d'épouser une de ses nièces Médicis; de plus, elle déteste les Gonzague-Nevers qui ont osé railler le peu d'antiquité de sa famille.

Toute soumise qu'elle soit à l'influence de Mme de Chevreuse, Anne d'Autriche, qui s'est donné tant de mal pour empêcher le premier mariage de son beau-frère, n'est pas inconséquente au point de favoriser maintenant son remariage. Mais entre deux maux il faut choisir le moindre : l'alliance Médicis accroîtrait l'influence de la reine mère. L'ambassadeur d'Espagne, trop heureux de ce nouveau conflit au sein de la famille de France, la persuade donc sans peine d'aider Gaston et sa bien-aimée à passer aux Pays-Bas espagnols où ils pourront convoler. N'excluons pas une possible arrière-pensée de la reine, cette reine toujours stérile : sortir du royaume sans permission, se marier sans permission, c'est trahir. L'éventuelle descendance de Gaston et de Marie de Gonzague aurait beaucoup moins de chances d'accéder au trône que celle de Gaston et d'une épouse Médicis « officielle ».

On dit souvent que Gaston et sa belle-sœur se sont toujours bien entendus. Oui, mais comme on s'entend dans une cour. Entre eux deux, c'était, en quelque sorte, la course à l'héritier. Monsieur l'avouait à sa manière, c'est-à-dire plaisamment, mais l'avouait tout de même. Pendant le siège de La Rochelle, Louis XIII était revenu passer quelques semaines à Paris auprès de sa femme. Rencontrant celle-ci au sortir d'une chapelle où elle faisait une neuvaine pour obtenir un dauphin, « Madame, lui dit Gaston, vous venez de solliciter vos juges contre moi; je consens que vous gagniez le procès, si le roi a assez de crédit pour cela. »

Louis XIII et Richelieu ne retiennent qu'une chose : la reine a eu des contacts, et des contacts fréquents, avec l'ambassadeur d'Espagne. Or, l'Espagne, maintenant, c'est l'ennemie.

Le duché de Mantoue et Montferrat, en Italie, a échu en héritage au duc de Nevers, le père de cette jeune Marie de Gonzague que Gaston veut épouser. Mais, comme le sait et l'écrit Richelieu, chaque fois qu'il se trouve une case vide sur l'échiquier européen, l'Espagne veut y placer un de ses pions. Elle le veut d'autant plus, cette fois-ci, que ces territoires avoisinent ses possessions du Milanais. En 1628, l'empereur, en bon cousin du roi d'Espagne, a donc refusé à Nevers l'investiture du Mantouan, qui relève de lui. Puis, l'armée française étant occupée par le siège de La Rochelle, l'Espagne et la Savoie, troisième larron, en ont profité pour envahir le Montferrat. Richelieu peut-il accepter ce coup de force ? Peut-il abandonner le duc de Nevers, sujet du roi de France ? Non, bien sûr. Les troupes françaises, maintenant disponibles, iront l'aider à défendre son trône.

Cette décision va bouleverser le rapport des forces à l'intérieur de la cour en déclenchant un grave différend entre le cardinal et sa protectrice. Comment Marie de Médicis accepterait-elle qu'on entre en conflit avec la très catholique Espagne ? Qu'on expédie en Italie, pour ces Gonzague-Nevers qu'elle a toujours détestés et qu'elle déteste encore plus depuis l'affaire Marie, une armée qui pourrait si utilement exploiter la victoire de La Rochelle en réduisant les derniers bastions hérétiques ? Et c'est Richelieu qui a décidé cela ! Richelieu, un cardinal ! Richelieu, sa créature !

La brouille était inévitable. A tout propos des incidents s'élevaient, que Louis XIII s'efforçait d'apaiser. En poussant le cardinal au pouvoir, la reine mère avait cru y mettre un instrument docile. Docile, Richelieu ne l'était qu'aux intérêts supérieurs de l'État, c'est-à-dire à sa grandeur, qui excluait la paix à tout prix.

Quand, en mars 1629, Marie de Médicis fait enlever et un moment retenir Marie de Gonzague, la crise menace d'éclater : Richelieu a désapprouvé cette véritable provocation à l'égard des Nevers et de Monsieur.

Il avait raison. A la fin d'août, Gaston, ulcéré par ailleurs que son frère lui ait refusé le commandement de l'armée d'Italie, inquiet des mercuriales qu'il lui adresse (« Je me plains des désordres et débauches de votre vie... »), passe la frontière et se réfugie en Lorraine, où le duc, on s'en doute, est tout prêt à lui faire bon accueil. Gaston reviendra quatre mois plus tard, contre de substantiels avantages, mais ne pardonnera pas au cardinal, qu'il croit, à tort pour une fois, complice du geste de sa mère et des sévérités de son frère. Mais Marie de Médicis a déjà retourné la situation à son avantage. Des promesses ont été échangées entre la mère et le fils : il renoncera à Marie de Gonzague, elle s'emploiera à ruiner le cardinal dans l'esprit du roi. C'est Bellegarde, qui, dans la tradition du mélodrame, portait les deux documents sur son cœur, dans une boîte en or suspendue à son cou par une chaîne. Richelieu le sait, mais il a toujours, heureusement, l'appui du roi. Le 21 novembre, Louis XIII le nomme même « premier ministre de l'État ». Cela ne s'était jamais vu. Et ce premier ministre a une garde personnelle; il a même des mousquetaires, comme le roi! On gronde ferme.

Le faste du cardinal est à la hauteur de son rang. A Noël, il fait aux trois Majestés les honneurs d'une de ses demeures : son hôtel parisien, qui va bientôt mériter le nom de Palais-Cardinal (notre Palais-Royal). Superbe festin avec ballets et comédie. Le tyran aime le théâtre. Il a fait construire deux salles de spectacle dans son hôtel, et cinq auteurs, bientôt réunis sous sa coupe, vont être chargés de lui fournir des pièces où il glissera des vers de sa façon. Étonnante caporalisation du talent! écrit M. Antoine Adam. (La création de l'Académie française en fournira un autre exemple.) Parmi ces poètes embrigadés, un jeune Normand qui se fera un nom : Pierre Corneille.

Les quinquets éteints, le cardinal est reparti pour le front d'Italie. La soirée n'aura été qu'un bref intermède dans la lutte presque ouverte qui l'oppose maintenant à la coterie de Marie de Médicis. Qu'on ait, malgré les opérations extérieures, réduit les places protestantes du Languedoc ne suffit pas à apaiser la reine mère et le parti catholique. N'a-t-on pas laissé aux prétendus réformés leurs lieux de culte et leurs écoles? Cette sagesse (que n'aura pas Louis XIV) paraît à Marie de Médicis un scandale, une insulte à la vraie religion, celle qui, hélas! s'est trop peu réformée. Quand Anne d'Autriche, en juillet 1630, fait une nouvelle fausse-couche, le parti n'est pas loin d'y voir une punition du ciel. Dieu ne saurait accorder ses bénédictions à un roi qui mène une politique si contraire aux intérêts de l'Église. Et quelle imprudence que de s'y être lancé! Un roi sans héritier est un roi mal assuré qui devrait prendre soin de ne mécontenter personne. Or, à l'intérieur, soulèvements et pillages répondent à l'insupportable pression fiscale nécessitée par la guerre; en Italie, les revers succèdent aux premières victoires : Mantoue est prise par les Impériaux, tandis que Casal, la capitale du Montferrat, est assiégée par Spinola, l'illustre stratège au service de l'Espagne.

Là-dessus survient une maladie de Louis XIII, la plus grave de toutes celles qui ont déjà ébranlé sa santé. Il se trouve à Lyon, avec la cour, après avoir pris part aux opérations d'Italie. Le 22 septembre, il est obligé de s'aliter; sa fièvre monte, il délire; dans la nuit du 29, il rend par la voie anale une grande quantité de sang et de pus. Le P. Suffren l'avertit qu'il court hasard de la vie. Louis se confesse, fait ouvrir les portes de sa chambre. Anne d'Autriche entre, fort pâle, le mouchoir aux yeux. La reine mère aussi semble émue, mais pour des raisons qui ne sont pas toutes maternelles. Le roi, d'une voix à peine audible, demande pardon à tous et à ses sujets des torts qu'il a pu leur causer, puis fait signe à sa femme d'approcher, l'embrasse. Le cardinal de

Lyon, un frère de Richelieu, administre l'extrême-onction et l'on attend la fin.

Que d'arrière-pensées dans cette assistance à genoux qui fait semblant de prier ou de pleurer ! Est-il vrai que Mme du Fargis, dame d'atour de la reine, a déjà envoyé un courrier au futur roi, Gaston d'Orléans, pour le sonder sur un projet de mariage avec la bientôt veuve Anne d'Autriche ? Marie de Médicis, quant à elle, se considère régente et distribue des portefeuilles. Le garde des Sceaux Marillac aura la place de Richelieu. Son frère, le maréchal, s'est offert à tuer le « monstre » de sa main. D'autres y répugnent à cause de la pourpre ; Bassompierre suggère une peine plus douce : la prison à vie, et le duc de Guise, beau-frère de Mme de Chevreuse, parle d'un exil à Rome.

Or voici qu'au matin du 30 septembre, alors que des prières s'élèvent en toutes les églises, le miracle se produit : le roi reprend connaissance et sa fièvre baisse. L'hémorragie, qu'on avait crue fatale, signifiait au contraire l'écoulement de l'abcès intestinal que les médecins n'avaient pas décelé. Mais Louis XIII reste très faible et cette faiblesse permet à sa femme et à sa mère de l'entourer comme elles n'avaient jamais pu le faire jusqu'ici. Richelieu, exclu de cette chambre de malade, ne sait, selon ses propres mots, « s'il est mort ou vif ». C'est son sort qui se joue. Quand les deux reines se rendent en pèlerinage à Notre-Dame-des-Grâces, à l'Ile-Barbe (que détrônera Fourvières), de quoi veulent-elles y remercier la Vierge ? Seulement d'avoir sauvé le roi ?

Dans l'attendrissement qui suit les grandes maladies, Louis XIII a demandé pardon à sa femme « de n'avoir pas bien vécu avec elle » et lui a promis d'écouter à l'avenir ses conseils. Anne aurait été bien sotte de n'en pas profiter pour demander le renvoi de son persécuteur. Ce renvoi, Marie de Médicis l'exige, sans souci de ménager la santé du convalescent. Pendant le voyage de retour, Louis XIII, quand il trouve, à Roanne, l'occasion de s'entretenir avec Richelieu, lui fait part de l'animosité persistante de la reine mère et lui conseille de faire tout son possible pour se réconcilier avec elle. Le conseil sera suivi, et au-delà. C'est sur un même bateau, « en grande privauté », que les deux monstres sacrés descendront les rivières jusqu'à la capitale.

Comédie, de part et d'autre. Dès qu'on se retrouve à Paris, les hostilités reprennent. Les affaires d'Italie, seules, donnent quelque répit au cardinal. L'affrontement de Casal a été évité. Le 26 octobre, aux cris de *Pace! Pace!*, un jeune diplomate pontifical, capitaine de son état, s'est jeté au galop de son cheval entre les deux armées prêtes à en découdre; il apportait l'accord obtenu *in extremis* grâce à ses efforts. Entrée dans l'histoire du signor Giulio Mazarini, autrement dit Mazarin. Est-il besoin de dire que nous le retrouverons?

La reine mère, en apprenant l'armistice, fait un feu de joie au Luxembourg. Ce n'est point du tout qu'elle se réjouisse des avantages obtenus par la France aux dépens de l'Espagne ni du rétablissement de Nevers sur son trône de Mantoue : c'est, dit-elle, que le roi lui a promis qu'il renverrait le cardinal, sitôt réglée cette affaire.

Richelieu est plus inquiet que jamais. Il sent autour de lui une odeur de disgrâce; à son approche les courtisans s'écartent. Et voici que le roi lui-même, sans doute mal rétabli, semble ne plus le soutenir avec la même fermeté. Et voici, plus surprenant encore, que les deux reines, la belle-mère et la belle-fille, semblent réconciliées!

Elles le sont en effet, et contre lui. Rien ne rapproche comme d'avoir le même ennemi. Et il ne manquait pas à la cour, outre Mirabel, d'opportunistes et d'opposants pour travailler à cette alliance si utile à la perte du ministre haï. Mme du Fargis, M. et Mme de Lavau (qui ont déjà aidé Anne dans l'affaire Montagu) s'y étaient employés avec ardeur et succès.

Mme du Fargis était une Chevreuse au petit pied et une amie de l'Espagne, où elle avait séjourné comme ambassadrice. Quant à Mme de Lavau, on ne résiste pas au plaisir de conter ses débuts.

Dans les premiers temps de son séjour en France, Anne avait reçu de sa tante Isabelle-Claire-Eugénie, gouvernante des Pays-Bas, un cadeau : grande cage d'osier, voilée d'une couverture, où, paraît-il, se trouvait un perroquet superbe et savant. « Il est capable, avait dit le gentilhomme qui apportait la cage, de faire compliment à Votre Majesté en cinq ou six langues différentes. » De fait, on entendit sous la couverture une voix qui salua la reine successivement en espagnol, italien, français, anglais et hollandais. « Impossible ! s'exclama l'assistance. Ce ne saurait être un perroquet ! » On ôta la couverture : c'était une naine. Depuis lors, la petite Lavau, comme on l'appelait, avait suffisamment grandi pour faire une femme présentable, mariée maintenant à ce domestique de la reine dont elle portait le nom. Elle-même était devenue femme de chambre d'Anne d'Autriche qui appréciait beaucoup son intelligence et sa vivacité.

Mais les qualités de la petite Lavau, comme l'entregent de Mme du Fargis, n'auraient pas suffi à réconcilier les deux reines s'il n'y avait eu les hostilités franco-espagnoles. Saint-Simon, dont le père était en cette période favori de Louis XIII (aucune équivoque : il était très laid), nous parle de la commune « passion espagnole » qui aurait toujours uni les deux reines. Le « toujours » est de trop, nous le savons. Ce sont les circonstances qui ont fait de cette passion une passion commune. Anne d'Autriche, espagnole, Marie de Médicis, hispanophile, ne pouvaient que désapprouver un conflit avec l'Espagne, notre alliée, quels qu'en fussent les motifs.

L'affrontement décisif entre la reine mère et le cardinal, cet affrontement que tout le monde attendait ou espérait, se joua, comme on dit dans Claudel, en trois journées, celles des 10, 11 et 12 novembre 1630. C'est à la seconde qu'est resté le nom de journée des Dupes, on va voir pourquoi.

Le 10, Marie de Médicis, ayant déclaré au cardinal qu'elle avait perdu toute confiance en lui, lui ôtait les charges qu'il occupait dans sa maison (chef de son conseil, surintendant et grand aumônier) ; elle chassait d'un même mouvement tous les parents qu'il avait placés auprès d'elle. Après cela, comme écrit Richelieu, il ne restait plus qu'à « conclure l'exécution de ma ruine », c'est-à-dire à obtenir du roi qu'il le chassât aussi.

Dans la matinée du 11, Louis XIII et sa mère s'enfermaient chez celle-ci, au Luxembourg. Immédiatement averti, Richelieu s'y rendit et se vit refuser la porte. Comprenant aussitôt la portée du tête-à-tête, il réussit, par un passage dérobé qu'il connaissait, à pénétrer jusque dans la chambre de Marie de Médicis : « Je suis sûr que Vos Majestés parlaient de moi ! » La Florentine éclata : « Oui, nous parlions de vous, comme du plus méchant et du plus ingrat de tous les hommes ! » Suivit une scène effroyable. Marie de Médicis s'emporta jusqu'aux insultes et aux insultes de harengère contre l'« ingrat » ; elle mit son fils en demeure de choisir entre elle et un « valet ». Richelieu tomba à genoux en pleurant devant son ancienne bienfaitrice et offrit sa démission. Pleurant elle aussi, mais de rage, la reine mère continuait à vociférer. Après avoir vainement tenté d'endiguer le flot, Louis XIII, pâle comme la mort, mit fin au scandale en ordonnant à Richelieu de sortir. Le ministre obéit, mais attendit son maître dans la cour du Luxembourg. Selon les uns, Louis XIII serait monté en carrosse sans l'honorer d'une parole ; selon les autres, il lui aurait demandé de se retirer pendant quelques jours, le temps de laisser passer l'orage. D'après certaines dépêches diplomatiques, le roi, au contraire, aurait prié son ministre de venir le rejoindre à Versailles où il allait. Une chose est sûre : Louis XIII, dans les deux heures, partit pour Versailles, et Richelieu se crut perdu.

L'altier, le cruel, l'« âpre » Richelieu, qui « foudroyait plutôt que gouvernait les humains » (Retz), était un anxieux que ses nerfs trahissaient souvent; malade, il est vrai, lui aussi, comme son roi. Ces larmes qu'il versait, ces démissions qu'il offrait (ce n'était ni la première ni la dernière), on aurait tort d'y voir à chaque fois comédie ou chantage. Après les deux scènes, dramatiques assurément, qu'il venait de subir en deux jours, il se trouve incapable d'imaginer une parade. Que faire? Rien, se répond-il, la partie est perdue.

Peut-être l'eût-elle été, sans l'un de ces confidents de tragédie qui insufflent à leurs maîtres en désarroi les décisions qu'ils ne sont plus capables de prendre. Le cardinal de la Valette (« le cardinal-valet ») va être le Lucien Bonaparte de cet aigle en péril. Allez rejoindre le roi à Versailles, lui dit-il, il ne faut jamais laisser seul un souverain; si vous n'y allez pas, il vous abandonnera. Et, le soir même, tandis que Marie de Médicis, au Luxembourg, dans une foule où l'on peut à peine se mouvoir, savoure les joies du triomphe, tandis que Marillac parle déjà en premier ministre, Richelieu, à Versailles, entend Louis XIII lui déclarer : « Je suis plus obligé à mon État qu'à ma mère [...]. J'ai en vous le plus fidèle et affectionné serviteur qui soit au monde [...]. Continuez à me servir comme vous l'avez toujours fait et je vous maintiendrai contre les intrigues de vos ennemis. » Le discours semble un peu trop beau pour avoir été prononcé d'une traite. Croyons plutôt Montglat lorsqu'il nous dit que Richelieu, trouvant à Versailles le roi déjà couché, se posta auprès de son lit et, en deux heures de plaidoyer, réussit à retourner la situation à son avantage. Son grand argument était et sera toujours le même : mes ennemis sont les ennemis de l'État.

Dans la nuit, Marillac est arrêté et sommé de rendre les sceaux. Le lendemain matin, apprenant que Richelieu, après avoir passé la nuit à Versailles, est revenu avec le roi, la foule courtisanesque du Luxembourg reflue aussi vite qu'elle avait afflué. On se saisit aussi du frère de Marillac, le maréchal, et, rigueur inexcusable, on le décapitera après un procès fabriqué. Dans les semaines qui suivent, les complices se voient infliger les mêmes peines qu'ils voulaient infliger au cardinal : le duc de Guise, le bannissement; Bassompierre, la prison à vie; il aura le temps, avant d'être arrêté, de brûler six mille lettres d'amour, les seuls papiers « préjudiciables » qu'il eût chez lui, note-t-il amèrement. Elles ne venaient assurément pas toutes de sa maîtresse en titre, la princesse de Conty, éloignée, elle aussi, et qui en mourra de chagrin, dit-il. Quant à Bellegarde qui, depuis Henri III, croyait avoir la faveur « en patrimoine », il est banni. Enfin, une fois de plus, l'entourage d'Anne d'Autriche est frappé. Renvoyés, les derniers Espagnols de sa maison; renvoyée, Mme du Fargis; renvoyés, M. et Mme de Lavau, qu'on assigne à résidence et dans des résidences séparées; écartés, l'ambassadeur d'Espagne, Mirabel, et sa femme, qui ne pourront plus pénétrer au Louvre sinon pour des audiences. On va jusqu'à éloigner la petite Françoise Bertaut (future Mme de Motteville) alors âgée d'une dizaine d'années : élevée en Espagne, elle commettait le crime de parler à la reine dans sa langue natale. « M'ôter jusqu'à un enfant! » s'écrie Anne en pleurant.

De fait, pourquoi ces rigueurs? Il apparaît bien modeste, le rôle qu'a joué Anne d'Autriche dans ce complot-là. C'est vrai; pourtant la reine a été, involontairement, au centre de ce « grand orage de cour ».

Ah! que nous sommes loin ici de l'histoire à la mode, celle qui se veut sociale, qui fait des individus les jouets et les produits de forces extérieures qu'ils ne contrôlent point : la géographie, le climat et, partant, les bonnes ou les mauvaises récoltes, le renchérissement des prix, etc. Il était nécessaire, il était salutaire, sans doute, d'élargir ce que Le Roy Ladurie appelle le territoire de l'historien ; mais on a fini par perdre de vue un facteur essentiel : ce que le XVIIe siècle, lui, appelait les passions ; qu'il s'agisse d'amour, de haine, d'envie, de jalousie, le XXe siècle montre assez, pourtant, de quel poids elles pèsent sur la vie politique. Si cela est vrai dans une démocratie, combien davantage dans une monarchie, où tout dépend de la faveur d'un seul ! Une cour est un champ clos où fermentent les animosités, où la personne, pas plus que le personnage, n'échappe à l'attaque, puisque vies publique et privée y sont confondues.

De ces passions individuelles, de ces puissants ressorts, il serait vain de chercher quelque trace dans les actes officiels. Les mémoires seuls nous en parlent, mais lesquels choisir ? Richelieu nous a laissé les siens, monument apologétique qu'il a revêtu de sa pourpre. Il ne s'est pas contenté d'en gommer tout ce qui pouvait les nuire : d'une certaine façon, il a gommé aussi ce qui pouvait nuire aux autres. Je veux dire qu'il a travesti en débats politiques tous ses règlements de compte. Faire preuve de rancune personnelle, c'eût été se rabaisser au rang de ceux qu'il accusait de préférer, à sa différence, leurs passions particulières à l'intérêt public. Richelieu savait pourtant de quel poids avaient pesé, dans ce grand orage de 1630, ses sentiments réels ou supposés pour la reine de France. Car c'est de cela qu'il s'agit.

Que Richelieu ait tenté de séduire Anne d'Autriche dès son arrivée au pouvoir, la chose, nous l'avons vu, n'est pas vraisemblable. Mais qu'il s'y soit essayé au cours de cette année 1630, il est difficile d'en douter pour plusieurs raisons, parmi lesquelles le redoublement d'animosité de la reine mère et la disgrâce de Mme du Fargis.

Mme du Fargis était à l'origine une créature du cardinal ; c'est lui qui l'avait placée dans la maison de la reine. (Fait à noter, que nous avons déjà vérifié avec Mme de Chevreuse, presque toutes les personnes, hommes ou femmes, que le roi et Richelieu ont placées auprès d'Anne d'Autriche, ont fini par prendre parti pour elle, ce qui montre bien où allaient les sympathies.) Que Richelieu ait demandé à Mme du Fargis de le servir auprès de la reine, quoi de plus naturel? Ce qui l'est moins, c'est que cette intermédiaire ait été priée de jouer les entremetteuses. Or, là-dessus, tous les témoignages concordent : celui de Tallemant, celui de Retz, neveu de Mme du Fargis, celui de La Rochefoucauld, qui venait de faire ses débuts à la cour et s'était trouvé à Lyon pendant la maladie du roi; c'est là et c'est alors qu'il avait « commencé à observer avec quelque attention » (celle du mémorialiste et du moraliste qu'il allait devenir) les faits et gestes des grands fauves, ses pairs, tout occupés à préparer l'éviction de Richelieu. Donc, écrit La Rochefoucauld, Marie de Médicis avait cru marquer un point décisif contre le cardinal en révélant au roi qu'il était amoureux de sa femme. Par qui le savait-elle? Par Mme du Fargis qui lui aurait même communiqué des lettres du cardinal à la reine. (L'invention du téléphone a supprimé bien des risques pour les séducteurs.)

Dans ses Mémoires, Richelieu, fidèle au ton qu'il a adopté, se borne à mentionner les « calomnies » dont on avait usé pour le perdre. Mais ses journaux (notes journalières prises par lui ou par ses secrétaires, qui sont le matériau brut des Mémoires) nous renseignent sur la nature de ces calomnies. On y lit que Mme du Fargis avait tenté, dans sa « malice », dans son « effronterie », dans son « impudence », de donner au roi et à sa mère « des impressions les plus damnables qui se peuvent imaginer, ce qui ne peut avoir été fait que par une invention infernale et un dessein diabolique ». Ce sont là des mots bien forts qui ne peuvent désigner qu'une calomnie de caractère personnel; et c'est pourquoi, lorsqu'il en vient à expliciter cette calomnie, Richelieu recourt au latin et utilise des noms de code : il est Calori, la reine est Chesnelle (sans doute parce que le roi était le Chesne). Voici donc ce que nous lisons : « Ladite Fargis disait hautement que Calori *deperibat* Chesnelle. » *Deperere* signifie se mourir d'amour. Traduction : Mme du Fargis disait hautement que le cardinal se mourait d'amour pour la reine; et elle ajoutait, nous dit encore Richelieu, avoir été sollicitée de servir ses desseins amoureux. Voilà qui recoupe exactement les propos des mémorialistes. Au reste, en 1637, à propos d'une nouvelle intrigue dirigée contre lui, Richelieu écrira qu'on l'accuse d'avoir « encore beaucoup d'affection » pour la reine, comme on l'avait accusé, à Lyon, d'être amoureux d'elle.

Quels que soient les scrupules des historiens, il est inexplicable qu'ils aient sous-estimé, quand ils ne l'ont pas ignorée, l'importance de ce facteur. Les journaux du cardinal soulignent assez que la « principale plainte » de la reine mère prenait sa source dans les inventions diaboliques de Mme du Fargis [2].

Comment Richelieu apprit-il cette « principale plainte »? Par le roi, nous dit-il, qui, en revenant de Lyon, lui révéla tous les moyens dont Marie de Médicis et sa coterie usaient pour le perdre. Rien n'est moins sûr. Richelieu était intéressé à faire croire que le roi n'avait jamais douté de lui. Dès que j'ai su, lui aurait dit Louis XIII, que l'ambassadeur d'Espagne était mêlé à ces ragots, j'ai compris qu'ils étaient sans valeur. Ou encore : « Le roi dit audit seigneur cardinal qu'il avait vu si clairement l'artifice et la malice de ce dessein qu'il y avait toujours résisté. » Ce « toujours », échappé à Richelieu, donne à penser; il prouve que le roi subit plusieurs assauts et dut en effet « résister » pour ne pas se laisser persuader de la terrible accusation portée contre son ministre. Pour les mémorialistes déjà cités, Louis XIII avait été si « sensiblement touché » qu'il avait balancé à renvoyer le cardinal. S'il n'avait pas balancé, en serait-on arrivé à la journée des Dupes? On peut se demander si ce n'est pas au cours de la fameuse scène du 11 novembre que Marie de Médicis lança l'accusation à la face du cardinal, au milieu du torrent d'injures que nous savons. L'émotion de Louis XIII, son brusque départ, prêtent quelque consistance à cette hypothèse. Autre remarque : si le roi avait, lui-même, en revenant de Lyon, révélé au cardinal les calomnies dont on usait pour le perdre, pourquoi Richelieu se serait-il acharné ensuite à les connaître ? C'est le nonce Bagni, c'est la femme du surintendant Bullion, c'est le président Le Coigneux, écrit-il, qui, dans l'hiver 1630-1631, vinrent (avec indignation, bien sûr !) lui révéler ou lui confirmer ces horreurs [3]. Pourquoi, d'autre part, Richelieu aurait-il attendu le 26 décembre 1630 pour conjurer Marie de Médicis « de vouloir éclaircir s'il était coupable ou innocent », pour lui dire qu'il était prêt de se justifier de quoi que ce fût et que « c'était une chose inouïe de condamner qui que ce fût au monde sans conviction, à plus forte raison un homme qui pouvait dire sans présomption avoir servi l'État heureusement en occasions fort importantes » ? (Ce dernier membre de phrase prouvant bien qu'il n'était pas question, dans ce moment du dialogue, des éventuelles fautes politiques du cardinal.)

En fait, Richelieu était si persuadé de l'importance de ces « calomnies » qu'il y attribue l'union des deux reines, « union en un faux principe pour perdre le cardinal par les inventions diaboliques de Mme du Fargis », oubliant que le premier principe de cette union était le conflit franco-espagnol en Italie.

Reste la grande question : ne s'agissait-il que de calomnies ? Et, sinon, à quoi attribuer les tentatives de Richelieu auprès d'Anne d'Autriche ? Eurent-elles l'amour pour motif, cet amour éperdu dont parlent les textes ? Ah ! comme tout serait simple si Anne avait été laide ! On dirait : Richelieu, constatant qu'il avait perdu l'appui de la reine mère, s'est tout naturellement retourné vers la reine régnante ; il a usé auprès de celle-ci, aussi hypocritement qu'auprès de l'autre, de tous les moyens. Seulement voilà : Anne était belle et le cardinal indéniablement sensible à la beauté féminine. Trait de famille ; les imprudences de son frère, le cardinal de Lyon, étaient connues et Marie de Médicis n'avait pas manqué de faire le rapprochement, disant même au roi qu'il existait des « preuves » de l'inconduite de ce prélat. On voit ce que cela veut dire.

Est-il possible d'imaginer Richelieu éperdu d'amour? Le secret des cœurs est difficile à percer. Mais que le maître de la France ait eu, en ce domaine aussi, une volonté de puissance, c'est un fait, d'autres exemples le prouvent; qu'il ait cru surtout, en ce difficile moment de sa carrière, que la galanterie pouvait être payante auprès d'une reine délaissée, oui, assurément.

D'aucuns vont plus loin, beaucoup plus loin; il faut bien en venir à l'hypothèse qu'ils nous proposent et que développe Tallemant. Elle paraîtra énorme. N'oublions pas pourtant que Tallemant était fort bien renseigné sur ce qui se passait à la cour par ses amis M. et Mme de Rambouillet; lui, grand maître de la garde-robe et qui avait joué un rôle non négligeable au moment de la journée des Dupes; elle, parente des du Fargis, hôtesse incomparable dont la « Chambre bleue » était le point d'aboutissement des potins de l'entourage royal.

Voici, très exactement, le texte de Tallemant :

« Il *(Richelieu)* haïssait Monsieur; et craignant, vu le peu de santé que le roi avait, qu'il ne parvînt à la couronne, il fit dessein de gagner la reine et de lui aider à faire un dauphin [...]. Il lui fit dire par Mme du Fargis, dame d'atour, que, si elle voulait, il la tirerait bientôt de la misère dans laquelle elle vivait. La reine [...] pensa d'abord que c'était par compassion qu'il lui offrait son assistance, souffrit qu'il lui écrivît, et lui fit même réponse, car elle ne s'imaginait pas que le commerce produisît autre chose qu'une simple galanterie.

« Le cardinal, qui voyait quelque acheminement à son dessein, lui fit proposer par la même Mme du Fargis de consentir qu'il tînt auprès d'elle la place du roi; que, si elle n'avait point d'enfants, elle serait toujours méprisée, et que le roi, malsain comme il était, ne pouvant pas vivre longtemps, on la renverrait en Espagne; au lieu que, si elle avait un fils du cardinal, et le roi venant à mourir bientôt, comme cela était infaillible, elle gouvernerait avec lui, car il ne pourrait avoir que les mêmes intérêts, étant père de son enfant; que, pour la reine mère, il l'éloignerait dès qu'il aurait reçu la faveur qu'il demandait. »

Présentée ainsi, la chose est-elle aussi extravagante qu'il y paraît? Richelieu savait qu'Anne d'Autriche ne lui aurait jamais cédé par amour; mais il savait aussi, aussi bien qu'elle, que sa position à la cour dépendait uniquement de la naissance d'un dauphin. Pourquoi n'en fût-il pas venu, au terme de l'habile progression que relate Tallemant, à cette proposition? Tout bien pesé, c'est moins invraisemblable que de l'imaginer prenant le risque, pour sa seule vanité ou pour son seul amour, de courtiser la reine de France.

On sait qu'Anne, plus tard, une fois devenue régente, se montra fort discrète sur ses succès masculins. A Mme de Motteville elle devait pourtant avouer que le cardinal lui avait un jour fait un discours « galant » et même « passionné ». L'arrivée du roi ayant interrompu la déclaration, elle ne voulut pas ensuite exprimer à Richelieu la « colère » et le « mépris » qu'elle en avait éprouvés, « craignant de lui faire trop de grâce en lui témoignant qu'elle s'en souvenait ». Ceci correspond assez bien à la réaction que lui prête Tallemant lors de la scandaleuse proposition relatée ci-dessus : si elle l'avait rejetée « bien loin », elle n'avait pas voulu « rebuter » son auteur. Il le fallait bien, son sort en dépendait!

Une autre femme se serait plainte à son mari. Pas elle. A quoi bon? Elle était la dernière qu'il aurait crue. Il ne semble même pas qu'elle ait eu part aux agissements de Mme du Fargis et de Marie de Médicis. Si elle y avait eu part, aurait-elle ensuite osé le prendre d'aussi haut? Quand elle apprit qu'on lui ôtait sa dame d'atour (après avoir outragé l'ambassadeur d'Espagne et sa femme en les excluant du Louvre), elle s'écria qu'elle ne pardonnerait jamais au cardinal et convoqua le surintendant Bouthillier, une créature de Richelieu, pour lui demander de faire rapporter cette mesure; elle lui dit aussi (c'est le cardinal qui parle) « que jusqu'ici on l'avait traitée comme on avait voulu, mais qu'elle désirait que je susse qu'elle n'était plus résolue de le souffrir et qu'elle n'était point si misérable qu'elle ne pût un jour avoir moyen de s'en ressentir ». Au cardinal de la Valette, qui lui reprochait de parler trop haut, elle répondit : « Je ne crains plus rien. On m'a fait du pis qu'on a pu. Je sais dorénavant comme je dois me conduire, on ne m'en saurait empêcher. Je n'ai rien à craindre. Il faut avoir patience et voir ce que le temps fera. » Puis la prudence lui revint : « Je parle trop, je ne veux plus parler. »

Il serait invraisemblable qu'Anne, coupable, ait tenu un tel langage. C'est le langage d'une innocente et qui a des atouts : Je ne dirai rien, mais sachez que je pourrais parler. Si l'on en croit certains mémorialistes, elle aurait en fait révélé à Mirabel les scandaleuses avances du cardinal, pour qu'il en fît part au roi d'Espagne et à Olivares.

Au début de 1631 encore, Anne d'Autriche et Marie de Médicis croyaient pouvoir manifester leur hostilité par des gestes publics. Richelieu, sentant le besoin de distraire le roi, organisait pour lui des représentations théâtrales. Par deux fois, en janvier, les deux reines refusèrent d'y assister. Ce refus fit grand bruit; il rendit courage à tous ceux qui ne se résignaient pas à la résurrection politique du cardinal, à l'empire qu'il avait reconquis sur le roi.

Si Anne, ensuite, changea d'attitude, c'est parce que les choses avaient changé de face. Après avoir perdu ses alliés à la cour (Bellegarde, Bassompierre, la Conty), après avoir perdu ses conseillers Mirabel et Mme du Fargis, elle avait aussi perdu, ultime séquelle de la journée des Dupes, sa belle-mère Marie de

Médicis, la seule qui pût s'opposer efficacement au cardinal.

Oui, on en était arrivé là et le triomphe de Richelieu semblait complet. La mère du roi de France, de la reine d'Angleterre, de la reine d'Espagne et de la duchesse de Savoie, l'ancienne régente de France, la veuve d'Henri IV avait été chassée! Elle était odieuse, c'est vrai, peut-être dangereuse, mais on n'y avait même pas mis les formes : Louis XIII, à son habitude avait préféré la sournoiserie.

En février 1631, la cour était partie pour Compiègne. Idée de Richelieu, qui préparait l'affaire. Dans la nuit du 22 au 23, Anne d'Autriche est réveillée par des coups frappés à sa porte. Le roi seul peut se permettre une telle familiarité, mais est-il vraisemblable que le roi, dans les termes où il est avec sa femme, lui rende une visite nocturne? Anne, en un instant, passe de l'espoir à la crainte. Ces coups menaçants, c'est le destin qui frappe à sa porte : on la répudie, on la renvoie en Espagne, ou pire. Elle n'en doute plus quand elle voit entrer le garde des Sceaux, Châteauneuf, une créature de Richelieu, qui a remplacé Marillac. Il apporte, dit-il, un message du roi. A cette heure? Allons, c'est bien la fin! Anne, qui n'a eu que le temps de passer une robe de chambre sur sa chemise de nuit, se prépare à écouter la sentence. Elle ne manque pas de courage, nous en aurons d'autres preuves, et elle a son orgueil, qui lui commande de sauver la face, et elle a sa foi (réelle) qui lui commande de « recevoir avec soumission ce que le Ciel ordonnerait d'elle » (La Porte).

Eh bien non! Aux premières paroles du garde des Sceaux, la reine comprend que ce n'est pas son sort qui est joué, mais celui de sa belle-mère. Le roi, déclare M. de Châteauneuf, se voit obligé, « pour certaines raisons qui regardent le bien de son État », de quitter Compiègne sur-le-champ en y laissant sa mère à la garde du maréchal d'Effiat; il demande à sa femme de ne pas reprendre contact avec elle et de venir le rejoindre sans délai au couvent des Capucins, où il l'attend.

Anne prit tout de même le temps de courir, toujours en robe de chambre, chez sa belle-mère, à qui elle eut le triste privilège d'apprendre sa disgrâce et sa relégation. « Ah, ma fille, je suis morte! » criait Marie de Médicis tirée de son sommeil et qui, maintenant assise sur son lit, étreignait convulsivement ses genoux, grelottant de peur et de froid. Oubliant leurs dissentiments passés, les deux reines pleurèrent un instant ensemble. Elles ne devaient jamais se revoir. Marie de Médicis, craignant le pire, s'enfuira de Compiègne en terre étrangère et finira misérablement ses jours en exil.

Aux Pays-Bas espagnols, où elle se rend d'abord, la reine mère retrouve Mme du Fargis et autres opposants. Monsieur, qui, lui-même, a de nouveau quitté le royaume pour s'enfuir en Lorraine, fait la navette entre Nancy et Bruxelles. Tous ces émigrés ne cessent et ne cesseront plus de comploter contre la France de Richelieu. Anne est en correspondance avec eux. Les lettres, naturellement, sont interceptées par la police de Richelieu, qui le renseigne aussi, par d'autres voies, sur les agissements des émigrés. On apprend ainsi que Monsieur s'est épris de Marguerite de Lorraine, sœur du duc, son hôte (un amour chasse l'autre), et que Marie de Médicis tente de faire obstacle à ce nouveau projet de mariage de son fils cadet, pour qu'il se garde libre d'épouser la femme de son fils aîné, au cas où celui-ci « viendrait à manquer »! Richelieu tient sa vengeance. En présence du garde des Sceaux de Châteauneuf, des maréchaux de Schomberg et d'Effiat, du président Le Coigneux, Anne doit se défendre d'avoir jamais eu des sujets de plainte contre le cardinal et – encore une fois – d'avoir jamais songé à épouser son beau-frère dont la personne, dit-elle, ne lui inspire que de « l'aversion ».

On s'en tînt là pour elle et pour l'instant. Mais Mme

Iconographie

1. On échange des princesses : Élisabeth de France, fille d'Henri IV, ira régner à Madrid et Anne d'Autriche, fille de Philippe III d'Espagne, deviendra reine de France. Un troc politique magnifié par le pinceau de Rubens. (*Histoire de Marie de Médicis, Échange des deux princesses sur la rivière d'Hendaye* par Rubens. Musée du Louvre, Paris. Photo © Musées Nationaux.)

2. Rien n'a encore altéré la pureté et les espérances de cette reine de quinze ans. (*Échange des deux princesses sur la rivière d'Hendaye* (détail), par Rubens. Musée du Louvre, Paris. Photo © Musées Nationaux.)

3. Jeune, charmant et traînant tous les cœurs après soi : Buckingham à trente ans. (*Buckingham* par Rubens. Galerie Pitti, Florence. Photo © Alinari-Viollet.)

4. La reine de France dans la gloire de sa royauté et de sa beauté. Rubens a apporté tous ses soins à rendre la finesse des célèbres mains. (*Anne d'Autriche* par Rubens. Musée du Louvre, Paris. Photo Hachette.)

5. Le signor Mazarin à l'époque de sa rencontre avec Anne d'Autriche. « Il vous plaira, madame, il a l'air de M. de Buckingham », avait dit Richelieu en le présentant. (*Mazarin* (1632) par Daniel Dumonstier. Coll. particulière. Photo Hachette.)

6. Sur ce visage pourtant flatté, toute la mélancolie d'un roi malade et tourmenté. (*Louis XIII,* gravure anonyme. Bibliothèque de la Ville de Paris. Photo © Collection Viollet.)

LOVIS XIII ROY DE FRANCE ET DE NAVARRE. Fils aisné de Henry le grand et de Marie de Medicis, succeda a sa Couronne le 14 May 1610 a l'aage de 9 ans. Fut declaré Maieur en 1614 et sacré a Reims en 1610. Espousa Anne d'Austriche fille de Philipes 3 Roy d'Espagne en 1615. Ses premiers soins furent le restablissement des Autels en Bearn en 1620, et l'extirpaon des Heresies de son Royaume. Il força la Rochelle en 1629 le plus fort asile de leur parti, en suitte dequoy il restablit le Duc de Mantoue dans ses Estats a main armée, et declara la guerre au Roy d'Espagne en 1634 qui auoit vsurpé Treues et pris prisonnier l'Electeur son Allié: dans les grands progrez de laquelle, il se rendit redoutable a ses ennemis et vigillant au secours de ses Alliez. Subiugant plusieurs Royaumes et Prouinces qui faisoient obstacle a ses armes. Rendit a son Empire ces anciennes frontieres de l'Occean, du Rhin et des Alpes quil franchit. Fit uoir ce que pouuoit la valleu Françoise bien reunie. Et dans la plus grande chaleur de ses conquestes fit continuer son Louure, refleurir les lettres et les arts nobles. Enfin apres auoir dompté ses ennemis de toutes parts, S.M. tomba malade au retour de la prise de Perpignan, et mourut a S.t Germain en laye: Couronné de tous ces Ill.res trauaux l'an 1643, aagé de 42, le 33 de son Regne, laissant a la France Louis 14 a present Regnant et Philippe Duc D'Aniou ses 2 fils. et plusieurs Temples redifiez par elle, Son Corps gist a S.t Denis en France

A Paris chez Daret 1652 auec priuil du Roy.

7. La famille royale à la comédie (de gauche à droite) : Gaston d'Orléans, Louis XIII, Anne d'Autriche et le dauphin. (Bibliothèque nationale, Paris. Photo Hachette.)

8. La maturité a empâté la royale beauté, et la robe noire de veuve alourdit encore la silhouette, mais les deux petits princes charmants dans leurs tenues d'apparat apportent une note de tendresse souriante. (*Anne d'Autriche et ses enfants,* Anonyme. Château de Gripsholm, Suède. Photo © Bibliothèque nationale, Paris.)

9. *Anne d'Autriche et ses enfants* (détail), (Anonyme. Château de Gripsholm, Suède. Photo © Bibliothèque nationale, Paris.)

XI. Lettres originales de la propre main de la Reyne Anne mer[e du]
Roy Louis XIIII. au Cardinal Mazarin. Ce Prince y est a[ppelé]
le Confident.

ce mardy au soir

puis que cest par raison et par volonte que
vous ne venez pas je ne trouve rien a redire
[illegible] je vous grand mercy [illegible]
de vous obliger neanmoins plus longtemps que [illegible]
voudres et vous croires aisement que je ne [illegible]
point fachee quand je voye le confident et ce qui
arrive icy mr de brienne ma monstre les lettres que
vous luy aves envoye je luy ay dit que vous
envoyer une [illegible] de [illegible] et ce que [illegible]
luy mande est asses surprenant mais pour
moy je ne laisse en [illegible] de ce qui regarde [illegible]
personne de qui elle parle car je la tiens [illegible]
[illegible] de toutes choses d'ailleurs de ma part [illegible]
confident et je vous donne le bon soir car
pour des nouvelles de ce [illegible] il n'y en a pas
beaucoup

10. Lettre d'Anne à Mazarin : « Puisque c'est par raison et non par volonté que vous ne revenez pas... » Ces plaintes se prolongeront pendant sept ans. Mais onze lettres seulement ont échappé à la destruction. (Bibliothèque nationale, Paris, ms. Clairambault 1144. Photo © Bibl. nat.)

11. Le « sceau d'amour » d'Anne et Mazarin. (Bibliothèque nationale, Paris, ms. Clairambault 1144. Photo © Bibl. nat.)

12. Le Val-de-Grâce : Anne d'Autriche qui l'avait fait élever y venait pour prier… et conspirer. (Gravure de Marot. Bibliothèque nationale, Paris. Photo © Collection Viollet.)

13. Louis XIV en costume du sacre, par H. Testelin. (Musée de Versailles. Photo © Arch. Phot. Paris/S.P.A.D.E.M., 1985.)

14. Anne d'Autriche parée des attributs de la régence ; autour du cou le célèbre rang de perles. (Bronze de Simon Guillain. Musée du Louvre, Paris. Photo © Alinari-Viollet.)

du Fargis fut décapitée en effigie, et le cardinal eut la mesquinerie de rendre publiques ses lettres au comte de Cramail... qui n'étaient pas seulement politiques. Un médecin du roi, qui avait innocemment servi de courrier, fut envoyé aux galères.

La reine ne fronde plus maintenant : elle a peur. Déjà, quand on lui a enlevé son apothicaire, Michel Danse, elle s'est imaginé qu'on en voulait à sa vie, que Richelieu méditait de l'empoisonner pour faire épouser au roi sa nièce, Mme de Combalet – cette nièce trop charmante, qui n'avait pas été étrangère aux fureurs de Marie de Médicis. Et pourquoi le cardinal voulait-il la donner pour femme à Louis XIII ? Parce qu'il l'aimait d'un coupable amour et qu'il aurait obtenu d'elle ce qu'il n'avait pu obtenir de la reine : un enfant. Ainsi aurait-il eu la gloire de voir sa progéniture accéder au trône!... Que de tels ragots aient pu trouver créance donne la mesure de la haine qu'on portait à Richelieu.

Dans ce climat, comment la reine n'aurait-elle pas craint le pire? Pendant si longtemps la monarchie n'a été tempérée que par l'assassinat! Les craintes étaient réciproques : Richelieu, de son côté, prétendit découvrir dans les lettres de Mme du Fargis et dans les rapports de ses indicateurs un projet d'attentat contre sa personne, fomenté par « les dames ». Brienne le jeune s'en amuse dans ses Mémoires : « Cet achat de poignards fait par des dames est une des choses les plus plaisantes dont on ait jamais ouï parler. La reine même, si l'on en croit le cardinal, devait être du complot et tremper, comme ces autres, ses belles mains dans le sang d'un prêtre. Quelle folie! Il fallait que le premier ministre eût la tête bien échauffée quand il écrivait ces choses, et c'était sans doute au retour de quelque tragédie d'Orphée, où la rage des Bacchantes et des Ménades avait rempli l'imagination du cardinal de cette prétendue entreprise de femmes contre sa personne. Si je ne le voyais écrit de sa main, je ne le croirais pas. Mais quoi! un cardinal-prêtre qui est capable de danser en pantalon de velours vert devant ses amours et de paraître, une plume blanche sur l'oreille, à la tête de l'armée qu'il commande, peut se forger de telles imaginations et nous débiter ses songes pour des vérités! »

Anne d'Autriche avait raison d'être jalouse, mais elle se trompait d'objet. Louis XIII, fait extraordinaire, était bien amoureux! Point de Mme de Combalet, mais d'une ravissante créature de quatorze ans, la blonde Marie de Hautefort.

Voici un nom capital dans l'histoire de Louis XIII, dans celle de son ménage. Voici la preuve que le roi pouvait aimer une femme (car cet amour durera plusieurs années). Mieux, pour se consoler d'avoir perdu Marie de Hautefort (nous verrons pourquoi et comment), le roi se tournera vers une autre jeune fille, Louise de la Fayette. Si l'on se rappelle Mme de Luynes, trois femmes auront donc touché le cœur ou les sens de Louis XIII et d'eux d'entre elles durablement. Anne d'Autriche avait vu juste : elle seule était incapable de susciter de « l'inclination » chez son mari.

Pourquoi? On ne le saura sans doute jamais, mais on ne cessera de se le demander. Tant de rois, dans l'histoire, se sont vus condamnés à des laiderons, à des sottes, à des infirmes!... A celui-là le destin donna la plus charmante, sans doute, des princesses à marier de son époque et il ne l'aima pas. C'est la vie, oui, bien sûr, mais quel dommage, mais quel gâchis! Toutes les imprudences d'Anne d'Autriche, les intrigues où elle s'est laissée, où elle va encore se laisser entraîner, tout cela, qui a tellement assombri sa jeunesse, tellement nui au royaume, pouvait être évité; il n'y fallait qu'un peu d'amour, qu'un peu d' « inclination », sexuelle ou seulement spirituelle. Qu'Anne, de son côté, ait eu ou non de l'attirance pour son mari, c'est secondaire. Il était son mari et il était le roi. Pour une infante d'Espagne, élevée comme elle l'avait été, cela aurait pu suffire. C'est lui, indéniablement, qui porte la responsabilité de l'échec conjugal; lui qui commença par s'escrimer si maladroitement sur cette vierge de quatorze ans pour la délaisser ensuite; lui qui mit ses favoris, sa mère, son ministre entre eux deux, qui jamais ne sut lui parler à cœur ouvert, qui jamais ne lui pardonna son unique demi-faux-pas : Buckingham; lui, enfin, qui ignorait l'indulgence et la gaieté.

Un biographe tend toujours à disculper son héros ou, comme ici son héroïne. Mais enfin imaginons les sentiments d'Anne d'Autriche quand elle voit son mari s'isoler dans *sa* chambre avec Marie de Hautefort; quand elle le voit, à la messe, faire porter un coussin à la jeune fille – faveur inouïe – pour qu'elle ne meurtrisse pas ses genoux sur la pierre! Et j'oublie le plus beau : si Louis peut ainsi s'entretenir avec sa bien-aimée dans la chambre de sa femme, c'est qu'il la lui a imposée, ou, comme on dit, donnée. Cynisme? Non. Louis XIII n'est pas Louis XIV; mais il n'avait pas d'autre moyen de garder Mlle de Hautefort auprès de lui. Pourquoi? Parce qu'elle appartenait à sa mère. Une fille de quinze ans ne peut pas vivre seule à la cour. A peine, au départ de Compiègne, Anne d'Autriche avait-elle pris place dans le carrosse de son mari, que celui-ci lui annonçait que Mme de la Flotte, grand-mère de Mlle de Hautefort, devenait sa dame d'atour en remplacement de Mme du Fargis. La jeune Marie, bien sûr, suivait sa grand-mère et passait, elle aussi, comme fille d'honneur, dans la maison de la reine. On imagine comment Anne d'Autriche accueillit ce « don ». Mais que pouvait-elle faire? Rien que s'incliner. Beaucoup à la cour, Mirabel surtout, très inquiet, croient qu'on a renvoyé Mme du Fargis moins pour ses intrigues que pour permettre ce tour de passe-passe, prélude à une répudiation de la reine.

Si, pour toutes ces raisons, Anne d'Autriche se doit de ménager le cardinal, la réciproque est également vraie. La petite cour de la reine est maintenant, au sein de la grande, le seul foyer d'opposition. C'est pourquoi la trêve entre les deux ennemis va durer encore quelque temps.

La rentrée en grâce de Mme de Chevreuse, au début de 1631, s'inscrit dans ce contexte. Rien ne peut faire plus plaisir à la reine; elle en saura gré au cardinal. Il y a tout lieu de croire que la duchesse, de son côté, trop heureuse de se retrouver à la cour, servira le ministre dans ses desseins : la reine et la Lorraine. On sait l'influence qu'elle exerce et sur Anne d'Autriche et sur le duc Charles IV; on sait aussi qu'elle n'aime pas Mme du Fargis, qui a failli la détrôner dans l'affection de la reine, et s'emploiera donc à combattre les mauvais conseils que l'exilée continue à faire parvenir.

Gaston d'Orléans attribua le rappel de Mme de Chevreuse à un autre motif; on l'avait fait revenir, disait-il à qui voulait l'entendre, « pour donner plus de moyen à la reine de faire un enfant ». S'agissait-il d'une plaisanterie, fondée sur les exemples et conseils d'inconduite que Mme de Chevreuse avait toujours donnés à la reine? Richelieu ne le prit pas ainsi : « Pensée diabolique », note-t-il dans son journal. Ce n'est pas qu'il aime cet épithète; c'est que cette pensée diabolique est à rapprocher des inventions diaboliques de Mme du Fargis; autrement dit, Mme de Chevreuse n'aurait obtenu sa grâce qu'en promettant, à son tour, de jouer les entremetteuses entre le cardinal et la reine. On n'était pas allé jusque-là. Mais la duchesse avait dû promettre de se porter garante de la bonne conduite d'Anne d'Autriche. Le plus beau est qu'elle tint ses promesses. Pendant douze mois.

Eh oui! Dès le début de 1632, Mme de Chevreuse se remet à cabaler, entraînant dans son jeu, qui l'eût cru?, le garde des Sceaux de Châteauneuf, ce même Châteauneuf qui, deux ans plus tôt, quand il était ambassadeur en Angleterre, disait tant de mal d'elle.

On dira : l'intrigante était restée fidèle à sa nature. Sans doute; mais Richelieu et Louis XIII restaient fidèles à leurs méthodes, c'est-à-dire à leur rigueur, qui révoltait. Le 10 mai 1632, le maréchal de Marillac, jugé par une de ces juridictions spéciales qui, alors comme aujourd'hui, déshonorent ceux qui les créent, est décapité. Le 30 octobre, ce sera le tour du duc de Montmorency, qui s'est laissé entraîner dans l'expédition armée que Monsieur a lancé contre le royaume de son frère.

Montmorency a été pris à Castelnaudary, dans sa province, et son procès a lieu à Toulouse. Procès aussi impudemment conduit que celui de Marillac, et l'accusé en est si conscient qu'il renonce à se défendre : un grand seigneur ne doit pas « chicaner sa vie ». « Frappez hardiment! » dira-t-il au bourreau.

Admirons ce qu'il restait encore de chevaleresque chez les gens de guerre, de tous les partis : les officiers du roi, qui avaient ramassé Montmorency blessé sur le champ de bataille, s'étaient gardés de parler du bracelet qu'il portait, ce fameux bracelet orné d'un médaillon d'Anne d'Autriche [4]; mieux, ils avaient feint, aussi longtemps que possible, de ne pas identifier leur captif, sachant trop bien le sort qui l'attendait. Mais une indiscrétion apprit à Richelieu, qui se hâta d'en informer le roi, l'existence du médaillon. Car Richelieu reste fidèle à sa tactique : aigrir de son mieux le roi contre sa femme, afin que celle-ci n'ait plus d'autre recours que lui-même. Le procédé était ici particulièrement odieux. Anne, qui se trouvait à Toulouse, vint en effet supplier le cardinal pour Montmorency et il se retrancha derrière la détermination du roi qui, sans lui, n'aurait peut-être pas été aussi entière.

Louis XIII n'accorda à Montmorency que d'avoir la tête tranchée à l'intérieur du Capitole et non sur la place publique. C'était peut-être une mesure de précaution : le peuple du Languedoc adorait son gouverneur. Après l'exécution, la foule alla tremper des mouchoirs dans son sang et emporta comme reliques des planches de l'échafaud. Le drame accompli, que pouvait faire Anne? Rien que ce qu'elle fit : envoyer immédiatement La Porte à la sœur de Montmorency pour lui offrir sa sympathie et son affection. La sœur de Montmorency, c'était Charlotte de Condé, princesse du sang et dernier amour d'Henri IV. On ne lui avait néanmoins pas permis d'entrer dans Toulouse, jusqu'où elle était venue pour solliciter la grâce de son frère.

Le geste d'Anne, si peu de choses pourtant! lui valut un renouvellement de froideur de la part de son mari, et à La Porte, qui venait tout juste de rentrer en grâce, la crainte d'une nouvelle disgrâce.

Parmi toutes les exécutions qui jalonnèrent le règne de Louis XIII, celle de Montmorency souleva plus d'émotion qu'aucune autre. En lui s'éteignaient les premiers barons chrétiens du royaume; il était filleul d'Henri IV, il n'avait pris les armes qu'après beaucoup d'hésitations et de loyaux et valeureux services; pendant la maladie du roi à Lyon, il avait été l'un des seuls grands seigneurs à offrir son aide à Richelieu. Mais celui-ci, à force de faire tomber des têtes, ne mesurait plus l'impact de ses cruautés. Il était pourtant prévisible qu'Anne d'Autriche et ses amis verraient dans l'exécution de Montmorency un crime inexpiable.

Depuis quelque temps déjà, de mystérieux conciliabules réunissaient la reine, Mme de Chevreuse et Châteauneuf. S'y adjoignait parfois le chevalier de Jars, ancien écuyer d'Anne d'Autriche, déjà compromis dans l'affaire Buckingham et dans l'affaire Chalais, et qui venait de rentrer d'un exil en Angleterre. Il s'était lié là-bas avec Châteauneuf; il y avait aussi joué un rôle assez trouble auprès de la reine Henriette, cette petite Henriette de France qui avait bien perdu de la timidité que nous lui avons connue : elle intriguait elle aussi, maintenant, à la fois contre son mari et contre Richelieu, le premier, après sa défaite de La Rochelle, ayant décidé de s'entendre avec le second. Or Henriette avait pris le parti de sa mère exilée et de son frère rebelle; elle voulait leur offrir asile dans son royaume et elle était soutenue dans ses desseins... par qui? Par Holland et Montagu dont on savait les liens avec Mme de Chevreuse et la reine. Était-ce la succession de Richelieu qu'on préparait ? Et pour la donner à son dévoué Châteauneuf ?

Le garde des Sceaux, après tant d'autres, avait conçu la plus folle passion pour Mme de Chevreuse, mais son ambition était au moins égale à sa passion. Ambition justifiée : on vantait son expérience et son bon sens (sauf en ce qui concernait les femmes) ; « ... il était ferme, décisif ; il aimait l'État et il était plus capable que nul autre de rétablir l'ancienne forme de gouvernement que le cardinal de Richelieu avait commencé de détruire » (La Rochefoucauld). Un candidat idéal, en somme.

La succession de Richelieu était donc ouverte ? Non, mais elle pouvait s'ouvrir d'un jour à l'autre, soit que le roi mourût, laissant son ministre sans appui, soit que l'intéressé lui-même trépassât. Il était de plus en plus souvent malade, et, à quarante-sept ans, apparaissait prématurément usé. Cet élément important entrait dans tous les calculs de cour.

Pendant un temps, Richelieu avait payé de sa personne, redoublant de prévenances auprès de la reine et de Mme de Chevreuse pour percer leur jeu. Est-il vrai qu'il envoyait dès neuf heures du matin chez la duchesse pour savoir ce qu'elle faisait, qu'il lui témoignait autant de passion qu'elle en avait vu autrefois dans le cœur de Holland ? C'est elle qui le disait et précisément à Châteauneuf. Nous le savons par les cinquante-deux lettres (cinquante-deux !) qu'elle lui écrivit pendant cette période. Lettres extraordinairement habiles, bien faites pour affoler et dresser contre Richelieu l'amoureux barbon (il avait cinquante-deux ans : la vieillesse à l'époque). Faut-il que je vous aime, disait en substance la duchesse, pour vous préférer au tout-puissant cardinal ! Voyez les risques que je prends ! L'autre jour, chez la reine, il m'a marqué la plus grande froideur, alors qu'il accablait Sa Majesté de « compliments inimaginables et de louanges extraordinaires ». (Tout cela, bien sûr, en langage chiffré et convenu.)

C'est pendant le retour de Toulouse qu'une série d'incidents, dus principalement aux imprudences de Châteauneuf, acheva d'éclairer le cardinal. Le roi était parti le premier pour se retrouver au plus tôt dans son cher Versailles. (Voulait-il oublier le sang versé, ou ne pas manquer la saison des chasses?) Le cardinal, lui, revenait par la Guyenne et le Poitou, avec la reine, à laquelle il voulait faire les honneurs de Brouage, sa possession, de La Rochelle, sa conquête, et de Richelieu, sa terre, récemment érigée en duché-pairie. (Que faut-il admirer le plus, de l'aveuglement des maris ou de la force de persuasion du cardinal? Louis XIII, qui ne pouvait supporter qu'un homme approchât sa femme, la laissait voyager avec le seul qui, à cette époque et quelles qu'en fussent les raisons, la courtisât!)

Le galant et triomphal voyage n'eut pas lieu. Richelieu, souffrant d'hémorroïdes et, plus grave, d'une rétention d'urine, dut s'arrêter à Cadillac, dans le superbe château du gouverneur de Guyenne. Ce duc d'Épernon, qui appelait son propre fils, le cardinal de la Valette, « le cardinal-valet », traita magnifiquement la reine, bien différemment l'Éminence dont il fit camper l'escorte militaire de l'autre côté de la Garonne. (Oui, c'est ainsi que se comportait dans les années 1630 un grand seigneur gouverneur de province : on comprend qu'il ait fallu faire tomber des têtes.) Richelieu jugea prudent de déloger au bout d'une nuit, sans avoir rien pris qu'un bouillon et encore préparé par ses gens en dehors des cuisines ducales.

La reine ne l'accompagna pas. Elle attendit encore deux jours avant de se rendre à Bordeaux, où s'était fait porter le cardinal, et n'y resta que vingt-quatre heures. Elle fuyait devant Richelieu, qui fuyait lui-même devant d'Épernon. Las! Épuisé et souffrant atrocement, Richelieu ne put quitter Bordeaux. Il y reçut tous les matins la visite du gouverneur, qui se faisait escorter jusqu'à sa porte par deux cents gardes! Et disait aimablement en s'asseyant auprès du lit : « Je ne viens point pour vous incommoder, mais pour savoir l'état de votre santé. » Ce qui ne guérissait pas la fièvre de Son Éminence, comme écrit La Porte.

C'est une litote. On imagine la fureur impuissante du cardinal, cloué au lit, pris au piège et sachant que Châteauneuf faisait à sa place avec la reine et Mme de Chevreuse le voyage qu'il ne pouvait plus faire. Le garde des Sceaux avait abandonné son maître à la maladie et à d'Épernon pour suivre ses amours. On apprit même qu'il dansait dans les bals offerts à la reine par les villes où elle passait!

Si d'Épernon ne se saisit point du cardinal, comme il aurait facilement pu le faire, c'est qu'il était persuadé de sa mort prochaine. Enfin! Le moment tant attendu était arrivé! Grillant d'espoir et de curiosité, la reine renvoya La Porte à Bordeaux pour savoir si son ennemi était aussi mal en point qu'on le disait. La Porte trouva le grand homme assis sur une petite chaise dans la plus humiliante des postures : « On lui pansait le derrière. » Un chirurgien bordelais, moins sot que ses confrères, l'avait opéré et, semblait-il, avec succès. La Porte, après avoir tenu la bougie au cardinal pour qu'il pût lire les lettres que lui adressaient la reine et Mme de Chevreuse (simples prétextes), fut pressé de questions : M. de Châteauneuf n'était-il pas toujours assidu chez la duchesse? N'allait-il pas souvent chez la reine? Ne s'y attardait-il pas?

La Porte fit l'ignorant. Il n'ignorait pourtant pas que les choses allaient encore plus loin que ne le soupçonnait le cardinal. La preuve? Deux postes après Bordeaux, il trouva un courrier de Châteauneuf venu à sa rencontre. C'est qu'on n'en pouvait plus d'impatience. Le tyran, oui ou non, allait-il bientôt mourir? Quelle déception quand on apprit qu'il était sauvé! Quelle inquiétude quand on sut les questions qu'il avait posées!

La reine fut très bien reçue à La Rochelle, comme partout. De loin et de son lit de malade, Richelieu avait grandement fait les choses : arcs de triomphe, joutes navales, feux d'artifices, comédies, concerts et compliments. « La harangue que le lieutenant criminel fit à la reine fut trouvée par Sa Majesté la plus belle qu'elle eût entendue depuis qu'elle était en France », écrit Mme de Motteville.

C'est en effet M. de l'Escale, lieutenant criminel et premier président du présidial de La Rochelle, qui reçut la reine à la porte de sa ville rasée et lui adressa la harangue d'accueil. Qu'Anne l'ait trouvée belle, c'est un fait à noter : les paroles du premier président, sous les fleurs de la rhétorique en usage, constituaient un acte d'accusation : rien n'y était oublié des souffrances infligées aux Rochelais par le roi et le cardinal au nom de l'unité religieuse et politique du royaume.

« Madame,

« Cette ville (si toutefois on la peut encore appeler ainsi), le reste des fléaux de Dieu et de l'indignation du roi, le squelette et le fantôme de La Rochelle, ressuscité à l'arrivée de Votre Majesté pour se venir jeter à ses pieds, [...] elle rougit, madame, qu'ayant été si longtemps privée de l'honneur de recevoir des reines, elle est contrainte aujourd'hui de paraître un village aux yeux de la plus grande et de la plus belle princesse de l'univers... »

Et, après avoir rappelé les humiliations subies : révocation des privilèges, destruction des murailles, bastions et boulevards sur lesquels passait tous les jours la charrue; après avoir évoqué « cette prodigieuse famine qui ne trouve point d'exemple dans les siècles passés » et qui faisait de sa ville un « cimetière », M. de l'Escale continuait : « Voilà, madame, les trophées, les pyramides et les principaux arcs de triomphe de La Rochelle, voilà toute la réception qu'elle peut faire sans crime à Votre Majesté en l'état qu'elle est maintenant. La justice du roi et ses fautes passées lui ont fait perdre sa communauté, ses armes et ses canons, et la guerre, la peste, les garnisons et les impôts l'ont entièrement dépouillée de toutes les autres choses nécessaires pour recevoir la petite-fille de Charles-Quint et la femme de Louis le Grand et le Juste. Il ne lui reste plus, madame, que le cœur, qu'elle présente à Votre Majesté plus ouvert que ses murailles mêmes, avec les vœux et les acclamations de cette multitude désarmée qui me suit, qui attend de votre pitié la délivrance de ses misères... »

Pendant ce temps, Richelieu s'était littéralement évadé de Blaye (le 20 novembre) pour se faire porter en litière à Saujon. La reine, derechef, y envoya La Porte, qui, derechef, fut pressé de questions. Le filet se resserrait autour de Châteauneuf. Le père Joseph, le fameux père Joseph, ne cessait d'attirer l'attention du cardinal sur le suspect comportement du garde des Sceaux. Quant à Mme de Chevreuse, on intercepta une de ses lettres à la reine où elle appelait l'Éminentissime « le cul pourri ». On sait que le mot « cul » était d'usage courant, que Tallemant se choquait que Mme de Rambouillet poussât la délicatesse jusqu'à l'interdire dans son salon, mais tout de même!

Louis XIII, qui n'en était pas encore à s'impatienter des hauteurs de son ministre, le soutenait avec la plus grande fermeté dans cette nouvelle épreuve. C'est même lui qui le persuada de la culpabilité de « la Lapidaire » (nom de code de Mme de Chevreuse) et exigea de sévères mesures contre les comploteurs. « Je viens d'avoir avis par une voie du tout assurée (que je vous dirai), lui mandait-il le 4 février 1633, qu'un ouvrier venu d'Angleterre est allé trouver la Lapidaire [...]. Si elle ne vous en parle point, au moins connaissez pour la dernière fois qu'elle vous trompe et qu'elle se moque de vous et de moi. Je vous avoue que deux choses me piquent extraordinairement et m'empêchent quelquefois de dormir, l'insolence du Parlement et les moqueries que ces personnes que vous savez font de moi sans vous oublier. Vous savez comme je vous crois en toutes mes affaires; croyez-moi en ces deux-ci et nous en aurons raison. »

Cette insistance du roi, jointe au « cul pourri », qui aurait dû suffire à déclencher la vengeance du cardinal, montre que celui-ci ne se résignait pas à sévir contre Mme de Chevreuse. L'utilité qu'elle pouvait avoir dans les affaires de Lorraine justifiait-elle, seule, cette mansuétude ? Ou faut-il croire que Richelieu, comme on le disait, était amoureux de la duchesse ? En même temps que de la reine ?... Cela paraît beaucoup pour un seul homme et qui avait la France et l'Europe sur les bras. Croyons plutôt qu'il jugeait nécessaire d'employer avec l'enchanteresse les armes dont elle usait elle-même avec les hommes (il s'y était déjà essayé après l'affaire Buckingham). A moins qu'il ne voulût faire porter au roi la responsabilité du châtiment. C'était son habitude.

Châteauneuf fut arrêté le 25 février 1633 et envoyé à la forteresse d'Angoulême, où il devait méditer dix ans sur ces « folies de femmes » qui, disait-il vainement, était la seule cause de ses imprudences. Le chevalier de Jars fut condamné à mort, grâcié sur l'échafaud, alors qu'il avait déjà les yeux bandés, et expédié à la Bastille. Mais que faire, encore une fois, de Mme de Chevreuse ? L'encombrante créature avait tant de puissants amis et parents !... On la renvoya à Dampierre. Elle réussit à s'en échapper deux fois, sous des déguisements, pour aller voir la reine à l'abbaye du Val-de-Grâce. Il fallut la reléguer en Touraine, dans une de ses terres. Las ! Au cours de la visite d'adieux que le roi lui avait permis, bien à contrecœur, de faire à la reine, elle avait avec celle-ci mis au point un système de correspondance et organisé ce que nous appellerions une base arrière. Le principal élément en était Mlle de Hautefort.

Ambitieuse, Marie de Hautefort avait d'abord été flattée des assiduités du roi. Jeune, vive et moqueuse, elle s'était bientôt lassée d'un tel soupirant. Jamais mot ne fut mieux employé. Louis XIII ne sait que soupirer. Il regarde la jeune fille des soirées entières sans oser lui parler et, quand il lui parle, c'est de chasse ! Jaloux, par-dessus le marché, jusqu'à se dire heureux qu'ait disparu de ce monde son père Henri IV qui lui aurait été un rival redoutable, jusqu'à souffrir mille morts que d'autres essaient de faire à la jeune fille la cour qu'il n'ose ou ne sait lui faire. Et alors se répandant en reproches, la menaçant du cardinal.

Le cardinal, en effet, n'entretient pas de bons rapports avec Mlle de Hautefort, qui a résisté à ses amabilités et même à ses libéralités. Animosité réciproque. Pour la jeune fille comme pour tant d'autres, il est « l'homme rouge », et les disgrâces qui viennent de frapper l'entourage de la reine, la farce sanglante jouée au chevalier de Jars l'ont révoltée. Le cardinal tente alors de lui susciter une rivale en la personne d'une autre fille d'honneur, Louise de la Fayette, déjà nommée. Il ne réussit qu'à liguer contre lui et contre la nouvelle venue Marie de Hautefort et la reine. Si le ministre s'inquiète de ce rapprochement, le roi, lui, s'en irrite : « Vous aimez une ingrate, dit-il à Marie, et vous verrez comme elle paiera un jour vos services. » Honteuse malveillance! Comment Anne pourrait-elle récompenser ses serviteurs, alors que toutes les grâces dépendent du roi et de Richelieu? Elle s'en désole et l'a déjà dit à La Porte.

Un jour, Louis XIII, entrant chez sa femme, voit que Mlle de Hautefort tient à la main un billet. (Cette anecdote fameuse est significative de la psychologie des trois personnages et de l'atmosphère de la cour.) Immédiatement soupçonneux, le roi demande à voir le billet. Mlle de Hautefort le glisse dans son corsage et dit : « Que Votre Majesté vienne le prendre à cette heure! » Louis s'excuse : non, non, il n'oserait, le billet est bien là. Alors la reine n'y résiste plus et, emprisonnant les mains de la jeune fille dans les siennes pour qu'elle ne puisse se défendre, dit à son tour à Louis : « Mais venez donc chercher vous-même ce billet! » Sait-on ce que fit Louis XIII? Il prit les pincettes de la cheminée pour fouiller dans le décolleté de Marie de Hautefort, n'osant y porter la main; et renonça bien vite, conscient peut-être de son ridicule, ou se reprochant jusqu'à ce contact par pincettes interposées. Tel était l'homme. Comme l'avait dit Mme du Fargis à la reine : « S'il est capable d'aimer, c'est à vous seule qu'il est capable de le marquer. » Autrement dit : il se fait tant de scrupules de l'acte de chair, même dans le mariage, qu'il n'ira certes pas commettre un adultère.

On conçoit que la jalousie de la reine n'ait pas duré longtemps. On conçoit que Marie de Hautefort ait cherché ailleurs des distractions. Un jeune homme, entre tous ceux qui la courtisent, va devenir grâce à elle un allié d'Anne d'Autriche : notre La Rochefoucauld (appelons-le ainsi par commodité : il n'était encore que prince de Marcillac, titre réservé aux aînés de sa famille).

La Rochefoucauld, qui a vingt et un ans, a été « nourri », comme tous les grands seigneurs, dans la haine du cardinal. Mais s'il a choisi le parti de la reine, c'est aussi parce qu'il lui paraît « le seul qu'il fût honnête de suivre ». N'est-elle pas « malheureuse et persécutée » ?

Beau sentiment, mais combien imprudent de la part d'un jeune homme qui fait carrière! Quand on a lu les *Maximes,* ce condensé d'amertume et de scepticisme, il est fascinant – et l'on peut bien s'y arrêter un instant – de considérer leur futur auteur en cette période de sa vie. Il n'a, lui aussi, que le roman en tête et c'est, avant la lettre, le personnage de Chérubin qu'il joue dans cette cour de la reine, au milieu de toutes ces jeunes femmes d'une beauté « admirable » ou « surprenante ». Admirateur de sa souveraine, amoureux de Mlle de Hautefort, il va bientôt succomber aux charmes de Mme de Chevreuse; il va même se laisser berner par Mlle de Chémerault, qui est l'espionne stipendiée du cardinal. Mais peut-être fallait-il que Marcillac fut berné par les femmes et trahi par la politique pour devenir La Rochefoucauld.

Richelieu ayant décidé d'en finir avec la Lorraine, la cour passa une partie de l'automne 1633 à Bar-le-Duc. Il y avait tous les soirs de « petits jeux » chez la reine pour distraire Mlle de Hautefort. Les « amitiés » de Louis XIII, si elles irritaient sa femme, avaient au moins le résultat d'apporter un peu de gaieté à la cour, dont tout le monde profitait. Pour Marie de Hautefort, comme ensuite pour Louise de la Fayette, le roi, quand sa santé ne le tourmentait pas trop, faisait l'effort qu'il ne faisait pas pour la reine : celui de se montrer galant. Il emmenait les dames à la chasse, leur offrait des collations, les admettait à visiter sa volière, ou Versailles (qu'il embellissait sans cesse) et montait en carrosse avec elles. Il lui arriva même de composer, vers et musique, un ballet, sur le thème, il est vrai, de la chasse au merle.

Mais les « jeux » conjugaux, en cette fin d'année 1633, sont de moins en moins fréquents. Au cours de l'été précédent, sur le conseil du médecin Bouvard, Louis XIII a pris le temps d'aller avec la reine aux eaux de Forges, qu'on dit bénéfiques à la procréation, et il continue pour la même raison à en consommer. Mais la cure n'a d'autre effet que d'apaiser les troubles intestinaux du roi. Convaincu de la stérilité de sa femme, Louis XIII lui en veut chaque jour un peu plus et retourne, non sans quelque secret soulagement, à cette chasteté qui convient à sa piété et surtout à sa nature. Anne, découragée, songe parfois à tout abandonner, sa couronne et l'espoir d'une maternité, pour s'enfuir aux Pays-Bas, chez sa tante Claire-Eugénie. Elle n'a plus qu'une distraction, l'intrigue.

La guerre avec l'Espagne va l'y plonger plus profondément et plus coupablement encore. Car c'est la guerre en bonne et due forme que déclare, le 19 mai 1635, le roi de France au roi d'Espagne.

VI

L'ANNÉE DU DESTIN

Le roi d'Espagne – faut-il le rappeler? – c'est le frère d'Anne d'Autriche, comme l'est le cardinal-infant, qui a succédé à Isabelle-Claire-Eugénie, leur tante à tous trois, au gouvernement des Pays-Bas espagnols. Va-t-il falloir que, du jour au lendemain, la reine de France cesse de correspondre avec sa famille? « N'y consentez jamais », lui avait dit son père avant de la quitter. Comment concilier cet ordre avec la soumission qu'elle doit à son mari?

Personne, parmi les mémorialistes, ne reproche à la reine de n'avoir su renoncer à des échanges qui étaient la seule joie de sa vie; telle était la compassion qu'elle inspirait que tout le monde, au contraire, fait grief au roi et à Richelieu d'avoir démesurément grossi cette affaire de correspondance. Même les pieux orateurs qui, après la mort d'Anne d'Autriche, prononceront son éloge funèbre, la disculperont entièrement, ne voyant en elle qu'une « innocente colombe » victime des circonstances. Sommes-nous tenus à la même indulgence? La reine ne correspondait pas qu'avec sa famille et d'affaires de famille : par Mirabel, expulsé dès avant la déclaration de guerre et maintenant en poste à Bruxelles, elle était en rapport avec Olivares; par Mme de Chevreuse, aussi active en Touraine qu'à Dampierre, avec le duc de Lorraine. Enfin, Marie de Médicis et Mme du Fargis, hébergées par l'ennemi,

Holland et Montagu, toujours hostiles à la France de Richelieu, restaient de ses correspondants. Et s'il est vrai qu'Anne ne transmettait que des renseignements mineurs, c'est qu'elle n'en pouvait fournir d'autres, son mari et le cardinal se gardant bien de la tenir informée de leurs projets et de leurs plans de campagne! Si les mots ont un sens, la reine de France, en cette période, a trahi.

Que dire à sa décharge? Que les critères du XVIIe siècle n'étaient pas les nôtres? C'est vrai. La Porte, qui aidait la reine à correspondre avec l'ennemi, se porta volontaire pour combattre cet ennemi et, la campagne terminée, revint vite auprès d'elle pour continuer à l'aider à correspondre, c'est-à-dire à trahir! Une chose est de bouter l'Espagnol hors de France, une autre d'accepter la dictature du cardinal.

Ce qu'il faut dire surtout, c'est que l'attitude de Louis XIII était bien propre à pousser Anne d'Autriche à bout. Dans des circonstances aussi douloureuses, d'autres maris, même sans amour, eussent ménagé les sentiments de leurs femmes. Pas lui. Que les Espagnols perdent une bataille, il se rend chez elle pour jeter dans *sa* cheminée quelques papiers en disant : « Voilà le feu de joie de la défaite des Espagnols! » Si l'animosité conjugale peut inspirer un tel geste, la dignité royale devrait l'interdire.

Se méfiant, à juste titre, de son entourage, Anne est très seule. Oh! certes, elle a la sympathie de tous les opposants et elle continue à tenir son rang; on la voit, parée comme une châsse, aux cérémonies et aux fêtes. Mais rien n'est pire que ces solitudes de cour. A qui ouvrir son cœur? La Rochefoucauld a été écarté sous prétexte qu'il avait critiqué la conduite des opérations. Il ne reste plus guère à la reine, outre La Porte et Mlle de Hautefort, que son grand aumônier, l'évêque de Beauvais, et M. de Guitaut, capitaine aux gardes, qui comprennent ses tourments. Il y a quelqu'un d'autre, mais par intermittence : le signor, pardon, le monsignore Mazarini, puisque récemment élevé à la prélature et qui est à Paris depuis la fin de 1634 comme nonce extraordinaire. Il vient quelquefois lui rendre visite; c'est un admirateur du cardinal, mais c'est aussi un homme de paix : il l'a prouvé en 1630 et depuis le début de sa nouvelle mission. Aussi se désole-t-il avec Anne d'Autriche de n'avoir pu empêcher cette guerre franco-espagnole, cette guerre entre catholiques, si néfaste au repos de la chrétienté. S'ils avaient su, l'un et l'autre, qu'elle allait durer vingt-quatre ans!...

Nous avons des lettres de Mazarin pour cette période; il y parle du « sentiment de gravité » avec lequel Anne d'Autriche évoquait ce drame; il nous la montre sérieuse et modérée dans son expression. Quelque temps avant la déclaration de guerre, dans son angoisse de voir « les choses irrémédiablement portées à la rupture », n'a-t-elle pas blâmé l'insolence dont faisait preuve le nouvel ambassadeur d'Espagne, Benavides, vis-à-vis de Richelieu? Une autre femme, en somme, que celle que connaissent le roi et le cardinal. Tant il est vrai que la sympathie fait éclore chez un être des qualités que peut-être il ne soupçonnait pas lui-même. Sans oublier que ces entretiens se passaient devant témoins, on peut aussi penser – et c'est tout à l'honneur de la reine – qu'elle était assez consciente de ses devoirs pour s'abstenir devant un étranger, si compréhensif fût-il, de critiquer la politique française et ceux qui la dirigeaient.

Si Mazarin était resté à Paris, s'il avait pu conseiller Anne d'Autriche, comme il le fera plus tard, celle-ci serait-elle tombée dans l'abîme où elle va bientôt tomber? Vaine question. Le séduisant diplomate est rappelé à Rome en janvier 1636 et elle ne le reverra que quatre ans plus tard. Mais il n'oubliera pas, pendant ces quatre années, de se rappeler à son souvenir par l'envoi de « bagatelles » d'Italie : éventails, eaux de toilette, gants parfumés. C'est un homme très raffiné; le carrosse dans lequel il est arrivé à Paris a fait sensation; c'est qu'il était muni de vitres. Les dames de la cour se sont extasiées devant cette innovation : voilà qui leur permettrait, au cours de leurs promenades, de voir et d'être vues sans exposer leur teint aux intempéries.

Face à la solitude d'Anne d'Autriche, il y a la solitude de Louis XIII. De plus en plus malade, le roi est aussi de plus en plus hypocondriaque. Il aime toujours Mlle de Hautefort, mais n'ose plus lui faire confiance. Avec Saint-Simon la bonne entente a vécu; ce ne sont plus que « picoteries » comme il l'écrit au cardinal. En juillet 1634, quand on séjournait à Chantilly (confisqué à Montmorency), le jeune homme a déplu en allant rencontrer « des garces » dans la forêt. Autre erreur, plus grave : il a proposé au roi de l'aider à « conclure son affaire » avec Mlle de Hautefort, c'est-à-dire de lui amener la jeune fille dans son lit. « Qu'il ne vous arrive jamais de me tenir un pareil langage », a répondu Louis XIII.

Brouillé avec Saint-Simon, brouillé avec Mlle de Hautefort, le roi a fini par s'attacher à celle qu'on mettait sur sa route, Louise de la Fayette. Aussi douce et soumise que Marie était vive et rétive (c'est bien pourquoi on l'a poussée en avant), aussi pieuse et chaste que le roi lui-même, elle est la confidente idéale pour ce timide, pour ce solitaire, qui ne cherche qu'une oreille compatissante. Elle s'accommode de sa morosité, de sa gaucherie, de l'ennui de sa conversation; elle fait un sort à ses moindres mots comme à d'irrésistibles traits d'esprit. Elle en rit même tellement qu'un jour elle s'oublie sous elle dans l'appartement de la reine (puisque c'est là que Louis XIII courtise ses dulcinées). « Non, non! C'est du jus de citron, s'exclame une des filles d'honneur. J'avais de ces fruits dans ma poche, ils se sont écrasés. » Les autres font chorus. Du jus de citron! Anne, exaspérée, ordonne à La Porte de renifler la petite mare. Examen concluant. Les filles d'honneur, vexées, s'enfuient comme une volée de moineaux. Louis XIII n'a rien dit

– le pouvait-il? – mais il est pâle de colère. Que de mesquineries! Que de pauvretés!

Fidèle à sa tactique et parce qu'il n'a pas renoncé à se concilier la reine, Richelieu joue à son égard un jeu beaucoup plus subtil que le roi. Jamais il n'engage le fer avec elle, bien au contraire. Le jour où il apprend que les surintendants des finances lui ont refusé de l'argent, il leur écrit (11 juillet 1636) : « Messieurs, je vous ai tant de fois conjuré de donner satisfaction à la reine [...] que je ne puis croire, comme on me l'a rapporté, que vous n'avez pas encore exécuté ce que vous m'avez promis [...]. Au reste, je ne puis vous celer qu'ayant été dit à la reine que vous étiez les mieux disposés du monde et que, si Sa Majesté n'était pas satisfaite, il ne tenait qu'à moi qui ne vous parlais pas de bonne sorte, je ne saurais assez m'étonner d'où peut venir un bruit si faux. Je vous prie de tâcher de le découvrir et faire de votre part ce que vous jugerez nécessaire pour que les auteurs de telles faussetés soient traités comme ils le méritent. Cependant je vous pris encore de satisfaire aux justes prétentions de la reine... »

Les prétentions de la reine ne sont pas justes, d'abord parce que le Trésor est à sec, ensuite parce qu'elle dépense trop d'argent « en gratifications et voyages » (comprenons : voyages de messagers et gratifications à ses serviteurs exilés). Richelieu le sait, mais ne veut pas qu'elle sache qu'il le sait. Quand, en octobre, trois mois après la lettre précédente, il décide de renvoyer son trésorier, M. d'Argouges, c'est par une double entremise : le fidèle Chavigny est chargé de porter le roi à procéder lui-même à ce renvoi. Et Richelieu insiste pour que l'affaire soit réglée avant son arrivée à Paris (où, malade et craignant les attentats, il vit de moins en moins). Parlant de lui-même sous le nom d'Amadeau, il écrit le 22 novembre à Chavigny qu'il faut achever l'affaire « dans demain au soir, afin que le Sr Amadeau n'en ait pas l'ennui à son arrivée, ce qui ne serait pas raisonnable puisque ce n'est que la pure nécessité du service du roi qui oblige d'en user ainsi ».

Quand, dans cette même période, on capture un certain Clausel, soupçonné d'espionnage, Richelieu n'oublie pas d'indiquer qu'il faut questionner l'homme sur ses contacts éventuels avec la maison de la reine; et il ajoute : « Faudra mettre à part ce qui concerne Savoie et Angleterre, qu'on veut cacher, [...] et, en un procès-verbal qu'on puisse voir, tout ce qui concerne la reine, les siens, les Espagnols. » « Un procès-verbal qu'on puisse voir », cela veut dire : qu'on puisse montrer au roi. Jamais, peut-être, le double jeu de Richelieu à l'égard d'Anne d'Autriche n'apparaît aussi clairement que dans ce document. Aux autres les basses besognes, à lui les rôles de séducteur ou du moins de galant. Le jour où la reine est allée le voir, sur ordre, dans son château de Rueil (2 août 1636), il lui a offert une collation somptueuse, agrémentée d'un concert où l'on a interprété une chanson composée pour elle. Des « correspondances », pas un mot, jamais. C'est à Chavigny que le ministre réserve ses plaintes désabusées sur la conduite de Chesnelle. « Les dernières pièces interceptées écrites de Flandre à Chesnelle, écrit-il le 2 novembre, prouvent [...] qu'on attend quelque changement qui les rendra *padrones y goustousos del campo* (maîtres et en possession de champ de bataille) et se moquent fort des armes et de l'inconstance de la France [...]. En vérité, M. de Chesnelle n'est pas excusable après tous les bons traitements qu'il a reçus [1]... » Ou encore, au même Chavigny : « Quant à Mlle Chesnelle, je ne puis vous dire autre chose sinon que l'ancienne générosité de la Lapidaire (*Mme de Chevreuse*) a toujours fait qu'en ce pays-là on a pris le contre-pied de M. du Chesne (*le roi*). C'est un esprit léger qui se laisse porter à beaucoup de choses qui lui sont bien contraires. Je prie Dieu qu'il lui pardonne le passé et qu'il la dirige mieux pour l'avenir. »

Dieu n'exauça pas la prière de Richelieu qui, le

23 novembre revient sur le sujet : « Je vous ai tant mandé ce qu'il fallait faire pour éviter les cabales chesnelliques que j'estime inutile d'en dire davantage. Les affaires d'État ne requièrent pas qu'on perde un seul temps, et je crains bien que nous en perdions à douzaines.

« Je me rendrai demain à Rueil, ayant besoin de me reposer et purger avant que me commettre aux tintamarres de Paris... »

Quels étaient « tous les bons traitements » que la reine avait reçus? Les collations et les concerts? Richelieu savait bien qu'il en aurait fallu davantage pour mettre fin à ce qu'il appelle les « cabales chesnelliques ». C'est à autre chose, sans doute, qu'il fait allusion. En septembre, quand le roi a quitté Paris pour rejoindre l'armée en Picardie, la reine a été nommée gouvernante de la capitale et chef du conseil. L'usage le voulait ainsi et le centre de décision restait toujours auprès du roi, mais enfin c'était une marque de confiance. Anne n'en a pas été digne, puisqu'elle a continué à correspondre avec l'ennemi.

Il faut le rappeler une fois encore : c'est seulement après la mort du cardinal et du roi que la reine agira en Française, se rachetant ainsi et admirablement. Pour l'instant, aucun motif n'est assez puissant pour l'empêcher de jouer contre ses « persécuteurs ». Bien qu'elle ne se sache pas soupçonnée (autre preuve de « légèreté »), elle se méfie de Richelieu comme elle s'en est toujours méfiée. Comment oublier que cet homme, qui est son sujet, est aussi son tyran? Qu'il tient son sort entre ses mains? Il suffit d'un rien pour que l'animosité éclate, pour que les deux orgueils se heurtent. Un jour de l'automne 1636, les carrosses de la reine et du cardinal se croisent près des Tuileries. « Arrête, cocher! » crie Richelieu, non point à son cocher, mais à celui de sa souveraine. L'homme, surpris ou intimidé, obéit. Anne lui ordonne de repartir. Richelieu osera faire des représentations : ne sert-il pas assez bien Sa Majesté pour qu'elle daigne l'entendre quand il a à lui parler? La reine fera répondre qu'il peut venir chez elle tant et quand il le souhaite, que la rue n'est pas un lieu de conversation et que son carrosse « n'arrête que pour le roi ». C'est à elle que l'opinion donna raison contre Richelieu. Ceux-là même qui admiraient le génie de l'homme d'État désapprouvaient les hauteurs et les mesquineries de l'homme privé.

Le petit nombre des admirateurs s'était encore amenuisé en cet automne 1636. Quand on déclare une guerre, il faut l'avoir préparée. Or, après quelques victoires mineures, l'infériorité française était cruellement apparue : le Nord envahi et ravagé, les avant-gardes espagnoles à Compiègne, la capitale menacée, d'où s'enfuyaient les riches, leurs carrosses emplis de bagages. Dans la crainte d'un siège, il a fallu détruire les ponts sur l'Oise et couler les bacs, recruter les habitants des bourgs périphériques pour travailler aux fortifications, entasser du blé jusque dans les galeries du Louvre. L'arrière-ban et les banquiers, auprès desquels on s'endettait sans mesure, n'ayant pas suffi à rétablir la situation, Richelieu a mobilisé tous les hommes capables de porter une arme (dont les laquais, ces embusqués) et, préfigurant Gallieni et ses taxis de la Marne, réquisitionné les carrosses particuliers avec leurs cochers, les chevaux de poste avec leurs postillons! Cet effort inouï permet, le 14 novembre, de porter un coup d'arrêt à l'avance espagnole en reprenant Corbie, qui laissera son nom à cette année terrible.

Et cependant la vie continue, à la cour comme à la ville (nous avons connu cela en d'autres temps). Mais les fêtes, bien sûr, sont plus rares et moins gaies. Montagu, de passage à Paris au début de 1637, assiste au Louvre à un curieux bal : « Les femmes se prenaient les unes les autres, faute d'hommes [et] on laissait entrer les laquais pour remplir la chambre [2]. » Le théâtre, en revanche, connaît des jours fastes : l'année de Corbie, c'est aussi l'année du *Cid*.

Pierre Corneille avait donné sa tragi-comédie au théâtre du Marais. La première représentation publique eut lieu le 4 janvier 1637. Un triomphe. Dans les semaines qui suivent, la pièce est représentée trois fois au Louvre. C'est Anne et Anne seule, qui, dans son enthousiasme, eut l'idée de glorifier l'auteur en anoblissant son père. Pourquoi son père? Pour honorer davantage le poète, qui pourrait ainsi se dire de noble extraction. Un tel geste, et si délicatement accompli, mérite beaucoup d'indulgence à la reine. Louis XIII n'avait point fait d'obstacle à l'initiative : peu lui importait. Au reste, son ministre aussi avait aimé *Le Cid* et se l'était fait représenter deux fois au Palais-Cardinal.

D'aucuns ont voulu reconnaître Anne d'Autriche en Chimène; c'est Richelieu, disent-ils, qui, pour lui plaire, l'avait fait peindre sous les traits de l'héroïne (pour qui tout Paris avait les yeux de Rodrigue). D'autres pensent que Corneille s'est inspiré pour le personnage des tourments d'Anne d'Autriche, déchirée entre l'amour et le devoir (l'amour pour l'Espagne, le devoir de reine de France). Les contemporains crurent qu'elle avait elle-même indiqué le sujet à l'auteur, ce sujet emprunté, comme on sait, à Guilhem de Castro. Une chose est sûre : l'espagnolisme du *Cid* ne pouvait qu'émouvoir et transporter une infante d'Espagne. L'étonnant est que, dans les circonstances, aucun Français n'ait vu du mal à y applaudir. Les critiques ne reprochèrent à l'auteur que d'avoir transgressé les règles. Comme si ce n'était pas la mission du génie!

Trois ans plus tard, en 1640, Corneille donnait *Horace*. Il est hors de doute que cette tragédie-là s'inspirait de l'actualité. Beaucoup plus qu'à Chimène, c'est à Camille, et surtout à Sabine, qu'Anne d'Autriche fait penser. Comme elles, elle a son mari dans un camp et ses frères dans l'autre; elle ne peut s'y résoudre, elle s'en désespère :

Je suis Romaine, hélas! puisque Horace est Romain;
J'en ai reçu le titre en recevant sa main;
Mais ce nœud me tiendrait en esclave enchaînée
S'il m'empêchait de voir en quels lieux je suis née.
. . . .
Albe, mon cher pays et mon premier amour,
Lorsqu'entre nous et toi je vois la guerre ouverte,
Je crains notre victoire autant que notre perte.
Rome, si tu te plains que c'est là te trahir,
Fais-toi des ennemis que je puisse haïr.

A qui, sinon à la reine, les spectateurs d'*Horace* pouvaient-ils songer en entendant ces vers? ou encore ceux-là :

Il me faut applaudir aux exploits du vainqueur
Et baiser une main qui me perce le cœur.
Se plaindre est une honte et soupirer un crime.

A quoi Horace, incarnation d'un patriotisme monstrueux, puisqu'il ira jusqu'au fratricide, rétorque :

Si vous n'êtes Romain(e), soyez digne de l'être.

Cette vertu romaine, qui consisterait à souhaiter la ruine de son pays natal, à envisager d'un œil sec la mort de ses frères, il est clair qu'Anne d'Autriche ne l'a pas. Mais Camille et Sabine non plus, et avec moins d'excuses, puisqu'elles aiment leurs maris et qu'elles en sont aimées.

Camille, dans sa révolte, ira jusqu'aux sublimes imprécations qu'on connaît :

Rome, unique objet de mon ressentiment...

Sabine, plus douce, se contentera de soupirer :

Prenons part en public aux victoires publiques,
Pleurons dans la maison nos malheurs domestiques

Et complotons aussi, ajoute Anne *in petto*... Il est vrai qu'en 1640 elle ne complote plus pour la simple raison que ses complots ont été découverts et châtiés, en 1637.

1637 : année du destin pour Anne d'Autriche et pour la France! La reine, après avoir touché le fond de l'humiliation, va connaître son plus grand triomphe et son plus grand bonheur : une maternité. Et l'enfant qu'elle portera dans son sein deviendra le Roi-Soleil sans qui, à coup sûr et quelque jugement qu'on en fasse, la France ne serait pas ce qu'elle est. Le plus curieux est que le triomphe découla de l'humiliation.

Depuis le milieu de 1636, Richelieu était assuré de la trahison de la reine; le roi lui-même lui avait signalé les suspects conciliabules qu'Anne entretenait avec La Porte. Mais, pour pouvoir la confondre, il ne suffisait pas d'intercepter les lettres qu'elle recevait : il fallait se procurer une au moins de celles qu'elle écrivait. Un traître y aida.

Pour correspondre, il faut des intermédiaires. Anne en avait : un secrétaire de l'ambassadeur d'Angleterre et ancien serviteur de Buckingham, nommé Auger; de simples particuliers qui voyageaient pour affaires, des gentilshommes tels La Rochefoucauld, qui, s'il n'avait pas la permission de demeurer à Paris, pouvait néanmoins y passer, entre les campagnes militaires, pour retourner dans ses terres de Charente et du Blésois – et qui avait formé « une très grande liaison d'amitié » avec Mme de Chevreuse, reléguée non loin de là, en Touraine. Il n'était pas jusqu'à des personnalités officielles qui ne se chargeassent de messages, n'osant refuser un service à la reine de France ou n'y voyant pas de mal. Anne, à cause de sa piété, avait toujours eu la sympathie des ecclésiastiques. Aussi, l'archevêque de Bordeaux, qui passait par Tours pour se rendre dans son diocèse, avait-il quelquefois servi de courrier entre la reine et Mme de Chevreuse [3]. Tâche qui lui était facilitée par son collègue l'archevêque de Tours, un brave homme d'octogénaire, « plus zélé [pour la duchesse] qu'il ne convenait à un homme de son âge et de sa profession » (La Rochefoucauld). Eh oui, il ne manquait plus qu'un évêque au palmarès de l'irrésistible!

Espionnée comme elle l'était, la reine ne pouvait, au Louvre, se mettre à son écritoire que de nuit, quand tout le monde était endormi. Sinon, elle était sûre de surprendre quelque fille d'honneur louchant vers son papier. Ces indicatrices en herbe manquaient d'expérience : l'une d'elles avait cru habile de se faire un paravent de son livre d'Heures... jusqu'au jour où la reine découvrit qu'elle le tenait à l'envers!

Mais au Louvre, même de nuit, il était impossible à la reine de recevoir les émissaires de ses correspondants, ou seulement leurs réponses. Restait le Val-de-Grâce, où elle avait déjà rencontré secrètement Montagu, Mirabel après son exclusion de la cour et Mme de Chevreuse pendant son exil à Dampierre. Ce couvent était un peu le sien; elle l'avait fondé en 1621, y disposait d'un appartement. (Elle devait le faire rebâtir par Mansart après la naissance du dauphin, en témoignage de reconnaissance, et ce sont les restes de ce second couvent qu'on peut voir aujourd'hui rue Saint-Jacques.) C'est donc au Val-de-Grâce que la reine, sous prétexte de pieuses retraites (autre péché!) allait conspirer. Le cardinal avait bien une ou deux espionnes parmi les religieuses, mais l'ensemble de la communauté s'honorait du patronage de la reine; la supérieure plus qu'aucune autre, parce qu'elle était franc-comtoise, c'est-à-dire sujette du roi d'Espagne; elle s'appelait Louise de Milley, en religion mère de Saint-Étienne. Disons les choses comme elles sont : la mère de Saint-Étienne servait de boîte aux lettres.

La Porte, en tant que portemanteau de la reine, avait ses entrées au Val-de-Grâce. Il aidait au chiffrage et déchiffrage, s'occupait du matériel : encre sympathique (au citron), grilles et cachets, qu'il gardait chez lui dans une cache pratiquée dans le mur de sa chambre (il avait un petit logement à l'hôtel de Chevreuse, à la domesticité duquel appartenait son frère). C'est encore La Porte qui était en contact avec les intermédiaires.

Le 9 août 1637, la reine, mandée par son mari à Chantilly, prétexta des bagages inachevés pour différer son départ. Cette excuse suspecte mit le feu aux poudres. Anne ne se doutait de rien et partit sans méfiance le 12, tandis que La Porte se rendait sans méfiance au rendez-vous qu'il avait avec M. de la Thibaudière des Ageaux, gentilhomme poitevin qui devait se charger d'une lettre pour Mme de Chevreuse. Mais M. de la Thibaudière des Ageaux, qu'autrement l'histoire n'eût pas retenu, s'excusa : ses affaires le retenant à Paris, il priait La Porte de garder la lettre encore deux ou trois jours. Sortant de la cour du Louvre, où avait eu lieu leur conciliabule, les deux hommes se séparèrent rue Saint-Honoré. La Porte se rendit dans le quartier Saint-Eustache au domicile de M. de Guitaut, récemment blessé dans les combats et dont la reine l'avait chargé d'aller prendre des nouvelles. Quand il en sortit, vers six heures du soir, un carrosse arrêté au coin des rues Coquillère et des Grands-Augustins obstruait la voie (pas de trottoirs à l'époque). Avant d'avoir compris ce qui lui arrivait, La Porte était jeté dans le carrosse, qui partit à vive allure, rideaux baissés, pour ne s'arrêter qu'à la Bastille.

La Porte fut fouillé. On confisqua la lettre pour Mme de Chevreuse qu'il portait sur lui et on le jeta dans un cachot de la tour du corps de garde : celle où l'on mettait les condamnés à mort. Après l'avoir déshabillé, on referma trois portes sur lui et le soldat commis à sa garde. Le mobilier se composait d'un lit de sangle et d'une terrine pour les « nécessités naturelles ». Si la soirée fut triste (d'autant que le soldat s'empara du maigre souper), la nuit fut animée : une tentative d'évasion collective qui suscita des mousquetades et finit par amener à La Porte un compagnon de cachot : un jeune M. de Herce « que sa mère retenait en prison pour le faire mûrir ». Comprenons qu'il avait, comme tant d'autres prisonniers, « parlé du gouvernement avec un peu trop de liberté. »

Le lendemain, premier interrogatoire dans le bureau du gouverneur. M. Leroy de la Poterie, maître des requêtes, tire d'un sac de velours, non seulement la lettre de la veille, mais « quantité d'autres », adressées par Mme de Chevreuse à la reine. Ce n'est pas trop grave : ces lettres-là ne contenaient rien d'important. Ce qui est grave, et La Porte le comprend en un éclair, c'est qu'on n'a pu trouver ces papiers que chez lui ; or, si l'on a perquisitionné chez lui, on a dû y découvrir aussi la fameuse cachette, celle où il garde les chiffres et le cachet de la reine, sans parler d'une collection de libelles contre le cardinal, qu'il rassemble pour son plaisir! (Non, la cachette n'avait pas été découverte, mais La Porte l'ignora.)

Passons sur les autres visites de M. de la Poterie, « alternatives comme la fièvre tierce ». La Porte se défendit très bien. Trop bien. Un soir, tiré de son cachot, il fut une fois de plus jeté dans un carrosse. La nuit tombait; or c'était de nuit que, souvent, on exécutait les prisonniers pour éviter les réactions populaires. La Porte, sûr de toucher à son heure dernière, sentait son cœur s'arrêter quand on arrivait à l'un des emplacements où l'on avait coutume d'expédier les gêneurs : le coin de l'église Saint-Paul, le cimetière Saint-Jean, la place de Grève, la Croix-du-Tiroir. Mais l'on dépassa, l'un après l'autre, tous ces endroits fatals et La Porte « commença à respirer plus à son aise ». Quand on s'arrêta dans la cour des cuisines du Palais-Cardinal, il comprit qu'on lui réservait le redoutable honneur d'être interrogé par le tout-puissant ministre.

Richelieu était assisté du chancelier Séguier, garde des Sceaux, et du secrétaire d'État Sublet de Noyers qui faisait office de greffier. On commença par la bienveillance : que La Porte avoue et il ne retournerait pas à la Bastille ; mieux, on ferait sa fortune et une fortune à rendre jaloux tous ses pareils. Mais La Porte s'obstina à faire l'ignorant. Le cardinal, qui commençait à perdre patience, eut alors un mot affreux : « A propos, on n'a trouvé que cinq cents livres dans votre cabinet ; est-ce là tout votre bien ? » La Porte répondit que c'en était la plus grande partie. Alors Richelieu, se tournant vers Séguier : « Voilà bien de quoi être si opiniâtre ! » L'argent ne fait rien à l'affaire, répondit La Porte ; ma charge m'oblige à servir fidèlement la reine. Le cardinal changea de tactique et fit une leçon de civisme : c'est au roi, avant la reine, qu'un bon Français devait fidélité ; or le roi ordonnait que La Porte avouât la vérité « pour le bien de l'État ». Mais comment avouer ce qu'on ignore ? dit La Porte ; or il ignorait absolument si la reine correspondait avec l'Espagne ou quelque autre pays étranger. Cette fois, le cardinal éclata : « Mais elle l'avoue et dit que c'est par vous qu'elle entretient ses correspondances ! »

C'était vrai, mais La Porte, au secret depuis le 12 août (on était le 18) ignorait tout de ce qui s'était passé pendant ces six jours. Ce qui s'était passé ? Une véritable opération de commando. Dès le 13 août, on avait perquisitionné au Val-de-Grâce. Grave affaire que de perquisitionner dans un couvent. Louis XIII avait dû demander à Mgr de Gondi, archevêque de Paris, d'accompagner le garde des Sceaux. La mère de Saint-Étienne ayant tout nié malgré des menaces d'excommunication, l'archevêque l'avait déposée et demandé aux religieuses de procéder séance tenante à l'élection d'une nouvelle abbesse. Mgr de Gondi n'avait pas l'âme d'un Mindzenty. Accordons-lui cependant le bénéfice du doute : c'est peut-être lui qui avait prévenu la mère de Saint-Étienne de la perquisition qui se préparait. Car elle avait été prévenue et la preuve en est que Séguier et ses hommes ne trouvèrent que des vieilles lettres sans grande importance. On interrogea donc Anne d'Autriche elle-même.

L'enlèvement de La Porte avait eu un témoin et ce témoin était une relation de Mlle de Hautefort (quartier « chic », à l'époque, que la rue Coquillère). La reine était donc avertie et déjà très inquiète. Quand Séguier vint, au nom du roi, la harceler de questions à Chantilly, elle commença par nier. Alors le chancelier produisit sa botte secrète : la copie d'une lettre qu'elle avait reçue de Mirabel. Correspondre avec Mirabel, c'était beaucoup plus grave que de correspondre avec Mme de Chevreuse, surtout que cette lettre se présentait à l'évidence comme une réponse. Dans un geste d'affolement, Anne s'empara du papier et le glissa dans son décolleté. Pouvait-elle imaginer qu'un Séguier oserait porter les mains sur la reine de France ? Mais ce grand commis était un monstre froid, un parvenu imbu de sa puissance, célèbre pour ses mauvaises manières, et qu'avait irrité son échec du Val-de-Grâce ; sans hésiter, il fouilla dans le corsage et dans les poches de la reine. Cet acte de lèse-majesté la frappa plus que tout le reste : ainsi son rang et sa naissance ne la protégeaient plus ; on la traitait comme une vulgaire criminelle ! Elle eut un malaise, il fallut la saigner à deux reprises. Les quarante-huit heures qui suivirent, elles les passa prostrée dans sa chambre, incapable de manger. Elle savait qu'on fouillait tous ses coffres et armoires, qu'on interrogeait tous ses domestiques, et elle voyait bien que tout le monde la fuyait. Égaux à eux-mêmes, les courtisans, quand ils passaient dans la cour de Chantilly, évitaient de lever les yeux vers ses fenêtres pour ne pas être soupçonnés de compassion. Seuls, M. de Guitaut et Brienne eurent le courage de venir la voir.

Brienne, nous nous en souvenons, est ce secrétaire d'État qui avait si sagement conseillé la reine lors de l'affaire Buckingham. Or que lui dit-il cette fois-ci ? Qu'elle avait eu grand tort de se laisser impressionner par Séguier : la lettre qu'il lui avait présentée n'était qu'une copie et cette copie avait de grandes chances d'être falsifiée. Ceci montre assez qu'on jugeait le cardinal capable de tout. Anne, qui n'en doutait pas, répondit qu'elle préférait tout prendre sur elle que d'exposer ceux qui l'avaient aidée à la question, c'est-à-dire à la torture. Mais l'affolement la reprit quand elle sut qu'on parlait de la répudier et de l'enfermer à la forteresse du Havre. (On disait même, une fois de plus, que le roi était prêt à se remarier avec la nièce du cardinal, Mme de Combalet, ce qui était faux.)

Faut-il attribuer à cet affolement le parjure qu'Anne d'Autriche commit alors? Le 15 août, après avoir communié, elle envoya M. Le Gras, secrétaire de ses commandements, jurer au cardinal qu'elle n'avait jamais entretenu d'intelligences avec l'étranger.

Il est d'usage, ici, d'accabler la reine. On oublie qu'elle voulait sauver La Porte et ses amies du Val-de-Grâce. Le Gras avait été particulièrement chargé de dire au cardinal qu'elle ne s'était servie de son portemanteau que pour correspondre avec Mme de Chevreuse. Au P. Caussin, le confesseur du roi, que son propre confesseur, le P. Fernandez, lui amena, la reine laissa entendre que l'animosité que lui portait le cardinal n'était pas étrangère à cette affaire : entre autres choses, Richelieu ne lui pardonnait pas d'avoir refusé, aux Tuileries, d'arrêter pour lui son carrosse. M. Patrocle, écuyer de la reine, répandait le même bruit à la cour. Le P. Caussin tenta d'attendrir le roi, lui dit que, si sa femme avait commis quelque faute, elle en était assez punie par les peines et les humiliations qu'elle subissait. Richelieu agissait en sens contraire : la reine avait menti, il fallait la contraindre à parler; sinon le gouvernement se rendrait odieux. Et le cardinal chargea Le Gras (qui lui était tout acquis) de faire comprendre à la reine que ses dénégations étaient par trop en contradiction avec ce qu'on savait déjà. Anne, alors, changea d'attitude et demanda à voir le cardinal.

Celui-ci se présenta chez elle au matin du 17 août, avant même qu'elle fût levée. Il était accompagné de Mme de Senecey, dame d'honneur, et des secrétaires d'État Chavigny et Sublet de Noyers. Il voulait, écrit-il, que ces trois personnalités fussent témoins de l'offre qu'il faisait à la reine, de la part du roi, « d'oublier tout le passé », à condition, bien sûr, qu'elle avouât. Anne reconnut qu'elle avait écrit aux Pays-Bas à son frère le cardinal-infant, mais des lettres sans conséquence. « Il y a plus, madame », dit sévèrement Richelieu, et quand bien même il n'y aurait eu que cela, Sa Majesté n'ignorait pas que ses frères étaient en guerre avec le roi. Il ajouta que la reine ne pouvait compter sur ses bons offices si elle continuait à dissimuler. Anne demanda à tous les assistants, sauf aux confesseurs, de se retirer, afin qu'elle pût parler en particulier au cardinal, et fit alors de semi-aveux. Oui, c'est vrai, elle avait correspondu avec l'étranger, mais pourquoi l'avait-on si mal traitée en France!... Et, pleurant, elle manifesta « beaucoup de déplaisir et de confusion d'avoir fait tous les serments contraires à ce qu'elle confessait ». C'est Richelieu qui le dit, car nous n'avons là-dessus que sa « relation », soigneusement conservée par lui et retrouvée après sa mort dans sa cassette. N'accueillons donc qu'avec beaucoup de réserves la scène qu'il nous décrit : Anne d'Autriche, trop heureuse de trouver en lui un bienveillant conciliateur, poussant la « bonté [4] » jusqu'à le remercier de sa « bonté » à lui ! « Protestant qu'elle aurait toute sa vie la reconnaissance de l'obligation qu'elle pensait avoir à ceux qui la tireraient de cette affaire, elle fit l'honneur de dire au cardinal : " Donnez-moi la main ", présentant la sienne pour marque de la fidélité avec laquelle elle voulait garder ce qu'elle promettait, ce que le cardinal refusa par respect, se retirant par le même motif au lieu de s'approcher. »

Lequel était le plus comédien des deux? Je penche pour le cardinal. Richelieu était extrêmement irrité qu'on attribuât ses rigueurs à des rancunes personnelles et n'avait aucunement l'intention de s'en tenir là. Il y a dans sa relation un paragraphe qui n'a pas été remarqué et qui est pourtant bien révélateur : « La reine, auparavant cette découverte, prenait plaisir à faire croire ou laisser croire à diverses personnes dans le monde qu'elle avait à souffrir du cardinal pour des raisons semblables *ou pires* que celles que disait Patrocle, toutes fausses comme celles qu'il mettait en avant, ainsi qu'il plut à ladite dame reine le reconnaître par une lettre écrite au cardinal, sur la permission qu'il lui fit demander par M. de Chavigny de se pouvoir justifier des calomnies qu'on lui mettait à sus. »

Ainsi donc, Anne dut écrire à Richelieu une lettre le disculpant de l'avoir jamais courtisée! Cette lettre, malheureusement, ne nous est pas restée.

Richelieu fit plus; il demanda au roi d'exiger de sa femme qu'elle renouvelât ses aveux par écrit. Anne commença par refuser, mais il lui fallait « signer ou partir » (Mme de Motteville). De cette confession, écrite et signée sous la contrainte, il faut citer le préambule : c'est de l'humour noir.

« Sur l'assurance que notre très cher et très aimé cousin, le cardinal-duc de Richelieu, qui nous est venu trouver à notre prière, nous a donnée que le roi, notre très honoré seigneur et époux, lui avait commandé de nous dire, qu'ainsi qu'il avait déjà oublié diverses fois quelques-unes de nos actions qui lui avaient été désagréables [...], il était encore disposé de faire de même pourvu que nous déclarassions franchement les intelligences que nous pouvions avoir eues depuis [...] tant au dedans qu'au dehors du royaume [...], les personnes que nous y ayons employées et les choses principales que nous avons sues ou qui nous ont été mandées, nous, Anne, par la grâce de Dieu reine de France et de Navarre, avouons librement, sans contrainte aucune (!), avoir écrit plusieurs fois à M. le cardinal-infant, notre frère, au marquis de Mirabel, à Gerbier, résident d'Angleterre en Flandres, et avoir reçu souvent de leurs lettres [5]. »

Après quoi Anne reconnaissait que La Porte confiait les lettres à Auger, secrétaire de l'ambassadeur d'Angleterre, qui les faisait tenir à Gerbier. Et que disaient ces lettres?

« Qu'entre autres choses, nous avons quelquefois témoigné du mécontentement de l'état auquel nous étions et avons reçu et écrit des lettres au marquis de Mirabel qui étaient dans des termes qui devaient déplaire au roi.

« Que nous avons donné avis du voyage d'un minime en Espagne pour que l'on eût l'œil ouvert à prendre garde à quel dessein on l'envoyait.

« Que nous avons donné avis audit marquis de Mirabel que l'on parlait ici de l'accommodement de M. de Lorraine avec le roi et qu'on y prît garde.

« Que nous avons témoigné être en peine de ce que l'on disait que les Anglais s'accommodaient avec la France, au lieu de demeurer unis avec l'Espagne.

« La lettre dont La Porte s'est trouvé chargé devait être portée à Mme de Chevreuse par le sieur de la Thibaudière et ladite lettre fait mention d'un voyage que ladite dame de Chevreuse voulait faire comme inconnue devers nous. »

En conclusion, la reine promettait « de ne retourner jamais à pareilles fautes ». Au bas du document le roi écrivit de sa main, qu'en raison du serment et de la confession, il voulait bien oublier entièrement ce qui s'était passé et vivre avec sa très chère épouse « comme un bon roi et un bon mari doit faire avec sa femme ». Richelieu réussit à pousser un instant les deux époux dans les bras l'un de l'autre. Sinistre farce! Un mémoire du roi, joint au document ci-dessus, interdisait à la reine d'écrire à quiconque sans qu'il en fût averti et, à cet effet, ordonnait à la dame d'atour de cacheter elle-même les lettres et à la première femme de chambre de garder par devers elle l'écritoire de la reine. Louis XIII interdisait aussi à sa femme de se rendre en aucun couvent jusqu'à nouvel ordre et, quand il lèverait l'interdiction, de n'y pénétrer qu'accompagnée de sa dame d'atour et de sa dame d'honneur qui devraient la suivre dans toutes les pièces. Les deux derniers articles étaient d'une dureté plus offensante encore :

« Je prie la reine de se souvenir, quand elle écrit ou fait écrire en pays étrangers, ou y fait savoir des nouvelles par quelque voie que ce soit, directe ou indirecte, qu'elle-même m'a dit qu'elle se tient déchue par son propre consentement de l'oubli que j'ai fait aujourd'hui de sa mauvaise conduite.

« La reine saura aussi que je ne désire plus en façon du monde qu'elle voie Craft et autres entremetteurs de Mme de Chevreuse. »

(Craft était un jeune Anglais, collaborateur de Montagu, qui était devenu, comme tant d'autres, éperdument amoureux de la duchesse et lui servait de courrier.) En bas de ce nouveau document, Anne dut écrire de sa main : « Je promets au roi d'observer religieusement le contenu ci-dessus. »

Était-ce fini? Point du tout. Le 22 août, la reine, manipulée par Le Gras, ajoutait quelques détails à ses premiers aveux; le 23, son mari en personne venait l'interroger une troisième fois, lui confirmant que La Porte serait mis à la torture « si elle ne donnait de l'éclaircissement ». En sortant, Louis ordonnait à son confesseur de révéler à celui de la reine qu'elle avait menti. En même temps, on essayait de mettre La Porte, l'ex-abbesse et les religieuses du Val-de-Grâce en contradiction avec Anne, et l'on envoyait une sorte de commission d'enquête auprès de Mme de Chevreuse. L'abbesse avoua qu'elle avait menti, mais La Porte tint ferme.

Dès le lendemain de son entretien avec Richelieu, après son retour à la Bastille, le portemanteau avait reçu l'ordre d'écrire à la reine pour lui demander l'autorisation de parler. Je ne peux pas croire, dit-il dans sa lettre, que Votre Majesté ait avoué quoi que ce soit, mais « s'il y va de son service de dire toutes ces choses, quoique je n'en sache rien, je les dirai pourvu que Votre Majesté me fasse savoir ce qu'il lui plaît que je dise ».

Le 21 août, Séguier, muni d'une lettre de la reine, également écrite sous la contrainte, et d'un plan d'interrogatoire rédigé par Richelieu lui-même, se faisait donc amener La Porte, toujours de nuit. Vous vous perdez à plaisir, lui dit-il, puisque nous savons tout. Sauvez-vous en confirmant ce que la reine a avoué, en nous donnant aussi quelques détails que, de toute façon, nous finirons bien par apprendre : quand et comment Sa Majesté vous remettait-elle ses lettres pour l'étranger? Quand et comment les remettiez-vous vous-même aux intermédiaires? Et si ce n'est pas vous qui vous chargiez des lettres pour l'étranger, alors qui? Qui étaient vos complices? Et, pour lever les scrupules de La Porte, Séguier lui mit sous les yeux la lettre de la reine : « Connaissez-vous cette écriture? »

On avait fait écrire à Anne : « La Porte, j'ai reçu la lettre que vous m'avez écrite, sur laquelle je n'ai rien à vous dire, sinon que je veux que vous disiez la vérité sur toutes les choses dont vous serez interrogé. Si vous le faites, j'aurai soin de vous et il ne vous sera fait aucun mal, mais si vous ne la dites point, je vous abandonnerai [6]. » Il y eut alors un petit dialogue assez comique. La Porte s'écriant : « Quoi! monseigneur, parce que la reine me mande de dire la vérité, vous voulez que je l'accuse de choses dont je ne la sais point coupable? », Séguier trouva une parade admirable : « Vous lui avez mandé que, quoique les choses dont on l'accuse ne fussent pas vraies, si elle vous commandait de les dire, vous les diriez; elle vous le mande et vous ne lui tenez pas parole! »

Pour pouvoir se tirer d'affaire, il aurait fallu que La Porte sût exactement, et par une voie non suspecte, ce que la reine avait avoué. Mais comment faire? Il n'avait, pour sa part, aucun moyen d'entrer en contact avec sa souveraine. Quant à celle-ci, son état la rendait incapable de la moindre initiative. Est-il vrai que La Rochefoucauld fut chargé de Mlle de Hautefort d'organiser leur fuite à toutes deux aux Pays-Bas? « Quelque difficulté et quelque péril qui me parussent dans un tel projet, je puis dire qu'il me donna plus de joie que je n'en avais eu de ma vie; j'étais en un âge où l'on aime à faire des choses extraordinaires et éclatantes et je ne trouvais pas que rien le fût davantage que d'enlever en même temps la reine au roi, son mari, et au cardinal de Richelieu, qui en était jaloux, et d'ôter Mlle de Hautefort au roi, qui en était amoureux. »

On attribue généralement ce romanesque projet à l'imagination de La Rochefoucauld; je crois qu'on a tort. Plusieurs fois déjà, dans ses moments de découragement, Anne d'Autriche avait songé à se retirer aux Pays-Bas espagnols. D'aucuns disaient qu'elle aurait souhaité en devenir gouvernante, à l'instar de sa tante Claire-Eugénie. Pour une reine de France, c'eût été une fin de carrière acceptable, plus acceptable en tout cas que la retraite humiliante et désargentée de Marie de Médicis. Même les reines doivent manger et faire manger les innombrables serviteurs qui les entourent. Ce qui est vrai, c'est que le projet, cette fois encore, resta à l'état de projet. Mlle de Hautefort aida la reine à reprendre courage, à faire pièce à ses persécuteurs. C'est elle qui sauva la situation.

Voir La Porte était impossible, mais il y avait aussi à la Bastille un prisonnier qu'on connaissait bien, le chevalier de Jars, incarcéré depuis l'affaire Châteauneuf et qui avait maintenant le droit de recevoir des visites. En s'adressant à lui, on avait une chance d'arriver à l'autre sans éveiller les soupçons. Mlle de Hautefort fit appel à une amie de Jars (il en avait beaucoup) et l'accompagna à la Bastille, déguisée en suivante, le visage noirci et ses cheveux blonds dissimulés sous une perruque.

Jars, qui était une fois déjà monté sur l'échafaud, montra peu d'enthousiasme à l'idée d'y retourner pour les beaux yeux de la reine; il consentit pourtant à aider. Ayant percé le plancher de sa cellule, il fit passer un message à son voisin du dessous. L'ingéniosité et la solidarité des prisonniers jouant à plein, le message parvint de la même façon, d'étage en étage, jusqu'à La

Porte. Celui-ci répondit sur un bout d'enveloppe, utilisant comme plume un brin de la paille de son cachot, trempé dans un mélange de cendre et d'huile (l'huile de ses aliments). Ce premier contact établi, Jars fit passer de l'encre et du papier; La Porte put ainsi faire savoir ce qu'on lui demandait et apprendre ce que la reine avait au juste avoué. Il était temps. Il venait de recevoir la visite de M. de Laffemas, qu'on appelait « le bourreau du cardinal » ou, plus allusivement mais non moins sinistrement, « le grand gibecier de France ». Ce maître des requêtes qui, en 1639, allait devenir lieutenant-civil (nous dirions préfet de police), avait été comédien dans sa jeunesse. Il commença par jouer le rôle du bon garçon, avec des protestations d'amitié et même des embrassades. « Avouez, avouez, disait-il, joyeusement, et vous ferez la plus belle action du monde! Vous serez cause de la réconciliation du roi et de la reine! » Mais La Porte se refusant à ajouter un mot à la confession qu'il avait accepté de signer (relative seulement à la correspondance avec Mme de Chevreuse), il s'opéra chez le bourreau-comédien un changement à vue. Tirant un papier de son sac, « Voilà, dit-il, un arrêt par lequel vous êtes condamné à la question ordinaire et extraordinaire. » Un sergent fut appelé et on emmena La Porte dans la « chambre de la question » où M. de Laffemas se fit un plaisir de lui montrer tous les instruments de supplice : ais, coins, cordages, et de lui en expliquer les effets. « L'aplatissement des genoux » était particulièrement douloureux et rendait la mémoire aux plus récalcitrants. La Porte gagna du temps : M. de Laffemas devait bien savoir qu'on ne peut se fier à une lettre qu'on vous donne ouverte et qui a sans doute été dictée; qu'on lui amène donc un serviteur de la reine, M. de la Rivière, par exemple, contrôleur général de sa maison, pour lui dire de vive voix si vraiment elle souhaitait qu'il parlât. (Il était habile de choisir La Rivière, car c'était un homme du cardinal qui ne serait donc pas suspect à celui-ci.)

Laffemas fit son rapport. Le roi et Richelieu convoquèrent La Rivière et le chapitrèrent : il irait à la Bastille, dirait à La Porte que la reine souhaitait qu'il parlât, avec la plus grande franchise « et sans rien omettre ». Anne, bien sûr, ignorait tout de cette nouvelle machination ; mais La Porte, sachant maintenant ce qu'elle avait avoué, confirma ses dires, du moins en ce qui concernait Mme de Chevreuse et le rôle d'Auger, quand le chancelier, en présence de La Rivière, l'interrogea une fois de plus, le 27 août. Après quoi, le cardinal ordonna qu'on laissât en paix (mais en prison) « le pauvre garçon ».

Certains historiens ont pensé qu'Anne d'Autriche avait encore beaucoup à cacher et que ses contacts secrets avec La Porte n'avaient précisément pour objet que de déterminer ce qui devait rester caché. Non, Anne ne taisait que ses sentiments : la haine qu'elle portait au cardinal, la passion avec laquelle elle souhaitait le succès de l'Espagne (qu'au reste on connaissait !). Pour la matérialité des faits, elle avait tout dit, en ajoutant le 22 août à ses aveux du 17 des précisions concernant les chiffres dont elle se servait, les visites que Montagu lui avait faites au Val-de-Grâce, la complicité de la supérieure et les contacts de Mme de Chevreuse avec le duc de Lorraine [7]. Mais il faut bien comprendre qu'Anne savait, comme La Porte, que la moindre contradiction entre leurs deux confessions prolongerait indéfiniment l'enquête et conduirait à des représailles plus rigoureuses encore. Richelieu était un maniaque du soupçon. On reste abasourdi, quand on feuillette ses papiers, du temps qu'il consacrait à l'espionnage, de la longueur et de la minutie des rapports qu'il se faisait remettre, du nombre des indicateurs qu'il employait (même des enfants), de la confiance qu'il accordait aux délations. Un propos, un regard, un geste, tout lui était conspiration ; chaque suspect lui semblait en cacher un autre, et nous savons qu'il ne punissait jamais un homme seul, mais sa famille et ses amis avec lui. N'a-t-il pas écrit : « Un genre de crime ne s'étouffe pas par un seul exemple » ? Et ceci, plus terrible encore : « Il n'y a point d'innocence assurée au temps où l'on veut faire des coupables » ? On l'a dit timoré ; c'est qu'il craignait tout le monde. Dans cette affaire-ci, comme dans les autres, il voulait éradiquer le mal et l'inquiétude, connaître tous les complices, même occasionnels, même involontaires, de la reine. L'étonnant n'est pas qu'il ait espionné celle-ci pendant dix-huit ans – la durée de son ministère –, mais qu'il ait, pendant le même temps, espionné toute la cour. Peut-être la notion de cour, ce milieu clos déjà décrit, explique-t-elle, par la permanence des intrigues, la nécessité de l'espionnage.

Où Richelieu est moins justifiable, où l'on peut le soupçonner de rancune personnelle, c'est quand il punit ou fait punir la reine plus sévèrement que d'autres. Car enfin si Anne d'Autriche a correspondu avec l'ennemi, Monsieur, son beau-frère, qui n'avait pas l'excuse d'être espagnol, a fait bien pis. Il a cherché refuge chez les ennemis de la France, il a conclu des alliances avec eux, il a même lancé une armée, payée par eux, contre sa patrie. L'a-t-on puni ?

Le courageux La Porte devait rester encore sept mois à la Bastille, sous un régime plus doux. Il partageait une chambre avec M. de Chavaille, lieutenant général d'Uzerche, coupable de s'être querellé avec le gouverneur de sa province ; avec M. le comte d'Achon, coupable d'avoir voulu prendre en otage la nièce du cardinal pour l'échanger contre Montmorency. M. de Chavaille occupait ses loisirs forcés à écrire un livre, M. d'Achon à étudier les mathématiques, cependant que La Porte apprenait le dessin et la perspective avec M. du Fargis. Il aurait aussi bien pu parler politique avec le comte de Cramail, galanterie avec M. de Bassompierre, stratégie avec le maréchal de Vitry, astronomie avec M. Vautier, le médecin de Marie de Médicis, qui s'adonnait à cette science ; il aurait pu encore échanger quelques maximes avec M. de la Rochefoucauld, qui passa huit jours à la Bastille pour avoir aidé Mme de Chevreuse, épouvantée par les événements, à s'enfuir en Espagne. La Bastille, sous Richelieu, c'est le dernier salon où l'on cause.

La Porte eut aussi le plaisir de voir un jour, du haut des tours, passer le cortège de la reine. Apercevant son courageux serviteur, Anne d'Autriche se pencha à la portière de son carrosse pour lui faire des signes de main, accompagnés de force sourires. « Il n'y eut pas un prisonnier, écrit La Porte, à qui je ne fis autant d'envie que je ne lui avais fait de pitié et qui n'eût voulu souffrir plus que je n'avais souffert pour mériter ce témoignage, quoique léger, de la reconnaissance d'une grande reine : tant il est vrai que les Français se satisfont aisément d'un peu de fumée. »

Patrocle, l'écuyer destitué le 19 août, avait reçu l'ordre de s'en aller à Bourges. Séguier écrivait au cardinal : « Il se défend fort et prétend être innocent ; il m'a apporté une lettre qu'il écrit au roi. Votre Eminence jugera s'il est à propos qu'elle lui soit rendue. » Elle était pourtant bien prudente, la lettre de Patrocle, on dirait même un peu lâche, si le pauvre écuyer n'avait eu charge de famille. Mieux valait, vu les punitions qui pleuvaient, ne pas aggraver son cas en répétant au roi les « calomnies », concernant Richelieu et la reine. Patrocle écrivait seulement et pathétiquement : « Je peux protester à Votre Majesté et appeler Dieu à témoin si j'ai dit autre chose sinon que la reine était extrêmement obligée à la bonté de Votre Majesté et de monseigneur le cardinal et que, par la miséricorde de Dieu, les choses étaient si bien raccommodées que tout le monde en avait eu un extrême consentement [...]. Si Votre Majesté n'a pitié de moi, il faudra que je périsse, et moi et ma pauvre famille, avant que de pouvoir arriver où Votre Majesté ordonne que j'aille, parce que je n'ai pas le moyen de subsister ici qu'à grand peine en la charge que j'ai de femme et d'enfants [...]. J'espère en la piété et la bonté de Votre Majesté, qu'après qu'elle sera informée de mon innocence, elle me fera la miséricorde de me laisser achever le peu de vie qui me reste en l'état où je suis, pour prier Dieu continuellement pour la prospérité et longue vie de Votre Majesté... »

La Porte, après sa libération, devait être expédié au Mans, mais il ne s'estimait pas malheureux. La fierté d'avoir contribué à sauver sa souveraine lui tenait lieu de tout. Il se croyait le seul artisan de la réconciliation du couple royal et, quand cette réconciliation eut abouti à la naissance d'un dauphin, le futur Louis XIV, c'est tout juste s'il ne s'attribua pas la gloire de cette paternité [8]!

Louis XIII, nous le savons, ne s'était pas réconcilié de cœur avec sa femme; mais il subissait d'autres influences, favorables à Anne. Mlle de la Fayette, maintenant retirée au couvent, le suppliait de retourner à sa femme, la seule qu'il pût et dût aimer devant Dieu.

Prise entre sa piété et son amour pour le roi (oui, elle avait fini par l'aimer : ce fut la seule), prise entre les manœuvres du cardinal, qui voulait qu'elle partît, et celles de sa famille, qui voulait qu'elle restât, la pauvre Louise avait « craqué ».

Il est impossible, encore une fois, dans le cadre d'une biographie, d'expliquer et même d'évoquer toutes les intrigues d'une cour si fertile en intrigues. Mlle de la Fayette, parce qu'elle avait gagné la confiance et le cœur du monarque, était devenue, bien contre son gré, un pion sur l'échiquier; à travers elle le parti de la guerre et le parti de la paix s'affrontaient. Le parti de la guerre, c'est celui de Richelieu; le parti de la paix, souvent, celui des hispanophiles. Louis XIII, qui se faisait scrupule des misères de son peuple (et de ceux qu'il combattait), qui s'inquiétait des soulèvements de plus en plus graves qui en résultaient, commençait à douter de l'infaillibilité du cardinal. Celui-ci s'en apercevait, mais il se croyait sûr du P. Caussin, le confesseur. Or le P. Caussin était gagné à la cause de la paix et sa sympathie allait à la reine. Le jour de la prise d'habit de Mlle de la Fayette aux Filles de la Visitation Sainte-Marie, rue Saint-Antoine, Anne trouva l'occasion de l'entretenir dans le couvent même (son mari n'avait pas voulu venir). Vous êtes obligé en conscience, lui dit-elle, de travailler contre une guerre onéreuse et cruelle « qui n'est excitée et entretenue que par l'ambition du cardinal »; Richelieu « brouille » l'esprit du roi pour se rendre indispensable; il entretient une division perpétuelle entre lui et ses plus proches parents; il l'écarte des grands du royaume, qui pourtant le serviraient plus fidèlement. Ce sont là, très exactement, les reproches que l'opinion dans son ensemble faisait au cardinal, et ils n'étaient pas dénués de fondement; mais pour Richelieu la fin justifiait les moyens, et cette fin, c'était la grandeur et l'indépendance de la France.

Le P. Caussin, en bon jésuite, répondit à la reine qu'il ne voulait pas se mêler de politique, mais « qu'il ne craindrait jamais d'éclairer le roi sur tout ce qui pourrait intéresser sa conscience ». Il n'était pas gagné à l'Espagne et dévoré d'ambition, comme l'écrit Richelieu, mais sincèrement convaincu, au contraire de celui-ci, que les moyens ne justifient pas la fin. Ces moyens, ne l'oublions pas, incluaient des alliances avec les « hérétiques », c'est-à-dire les souverains protestants d'Europe et notamment d'Allemagne, pour gêner l'Empereur; on envisageait même – horreur! – une alliance avec les Turcs, qui inquiétaient le même empereur sur ses frontières de l'Est. Le P. Caussin en fit honte au Roi Très Chrétien. Il alla plus loin, osant suggérer qu'Anne d'Autriche pourrait servir de médiatrice entre la France et l'Espagne, laissant entendre (lui aussi!) que le cardinal ne la persécutait que par dépit amoureux, insinuant enfin que « c'était le dernier malheur à un prince que d'abandonner son autorité entre les mains d'un favori ». Étrange qualificatif, appliqué à Richelieu. Mais quel autre employer à une époque et dans un régime où tout dépendait en effet de la faveur du roi?

Dans le même temps le P. Caussin portait Mlle de la Fayette à parler pour la paix. Louis XIII, tenté lui-même par la vie monastique, n'avait pas voulu s'opposer à la vocation de la jeune fille; mais, à peine avait-elle commencé son noviciat qu'il était allé la voir, et pendant trois heures, à la grille du parloir. Curieusement, son fils, vingt-cinq ans plus tard, jouerait la même scène dans un autre couvent, avec une autre Louise : La Vallière.

Richelieu fut très inquiet de cette visite dont le roi lui avait fait mystère et tout aussi inquiet de celles qui suivirent. Mais Louis XIII, depuis la mort de Luynes, n'avait plus jamais mêlé la politique au sentiment; par ailleurs, s'il osait se plaindre de son tyrannique ministre, il redoutait de le perdre. Le P. Caussin fut finalement envoyé dans ce qu'il appelait « les extrémités de la France » c'est-à-dire à Quimper-Corentin (Richelieu aurait voulu le Canada!) et Louis XIII ne retint des propos de sa chère religieuse que ses appels à la réconciliation conjugale. Il faut dire que, dans l'état de délabrement physique et moral où il se trouvait, l'idée de mourir sans laisser un héritier à la couronne, qui en avait tellement besoin, était bien cruelle. Avoir tant œuvré, tant souffert et tant fait souffrir pour abandonner la France à son frère!...

Le Ciel favorisa les prières de Mlle de la Fayette, au propre et au figuré, puisque, sans une pluie diluvienne qui dérangea ses projets, le roi ne fût peut-être pas retourné coucher chez la reine, du moins pas si tôt après l'affaire du Val-de-Grâce. Le P. Griffet, dans son *Histoire de Louis XIII*, a raconté, après Montglat, cette histoire que nous n'avons pas de raisons de mettre en doute.

Le soir du 5 décembre, le roi se rendait à Saint-Maur où il devait coucher. S'étant attardé à la Visitation, auprès de Mlle de la Fayette, il fut surpris par une vraie tempête. Impossible de prendre la route. Mais où aller? Ses officiers de bouche étaient déjà partis pour

Saint-Maur, ainsi que le mobilier de sa chambre, lit inclus (on sait que les châteaux, alors, n'étaient pas meublés). Imaginons la scène : dans la nuit la plus noire (les rafales de vent éteignaient les torches) le roi et son escorte trempés de pluie, piétinant dans la boue, cependant que les chevaux affolés hennissaient et tiraient sur leurs rênes ! Dans cet embarras le capitaine aux gardes qui accompagnait le roi eut une idée. C'était M. de Guitaut et nous connaissons la secrète compassion qu'éprouvait M. de Guitaut pour Anne d'Autriche. Pourquoi, dit-il au roi, Votre Majesté n'irait-elle pas se sécher, souper et coucher chez la reine, qui est au Louvre dans son appartement ? Louis XIII commença par refuser : le temps allait peut-être changer. Il n'en fut rien et Guitaut insista. Les heures de la reine ne sont pas les miennes, dit alors Louis XIII ; elle soupe et se couche trop tard pour moi. Dans les circonstances, répondit M. de Guitaut, la reine se conformerait sûrement à la manière de vivre de Sa Majesté. Et, pour qu'il en fût ainsi, il se hâta d'aller la prévenir.

Après le repas pris en commun devant la cour, grillant d'on imagine quelle curiosité ! Louis XIII accompagna la reine dans sa chambre, où l'on avait mis le chevet selon le cérémonial habituel, mais quasiment oublié depuis trois ans. Est-il vrai qu'au même moment un avis mystérieusement envoyé des Filles de la Visitation Sainte-Marie mettait en prière toutes les communautés religieuses de Paris ? Est-il vrai que, le lendemain de cette nuit, Monsieur Vincent (saint Vincent de Paul) vint au Louvre pour dire à la reine qu'il avait eu la révélation qu'elle allait être grosse ? On racontait aussi que la reine avait été jusqu'alors rendue inféconde par une bague ensorcelée que son père, jadis, lui avait glissée au doigt, en haine de la France, et qu'elle portait nuit et jour. Le vieux Bellegarde, ayant appris le fait, l'aurait fait savoir à la cour : Anne avait quitté sa bague... et voilà pourquoi votre fille est muette !

Ce qui est vrai, c'est qu'environ huit semaines plus tard, la *Gazette* de Théophraste Renaudot (notre premier organe de presse) apprenait à ses lecteurs que, le 30 janvier de cette nouvelle année 1638, tous les princes, seigneurs et gens de conditions s'étaient allés « conjouir avec Leurs Majestés à Saint-Germain sur l'espérance conçue d'une très heureuse nouvelle de laquelle, Dieu aidant, nous vous ferons part dans peu de temps ». Le 10 février, en renouvelant son vœu solennel qui consacrait la France à la Vierge, Louis XIII y ajoutait des prières pour la naissance d'un dauphin, confirmant ainsi ce que chacun savait déjà [9].

La nouvelle éclipsait tout : guerre, intrigues et soulèvements. La reine de France, après vingt et un ans d'une union stérile et alors que les relations conjugales n'avaient jamais été plus mauvaises, attendait un enfant! Les poètes, déjà, taillaient leurs plumes. Parmi tous les vers que reçut la reine, les plus inattendus furent sans doute ceux d'une petite fille de douze ans à peine; on amena jusqu'à Saint-Germain cet enfant prodige, qui, encouragé par l'accueil reçu, récidiva avec un épigramme « Sur le mouvement que la reine a senti de son enfant » :

Cet invincible enfant d'un invincible père
Déjà nous fait tout espérer;
Et quoiqu'il soit encore au ventre de sa mère,

Il se fait craindre et désirer.
Il sera plus vaillant que le dieu de la guerre
Puisqu'avant que son œil ait vu le firmament,
C'est à nos ennemis un tremblement de terre.

Et la reine ayant derechef accepté gracieusement ces nouveaux vers, la petite fille composa des stances pour l'en remercier :

Mes chers enfants, mes petits vers,
Se peut-il arriver dans le grand univers
Un bien qu'on puisse dire au vôtre comparable?
Vous êtes remplis de bonheur:
La reine vous combla d'honneur,
Sa Majesté vous fit un accueil favorable,

Sa main daigna vous recevoir,
Son œil plein de douceur se baissa pour vous voir,
Vous fûtes en silence ouïs de ses oreilles;
Et, par un excès de bonté,
Sans que vous l'eussiez mérité,
Sa bouche vous nomma de petites merveilles.

Arrêtons là l'anthologie. Elle a un autre intérêt que de nous révéler les ravages du style galant jusque dans la société enfantine et bourgeoise: la poétesse en herbe s'appelait Jacqueline Pascal et elle avait un frère prénommé Blaise, qui devait illustrer – ô combien! – le nom.

Chez Gaston d'Orléans, l'humeur n'était pas à la poésie et les railleries cachaient mal le désarroi. La reine avortera peut-être encore une fois ou n'accouchera que d'une fille, disaient à l'héritier du trône, pour le consoler, ses courtisans. De Londres, Montagu écrivait: « C'est un tour de lit qui étonnera beaucoup de monde. Je voudrais bien savoir à quelle particulière invocation il faut ascrire *(attribuer)* ce miracle. » Plaisante allusion à toutes les dévotions que faisait la reine depuis des années pour obtenir du Ciel cette maternité tant désirée. Saint Léonard, saint Fiacre et saint Norbert avaient été par elle particulièrement invoqués; le premier était le patron des femmes en couches depuis qu'aux temps mérovingiens il avait aidé la reine Deutérie, surprise dans une forêt par les douleurs de l'enfantement, à mettre au monde son enfant. On peut s'étonner de saint Fiacre: patron des jardiniers, il était censé guérir les hémorroïdes. Quel rapport? Sinon, peut-être, que, pendant ses crises, Louis XIII devait trop souffrir pour remplir son devoir conjugal. Plus explicable était le recours à saint Norbert. Ce chanoine de Cologne, ami de saint Bernard, passait pour avoir été, avant sa conversion, des plus virils et prolifiques. Frappé par le feu du ciel, il ne disparut pas dans une trappe, comme dom Juan, mais se trouva « roidi » quant à certaine partie de son individu et resta ainsi, toute sa vie, « à la redresse »! Qu'on nous pardonne ces détails; l'Ancien Régime était moins pudibond et plus crédule que nous. Il y a, dans l'abbaye de Saint-Michel en Frigolet (voir *L'Élixir du révérend père Gauchet*, d'Alphonse Daudet), douze toiles attribuées aux Mignard, qui auraient été, après la naissance du dauphin, offertes en remerciement à saint Norbert par Anne d'Autriche. Et, puisque nous en sommes aux œuvres d'art, je me demande si l'*Annonciation* de Le Nain, qu'on peut voir à l'église Saint-Jacques-du-Haut-Pas, n'aurait pas aussi rapport aux espérances de la reine. Le sujet est approprié et la toile avait été commandée entre 1630 et 1632 par Mirabel, l'ambassadeur d'Espagne.

Mme de Chevreuse n'apprit la grande nouvelle qu'avec retard, puisqu'elle se trouvait outre-Pyrénées. Que croit-on qu'elle y faisait? Elle séduisait le roi d'Espagne.

VII

LE GRAND COMPLOT

Que Louis XIII ait été heureux de la grossesse de sa femme, cela va sans dire, et il l'était de plus en plus à mesure que les semaines passaient, éloignant les risques d'une nouvelle fausse couche. Il revient à la médecine – elle le ferait sans doute aisément aujourd'hui – d'expliquer la tardive fécondité d'Anne d'Autriche. L'historien, quant à lui, peut seulement rappeler que la mère d'Anne, Marguerite d'Autriche, avait elle aussi longtemps attendu sa première maternité; il peut et il doit surtout affirmer une chose : l'enfant qui allait devenir Louis XIV était bien le fils de son père. Toutes les légendes qui coururent plus tard sont contredites par un simple fait : il eût été impossible à la reine, surveillée d'aussi près qu'elle l'était depuis l'affaire du Val-de-Grâce, de commettre un adultère. Et d'ailleurs avec qui? Louis XIII avait raison de ne pas douter de sa paternité. Car il n'en douta jamais. Il s'agaçait même qu'on en fît tant de bruit. Quand on lui parlait de miracle, il répondait sèchement que Dieu faisait souvent des miracles, « mais que ce n'en était point un qu'un mari qui couchât avec sa femme lui fît un enfant ». Réaction d'un homme offensé dans sa virilité? Nous savons que les courtisans n'attribuaient pas à la reine seule la stérilité du couple.

Cette paternité, si elle comblait les vœux du roi, ne

changeait pas grand-chose à ses sentiments. Il faisait tirer un feu d'artifice pour fêter l'événement mais fuyait la future mère et se plaignait toujours de cet « ennui » qui ne le quittait pas. Richelieu, dès la retraite de Mlle de la Fayette, avait laissé entendre au souverain que Mlle de Chémerault (son espionne) ne demandait qu'à remplir la place de l'absente. Louis XIII, qui décidément s'émancipait, avait refusé : la jeune fille était « trop méchante et brouillonne » ; à tout prendre, il préférait se réconcilier avec Mlle de Hautefort. Ce qu'il fit. Et l'on voyait le futur père, au lieu de s'occuper de sa femme enceinte, s'occuper de Marie, qui connaissait une seconde faveur. Nommée dame d'atour d'Anne d'Autriche, à demi avec sa grand-mère, Mme de la Flotte, elle avait droit désormais au titre de madame. Les bienfaits du roi s'étendaient à toute la famille : une sœur admise dans les filles d'honneur, un frère dans le régiment le plus prisé, celui des mousquetaires du roi, que commandait M. de Tréville.

Une autre nomination étonnait beaucoup plus la cour. Le 27 mars 1638, un tout jeune capitaine aux gardes (il avait dix-huit ans) était élevé à la charge de grand maître de la garde-robe. Il s'appelait Cinq-Mars ; c'était le fils du maréchal d'Effiat, que nous avons rencontré en 1631, à Compiègne, commis à la garde de Marie de Médicis. Effiat, mort depuis, était une créature du cardinal et c'est au cardinal que son fils devait cette promotion.

Cinq-Mars n'avait pas que la jeunesse : il avait la beauté. Richelieu, qui connaissait son roi, avait tenu compte de ce facteur. De la part d'un prêtre, cela est affreusement choquant, certes, mais imaginons la lassitude du ministre, en butte aux humeurs, aux caprices et à l'éternelle mélancolie du roi ! Puisque Louis XIII ne pouvait vivre sans « amitiés », il fallait contrôler ces amitiés. Marie de Hautefort était rien moins que sûre. Richelieu, qui savait tout, ne savait pas le rôle qu'elle venait de jouer pour sauver la reine, mais on l'avertissait que celle-ci se réjouissait de voir son amie retrouver la faveur du roi et c'en était assez pour qu'il souhaitât l'écarter. Cinq-Mars, qui lui devait tout, le servirait mieux. On eut du mal pourtant à persuader le fougueux jouvenceau d'aliéner sa liberté. Un grand homme ne l'est jamais en tout : Richelieu, parce qu'il maîtrisait les événements, croyait pouvoir maîtriser les êtres, mais ceux-ci lui échappaient toujours. L'avenir allait lui apprendre, qu'une fois encore, il n'avait pas eu la main heureuse, c'est le moins qu'on puisse dire !

Marie de Hautefort hâta inconsciemment sa disgrâce et la faveur de son successeur désigné. N'aimant pas le roi, ne l'ayant jamais aimé, elle ne parvenait pas à déguiser ses sentiments et voulait un peu trop se faire payer, à coup de faveurs, l'ennui d'une telle compagnie. Toute dévouée à la reine, elle se choquait aussi qu'on lui demandât, à elle et à sa grand-mère, de l'espionner. Ce n'était que picotements et brouilleries, suivis de raccommodements passagers dont Richelieu était informé heure par heure par les valets de chambre, filles d'honneur, confesseurs, médecins, ministres... Ne donnons qu'un exemple : une lettre de Chavigny du 23 août 1638 :

« Le roi ayant été depuis trois jours dans l'incertitude s'il se raccommoderait avec Mme de Hautefort ou s'il romprait avec elle, Sa Majesté m'a empêché d'écrire à monseigneur *(le cardinal)* parce qu'elle lui voulait faire savoir lequel des deux partis elle prendrait. Elle avait fait hier au matin une lettre à Son Éminence par laquelle elle lui mandait que le peu de satisfaction qu'elle avait de Mme de Hautefort l'obligerait enfin à se séparer d'elle. L'après dînée, Sa dite Majesté me commanda de renvoyer après le courrier pour l'empêcher de partir, parce qu'elle voulait encore voir le soir si elle pourrait se remettre en bonne intelligence avec la créature. Enfin l'inclination a été la plus forte, le raccommodement a été fait le mieux du monde, et le roi, qui avait une inquiétude extraordinaire et un fort mauvais visage, est revenu gai au dernier point et son ventre s'est abaissé sans user des remèdes qu'il pratique d'ordinaire...

« Ce récit est un peu long, mais j'ai cru que Son Éminence ne serait pas marrie de savoir le particulier de cette affaire qui semblerait une bagatelle à tous ceux qui ne connaîtraient pas l'humeur du roi. » Et c'est bien pourquoi nous citons, nous aussi, « ce récit un peu long ».

Fidèle à sa tactique, Richelieu faisait assurer Mme de Hautefort de sa bienveillance et de son dévouement, mais il la contrecarrait en tout. Quand elle demanda pour sa grand-mère la place de gouvernante du dauphin (on se battait déjà autour de l'enfant à naître!), il se hâta de proposer au roi une Mme de Lansac, qui lui était, bien sûr, entièrement dévouée. Louis XIII accepta. Pour contrarier sa femme. Lettre du surintendant Bullion à Richelieu :

« Je [...] dis au roi : " Sire, vous devez bien remercier Dieu du bon conseil que vous a donné Son Éminence sur le fait de Mme de Lansac [..]. Vous savez bien que Mme de Lansac n'est point à la reine et, en une affaire de cette qualité, vous savez mieux que personne de quelle importance il est à Votre Majesté d'avoir une personne confidente. " Sa Majesté en demeura d'accord et me dit que, depuis son retour, il avait très particulièrement vu que la reine ne voulait point de Mme de Lansac, qu'il était ravi de cela, et que cette seule raison, quand il n'y aurait que celle-là, le confirmerait dans la résolution qu'il avait prise. » Anne était alors à treize jours de ses couches!

C'est pour assister à l'accouchement que Louis XIII, quittant l'armée, était revenu à Saint-Germain-en-Laye. Sa femme le lui avait fait promettre, quelle étrangeté! Les couches d'une reine sont publiques et, au premier rang du public, il y a toujours le roi [1].

Arrivé le 18 août à Saint-Germain, Louis XIII écrivait le 19 à Richelieu : « Je voudrais bien n'être arrivé si tôt [...]. Je m'en vais demain à Versailles pour deux ou trois jours. J'ai trouvé le sexe féminin avec aussi peu de sens et aussi impertinent en leurs questions qu'ils ont accoutumé. Il m'ennuie bien que la reine ne soit accouchée pour m'en retourner en Picardie, si vous le jugez à propos, ou ailleurs : pourvu que je sois hors d'avec toutes ces femmes, il ne m'importe où. Je vous prie d'avoir soin de votre santé. » Incroyable, mais vrai. Et, le 24, il se plaindra encore que la reine ne soit accouchée « pour m'ôter d'ici »!

Dans la nuit du 4 au 5 septembre, enfin, les douleurs de la reine commencent. Le travail est si pénible qu'on craint un moment pour sa vie. Mme de Hautefort, qui est dans la chambre avec tous les princes et princesses, pleure dans l'embrasure d'une fenêtre. Le roi s'approche d'elle pour lui dire qu'elle n'a aucune raison de s'affliger. Surprise, choquée, la jeune dame d'atour ne peut s'empêcher de reprocher au roi son insensibilité. « Je serai assez content si l'on peut sauver l'enfant, dit Louis XIII; vous aurez lieu, madame, de vous consoler de la mère. » Ce mot (qui figure dans une *Vie* de Mme de Hautefort) a tellement choqué les historiens qu'ils refusent d'en faire cas; il est pourtant dans la droite ligne de l'attitude de Louis XIII. Incompréhensible personnage, vraiment, et combien peu attachant!

C'est le dimanche 5 septembre, au château neuf de Saint-Germain-en-Laye, qu'Anne d'Autriche, peu avant midi, donne le jour à son enfant. Le roi venait de se mettre à table. Il court chez la reine. Mme de Senecey, dame d'honneur, lui annonce que c'est un garçon, et dame Péronne, la sage-femme, le lui présente. Un garçon! Tout le monde, dans la pièce, crie : « C'est un dauphin! C'est un dauphin! » Le roi tombe à genoux pour remercier Dieu, tandis que les messagers partent à bride abattue annoncer la nouvelle. Tous les seigneurs qui attendaient dans l'antichambre sont introduits dans la chambre de la reine. Gaston d'Orléans s'y trouvait déjà : quand dame Péronne lui a fait voir « par raison physique » qu'il s'agissait d'un garçon, il est resté « tout étourdi ». « Il faut lui pardonner s'il est un peu mélancolique, écrit Chavigny à Richelieu. Les six mille écus que le roi lui a accordés à la prière de monseigneur le consoleront un peu... »

A une heure de l'après-midi, le roi se rend à la chapelle du château vieux où un *Te Deum* est chanté. Le dauphin, je veux dire Mgr le dauphin, après avoir été ondoyé, et allaité par demoiselle de la Giraudière, sa nourrice, est porté, entre deux haies de gardes, jusqu'à son appartement, tendu de damas blanc, pour y être remis à Mme de Lansac. La reine, épuisée mais radieuse, demande à voir Brienne et lui donne sa main à baiser. Le roi, qui est au chevet du lit, donne aussi la main à Brienne. « Vous participez à ma joie, lui dit-il; elle cause du chagrin à bien des gens. – Il n'y a qu'à, sire, les faire jeter par les fenêtres », répond le brave et bourru serviteur. Toute la journée et toute la nuit suivante, c'est la fête à Saint-Germain et plus encore à Paris. Le pont de Neuilly étant hors d'usage, les courriers avaient reçu l'ordre d'annoncer, de la rive opposée, le sexe de l'enfant royal par des gestes convenus; quand on les vit faire virevolter leurs chapeaux au-dessus de leurs têtes (ce qui signifiait : un garçon), on ferma les boutiques et la liesse populaire explosa. Ce fut une immense beuverie à la santé du dauphin :

Chacun à s'enivrer faisait grand gloire
A sa santé, à sa mémoire,
Tout aussi bien Jean que Grégoire.
Au milieu du ruisseau
Était la nappe mise
Et qui buvait de l'eau
Était mis en chemise.
Ce n'était rien que feux, jeux et lanterne,
Chacun couchait dans la taverne,
Si je ne dis vrai, qu'on me berne...
Au milieu du Pont-Neuf,
Depuis huit jusqu'à onze,
On fit un si grand feu

Près du cheval de bronze,
Minuit étant sonné, qu'on fut en peine
De sauver la Samaritaine
Et d'empêcher le feu de brûler la Seine

Le financier La Rallière avait fait édifier un véritable mur

De douze à quinze muids où tout le monde,
Étant assis à la ronde,
S'allait amuser à tirer la bonde.

Chez d'autres, des fontaines en forme de dauphins abreuvaient le bon peuple de vin. Les prisonniers libérés, selon la tradition, n'étaient pas les derniers à en profiter.

Fête aussi en province et chez nos alliés. Quant aux ennemis, s'ils sont déçus, ils n'oublient pas les bonnes manières : le cardinal-infant fait demander permission d'envoyer une ambassade à la cour de France pour féliciter Leurs Majestés Très Chrétiennes. A Richelieu, qui est sur le front du Nord, Chavigny confirme la joie « extraordinaire » du roi, qui va plusieurs fois par jour dans la chambre de son fils pour le voir téter et remuer. Le cardinal, dès son retour à Paris, le 2 octobre, se rend à Saint-Germain pour féliciter les souverains. *La Gazette* écrit : « Il serait malaisé d'exprimer de quels transports de joie Son Éminence fut touchée, voyant entre le père et la mère cet admirable enfant, l'objet de ses souhaits et le dernier terme de son contentement. » Bien que l'article ait été inspiré par Richelieu lui-même, ne doutons pas des sentiments qu'il décrit. Ce nouveau-né, qui n'en était qu'aux vagissements, raffermissait la couronne et, partant, l'État. On ne verrait plus ce qu'on avait trop souvent vu : l'héritier du trône (Monsieur) servant d'otage à quelque prince étranger. Ce qui paraît plus douteux, c'est le touchant tableau de famille dépeint par *La Gazette*. S'il allait souvent dans la chambre de son fils,

Louis XIII n'allait plus guère dans celle de sa femme. Cet enfant n'était pas le leur, mais *le sien*. En bon courtisan, Richelieu avait déjà félicité le roi que Mgr le dauphin eût les cheveux noirs (Anne était blonde) et qu'il ressemblât à son père. Il ajoutait, dans la même lettre, cette phrase que l'avenir allait justifier : « Je crois que, Dieu vous l'ayant donné, il l'a donné au monde pour de grandes choses. » Cet enfant donné par Dieu fut appelé Louis-Dieudonné et l'on demanda au pape d'être son parrain.

Louis XIII a repris ses errances. Apprenant notre défaite à Fontarabie, crainte de percevoir une lueur de plaisir dans les yeux de sa femme, il l'a quittée une première fois, après l'accouchement, pour courir à Chantilly. En octobre, il séjourne à Versailles; en novembre, à Saint-Maur, à Grosbois et à Rueil pour y tenir conseil avec le cardinal (car on tient conseil chez le ministre!). Quand il est à Saint-Germain, c'est au château vieux qu'il loge, pas au château neuf avec sa femme. Le château vieux, c'est celui que nous connaissons; le château neuf, celui qu'avait construit Henri IV et dont il ne reste qu'un pavillon.

Anne, après avoir donné un dauphin à la France, croyait les persécutions terminées et son crédit rétabli; elle se flattait même d'être admise au conseil, comme l'avait été sa belle-mère. Quelle erreur! Si les poètes chantent ses louanges, si les courtisans, déjà, lui font des offres de service par personnes interposées, son mari et le cardinal la tiennent toujours en lisière. Richelieu lui a offert une superbe tenture, mais s'est borné à cela. On ne consulte même pas la reine sur le régime de son enfant : Mme de Lansac, la toute-puissante gouvernante, change les nourrices de sa seule autorité et Anne s'en inquiète follement. S'il arrive quelque chose à son fils, ce sera, dit-elle, la faute de cette Mme de Lansac, qu'elle déteste cordialement. (Ce n'est pourtant pas elle qui l'appelle « la Baleine », mais Mlle de Chémerault dans ses rapports de police.)

Les inquiétudes de la reine ne sont pas injustifiées. Quand le dauphin aura deux ans, on s'apercevra qu'il a une jambe déformée et difficile à redresser. Un observateur, Henri Arnauld (membre de la célèbre famille Arnauld), écrit que c'est la faute de sa « remueuse, que l'on prétend n'avoir jamais remué d'enfant que celui-là ». Plus tard, après la naissance du second fils de la reine, on sera obligé de renvoyer une des deux femmes de chambre engagées pour lui : elle était galeuse! « Cela est pitoyable, écrit Henri Arnauld, de voir que ces places ne se donnent que par faveur et que l'on ne choisisse pas pour les remplir des personnes qui en soient capables. » Et il ajoute : « La reine n'y peut quoi que ce soit au monde. » C'est vrai. Même le choix des « remueuses » est politique.

Anne n'est pas plus maîtresse chez elle que chez son enfant : sitôt après son accouchement (on n'avait pas osé le faire avant), on lui a ôté sa dame d'honneur, Mme de Senecey, qui avait le malheur de lui plaire et d'être parente à la fois de Mlle de la Fayette et de La Rochefoucauld. Et comme Mme de Senecey ne s'est retirée qu'à quelques lieues de Paris, Richelieu s'étonne devant son fils qu'elle ait choisi celle-là de ses maisons, alors qu'elle en a « de si belles en Auvergne ». « Vous entendez ce que cela veut dire », commente Henri Arnauld. Oui, nous entendons. Inimitable Richelieu! Comme on comprend qu'il ait exaspéré la reine! Si encore elle pouvait de temps en temps éclater... Mais il refuse l'affrontement, s'effaçant toujours derrière le roi, quand il est question de la mécontenter. Mme de Brassac, qui a remplacé Mme de Senecey, M. de Brassac que, pour faire bonne mesure, on a nommé surintendant de la maison de la reine, sont, bien sûr, des créatures à lui. Mais c'est Louis XIII qui est censé les imposer à sa femme. Elle se plaindra? Qu'à cela ne tienne! Richelieu rédige minutieusement et secrètement les réponses que le roi devra faire à ces plaintes. Pour lui, il n'est que déférence et courtoisie et fait savoir hautement que, s'il transforme en palais son hôtel parisien, c'est dans le seul espoir que le dauphin l'habitera plus tard [2].

Mme de Hautefort n'est pas plus contente que la reine : n'ayant pu obtenir pour sa grand-mère la place de gouvernante du dauphin, elle avait demandé qu'on lui donnât celle de Mme de Senecey. « La créature est toujours en mauvaise humeur contre moi », écrit Louis XIII à Richelieu. (Quand les choses vont bien, la créature devient « l'inclination ».) Ce qui « désespère » le roi, c'est sa « mauvaise volonté » : elle répète tout à la reine et elle a le front de songer à se marier! La Grande Mademoiselle, qui avait alors onze ans, s'est souvenue dans ses Mémoires de ces désespoirs du roi, « qui refroidissaient tout le monde ». Il « était malheureux de toutes les manières, écrit Mme de Motteville, car il n'aimait point la reine [...] et il était le martyr de Mme de Hautefort, qu'il aimait malgré lui [...]. Il avait quelque scrupule de l'attachement qu'il avait pour elle et il ne s'aimait pas lui-même. Jaloux de la grandeur de son ministre [...] et ne pouvant vivre heureux sans lui ni avec lui, il ne put jamais l'être [...]. Parmi tant de sombres vapeurs et de fâcheuses fantaisies, il semblait qu'une belle passion ne pouvait pas avoir de place dans le cœur du roi. Elle n'y était pas aussi à la mode des autres hommes, qui en font leur plaisir; car cette âme, accoutumée à l'amertume, n'avait de la tendresse que pour sentir davantage ses douleurs et ses peines. » Bravo, madame! Joli morceau de psychologie.

Richelieu prit les choses en main. Il avait fini par comprendre qu'à la cour le roi retomberait toujours sous le charme de Marie de Hautefort. Aussi multipliait-il les séjours à l'armée. A l'armée, c'est Cinq-Mars qui était auprès du roi... Après avoir inspecté les fronts de Picardie, Champagne et Bourgogne (on se battait sur toutes les frontières), Louis XIII est emmené par son ministre à Grenoble pour y apaiser les brouilleries survenues à la cour de sa sœur, Madame Chrétienne, duchesse de Savoie. Cinq mois d'absence. C'en est assez pour que le roi, qui est homme d'habitude, s'attache à Cinq-Mars, et de quel attachement!... En septembre 1639, la faveur du jeune homme « augmente tous les jours »; en octobre, elle est telle que ceux qui ne l'ont pas vue « ne se peuvent imaginer jusqu'à quel point elle va » (Arnauld). Dès son retour, le 3 novembre, à Fontainebleau, où la cour est venue l'attendre, Louis XIII signifie à Marie de Hautefort que Cinq-Mars possède désormais ses bonnes grâces, et que, si elle cabale contre lui, il la chassera. Elle ne le croit pas et elle a tort : quelques jours plus tard elle est chassée. Que deviendrai-je? demande-t-elle. Le roi, qui ne lui a pas pardonné ses projets de mariage, répond en substance : ce que vous seriez devenue quand vous projetiez de me quitter.

Un favori ne peut-il cohabiter avec une femme aimée? Non, pas quand il s'agit de Louis XIII, Montglat nous l'explique avec mille circonlocutions : « L'amour du roi n'était pas comme celui des autres hommes, car il aimait une fille sans dessein d'en avoir aucune faveur, et vivait avec elle comme un ami; tellement que, quoiqu'il ne soit pas incompatible d'avoir ensemble une maîtresse et un ami, à son égard cela ne se pouvait accorder, parce que sa maîtresse était son unique ami et une confidente à laquelle il soumettait tous les mouvements de son cœur. »

Cinq-Mars est maintenant, à dix-neuf ans, non pas premier écuyer, comme l'ont été avant lui Barradat et Saint-Simon, mais grand écuyer, charge et dignité considérables qui lui donnent droit, entre autres avantages, à l'appellation de Monsieur le Grand. Chavigny écrit à Mazarin, qui se trouve à Turin : « Nous avons un nouveau favori à la cour, qui est M. de Cinq-Mars, fils de feu M. le maréchal d'Effiat, dépendant tout à fait de Mgr le cardinal. Jamais le roi n'a eu passion plus violente pour personne que pour lui. Sa Majesté récompense la charge de grand écuyer, qu'a M. de Bellegarde, pour la lui donner. Ce n'est pas un trop vilain début pour un homme de dix-neuf ans. »

On voit que les ministres eux-mêmes ne pouvaient s'empêcher d'appeler les choses par leur nom. C'est bien de passion qu'il s'agissait, pas d'une de ces passions de courtoisie dont il était de bon ton d'assaisonner ses lettres, mais de ce sentiment irrationnel, incoercible, qui détruira bientôt les personnages de Racine (qu'on ne pourra plus appeler des « héros »). Louis XIII, si scrupuleux, si économe, n'est plus lui-même quand il puise 400 000 écus dans le trésor d'une France en guerre pour payer la charge de grand écuyer de son favori, quand il lui donne, quinze jours plus tard, 18 000 francs et puis 6 000 et puis bien d'autres sommes encore. Bullion, le surintendant des Finances, en est épouvanté et, lorsque Cinq-Mars se présente chez lui pour toucher les assignations, « s'excuse de le voir sur ce qu'il est fort enrhumé et qu'il craint ses parfums »! (Arnauld). Hélas! il faut payer quand même... Et la dignité du roi, et son souci de l'étiquette, que sont-ils devenus quand il accepte de cet enfant comblé d'inacceptables rebuffades? Cinq-Mars, bien plus indocile, bien plus fougueux que Marie de Hautefort, ne peut s'astreindre à supporter les humeurs du roi, un roi vieillissant et malade qui, plus que jamais, veut un compagnon dévoué, soumis, apaisant et qui réponde à son affection. Cinq-Mars prend l'argent et les places sans rien donner en échange. La nuit, quand son maître est endormi, il fait le mur pour galoper jusqu'à Paris, y festoyer avec ses amis du Marais – la jeunesse libertine – et oublier dans les bras de Marion de Lorme l'insupportable contrainte de ses journées. Les plaisantins appellent Marion, Mme la Grande. Après des nuits pareilles, Cinq-Mars renâcle à passer la journée à chasser; « fouiller des renards dans les terriers et prendre des merles par la neige, avec des éperviers, au milieu d'une douzaine de chasseurs, gens de peu et de fort méchante compagnie » (Montglat), de toute façon, ce ne sont pas là des passe-temps pour l'élégant Cinq-Mars. Bientôt il refuse d'y prendre part. Et quand, au matin, le roi, qui est un lève-tôt, demande son grand écuyer, on lui répond qu'il dort. Il dort jusqu'à midi. Louis lui reproche sa paresse, ses déportements, ses dépenses, et ce sont des scènes dont Richelieu est informé par le roi lui-même :

« Je suis bien marri de vous importuner sur les mauvaises humeurs de M. le Grand [...]. J'ai repris [...] le discours sur la paresse, lui disant que ce vice rendait un homme incapable de toutes bonnes choses et qu'il n'était bon qu'à ceux du Marais, où il avait été nourri, qui étaient du tout adonnés à leurs plaisirs, et que, s'il voulait continuer cette vie, qu'il fallait qu'il y retournât. Il m'a répondu arrogamment qu'il y était tout prêt. Je lui ai répondu : " Si je n'étais plus sage que vous, je sais bien ce que j'aurais à vous répondre là-dessus. " Ensuite de cela je lui ai dit que, m'ayant les obligations qu'il m'a, il ne devait pas me parler de la façon. Il m'a répondu son discours ordinaire, qu'il n'avait que faire de mon bien, qu'il était tout prêt à me le rendre et qu'il s'en passerait fort bien et serait aussi content d'être Cinq-Mars que M. le Grand [...]. Et ensuite est venu, toujours me picotant, et moi lui, jusque dans la cour du château où je lui ai dit, qu'étant en l'humeur où il était, il me ferait plaisir de ne me point voir. Il m'a témoigné qu'il le ferait volontiers. Je ne l'ai point vu depuis. Tout ce que dessus a été en présence de Gordes. »

Eh oui ! il y a des témoins et à qui le roi demande de témoigner devant le cardinal ! Comment n'imaginerait-on pas le pire ? Les ragots se déchaînent. Un soir, à Saint-Germain, un gentilhomme entre inopinément dans la chambre de Cinq-Mars et le trouve nu, en train de se faire parfumer des pieds à la tête d'huile de jasmin. « Il y a apparence qu'il s'huilait pour le combat », écrit Tallemant ! Autre scène : le roi au lit, envoyant chercher M. le Grand, qui arrive « paré comme une épousée ». « Couche-toi, couche-toi ! » dit Louis XIII dans son impatience. Le « mignon » n'était pas encore dans le lit qu'il « lui baisait déjà les mains. Dans cette grande ardeur, comme il ne trouvait pas que M. le Grand correspondît trop (car il avait le cœur ailleurs), il lui disait : “ Mais, mon cher ami, qu'as-tu ? Que veux-tu ? Tu es tout triste. De Niert, demande-lui ce qui le fâche; dis-moi, as-tu jamais vu pareille faveur ? ” »

Niert, premier valet de garde-robe, avait rempli sa charge sous Cinq-Mars; lui seul pouvait raconter de telles scènes à Tallemant. Est-il possible qu'il les ait inventées ? Mais est-il possible qu'un homme aussi chaste et scrupuleux que Louis XIII ait cédé à la sodomie ? L'acte de chair ne lui aurait été péché qu'avec les femmes ? Cela s'est vu... On ne peut que donner les pièces du procès et laisser chacun se faire une opinion. Rappelons tout de même une hérédité : des deux fils de Louis XIII, l'un fut homosexuel.

C'est le 21 septembre 1640 qu'Anne d'Autriche a donné le jour à son second enfant. Inespéré. Et Pour Monsieur, désespérant ! Le roi, lui, avait continué à « s'ennuyer » pendant cette grossesse. (« Je m'en vas à la chasse pour essayer à me réjouir, étant dans un tel chagrin que je ne prends plaisir à rien », écrivait-il à Richelieu). Mais quand Louis XIII se voit père de deux fils, il manifeste une vraie joie, plus grande encore que lors de la première naissance : la succession est assurée. Est-ce pour cela que les rapports des deux époux paraissent moins tendus ? Ou faut-il voir là un signe de l'influence de Cinq-Mars ?

Étranges relations que celles de la reine avec le favori de son mari. Elle ne semble pas s'irriter de cet attachement, comme elle s'est irritée des précédents. On dira que sa seconde maternité suffisait à la combler. Il y a autre chose : Cinq-Mars la ménage ; ce serait même lui qui, le soir de Noël 1639, aurait persuadé le roi de passer la nuit chez elle. D'où ce second enfant, Philippe, duc d'Anjou.

Pourquoi Cinq-Mars ménage-t-il la reine ? Parce qu'il s'est mis à haïr le cardinal, parce qu'il songe déjà à l'évincer, au besoin à l'éliminer.

Il était dans le destin des favoris et des favorites de

ne pouvoir s'entendre avec Richelieu. On dira que Cinq-Mars avait été choisi par lui. Oui, mais justement! Richelieu est d'autant plus sévère avec son protégé qu'il est son protégé; Pygmalion ne saurait admettre que sa créature prétende à l'indépendance et lui rappelle à toute occasion, en termes humiliants, sa dépendance. Cinq-Mars a été placé là où il est pour distraire et espionner le roi, pas pour autre chose, surtout pas pour se mêler des affaires de l'État, surtout pas pour contredire et contrecarrer son bienfaiteur, ce qu'il ose faire. Richelieu avait oublié une chose : qu'un favori, à la différence d'une favorite, peut être un rival politique. Marie de Hautefort et Louise de la Fayette n'étaient dangereuses que par leur influence; Cinq-Mars l'est par son ambition. Le jour où il prétend assister au conseil, éclate une scène violente; Richelieu lance au jeune homme, devant témoins, que la France se déconsidérerait si l'on voyait un Cinq-Mars admis au conseil [3].

Dans ce duel le favori crut pouvoir l'emporter. Il entendait le roi se plaindre de Richelieu et soupirer après la paix. Ce n'était pas nouveau, mais ces plaintes et ces soupirs étaient bien plus vifs qu'ils ne l'avaient jamais été.

Pour comprendre la conspiration de Cinq-Mars, il faut savoir ce qu'étaient en cette année 1641 la situation de la cour et celle du royaume. Richelieu malade et d'autant plus irritable et cassant; le roi malade aussi, au point que sa mort paraissait une question de semaines; l'absolutisme officialisé par le lit de justice du 21 février, à la colère du Parlement, qui s'ajoutait à celle des Grands; une guerre qui s'éternisait; des tentatives de négociations qui n'aboutissaient jamais, parce que Richelieu ne voulait pas qu'elles aboutissent (sauf à obtenir la victoire totale de la France). Les séquelles de cette guerre, est-il besoin de les énumérer? Campagnes ravagées, noblesse décimée au combat, fiscalité chaque jour plus oppressive (des taxes sur toutes les denrées sauf sur le pain). La misère était effroyable. Croquants, nu-pieds, il y avait au moins une grande insurrection paysanne par année, réprimée dans le sang. Ne parlons pas des émeutes qui éclataient un peu partout à l'arrivée des collecteurs de taxes. Quand mourut le surintendant Bullion, il fallut l'enterrer à la sauvette. Si Louis XIII s'était installé à Saint-Germain, c'est parce qu'il osait à peine circuler dans Paris, crainte de manifestations hostiles. Il fallait une foi aveugle dans le cardinal pour accepter une telle situation. Cette foi, il semblait bien que Louis XIII ne l'avait plus.

Était-ce là le seul atout de Cinq-Mars? Non. Bien d'autres conspirations avaient précédé la sienne; toutes avaient été déjouées ou châtiées. Qu'avait-il de plus, ce jeune homme de vingt et un ans, qu'un Gaston d'Orléans, qu'une Marie de Médicis, qu'un Vendôme, qu'un Soissons, qu'un Chalais pour espérer réussir? Il avait l'amour du roi. Grâce au roi, il était sorti vainqueur de quelques escarmouches avec le cardinal; grâce au roi, il avait obtenu d'assister au conseil. De tels succès vous attirent des amis... Cinq-Mars avait aussi un autre amour : celui de la princesse Marie de Gonzague, l'ancienne bien-aimée de Monsieur. Ambitieuse (elle devait finir reine de Pologne), elle ne pouvait se contenter d'un simple gentilhomme, même grand écuyer; mais elle aurait pu épouser un connétable, un duc et pair, un premier ministre. Aiguillonné par elle, Cinq-Mars, avec une persévérance que personne n'aurait pu soupçonner, se cherchait des complices. Si la reine devait être ménagée, c'est qu'elle était la mère du futur roi et que l'état de santé de Louis XIII laissait prévoir la proximité du nouveau règne. Les grandes manœuvres de la régence avaient commencé.

Depuis l'affaire du Val-de-Grâce et surtout depuis le renvoi de son amie et alliée Marie de Hautefort, Anne d'Autriche paraissait irréprochable. Elle ne profitait même pas de la permission que lui avait rendue son mari d'aller dans les couvents. On la voyait tout occupée de ses enfants, sa seule joie, jouant avec eux, les emmenant en promenade dans son carrosse. Le jour où Richelieu (pour l'éprouver) lui avait fait remettre une lettre de Mme de Chevreuse, elle avait refusé de la lire, s'écriant : « Quel artifice ou quelle fantaisie a poussé cette femme à m'écrire ? » Plus de coquetteries, plus de liaisons dangereuses ou seulement critiquables. M. d'Esguilly-Vassé, courtisan des mieux faits, avait bien, pendant un temps, « fait l'amour à la reine avec des révérences et c'est assez dire à une reine », comme écrit Tallemant : elle n'avait pas semblé s'en apercevoir. On ne lui connaissait qu'une amie, la princesse de Condé, sœur de Montmorency sans doute, mais femme d'un allié de Richelieu et mère du duc d'Anguien, qu'on venait de fiancer à une nièce du cardinal, Claire-Clémence de Maillé-Brézé. Ces dames étaient pieuses et dévotes; elles conféraient avec M. Vincent des moyens de soulager la misère du peuple. La petite cour d'Anne, aussi, soigneusement épurée, était devenue modèle : plus la moindre cabale ou indiscipline chez les « chrisolites » (ainsi Chavigny surnommait-il les filles d'honneur). Bref, M. et Mme de Brassac, les espions de Richelieu qui dirigeaient la maison de la reine, n'avaient qu'à encourager Anne d'Autriche dans sa sagesse et son désir de bonne entente avec le cardinal, qu'ils exagéraient un peu pour se faire bien voir. Mais il est de fait que depuis le début de 1640, comme le constataient les observateurs, la reine et le ministre semblaient « raccommodés ». Le début de 1640, c'est le début de la seconde grossesse d'Anne d'Autriche. Une reine, mère de deux enfants, ne peut plus être négligée.

Et pourtant personne n'avait désarmé. Que Richelieu, tout en jouant les serviteurs dévoués, continuât à se méfier de la reine (nous en avons eu un exemple avec la lettre de Mme de Chevreuse), c'était de bonne guerre. Il y avait plus : l'homme Richelieu n'avait jamais su résister à quelques provocations, et la toute-puissance aggravait cette tendance. En janvier 1641, la cour et la ville furent scandalisées par la représentation de *Mirame* au Palais-Cardinal.

Mirame était une tragédie de Richelieu, ou du moins signée par lui. Que mettait-elle en scène ? « J'eus ma part du spectacle, écrit l'abbé Arnauld (autre membre de la tribu), et m'étonnai, comme beaucoup d'autres, qu'on eût eu l'audace d'inviter Sa Majesté à être spectatrice d'une intrigue qui sans doute ne devait pas lui plaire et que par respect je n'expliquerai point. Mais il lui fallut souffrir cette injure qu'on dit qu'elle s'était attirée par le mépris qu'elle avait fait des recherches du cardinal. »

Tallemant et Montchal ne poussent pas le respect jusqu'à nous celer l'intrigue de *Mirame* : c'est tout bonnement d'Anne et de Buckingham qu'il s'agissait. Tout Paris le savait d'avance et s'était battu pour obtenir des invitations. Le cardinal, qui venait de s'allier à la famille royale en fiançant sa nièce à un Bourbon, avait-il délibérément choisi d'offenser la reine devant une assemblée aussi brillante, où figuraient même trois généraux ennemis, tirés pour un soir de leur prison ? Toujours est-il que certains vers prêtaient à des applications inévitables :

Je me sens criminelle, aimant un étranger
Qui met pour mon amour cet État en danger

Celle qui vous paraît un céleste flambeau
Est un flambeau funeste à toute ma famille
Et peut-être à l'État...

Ce qui est fascinant dans les cours, c'est l'hypocrisie. Après cette représentation, il y eut une réception en l'honneur de la reine. Anne d'Autriche, qui venait de subir une de ces humiliations qui ne se pardonnent point, dut donner la main à celui qui la lui avait infligée pour être conduite par un « pont d'or » jusqu'au trône, drapé de gris de lin et d'argent, installé sur la scène. De là, après avoir elle-même dansé un branle avec Monsieur, elle présida au bal qui dura jusqu'après minuit. Moins gracieuse que la reine, Claire-Clémence de Brézé, la fiancée du duc d'Anguien, trébucha et manqua tomber en dansant une courante. Les rires furent vite couverts par les courtisans du cardinal, qui s'exclamaient à tout propos et hors de propos : « Ah, qu'elle est jolie ! » Pauvre enfant, embarrassée par le poids de ses bijoux (des bagues à tous les doigts, prêtées par la reine) et si petite, à treize ans, qu'on lui avait fait mettre de vertigineux talons pour la grandir ! Victime de deux ambitions, celle de son oncle, celle de Condé, déjà haïe par son futur mari, Claire-Clémence devait finir folle.

Mises à part les allusions à la reine, *Mirame* avait paru fort ennuyeuse. Mais combien plaisante, la naïve fierté du cardinal-auteur, guettant les réactions du public, se dressant à demi hors de sa loge pour imposer le silence aux beaux endroits ou donner le signal des applaudissements ! Et cet accoutrement ! Manteau de taffetas couleur de feu sur une soutane bordée d'hermine... Ce furent là les seules consolations de la reine. Elle n'oublia pas cette soirée et s'en vengea un an plus tard, en janvier 1642, en faisant ajourner la représentation d'une autre tragédie du cardinal, *Europe*.

Europe, tout entière consacrée à l'éloge de la politique cardinalice, fut la dernière vanité du grand homme ; il était si malade quand on la représenta, en novembre 1642, qu'il ne put y assister.

Si Anne d'Autriche avait présidé seule à la réception de *Mirame*, c'est que le roi était parti tout de suite après la représentation. Il avait été choqué, dit-on, d'apprendre qu'une petite théâtreuse de réputation plus qu'incertaine, Mlle Saint-Amour (non prédestiné !) avait été admise, la veille, à la dernière répétition de la pièce. C'était vrai, mais la faute n'en incombait pas au cardinal. Le coupable était Boisrobert, un de ses amuseurs, celui qui, pour le consoler du succès du *Cid,* avait composé l'immortelle parodie :

« Rodrigue, as-tu du cœur?
« Je n'ai que du carreau... »

Que Louis XIII, tel que nous le connaissons, ait voulu marquer sa désapprobation d'avoir succédé à Mlle Saint-Amour dans la salle de spectacle du Palais-Cardinal, rien de plus vraisemblable (et d'ailleurs Boisrobert fut chassé). Mais il est vrai aussi que le roi, accablé de maux, était plus que jamais un couche-tôt et partageait, moins que jamais, la vie de sa femme. Il ne manquait pas, sans doute, de lui écrire pendant ses campagnes pour lui annoncer ses victoires (contre l'Espagne); mais, dès que les deux époux se retrouvaient en présence, l'incompatibilité de leurs humeurs provoquait des scènes qui étonnaient – encore – la cour. Louis XIII était avec sa femme d'une extraordinaire brusquerie. Quand on avait appris les galanteries de Philippe IV d'Espagne avec Mme de Chevreuse, « il est assuré, lui avait-il dit tout haut et tout cru, que votre frère, le roi d'Espagne, a couché avec votre amie, Mme de Chevreuse ». Il se peut que l'animosité n'explique pas tout, que la gaucherie du roi, sa difficulté d'expression aient eu leur part dans de telles sorties. Nous savons par exemple qu'en novembre 1641, lorsque parvint à la cour la nouvelle de la mort du cardinal-infant, Louis XIII la cacha pendant vingt-quatre heures à sa femme; mais, le lendemain, quand il la lui annonça, ce fut par un brutal : « Votre frère est mort! » (Après quoi la cour de France prit le deuil de ce prince ennemi, commandant les troupes espagnoles des Pays-Bas.)

La vraie source de discorde entre le roi et sa femme provenait de ce qui pourtant aurait dû les rapprocher : Louis XIII, l'éternel jaloux, était maintenant jaloux de ses enfants.

En janvier 1640, déjà, il avait été question d'envoyer le dauphin à Amboise, c'est-à-dire de le séparer de sa mère. En septembre de la même année, le roi revient à Saint-Germain après le siège d'Arras. Le dauphin, qui ne l'a pas vu depuis quatre mois (et il a deux ans), aurait pu l'oublier; on a fait en sorte qu'il n'en fût point ainsi; on l'a même installé à une fenêtre pour qu'il y guettât l'arrivée de son père. Dès que Louis XIII entre au château, l'enfant va à sa rencontre dans la salle des gardes et crie « Papa! Papa! » en s'accrochant à sa main. Mais ensuite, malheur! il dit : « A maman! » et tire son père vers la reine. Louis XIII, bon gré mal gré, reste une demi-heure à causer avec sa femme (toujours de ses victoires), puis repart pour aller voir son fils dans son appartement. Il est accompagné de Cinq-Mars, Guitaut et quelques autres. L'enfant, effarouché peut-être par tout ce monde, se met à crier. Cinq-Mars veut l'embrasser : il crie de plus belle. Bref, un caprice de bambin qui ne méritait qu'un sourire. Louis XIII, lui, est « courroucé »; retournant vers sa chambre, il rencontre la reine, et là, devant tout le monde, il lui dit : « Le dauphin ne peut plus souffrir ma vue. C'est une étrange nourriture *(éducation)* que la sienne, mais j'y mettrai bon ordre. » Et il s'en va. Anne reste stupéfaite, les larmes aux yeux (n'oublions pas qu'elle est alors enceinte de son second enfant). Que signifient les paroles de son mari? Qu'il veut lui ôter le dauphin? Oui, très exactement; Louis en fait part ensuite à son entourage. C'est tellement incroyable que Mme de Brassac elle-même, l'espionne du cardinal, que Cinq-Mars et autres s'en mêlent. Mais le roi refuse de se rendre à leurs raisons. Si son fils ne change pas d'attitude, oui, il l'ôtera à sa mère. Il l'écrit à Richelieu : « Je suis très mal satisfait de mon fils. Dès qu'il me voit, il crie comme s'il voyait le diable et crie toujours à maman. Il faut lui faire passer ces méchantes humeurs et l'ôter de la reine le plus tôt qu'on pourra. »

Quelques jours plus tard, quand le roi revient de

Versailles où il est allé chasser (le grand remède à toutes ses mélancolies), on lui envoie le dauphin dans sa chambre. Hélas! Louis XIII, prêt à se coucher, est en camisole et bonnet de nuit; l'enfant, qui ne l'a jamais vu ainsi accoutré, refuse encore une fois de l'embrasser et même de l'approcher. Nouvelle colère, nouvelles menaces de Louis XIII à sa femme et à tout l'entourage du dauphin, sauf à Mme de Lansac qu'il apprécie « au dernier point ». Quarante-huit heures plus tard, heureusement, le dauphin embrasse son père et lui fait mille tendresses. Louis lui offre des jouets (une petite épée, un petit cheval pour tirer sa brouette) et ne met pas à exécution ses menaces. Quel mal a dû se donner la reine pour raisonner un enfant de deux ans! Et elle n'a pas fait que cela. Très habilement, elle a envoyé à son mari l'évêque de Lisieux, un saint homme et un homme d'esprit, pour obtenir l'entier pardon de son fils. M. de Lisieux ne s'en tira pas mal : « Je viens, dit-il au roi, traiter de la paix avec Votre Majesté de la part d'un des plus grands princes du monde. » Et fit entrer le dauphin, qui se mit à genoux pour demander pardon à son père d'avoir crié en sa présence! L'affection de l'enfant semble devoir durer, écrit Louis XIII à Richelieu, « mais, au cas que cela changeât, j'en userai suivant les bons avis que vous me donnez ».

Quels bons avis Richelieu a-t-il donnés? Puisque Anne d'Autriche a gardé son fils, c'est qu'il a conseillé d'attendre avant d'en venir à une séparation qui, en rejetant la reine dans l'opposition, eût ajouté une difficulté supplémentaire à toutes celles auxquelles on avait à faire face. Par les Brassac et Mme de Lansac, Richelieu est d'ailleurs exactement informé de tout ce qui touche au dauphin. On lui a rapporté le dernier incident et l'émotion de la reine. Je sais, a dit Anne à Mme de Brassac, que le roi a écrit au cardinal et « mon espérance est que la bonté qu'il me fait paraître empêchera que je reçoive l'affliction de me voir séparée du dauphin. » Vous avez raison, a répondu Mme de

Brassac, de faire confiance à Son Eminence. Anne, néanmoins, écrit elle-même à Richelieu et c'est Le Gras qui, le 13 septembre, fait parvenir sa lettre.

Ainsi, même pour garder ses enfants, la reine est obligée de faire ce qu'elle a toujours dû faire, pour tout : solliciter l'appui de son ennemi ! Mais, ne lui faisant pas plus confiance en cela que dans le reste, elle cherche aussi par d'autres moyens, par d'autres ruses, à se garantir des menaces de son mari. C'est une compagnie des gardes françaises qui est chargée de la sécurité des enfants de France. Le capitaine, Montigny, à qui elle a fait part de ses inquiétudes, s'efforce de gagner la confiance de Mme de Lansac pour que celle-ci obtienne du cardinal qu'il reste auprès des enfants, où qu'on les envoie; et, chaque fois qu'on parle d'Amboise ou d'ailleurs, il dit au roi que la sécurité est mieux organisée à Saint-Germain, où d'ailleurs l'air est meilleur.

Nous voici à la fin de 1641. L'état de santé du roi, qui s'est sérieusement aggravé, incite les conspirateurs à hâter leurs préparatifs. Cinq-Mars redouble d'efforts pour gagner deux illustres mécontents dont l'appui est indispensable : Monsieur, frère du roi, l'éternel comploteur, et le duc de Bouillon, prince de Sedan. Sedan n'est pas qu'une place frontière importante : elle constitue un État indépendant. D'où son intérêt pour les conspirateurs.

Cinq-Mars est aidé dans ses négociations par deux complices, aussi actifs que lui, mais fort différents l'un de l'autre. Louis de Fontrailles, gentilhomme de Monsieur et sénéchal d'Armagnac, est un petit bossu dont Richelieu n'a pas craint de railler l'infirmité; il fait partie de ce qu'on appelle à l'époque les esprits forts, c'est-à-dire qu'il ne croit à rien; mais il est prêt à tout, même à l'assassinat, même à la collusion avec les Espagnols. François-Auguste de Thou, au contraire, est patriote dans l'âme. On aimerait s'attarder sur ce curieux personnage que Cinq-Mars appelait « Son

Inquiétude ». Descendant d'une bonne famille de parlementaires, fils de l'historien de Thou, c'était un homme si remarquable que ses juges, lors de son procès, s'affligèrent de devoir condamner « l'espérance de la cour ». A cause de son « inquiétude », de Thou ne se sentait bien nulle part; homme de robe, il aurait voulu être d'épée et s'était porté volontaire pour le siège d'Arras, où il avait fait merveille. Néanmoins suspect à Richelieu pour avoir entretenu des contacts avec des opposants, dont Mme de Chevreuse, il n'occupait qu'un emploi très au-dessous de ses capacités : bibliothécaire de la librairie royale. Négligeons les comparses; nous aurons l'occasion de les retrouver : ils seront de tous les complots de la régence!

En janvier 1642, Monsieur, Bouillon et Cinq-Mars prennent la décision capitale et criminelle de s'allier aux Espagnols pour renverser Richelieu. De Thou l'ignore; ses complices, le connaissant, ont préféré le lui cacher. Par l'intermédiaire de Fontrailles, désigné pour se rendre à Madrid, Monsieur accepte de prendre les armes contre sa patrie, comme – hélas! – il l'a déjà fait. Il aura le commandement d'une armée sous le contrôle des Espagnols (qui la paient et le paient); il promet de rompre avec tous nos alliés, de rendre toutes les places conquises par nous. Le duc de Bouillon met Sedan à la disposition des conjurés, comme refuge. On prétend n'agir ainsi que pour obtenir la paix et « on déclare unanimement qu'on ne prend en ceci aucune chose contre le roi très chrétien et au préjudice de ses États, ni contre les droits et autorité de la reine très chrétienne régnante, ains *(mais)* au contraire, on aura soin de les maintenir... » S'agit-il d'une clause de style, le roi très chrétien étant condamné, et la reine, espagnole? Ou faut-il voir dans cette mention des droits d'Anne d'Autriche la preuve de sa complicité?... Je poserai une autre question : à supposer que la reine ait obtenu des conspirateurs qu'ils respectassent ses droits, était-ce encore agir en Espagnole, ou, pour la première fois, en Française?

Elle avait fort souhaité, écrit Fontrailles, « qu'il se pût former une cabale dans la cour et elle y avait contribué de tout son pouvoir, parce qu'elle n'en pouvait que profiter, soit en ruinant M. le cardinal qui était son ennemi, ou en éloignant Monsieur de ses prétentions de la régence dans laquelle lui seul pouvait être son compétiteur ». Bien que Fontrailles fût un partisan de Monsieur et qu'il n'ait pas eu alors de contacts avec Anne d'Autriche, le texte mérite considération ; en nous rapportant les ouï-dires de la cour, il date l'entrée de la reine en politique. Anne d'Autriche, tout en jouant avec ses enfants, ne perdait rien de la partie autrement périlleuse qui se jouait autour de son mari malade ; elle n'avait aucunement l'intention de se laisser évincer de la régence, précisément à cause de ses enfants. Nous savons par La Rochefoucauld que, depuis la naissance de son premier fils, elle n'avait jamais cessé de songer à cette éventualité, ou plutôt à cette échéance inéluctable. Quand ce même La Rochefoucauld, à la fin de 1639, avait été pressenti, à cause de sa bonne conduite aux armées, pour être maréchal de camp, Anne lui avait fait demander de n'accepter aucune faveur du cardinal pour garder la liberté de jouer contre celui-ci « dans l'espérance d'un changement qu'elle prévoyait ». Dès cette époque aussi, elle était « enragée » (disait Mlle de Chémerault dans ses rapports) à l'idée que le cardinal pût souhaiter la régence pour lui-même, comme d'aucuns le chuchotaient.

Qu'Anne ait donc souhaité voir Monsieur, son beau-frère et compétiteur, se compromettre dans une cabale, ce n'est pas invraisemblable. Mais, à s'y compromettre elle-même, ne courait-elle pas le risque qu'elle voulait lui faire courir : celui d'être évincée de la régence (par une répudiation ou par une clause du testament de son mari) ? Elle savait assez ce que lui avait coûté l'affaire du Val-de-Grâce ; elle savait assez, qu'entre elle et Monsieur, c'est toujours elle qu'on punissait le plus. Si elle a, comme écrit Fontrailles,

« souhaité » une cabale, c'est seulement en effet pour en « profiter ». Et si elle a voulu en profiter, c'est parce qu'en ce début de 1642 deux facteurs lui faisaient craindre le pire : la maladie de son mari et une nouvelle menace de séparation d'avec ses enfants, qui étaient non seulement la chair de sa chair, mais ses atouts majeurs et même ses seuls atouts.

Pourquoi cette nouvelle menace, ou plus exactement ce nouveau risque de séparation ? Parce que les Catalans, opprimés par Madrid, se sont jetés dans les bras de la France (quelle aubaine !) et que le roi doit aller les secourir. Richelieu, qui l'accompagne, veut que la reine et Monsieur soient du voyage. Pendant ce temps, les petits princes seront installés à Vincennes ; à Vincennes dont Chavigny, le « confidentissime » du cardinal, est gouverneur.

Il va de soi que les Espagnols n'ont pas l'intention d'abandonner la Catalogne et le Roussillon. Louis XIII, s'il n'est pas mort avant, ne risque-t-il pas de succomber aux fatigues d'une aussi longue et périlleuse expédition ? Si, et c'est bien ce qu'escompte le cardinal, disent Cinq-Mars, Fontrailles et de Thou ; voilà pourquoi il veut neutraliser Monsieur et la reine en les emmenant en Roussillon, lui sans commandement, elle sans ses enfants. Ayant ainsi sous la main les deux possibles régents, ayant d'autre part en otages le dauphin et son frère (dont on dit même qu'il essaie de se faire confier la tutelle), Richelieu sera maître de la situation en cas de mort du roi et d'autant plus qu'il aura autour de lui une puissante armée dont il a choisi les chefs. Dans ces conditions, jusqu'où n'ira pas son ambition ! Rien ne l'empêchera de s'attribuer la régence à lui-même, et ce sera la ruine de la France, déjà si malheureuse.

Qu'y avait-il de vrai là-dedans ? Richelieu, assurément, ne voulait pas qu'on profitât de son absence pour attenter à son autorité. D'où les précautions prises, auxquelles s'ajoutait la désignation de Condé, son allié dans les deux sens du mot, comme gouverneur de la capitale et chef du conseil pendant l'absence du roi. Que Richelieu ait souhaité se perpétuer au pouvoir après la mort du roi, qu'il ait souhaité se voir confier la tutelle des enfants de France, c'est également vrai. Mais qu'il ait élevé ses ambitions jusqu'à la régence, qu'il ait songé à faire assassiner Monsieur « pour n'avoir plus d'opposition capable d'empêcher qu'il ne gouvernât l'État sous le nom des mineurs », comme écrit Fontrailles, c'est invraisemblable. Richelieu était bien trop respectueux de la monarchie. Et puis la France entière se serait soulevée plutôt que d'admettre un Richelieu régent et un régent assassin!

Oui, mais il faut comprendre une chose : la conspiration de Cinq-Mars est la plus étonnante entreprise de *bluff* et d'intoxication de notre histoire. M. le Grand, Fontrailles, de Thou mentaient sur tout : sur les intentions de Richelieu, sur les leurs, sur le nombre et la résolution de leurs alliés. Mieux, ils se mentaient entre eux. Cinq-Mars et Fontrailles traitaient avec l'Espagne sans en informer de Thou et préparaient à tout hasard l'assassinat du cardinal sans l'accord ni de De Thou, ni de Bouillon, ni de Monsieur.

Convaincu des noirs desseins de Richelieu, Gaston alla en convaincre la reine (qu'on ne pouvait de toute façon tenir à l'écart, puisqu'elle était la mère du futur roi). Il avait un autre argument, beaucoup plus surprenant, mais tout aussi convaincant : Louis XIII, luimême, aurait autorisé Cinq-Mars à mettre le cardinal « hors des affaires » d'une façon ou d'une autre; si bien qu'on pouvait dire qu'il était le chef tacite de la conspiration. Nous verrons que ce n'était pas tout à fait faux et c'est peut-être le plus triste de cette triste affaire.

Gaston alla très loin dans la voie des confidences avec sa belle-sœur, puisqu'il lui révéla les noms des conjurés et même le voyage de Fontrailles en Espagne. Alors là, Anne prit peur. Être dépositaire d'un tel secret, elle à qui l'on avait fait un crime de correspondre avec son pays! Elle fit promettre à Monsieur de ne jamais découvrir à qui que ce soit ce qu'il venait de lui dire.

S'il était plus facile à la reine de communiquer avec Monsieur, son beau-frère, qu'avec un autre, ne croyons pas qu'elle pouvait le faire en toute liberté. Elle passait généralement par l'entremise de Mme de Saint-Georges. Mme de Saint-Georges, qu'elle aurait souhaité avoir pour gouvernante de ses enfants, l'était de Mademoiselle, fille de Monsieur. Orpheline de mère, Mademoiselle venait souvent voir la reine, sa tante, et, naturellement, accompagnée de sa gouvernante. Qui pouvait y voir malice? Richelieu s'irritait seulement que l'adolescente, ivre déjà d'orgueil bourbonien, appelât le dauphin (de onze ans son cadet) « mon petit mari ». Il la grondait, puis, pour se faire pardonner, lui offrait de ces collations dont il avait le secret [4].

Ces précisions ont leur importance. Les historiens, qui nous affirment que la reine était en contact étroit avec les conspirateurs, omettent de préciser comment. Et pour cause! Monsieur, Cinq-Mars, Bouillon, de Thou, Fontrailles avaient loisir, bien qu'avec mille précautions, de s'aller voir l'un l'autre, de se rencontrer dans des maisons amies. Jamais la reine n'avait été moins libre; enfermée à Saint-Germain, environnée d'espions, elle n'avait plus auprès d'elle une Chevreuse ou une Hautefort qui pût intriguer en son nom. La seule de ses filles d'honneur qui lui fût favorable, Mlle de Saint-Louis, n'arrivait pas à la cheville des précédentes. Quand Cinq-Mars dit à de Thou qu'il avait été le « médiateur » de l'intelligence entre la reine et Monsieur, c'était une de ses habituelles vantardises.

Cinq-Mars, avant de partir pour le Roussillon, a bien essayé de prendre langue avec la reine. Gardez-vous des contacts avec votre frère, le roi d'Espagne? lui a-t-il demandé. Anne a préféré couper court en rappelant que de telles intelligences lui étaient expressément défendues. Cinq-Mars était l'ennemi du cardinal, mais il était aussi le favori de son mari; Cinq-Mars se disait sûr du roi, mais qui pouvait prévoir les réactions de l'énigmatique Louis XIII? Tant de gens, déjà, s'étaient flattés de l'amener à renvoyer son ministre! Tous avaient perdu la partie, même Marie de Médicis, parce qu'au dernier moment le roi se reprenait, allant jusqu'à livrer au cardinal, en gage de réconciliation, les noms des comploteurs qu'il avait, sinon encouragés, du moins écoutés.

C'est ce qui se passera encore une fois. Si Cinq-Mars *bluffait,* Louis XIII, à son habitude, dissimulait. M. le Grand aurait-il envisagé l'assassinat du cardinal et recouru à la haute trahison s'il avait été sûr d'obtenir du roi le renvoi du ministre? Non, bien sûr; mais il était seul à savoir que sa faveur déclinait. Quand ses complices s'inquiétaient des disputes qui l'opposaient au roi (nous en avons donné un échantillon), il expliquait que ce n'était que feintes destinées à tromper le cardinal. Le plus coupable n'est-il pourtant pas Louis XIII? Pourquoi laisser des espérances à un favori qu'il commençait à mépriser? Pourquoi l'autoriser à lui parler d'assassinat et de paix séparée? Parce qu'il était ainsi, parce qu'il rêvait ce qu'il n'osait faire; il se délivrait en imagination du ministre qu'il ne pouvait plus supporter, mais savait indispensable. Une sorte de défoulement.

A de Thou la reine semble avoir accordé plus de confiance qu'à Cinq-Mars. La Rochefoucauld, du moins, nous dit avoir appris par lui l'appui qu'elle donnait à la conspiration. S'il faut en croire l'historien italien Vittorio Siri, de Thou s'était offert à la reine, en 1640, pour faire passer un secours d'argent à Mme de Chevreuse, qui en était à engager ses bijoux; Richelieu, l'ayant appris, aurait ordonné à de Thou de ne plus rendre visite à sa souveraine. Les lettres du cardinal sont muettes sur cette affaire. En une période où Anne prenait tant de soin de se démarquer de la duchesse et de cultiver l'amitié de Richelieu, elle eût été bien malavisée de donner des armes contre elle en commettant une telle imprudence.

Quoi qu'il en soit, le dévouement de De Thou pour Mme de Chevreuse lui était sans doute un titre suffisant auprès d'Anne d'Autriche. Nul besoin de recourir au romanesque; de Thou ne pouvait être amoureux de la reine, comme on l'a imaginé, puisqu'il en aimait une autre (la princesse de Guéméné, à laquelle il devait écrire une très belle lettre avant de mourir). Mais la question qui se pose, ici encore, c'est de savoir comment la reine a pu communiquer avec de Thou, surtout s'il est vrai que Richelieu leur ait interdit tout contact. En cherchant bien, on ne trouve qu'un intermédiaire : Brienne. Brienne, le seul ministre qui fût à la fois dévoué à la reine et intime avec de Thou, auquel l'attachaient des liens de famille et d'amitié (ils étaient cousins). Or Brienne, s'il se méfiait de Richelieu, s'il était prêt à défendre la reine en cas de péril, était aussi un fidèle serviteur de l'État. N'étant jamais entré dans la moindre cabale, il serait encore moins entré dans une conspiration. Et nous en avons la preuve. Quand Louis XIII retombera malade en Roussillon, de Thou écrira à Brienne pour qu'il obtienne des blancs-seings d'Anne d'Autriche, afin de gagner en son nom les principaux officiers de l'armée. Que fera alors Brienne? Il ira trouver la reine pour lui transmettre cette demande, mais lui déconseillera vigoureusement d'y répondre; il lui promettra, en revanche, d'aller lui-même à l'armée lui chercher des protecteurs au cas où la maladie du roi empirerait.

Il est toujours difficile à l'historien de choisir entre les témoignages. S'il faut, dans cette affaire, choisir celui de Brienne, ce n'est pas parce qu'il est favorable à la reine, c'est parce qu'il est seul compatible avec la réalité des faits. Qu'Anne d'Autriche, en d'autres circonstances, eût pris une part active à la conspiration, c'est possible et même probable. Mais la question n'est pas là; la question est : le pouvait-elle? Or nous savons qu'elle ne le pouvait pas. Quand La Rochefoucauld écrit qu'elle lui avait envoyé de Thou pour obtenir son appui, il ne fait que répéter ce que ce même de Thou était allé lui dire, puisqu'il se trouvait alors en Charente et n'avait plus la possibilité de communiquer directement avec la reine. Brienne, lui, était sur place, c'est-à-dire à Saint-Germain. S'il nous dit que la reine ne cherchait qu'à protéger ses enfants des éventuelles entreprises du cardinal et que leur sécurité à tous trois fut le « prétexte spécieux » dont les conspirateurs se servirent pour justifier leur trahison, il faut le croire parce qu'il le sait.

C'est en invoquant ce prétexte spécieux que de Thou avait achevé de gagner le duc de Bouillon.

Bouillon, en janvier 1642, était pressenti pour aller commander l'armée d'Italie. Il n'était pas soupçonné (personne ne l'était alors), mais il était suspect pour avoir pris part, l'année précédente (déjà!), à une conspiration, celle du comte de Soissons, la plus grave jusqu'alors ourdie contre Richelieu. Aussi hésitait-il à accepter, craignant que cette nomination ne fût un cadeau empoisonné, un prétexte pour l'éloigner de Sedan, que la couronne convoitait. Acceptez, lui dit de Thou; ainsi la reine sera-t-elle assurée, en cas de mort du roi, d'un au moins des chefs militaires. Il fallait aussi qu'Anne et ses enfants, toujours en cas de mort du roi (Louis était alors au plus mal), pussent disposer d'un refuge. Les accueilleriez-vous à Sedan? demanda de Thou. Bouillon manifesta beaucoup d'étonnement : il ne savait pas la reine aussi inquiète et menacée. Si, comme on le lui disait, elle était assurée de l'appui de Monsieur et du grand écuyer, que craignait-elle? Une coalition aussi puissante aurait tôt fait, après la mort du roi, d'évincer le cardinal. Bouillon ajoute même dans ses Mémoires que, plus il y pensait, « moins il pouvait comprendre que la reine et Monsieur pussent s'imaginer que, le roi étant mort, ils seraient obligés de sortir du royaume, de sorte [...] qu'il ne pouvait presque douter que cette dernière instance sur Sedan ne fût un pur artifice de Cinq-Mars ».

Il avait raison. De Thou et Cinq-Mars utilisaient la même tactique : ils se prévalaient de l'appui des uns pour obtenir l'appui des autres. Mais pourquoi, dira-t-on, Bouillon, qui, à la différence de la Rochefoucauld, se trouvait à la cour pendant la maladie du roi, ne chercha-t-il pas à s'éclaircir auprès d'Anne d'Autriche elle-même? Encore une fois parce que c'était impossible! La reine n'avait pas plus de facilité pour l'entretenir, lui qu'aucun autre. Si Bouillon promit néanmoins à de Thou qu'il la recevrait à Sedan avec ses enfants, en cas de danger, c'est, comme il ne le dit pas, parce que son ambition l'emporta sur ses appréhensions. A plus ou moins longue échéance, l'avenir appartenait à la reine. Songez, lui dit de Thou, quelle sera votre situation si elle arrive au pouvoir et que vous ayez refusé de l'aider! Vous n'aurez rien à espérer d'elle, ni de nous tous. Conscient néanmoins des réticences et des soupçons de Bouillon, de Thou lui promit d'amener la reine à lui manifester sa reconnaissance. Peut-on dire qu'elle le fit? Bouillon dut se contenter d'un bref signe de tête qu'elle lui adressa en se rendant à la messe. On en arrive à se demander si, de tous les complots auxquels a pris part Anne d'Autriche, ce n'est pas celui-ci, qu'on lui a tant reproché, où elle fut la moins coupable!

On aura compris en tout cas que la conspiration de Cinq-Mars ne pouvait qu'échouer. Elle souffrait d'un vice originel : aucun lien entre les conspirateurs, sinon la haine ou la crainte du cardinal. Exactement comme dans l'affaire Chalais. Et c'est pourquoi il faut préférer le mot de conspiration à celui de conjuration, habituellement employé. Une conjuration suppose un échange de serments entre les conjurés. Richelieu, plus tard, s'inquiétera de savoir si tel était le cas. Non, ce n'était pas le cas. Pas plus de serment que d'unité de vues. Chacun poursuivait ses propres intérêts. La reine voulait sauvegarder ses enfants et ses droits à la régence; Monsieur voulait, lui aussi, la régence, et Cinq-Mars s'inquiétait peu de savoir à qui elle échoirait, pourvu qu'il fût premier ministre. Quand le roi retombera malade en Roussillon, il essaiera même de se faire confier par lui la tutelle du dauphin et de son frère.

C'est le 27 janvier 1642 que Louis XIII, bien qu'à peine remis, est parti pour son expédition, cependant que Fontrailles, déguisé en capucin, partait pour Madrid. Dans les bagages du roi, la couronne, le sceptre et la main de justice, pour recevoir l'hommage des Catalans. La reine a obtenu de rester à Saint-Germain avec ses fils, mais provisoirement : son départ est remis au mois d'avril. Le roi, comme d'aucuns le pensent, a-t-il été touché par le chagrin et les appréhensions qu'elle a montrés à l'idée de quitter ses enfants? Ou faut-il attribuer cette décision à l'habileté de Montigny? à une intervention de Cinq-Mars?... Si l'on considère que Monsieur, lui aussi, a obtenu un sursis, on peut penser que d'autres raisons, plus prosaïques, ont joué. C'eût été une entreprise impraticable que de faire voyager en même temps les maisons de la reine, du roi, du cardinal et de Monsieur, sans parler des troupes qui les escortaient. De quoi affamer les régions traversées! Richelieu avait autour de lui autant de monde que le roi (on le lui reprochait assez), et l'importance de cet entourage, nécessaire sans doute aux affaires de l'État, à sa santé et à sa sûreté, eut pour lui une bien dommageable conséquence : il ne put retrouver le roi qu'aux principales étapes, quatre fois en tout au cours du voyage (à Fontainebleau, Lyon, Moulins, Narbonne). M. le Grand, lui, ne quittait pas son maître. Quelle inquiétude pour le cardinal que de savoir un roi si influençable soumis à la constante influence du favori! Et voici qu'à Narbonne, fin mars, la maladie le cloue au lit. Heureusement, le fidèle Sublet de Noyers, qui continue avec le roi vers Perpignan, le renseigne presque au jour le jour, par messagers, sur les états d'âme du souverain, qui fluctuent au gré des caprices de son « cher ami ». Richelieu a un autre espion auprès du roi, le futur maréchal Fabert, alors capitaine aux gardes, à qui Louis XIII se confie assez librement.

Les chirurgiens « jouent des couteaux » sur le corps du cardinal ; il a deux abcès au bras droit, ne peut plus écrire de sa main, ni même signer ; le transporter d'un lit à l'autre lui cause « d'extraordinaires douleurs ». Admirons le courage de ce supplicié. Tout en parant aux nécessités de la guerre et du royaume, sans jamais perdre de vue ses entreprises européennes et même planétaires (il est en train de nous implanter au Canada et dans l'océan Indien), il ne cesse de chercher des preuves de la conspiration qu'il commence à subodorer ; il ne cesse d'écrire au roi pour contrebalancer l'influence de Cinq-Mars et de mander à Sublet de Noyers des instructions à cet effet. Chavigny va de temps en temps appuyer son collègue (Narbonne et Perpignan ne sont qu'à une journée de cheval).

Si Richelieu ignore le traité de trahison signé par Fontrailles à Madrid le 13 mars, il sait qu'un « certain Français » a été vu dans l'antichambre d'Olivares et a eu une longue conférence avec lui. Renseignement fourni par le nonce apostolique à la cour d'Espagne et recoupé par les informations de l'agent secret que nous avons là-bas, Pujols, un banni, qui tente ainsi d'obtenir sa grâce. Richelieu saura bientôt que ce certain Français est Fontrailles... pour la simple raison qu'il l'a fait suivre jusqu'à la frontière. A tout hasard ! Au cours du mois d'avril, il commencera à soupçonner de Thou, Monsieur, qui use de tous les prétextes pour ne pas rejoindre le roi, et il s'apercevra que Cinq-Mars « pratique » des officiers de l'armée contre lui, tout particulièrement Tréville, Tilladet, Beaupuy, La Salle, des Essarts.

Tréville commande les fameux mousquetaires, les autres sont officiers des gardes. Il est vrai que Cinq-Mars les « pratique », et depuis Paris. Il en était à peine besoin : les gardes, attachés à la personne du roi, sont dévoués à celui-ci, qui le leur rend, et hostiles à Richelieu, qui le sait fort bien (Fabert est une exception). Et c'est pourquoi le cardinal prend ses précautions, en faisant descendre vers le Languedoc d'autres éléments de l'armée dont il est sûr, en demandant à son neveu par alliance, le duc d'Anguien, qui est auprès de lui, de s'assurer de ses officiers et de recruter secrètement des amis.

La nervosité était en train de gagner les deux camps. L'armée se divisait entre cardinalistes et royalistes (ainsi se faisaient appeler les partisans de Cinq-Mars). Des querelles particulières éclataient : M. le Grand s'en prenait à un fidèle de Condé et de Richelieu, le maréchal de camp d'Espenan, que nous retrouverons. Le bruit de ces querelles parvenaient jusque dans la capitale, où les paris allaient bon train. Qui l'emporterait de Cinq-Mars ou du cardinal, de l'ami de cœur ou du ministre? « Grand sujet d'entretien aux spéculatifs », notait Henri Arnauld. Et il ajoutait : « Il faut de nécessité que la nuée crève... » A l'étranger, nos alliés commençaient à manifester des inquiétudes dont nos ambassadeurs se faisaient l'écho. Chavigny rassurait tout le monde par des mensonges diplomatiques : jamais Son Eminence n'avait eu plus de crédit auprès du roi! Et pourtant, à la fin de mai, le duc d'Anguien écrivait à son père Condé qu'on craignait que Cinq-Mars ne persuadât le roi, qui était retombé malade, de repartir pour Paris en plantant là le cardinal, incapable encore d'affronter les fatigues d'un voyage. C'était mal connaître l'énergie de cet homme de fer. Malgré ses souffrances, il décide de quitter Narbonne en litière. Veut-il vraiment remonter vers Paris ou seulement quitter une ville où il ne se sent plus en sûreté? En tout cas, avant de se mettre en route, il décide d'envoyer Chavigny au roi, et cette visite, estime le duc d'Anguien, sera décisive.

Richelieu, pourtant, n'avait pas encore de preuves de la conspiration; mais, n'en pouvant plus d'inquiétude, il voulait au moins faire savoir au roi « ce qui s'apprenait de toutes parts » et obtenir de lui des témoignages de confiance qui l'aidassent à rétablir son crédit. Chavigny arrive à la fin de mai auprès de Louis XIII et ne révèle rien. Pourquoi ? Parce que Fabert lui apprend que le roi est au plus mal avec Cinq-Mars. Des scènes particulièrement vives ont récemment éclaté et le « cher ami » n'est plus admis à toute heure, comme avant, dans la chambre du roi. Pour qu'on l'ignore, il se cache, avec la complicité d'un huissier, dans l'antichambre, où il tue le temps en lisant des romans ! Par ailleurs, Louis XIII est inquiet des inquiétudes de nos alliés, qu'on lui a fait connaître ; seul, le maintien de Richelieu au pouvoir peut les rassurer sur la continuité de la politique étrangère de la France. Autre raison pour que le roi se démarque de Cinq-Mars. Il y a donc tout lieu d'espérer, concluent Fabert et Chavigny, qu'il renverra de lui-même son favori.

Déduction hasardeuse. Il faut beaucoup de querelles d'amoureux pour en arriver à la rupture, et nous connaissons Louis XIII. Si, depuis six mois, comme il l'a confié à Fabert, il « vomit » son favori, pourquoi le garde-t-il ?

Ce fut sans doute une des grandes erreurs de Cinq-Mars que de n'avoir pas cultivé les sentiments que lui conservait Louis XIII ; peut-être aurait-il fini par obtenir, par persuasion et habileté, le renvoi du cardinal. Mais le cardinal était donné mourant et, s'il ne mourait pas, restait la ressource du soulèvement militaire appuyé par les Espagnols. Et puis Cinq-Mars ne pouvait plus se contraindre. Lui aussi vomissait son maître ; il « était las de la ridicule vie que le roi menait et peut-être encore plus de ses caresses », écrit Tallemant. Y avait-il encore des caresses entre les deux hommes (à supposer qu'il y en ait eu) ? Cinq-Mars disait que la mauvaise haleine du roi lui répugnait, mais ce n'est pas une preuve.

De l'influence que M. le Grand conservait sur son maître, une autre lettre du duc d'Anguien donne un exemple, particulièrement intéressant pour nous, puisqu'il concerne la reine et ses enfants. Chavigny, écrit Monsieur le Duc à Monsieur le Prince son père, a constaté, pendant sa visite, que le roi semblait avoir retrouvé toute sa confiance pour le cardinal ; il était allé jusqu'à dire « qu'il donnerait ordre à la reine de faire de messieurs ses enfants tout ce que M. le chancelier et le surintendant voudraient, et il ajouta : " Je ne nomme pas Monsieur le Prince, car ce n'est pas la coutume de mettre les enfants de France entre les mains des princes de sang. " » Étrange remarque. Pourquoi le roi proposait-il d'en référer pour la garde de ses enfants au chancelier (Séguier) et au surintendant (Bouthillier), deux créatures du cardinal, et refusait-il de les confier à Condé, allié, dans tous les sens du mot, du même cardinal ?

Si le jeune duc d'Anguien, si ombrageux, avait connu la réponse !... Cinq-Mars, après son arrestation, devait avouer qu'il avait mis le roi en garde contre l'alliance Condé-Richelieu. « Sa malice, écrira ce dernier, allait jusqu'à ce point de persuader au roi que M. le Prince, en son absence, pourrait attenter sur la vie de ses enfants ; le roi, dont la facilité est égale à la bonté *(!)* reçut cette impression à tel point que, lorsqu'il fut question de venir au voyage, il désira que M. le Prince n'allât point voir MM. le dauphin et d'Anjou accompagné. »

Révélation capitale. Au moment de partir pour le Roussillon, ce n'était donc plus tant de sa femme que de Condé, allié du cardinal, que se défiait le roi ! Il faut dire que Monsieur le Prince, dès avant le départ de Louis XIII, avait laissé percer ses ambitions ; le gouvernement de la capitale et la présidence du conseil ne lui suffisaient pas : c'est une vraie régence qu'il souhaitait exercer pendant l'absence du roi, et il espérait bien l'obtenir en avril, après le départ de la reine. (Anne conservait quelques prérogatives : c'est elle qui signa l'élargissement du baron de Mercy, général ennemi prisonnier à Vincennes, pour qu'il pût aller en Roussillon négocier sa rançon [5].) En attendant, Condé, à Paris, agaçait tout le monde par ses prétentions : il exigeait que le conseil se tînt chez lui quand il était souffrant, qu'on y admît son futur gendre, le duc de

Longueville, et que le chancelier Séguier cédât alors sa place à celui-ci. A MM. du Parlement aussi il cherchait querelle sur des questions de préséance; il y eut, à l'occasion d'un *Te Deum,* une scène ridicule et choquante à Notre-Dame entre lui et le premier président, Molé, auquel il disputait sa place habituelle, la première. Louis XIII, informé, donna tort à Monsieur le Prince.

La vérité oblige à dire que, s'agissant de ses enfants, le roi se méfiait de tout le monde et particulièrement, bien sûr, de ceux qui pouvaient profiter de leur mort. Monsieur, son propre frère, entrait dans cette catégorie et ses visites aux petits princes étaient soumises aux mêmes restrictions que celles de Condé. Mme de Lansac veillait à la consigne; elle avait même reçu instruction de faire venir quelques officiers des gardes dans les chambres des enfants pendant les visites. C'est Mademoiselle, fille de Monsieur, qui nous en informe dans ses Mémoires. Elle oublie seulement de préciser que Monsieur ne pouvait plus rendre visite aux petits princes, et donc à la reine, puisque, dès le départ du roi, il avait lui-même quitté Paris pour son château de Chambord. (Oui, il possédait Chambord, et Blois, et autres résidences secondaires!)

C'est encore Mademoiselle – et pas Alexandre Dumas! – qui nous apprend la ruse de mélodrame à laquelle avait eu recours Louis XIII, toujours pour protéger ses fils. Avant son départ, ayant fait appeler Montigny, il lui ordonna de ne jamais se séparer des petits princes, de ne jamais les confier à qui que ce fût, quand bien même on lui montrerait un ordre signé de sa main; lui remettant alors la moitié d'un écu d'or, vous ne les confierez, dit-il, qu'à la personne qui, en même temps qu'un tel ordre, vous présenterait l'autre moitié de cet écu.

Après tout cela, on est en droit de se poser des questions, de mettre en doute une hypothèse (pour d'aucuns une quasi-certitude) qui a fait couler beaucoup d'encre : Anne d'Autriche, pour parer à une nouvelle menace de séparation d'avec ses enfants, due à un redoublement de méfiance de son mari, aurait acheté l'appui du cardinal en lui révélant le criminel traité d'Espagne, preuve indubitable de la conspiration.

Il est vrai que, le 30 avril, Anne a reçu, dans une lettre de Chavigny, l'ordre de se mettre en route sans ses enfants pour Fontainebleau. Mais comment n'a-t-on pas vu qu'il ne s'agissait pas là d'une nouvelle menace et donc d'un subit redoublement de méfiance? C'était tout simplement la mise à exécution du projet conçu dès avant le départ du roi; Fontainebleau n'était que la première étape du voyage vers le Roussillon; c'est là que le roi et le cardinal avaient d'abord fait halte, à la fin de janvier.

Ce qui reste encore vrai, c'est qu'Anne d'Autriche fut atterrée par cet ordre qu'elle n'attendait plus et fit son possible pour ne pas y déférer. Il faut ici reprendre les choses d'un peu plus haut et commencer par bénir Richelieu d'avoir si bien fait espionner la reine! Sans les rapports de Brassac et Le Gras, nous ignorerions ce qui se passait à Saint-Germain, pendant que le roi et Richelieu étaient en Roussillon. Mais accordons aussi une reconnaissance émue (et posthume) à Henri Arnauld, le minutieux observateur dont les lettres complètent si heureusement les rapports des deux espions du cardinal.

A ceux-ci, dans les semaines qui suivirent le départ du roi et de Richelieu, Anne d'Autriche parut être dans de bonnes dispositions. Point de jour qu'elle ne parlât de Son Éminence et ne priât Dieu pour lui! Déjà, pourtant, un incident inquiétant a eu lieu (en février); il opposait Mme de Lansac à Montigny. La première s'irritait que le second, sans lui en référer, eût mandé au roi et à Richelieu que Vincennes ne serait pas un bon séjour pour « l'Œillet et le Serpoulet » (le dauphin et son frère). Je n'ai pas à vous rendre compte de ce qu'on me demande, a répondu Montigny. Si l'incident n'a eu d'autres suites qu'une brouille entre la Lansac et Montigny, il montre que le projet de voyage de la reine, et donc de séparation d'avec ses fils, était toujours pendant. Mais, au début de mars, d'après Arnauld, on n'y croyait plus guère à Paris. Pourquoi envoyer la reine en Roussillon, alors qu'elle menait à Saint-Germain une vie si sage et solitaire, « réglée comme dans un monastère » ? Même plus, pour se distraire, ces comédiens italiens qu'on lui avait envoyés pendant sa seconde grossesse. Arnauld ajoutait quelques détails familiers, amusants et touchants, sur le futur Louis XIV et sa mère : « On n'a jamais vu d'enfant plus résolu qu'est Mgr le dauphin pour son âge. Il fait un bruit désespéré dans la chambre de la reine, mais cela n'importune point Sa Majesté. » Amour maternel et indolence espagnole.

Au début d'avril, la reine, d'après Brassac, est toujours dans les meilleures dispositions pour le cardinal. Elle a manifesté une vive inquiétude en apprenant sa maladie et ne sera tranquillisée qu'au retour du messager qu'elle lui a envoyé. Elle accorde à Chavigny la même confiance qu'à Son Éminence et se dit assurée « qu'il lui procurera toujours son contentement » (la garde des enfants). Le 12 avril, de meilleures nouvelles du cardinal étant parvenues à Saint-Germain, Brassac, qui ne parle jamais qu'au superlatif, adresse de délirants témoignages de joie à Son Éminence : il voudrait avoir mille vies pour les lui donner toutes. En post-scriptum il ajoute : « La reine m'a commandé que j'assurasse Votre Éminence, qu'outre ce qu'elle vous a écrit et fait écrire, elle a reçu un redoublement de joie par la certitude que lui a portée M. Sanné *(?)* de votre santé et ensuite pour les victoires que le roi obtient tous les jours. »

Hélas ! Le 30 avril, la menace qu'on avait cru écartée se matérialise. L'affliction de la reine « est l'une des plus sensibles et cuisantes qu'elle aie jamais reçu *(sic)* par les circonstances qui l'accompagnent. »

Quelles sont ces circonstances ? D'abord la reine est

souffrante : un refroidissement. Ensuite, elle est persuadée que le coup vient de Mme de Lansac, ce qui double son affliction d'une humiliation. Elle, reine de France, se voir « surmontée et chassée » par la gouvernante de ses enfants! Ses médecins, ayant constaté l'aggravation de son état, jugent qu'elle a besoin d'être purgée et saignée (on ne connaissait pas d'autres remèdes) et ne peut donc quitter Saint-Germain de quelque temps : ils en informent par lettres leurs confrères, les médecins du roi. Profitant de ce répit, Anne écrit à Richelieu « pour le prier de la faire, s'il est possible, exempter de ce voyage ». Elle dit ne point attendre de réponse de lui, puisqu'il ne peut encore signer, mais elle compte que Chavigny lui mandera bientôt de bonnes nouvelles. La reine a aussi demandé à la nièce du cardinal, la duchesse d'Aiguillon (ex-Combalet) de l'appuyer auprès de son oncle et du surintendant Bouthillier. Brassac reconnaît que Mme de Lansac triomphe sans retenue et commence à en prendre un peu trop à son aise.

Force dames viennent voir la reine « sur le bruit de son partement, les unes d'affection, les autres par curiosité ». Anne essaie de faire bonne figure, mais, les visiteuses parties, elle pleure devant Mme de Brassac, « comme la première fois » et demande (c'est Brassac qui parle) : « Serait-il possible que 44 *(le cardinal)* m'eût abandonnée? [...]. Je ne le croirai pourtant jamais, mais plutôt qu'il a été emporté par la volonté de 42 *(le roi)*, fomentée peut-être par 45 *(Cinq-Mars)*. »

On voit comme il est facile au pauvre historien de s'y retrouver dans cet écheveau d'hypocrisies! Anne pense le contraire de ce qu'elle dit, puisqu'elle croit que le coup vient de Mme de Lansac et que Mme de Lansac est l'émanation du cardinal. Brassac, d'ailleurs, est inquiet : il sait que, pendant une de ses (rares) absences, des dames ont exploité la situation en tentant de monter la reine contre lui et contre Son Éminence. Les observateurs ne savent que penser. Une chose est sûre : la reine n'a pas l'intention de quitter Saint-Germain et cette fermeté lui est si peu habituelle qu'on se demande si elle n'aurait pas, dans cette affaire, l'appui de son mari.

Le 10 mai, Chavigny répond à la reine : dès que le cardinal aura la possibilité de s'entretenir avec le roi, il lui parlera dans le sens qu'elle souhaite; en attendant il ne peut conseiller que l'obéissance. Brassac accuse réception à Chavigny : sa femme et Le Gras ont porté la lettre à Sa Majesté avec « toutes les inductions et raisons que nous avions concertées ensemble pour faire qu'elle suivît ce que vous jugiez à propos ». On voit que les observateurs n'avaient pas tort.

Le 20 mai, visite de la duchesse d'Aiguillon à Saint-Germain. Elle proteste à la reine que son oncle le cardinal n'est pour rien dans cette affaire, s'efforce néanmoins de la persuader d'obéir.

Condé vient aussi voir la reine et lui prêche aussi l'obéissance (il est si pressé qu'elle s'en aille!). Il juge cependant déplacées « la joie et la hardiesse » de Mme de Lansac. Anne est de plus en plus triste et souffrante. « Nous ne nous trouvons pas assez forts, écrit Brassac à Chavigny, quand il est question de combattre des inclinations et des tendresses de quoi une faible nature se laisse puissamment persuader *(c'est ainsi que le XVIIe siècle parlait de l'amour maternel).* M. Seguin dit que son sang s'échauffe et que sa santé s'altère. On lui fait user de force remèdes que l'on voit bien qu'elle prend plutôt par obéissance que par désir qu'ils lui fassent du bien. » Si c'est une comédie, Anne est bonne comédienne; Brassac est persuadé qu'elle va se laisser mourir, si l'on persiste à vouloir la faire partir sans ses enfants. « Les dernières paroles que m'a dites la reine, écrit-il à Chavigny, ont été de vous prier [...] que vous lui continuiez votre affection et de conjurer Son Éminence, en qui elle espère son secours, d'avoir pitié de sa douleur. » Ce qui n'empêche pas la reine, qui, Arnauld le confirme, n'a aucune confiance dans Brassac et Le Gras, de chercher ailleurs des intercesseurs; elle a envoyé au roi son premier aumônier, l'évêque du

Puy, et elle a de longues conférences avec son grand aumônier, l'évêque de Beauvais. On admire M. de Beauvais de se compromettre ainsi. Le cardinal, à son retour, risque de le lui faire payer cher! La reine a également profité du voyage en Roussillon d'un gentilhomme nommé Barrière, qui lui est dévoué, pour tenter de prendre contact avec Cinq-Mars : le « cher ami » pourrait sans doute obtenir du roi qu'on la laissât avec ses enfants. Cette mission-là échoua. Quand Barrière parvint en Roussillon, il constata, comme ceux qui étaient sur place, que la faveur de Cinq-Mars semblait au plus bas et préféra ne pas se compromettre en prenant contact avec lui.

Le Gras, cependant, confirme à Chavigny les dires de Brassac. On a tenté de consoler la reine « suivant ce qui avait été concerté »; on a tenté de lui vanter les beautés de l'obéissance, seule capable de ramener de la « douceur » dans son âme. On eût peut-être réussi, si « la violence de l'amour maternel eût voulu consentir à une bonne résolution [...]. Ce que n'ayant pu, après deux heures et demie d'entretien dans son oratoire, obtenir de soi-même, elle en sortit sans autre conclusion ».

Nous sommes alors le 26 mai. C'est le moment où Richelieu, avant de quitter Narbonne, décide d'envoyer Chavigny au roi pour le mettre au courant des bruits de conspiration. Chavigny, nous l'avons vu, préféra ne pas parler d'une conspiration dont il ne pouvait fournir de preuves. Mais il parla des autres affaires en suspens et notamment de la répugnance de la reine à quitter ses enfants. Est-ce lui qui obtint gain de cause? Est-ce l'évêque du Puy? ou Louis XIII renonça-t-il de son propre mouvement, jugeant inutile que sa femme entreprît le long voyage jusqu'en Roussillon, alors que la maladie risquait de l'en chasser lui-même? A moins qu'il n'estimât que, tout bien pesé, ses enfants étaient plus en sûreté auprès de leur mère. Toujours est-il que le projet fut abandonné. Chavigny, par courrier, en informa Richelieu, qui, le 5 juin, de Marseillan (près d'Agde) où il faisait halte, écrivit au roi : « Les lettres qu'elle *(Votre Majesté)* écrit à la reine sont bien à propos, bien que je ne juge pas que présentement il y ait rien à craindre. » Louis XIII, pourtant, était inquiet, puisqu'il recommandait à la reine de bien veiller sur ses enfants. Des bruits d'enlèvement, nous dit Henri Arnauld, avaient couru; Richelieu, lui-même, un peu plus tard, écrira à Mme de Lansac de redoubler de précautions. Le 13 juin, Bouthillier venait à Saint-Germain porter la bonne nouvelle. Le cardinal, de son côté, écrivait à la reine qu'il se félicitait de cette décision dont, bien sûr, il s'attribuait le mérite. Anne lui répondit tout aussi hypocritement qu'elle lui aurait une éternelle reconnaissance de sa bienveillance.

La chronologie est ici capitale; elle établit l'innocence d'Anne d'Autriche (si c'est être innocente que de ne pas révéler un complot!). En effet, la décision de laisser la reine avec ses enfants étant arrêtée dès avant le 5 juin et par le roi seul, il ne peut y avoir de lien entre cette décision et la révélation du traité d'Espagne; celle-là ne peut être la conséquence ou, comme on l'a dit, la « récompense » de celle-ci. Pourquoi? Parce que c'est *entre le 9 et le 10 juin* que Richelieu, à Arles, obtint une copie du traité. Chavigny, retour de Perpignan, venait de le rejoindre. Le cardinal décida aussitôt de le renvoyer au roi avec le document; il exultait et sa joie apparaît dans la lettre qu'il adressa à Sublet de Noyers, qui était auprès de Louis XIII, pour le prévenir : « Le voyage de M. de Chavigny vous étonnera; Dieu assiste le roi par des découvertes merveilleuses. » Seule, en effet, une copie du traité pouvait persuader le roi de la trahison de son favori.

Louis XIII, décidément trop malade (dysenterie, goutte, et ses éternelles hémorroïdes), venait de quitter le siège de Perpignan et se trouvait à Narbonne, à l'hôtel de la vicomté. L'infatigable Chavigny, ayant chevauché toute la nuit du 11 juin, arrivait à Narbonne à l'aube du 12, avant le réveil du roi. Il se concertait un moment avec Sublet de Noyers, puis les deux secrétaires d'État, ayant réussi à écarter Cinq-Mars, qui se laissa manœuvrer « en jeune homme » (Tallemant), s'enfermaient avec le roi. L'après-midi, Louis XIII signait les ordres d'arrestation de Cinq-Mars, de Thou, Bouillon et autres. On connaît la suite.

L'histoire est une science difficile. Si l'on a pu croire qu'Anne d'Autriche avait révélé le traité d'Espagne, c'est parce qu'on avait mal lu les lettres de Brassac et Le Gras et qu'on ne les avait pas lues toutes; c'est parce qu'on avait négligé celles d'Henri Arnauld; c'est parce qu'on n'avait pas remarqué celle de Richelieu en date du 5 juin, établissant qu'à cette date la décision de laisser la reine avec ses enfants était déjà prise. Ces faits, je le répète, suffisent à établir l'innocence d'Anne d'Autriche. Mais on pourrait les appuyer par d'autres considérations. Comment la reine aurait-elle été en mesure de procurer une copie du traité d'Espagne? Il ne fallait pas moins, on ne le dira jamais assez, pour prouver la réalité du complot et convaincre le roi de faire arrêter son favori. Et c'est bien une copie du traité qu'on présenta à Louis XIII, puisque, après y avoir lu le nom de Cinq-Mars, il demanda, bouleversé : « N'a-t-on pas mis un nom pour un autre? » Anne d'Autriche aurait donc eu ce document entre les mains? Un des conspirateurs aurait pris le risque de le lui envoyer à Saint-Germain, ce « monastère » où elle était si étroitement surveillée? C'est invraisemblable. Et d'ailleurs lequel des conspirateurs? Quatre d'entre eux eurent le traité en main : Fontrailles, qui le rapporta d'Espagne, dissimulé dans la doublure de son habit; Cinq-Mars, à qui il le montra à Perpignan, et le comte d'Aubijoux, gentilhomme de Monsieur, qui l'apporta à celui-ci avec d'infinies précautions, milieu avril. Négligeons Fontrailles et Aubijoux : c'étaient des exécutants et ils n'ont pas été en contact avec la reine (Fontrailles ignorait même qu'elle fût au courant de son voyage en Espagne). Alors Cinq-Mars? Mais Fontrailles ne dit pas avoir laissé à Cinq-Mars une copie du traité; c'eût été beaucoup trop dangereux, puisque le favori vivait auprès du roi. Seul, Monsieur aurait pu envoyer à sa belle-sœur une copie du traité. Je dis : envoyer, puisque Monsieur n'était plus à Paris. Or Monsieur, quand il reçut le traité, n'y croyait déjà plus. Il y croyait si peu qu'il ne le signa même pas, comme il aurait dû le faire, avant de le renvoyer aux Espagnols par la Flandre. Pourquoi? Parce qu'il avait appris, lui aussi, que Cinq-Mars ne jouissait plus auprès du roi du crédit dont il se vantait; parce que les Espagnols, à bout de souffle, lui faisaient savoir qu'ils ne pourraient pas lui fournir de troupes avant juillet, et enfin parce que de trop nombreuses fuites avaient éventé le complot, lui ôtant toute chance de succès. La princesse Marie de Gonzague écrivait à Cinq-Mars : « Votre affaire est sue communément à Paris, comme on sait que la Seine passe sous le Pont-Neuf. » Elle devait, après l'arrestation du jeune homme, tenter de récupérer, par l'entremise de Mme d'Aiguillon, les lettres et les mèches de cheveux qu'elle lui avait envoyées. Richelieu lui fit savoir, par la même voie, qu'on avait trouvé dans la cassette de M. Le Grand « tant de lettres de femmes et tant de cheveux différents qu'il fallait qu'elle envoyât une moustache des siens, et de son écriture, pour pouvoir discerner ce qui était d'elle »!

Dès le 22 juin, Gaston d'Orléans commençait à négocier son « raccommodement », qu'il n'obtiendrait, une fois de plus, qu'en trahissant ses amis. Richelieu lui avait écrit on ne peut plus clairement que c'était la condition nécessaire, et il s'acharna à lui faire avouer tous les détails qu'il ignorait encore [6]. Gaston avait songé à s'enfuir en Franche-Comté; ses conseillers lui firent remarquer que sa fuite laisserait le champ libre à la reine en cas de mort du roi.

Restent deux questions. Est-il possible que Richelieu n'ait jamais soupçonné la reine d'avoir connu la conspiration? Et, Dieu n'ayant évidemment rien à voir dans la « découverte merveilleuse » qui a sauvé le cardinal et peut-être la France en perdant les conjurés, *qui* a révélé le traité d'Espagne?

A la première question on peut répondre par l'affirmative. Bien sûr, Richelieu a soupçonné la reine! Il soupçonnait tout le monde, pourquoi pas elle? Il est même possible qu'il ait espéré lui soutirer quelques renseignements; les « inductions et concertations » de Chavigny, Brassac et Le Gras, les visites de Mme d'Aiguillon, ont une vague odeur de chantage : dites ce que vous savez et on vous laissera avec vos enfants. Au début de juin, des bruits avaient couru faisant état d'intelligences de la reine avec Cinq-Mars (peut-être à la suite du voyage de Barrière). Anne fit aussitôt écrire à Chavigny par Le Gras pour démentir [7]; de plus, le 7, par Brassac, le 9, de sa main, elle faisait savoir au cardinal que, quand bien même Cinq-Mars aurait sur le roi toute l'influence qu'on prétendait, elle ne se « disjoindrait » jamais de Son Éminence et resterait « attachée à tous ses intérêts sans jamais changer son affection, sachant bien qu'il serait tel aussi de son côté et ne l'abandonnerait point. » (Elle n'avait pas encore reçu la lettre l'autorisant à rester avec ses enfants.) Quand ces messages parvinrent à Richelieu, celui-ci avait déjà en main le traité d'Espagne et abandonna (à supposer qu'il l'ait suivie) une piste désormais sans intérêt. Au reste, Brassac, décidément aveugle, lui écrivait qu'à son avis les bruits accusant la reine étaient de faux bruits, suscités par Mlle de Saint-Louis; la jeune fille d'honneur, disait-il, était dévouée à Monsieur et à Cinq-Mars, qui avait rendu service à sa famille, et elle avait pris ses désirs pour des réalités.

Anne d'Autriche dira un jour à Mme de Motteville qu'elle avait appris de son mari l'art de dissimuler. Elle y était déjà experte en ce mois de juin 1642, puisqu'elle envoya au roi des félicitations pour l'arrestation de Cinq-Mars et se déclara scandalisée par « l'extrême ingratitude » du favori. En secret, elle prenait contact avec Monsieur, par Mme de Saint-Georges, pour lui rappeler sa promesse de ne jamais révéler les confidences qu'il lui avait faites [8] ». Monsieur respecta sa parole. Était-ce par pure chevalerie? Bouillon donne une autre explication : connaissant son frère, Gaston craignait par-dessus tout qu'il n'apprît qu'on avait fait « des projets sur sa mort ».

Anne ne pouvait clore la bouche à tout le monde. Après l'arrestation de Cinq-Mars et de Thou et le triomphe du cardinal, les dénonciations affluèrent. Louis XIII lui-même avait été persuadé par Richelieu de demander aux gens de sa maison de ne rien cacher de ce qu'ils pouvaient savoir ou apprendre. Il fut trop bien obéi.

A son retour du Roussillon, avant de regagner Paris, le roi avait fait un séjour, presque heureux, à Fontainebleau, avec sa femme et ses enfants. Il aimait beaucoup Fontainebleau, où il était né, et quel terrain de chasse que la superbe forêt! Louis avait couru le loup; il s'était aussi diverti à faire des confitures d'abricots avec Sublet de Noyers. Tout le monde avait remarqué ses égards pour la reine. Il est vrai qu'il n'avait plus qu'elle; Cinq-Mars était au secret à Lyon, avant d'y monter à l'échafaud le 12 septembre, et Marie de Médicis était morte au début de juillet, après onze ans d'exil, cet exil que son fils lui avait infligé et qu'il ne se pardonnait pas.

La reine mère s'était éteinte à Cologne dans un semi-dénuement, disons un dénuement princier. Il lui restait des bijoux dont une partie alla à la reine et... un perroquet dont Richelieu avait respectueusement demandé au roi la permission d'hériter. C'était un cadeau qu'il avait fait à sa protectrice aux beaux jours de leur entente.

L'attitude exceptionnellement affectueuse de Louis XIII envers sa femme, en cet été 1642, était-elle entièrement désintéressée? « On dit, écrit l'ambassadeur de Venise, Giustiniani, qu'il *(le roi)* a fait en sorte de faire accepter à Sa Majesté *(la reine)* que le cardinal de Richelieu soit avec elle-même tuteur de ses fils par disposition testamentaire [...] pour manifester ses dispositions les meilleures au seigneur cardinal et adoucir ainsi pour lui les amertumes passées. » Mme de Motteville corrobore. D'après elle, c'est dès le 28 juin, à Tarascon, lors de leurs retrouvailles, que le roi aurait offert au cardinal la tutelle de ses enfants, pour se faire pardonner ses défiances passées. Et Mme de Motteville ajoute, dans une envolée d'indignation : « Sans que la reine y résistât, on eût vu, à la honte de la royauté, le sang de France foulé aux pieds par cet audacieux vassal ! » La vérité, comme d'habitude, est plus nuancée. D'après une lettre de Chavigny du 12 août, la reine aurait accepté que l'éducation de ses enfants fût confiée au cardinal, à condition qu'elle les gardât auprès d'elle. Ceci correspond assez bien à son double souci de conserver ses fils et de ménager Richelieu. Mais peut-être ne s'agissait-il que d'endormir celui-ci. Quoi qu'il en soit, l'accord ne put se faire, puisque Richelieu n'obtint ni la tutelle ni la cotutelle des enfants de France. Il désigna seulement l'érudit La Mothe le Vayer pour être plus tard le précepteur du dauphin. Désignation dont, bien sûr, Anne ne tint pas compte quand elle fut devenue régente.

Est-ce à cause des résistances de sa femme que Louis XIII reprit bientôt avec elle son humeur accoutumée ? Des motifs plus valables allaient l'alimenter dès le retour à Paris.

A peine le roi avait-il regagné le Louvre qu'Espenan, cet Espenan, protégé de Condé, que nous avons vu aux prises avec Cinq-Mars à Perpignan, vint le trouver pour lui dire que, d'après certains renseignements qu'on lui avait communiqués, la reine aussi était compromise. Louis XIII, à son habitude, ne chercha pas à s'en expliquer avec sa femme, mais lui fit plus mauvaise figure encore qu'à l'ordinaire et parut « fort animé » contre elle. Lettre de Richelieu à Chavigny, du 25 octobre : « M. de Noyers m'a rapporté au long tout ce qu'on a dit au roi sur le sujet de la reine, à quoi je vous avoue que je ne puis ajouter aucune foi et crois fermement que ce sont impostures et inventions de Fontrailles qui est, comme vous savez, capable de toutes sortes de malices. »

Fontrailles n'était plus en France, s'étant prudemment enfui en Angleterre. Si néanmoins Richelieu le croyait à la source des accusations formulées par d'Espenan, c'est parce que les deux hommes étaient beaux-frères, quoique ennemis. Mme d'Espenan, née Fontrailles, aurait donc pu répéter à son mari les « impostures et inventions » que son frère lui aurait glissées dans l'oreille avant de s'exiler. Il est typique de Richelieu, qu'après avoir exprimé si « fermement » sa conviction de l'innocence de la reine, il ajoute : « Cependant, en faisant venir ceux qui ont parlé au gentilhomme qui a parlé au roi, on éclaircira mieux cette affaire. »

Le cardinal eut-il le temps, pendant les cinq semaines qu'il lui restait à vivre, d'éclaircir cette affaire ? Nous l'ignorons ; nous savons seulement que ses rapports avec la reine subirent un net refroidissement. Un incident frappa les contemporains. Le 30 octobre, Anne se rendit à Rueil pour prendre des nouvelles de Richelieu. Celui-ci eut l'audace, scandaleuse à l'époque, de s'asseoir à côté d'elle, dans un fauteuil et sur le même rang, sans en être prié. Il aurait pu dire : « Je suis malade. » Non, il dit, à dessein sans doute : « C'est la coutume en Espagne. – J'ai quitté l'Espagne depuis trop longtemps pour me rappeler cette coutume, répondit Anne. Je suis entièrement française. » Ce n'était qu'une anticipation. Le cardinal mort, cette reine espagnole deviendrait enfin la reine de France.

Reste la dernière question. Qui a révélé le traité d'Espagne ? Disons tout de suite qu'il y eut une version semi officielle : des hommes du maréchal de Brézé, beau-frère de Richelieu et vice-roi de Catalogne, auraient trouvé le document dans un bateau espagnol échoué sur la côte. On eut sans doute raison de ne pas croire à cette histoire trop romanesque : Richelieu lui-même écrivait à Chavigny et Noyers qu'il avait promis à ses informateurs de ne pas les « alléguer ». Quels informateurs? Les contemporains, qui ignoraient les identités et les activités de tous les James Bond en jabots que le cardinal entretenait aux quatre coins de l'Europe, crurent que, seul, un participant ou un confident du complot avait pu être l'artisan de la « découverte merveilleuse ». C'est possible, mais, pour le savoir, il faudrait étudier le cas de chaque « suspect » avec autant de minutie que celui d'Anne d'Autriche. Monsieur avait des confidents, et qui l'avaient plus d'une fois trahi; le maréchal de Schomberg avait feint un moment de se lier avec Cinq-Mars et connaissait beaucoup de « particularités » (Richelieu *scripsit*). Fabert, lui, savait plus que des « particularités » : il savait le nom de l'informateur. Comment? il ne l'a pas dit. Mais nous savons, nous, que Fabert, à Perpignan, avait été, en un premier temps, pressenti par Cinq-Mars; à la suite de ces avances, il avait eu une conversation avec de Thou pour le ramener dans le droit chemin. Or de Thou, qui venait d'apprendre par Fontrailles l'existence du traité d'Espagne, était bouleversé au point de songer à tout révéler au roi [9]. Il fut encore question, dans les interrogatoires des accusés, d'une lettre interceptée de Marie de Médicis à Cinq-Mars, et Marie de Médicis se trouvait à ce moment-là aux Pays-Bas espagnols. Il y a enfin Mme de Chevreuse, oui, notre amie Mme de Chevreuse qui, lasse de ses neuf années d'exil, faisait des offres de service à Richelieu. Or la duchesse, après un séjour en Angleterre (où elle avait fait représenter *Le Cid* devant le roi et la reine) était alors, elle aussi, réfugiée aux Pays-Bas espagnols et liée avec le gouverneur, don Francisco de Mello, celui-là même à qui Monsieur aurait dû renvoyer le traité signé, si les choses s'étaient déroulées comme prévu. Richelieu, dans une lettre, accuse en termes presque clairs Mme de Chevreuse d'avoir au moins aidé à la dénonciation de Bouillon. Même si la duchesse n'a fait que cela, don Francisco de Mello, lui, a bien dû être informé par un courrier d'Espagne du contenu du traité qu'il allait recevoir de Monsieur. Et les courriers d'Espagne étaient régulièrement interceptés par la police de Richelieu. Le fait – avéré – que celui-ci n'ait reçu qu'une copie fautive du traité incline à croire à une transcription hâtive, faite pendant le temps d'interception d'un courrier. Et voilà qui nous ramène aux James Bond. Car enfin il ne faut pas oublier Pujols, notre agent en Espagne; Pujols dont les contacts à Madrid étaient... devinez qui? Les deux négociateurs, côté espagnol, du fameux traité, Andreas de Rojaz, secrétaire d'État, et Carnero, secrétaire des commandements du roi et intime d'Olivares! Nous savons que Pujols, fin mai, adressa à Chavigny des documents ultra secrets qui transitèrent par un autre de nos agents en Picardie, Berthemet; or ce Berthemet écrivait le 1er juin à Chavigny de déchiffrer lui-même ces documents, sans intermédiaire. Il est tout à fait possible, comme certains, comme Fontrailles lui-même et comme Fabert le crurent et le dirent plus tard, qu'une trahison espagnole ait révélé à Richelieu la trahison française.

Il y a encore de belles journées de recherches en perspective pour les historiens. Car n'est historien que celui qui se penche sur les archives. On n'a pas le droit, même après trois cents ans, d'accuser qui que ce soit sur de simples présomptions et d'étayer un raisonnement sur la seule vraisemblance. Anne d'Autriche a eu tort, grand tort, d'entrer, si peu qu'elle l'ait fait et même pour défendre ses enfants, dans la conspiration de Cinq-Mars: aucun texte, à ce jour, n'autorise à penser qu'elle l'ait révélée.

Si elle l'avait révélée, son mari lui aurait-il pardonné de l'avoir approuvée? On ne sait. Quoi qu'il en soit, le pauvre Louis XIII n'avait pas besoin de ce dernier choc. S'il avait signé l'ordre d'arrestation de Cinq-Mars, c'est parce qu'aux moments décisifs le roi, en lui, l'emportait toujours sur l'homme. Mais pour l'homme, quelle épreuve! Jusqu'à l'exécution, dans la crainte qu'il ne fît grâce, Richelieu et ses fidèles n'avaient cessé de charger Cinq-Mars. Le plus cruel pour le roi fut d'apprendre que, pendant sa maladie à Perpignan, son cher ami avait dit : « Il traînera encore. » Mais le plus cruel, pour Richelieu, fut de découvrir que Louis XIII avait envisagé sans horreur son assassinat. Imagine-t-on quels pouvaient être les sentiments des deux hommes, quand l'un faisait dicter à l'autre la lettre suivante au chancelier Séguier pour minimiser les rumeurs :

« Monsieur le chancelier,

« Ayant appris [...] que le sieur de Cinq-Mars affecte de dire, d'insinuer et de laisser croire que les pensées et mauvais desseins qu'il a eus contre mon cousin le cardinal de Richelieu ont été sus et consentis de moi, j'ai bien voulu vous faire cette lettre pour vous dire que ce n'est pas de cette heure que j'ai reconnu le sieur de Cinq-Mars grand imposteur et calomniateur...

« Il est vrai que ledit sieur de Cinq-Mars, m'ayant vu quelquefois mal satisfait de mon cousin le cardinal de Richelieu [...], n'a rien oublié de ce qu'il a pu pour m'échauffer contre mondit cousin, ce que j'ai souffert quand ses mauvais offices demeuraient dans les bornes de quelque modération. Mais quand il a passé jusqu'à cette extrémité que de me proposer qu'il se fallait défaire de mondit cousin et de s'offrir à le faire, j'ai eu en horreur ses mauvaises pensées et je les ai détestées; et, bien qu'il me suffise de le dire à ce que vous le croyiez, il n'y a personne qui ne juge qu'il n'a pu être autrement, s'il considère que, si le sieur de Cinq-Mars avait trouvé son compte avec moi dans l'approbation de ses mauvais desseins, il ne se serait pas lié au roi d'Espagne contre ma personne et mon État. »

Misérable plaidoyer!

Louis XIII, lors de cette proposition d'assassinat, a-t-il prononcé le mot qu'on lui prête : « Je serais excommunié : il est cardinal et prêtre » ? Très possible. Anne répondait à peu près la même chose à ceux qui parlaient de la débarrasser de Richelieu : « Il est prêtre, je n'y puis consentir. » Le Grand Siècle enfreignait allègrement les lois divines et humaines, mais ne supportait pas d'être séparé de l'Église. On comprend que les jésuites y aient si bien réussi. L'homicide est interdit, dit le P. Bauny à Pascal dans *Les Provinciales*, mais la vengeance est excusable.

Richelieu, après ces terribles révélations, écrivait à ses deux fidèles qu'il « aurait toujours peur aux lieux où ce qu'on a voulu faire pourrait être fait, tandis que ceux qui étaient destinés à l'exécution seront présents ». Les exécuteurs, c'étaient Tréville et ses mousquetaires, les capitaines aux gardes Tilladet, La Salle, Beaupuy, des Essarts. Richelieu s'acharna jusqu'à ses derniers moments à obtenir leur destitution et leur punition; faute de quoi, osait-il dire au roi, il serait obligé de se faire accompagner par ses propres gardes jusque dans la chambre de Sa Majesté. A son habitude, il fit aussi planer la menace d'une démission. Louis XIII, de guerre lasse, renvoya les cinq officiers, mais leur maintint leurs émoluments et pensions, leur permit de résider où ils voudraient et les fit assurer de ses bonnes grâces. C'était un camouflet pour Richelieu.

Combien de temps aurait-elle encore duré, la liaison historique du roi et de son ministre, si la mort ne s'était chargée de la rupture?

Le 4 décembre 1642, s'éteignait, dans la cinquante-huitième année de son âge, Armand-Jean du Plessis, cardinal duc de Richelieu et de Fronsac, pair de France, commandeur du Saint-Esprit, premier ministre de l'État, proviseur de la Sorbonne, protecteur de l'Académie française, etc. Revenu de Rueil à Paris, c'est dans son Palais-Cardinal à peine achevé qu'il avait agonisé. Au curé de Saint-Eustache qui l'implorait de pardonner à ses ennemis, « je n'en ai point eu d'autres que ceux de l'État », répondit-il. Telle avait été sa fermeté devant la mort que les confesseurs, y voyant une marque d'orgueil, craignirent pour son salut. Pendant trois jours les curieux défilèrent devant la dépouille; revêtue de la grande robe cardinalice, couronne ducale aux pieds, elle effrayait encore. Dans les campagnes on allumait des feux de joie. Anne d'Autriche assista sans le roi, le 20 janvier, au service solennel célébré à Notre-Dame pour le repos de l'âme de son ennemi : Louis XIII ne s'était pas dérangé.

A l'étranger, et surtout chez l'ennemi, on savait déjà que ce mort haï avait été un grand homme; il faudrait encore quelques années aux Français pour le reconnaître. « Ruiner le parti huguenot, rabaisser l'orgueil des grands, réduire tous les sujets dans leur devoir et relever le nom du roi dans les nations étrangères », en réalisant ce programme, soumis, avec une superbe concision, à Louis XIII au début de son ministère, Richelieu avait fait de la France un État, de cet État une puissance.

VIII

LA MONTÉE AU POUVOIR

Dès le lendemain de la mort de Richelieu, la cour de la reine avait subitement grossi. On ne craignait plus de venir lui rendre hommage et se placer pour l'avenir. Un long avenir : le futur roi avait quatre ans... Bientôt on ne trouva plus à se loger dans Saint-Germain-en-Laye. Louis XIII, bien qu'il rappelât les bannis, s'en irrita et renvoya dans leurs foyers quelques victimes du cardinal qui n'avaient pas attendu sa permission pour réapparaître. Mais combien de temps « traînerait » encore Louis XIII ?

La question occupait tous les esprits. Deux fois déjà, au cours de l'année qui s'achevait, on avait cru le roi à l'extrémité. Pour le moment il semblait aller mieux, ragaillardi par la joie de gouverner. Il tenait conseil tous les jours et plusieurs heures par jour. La reine restait écartée des affaires et les espions du cardinal peuplaient encore sa maison, mais à qui eussent-ils fait rapport ? Anne ne craignit pas de demander à Le Gras de vendre sa charge, c'est-à-dire de quitter son service. Louis XIII réagit modérément en faisant attendre son accord. Elle n'insista pas : elle avait mieux à faire.

Période extraordinairement dense et difficile pour la reine que les cinq mois qui s'écoulèrent entre la mort du cardinal et celle de son mari. En laissant entrevoir ses espérances et ses manœuvres, elle risquait un regain de rancune qui pouvait ruiner ses chances d'accéder à la régence. C'est par des hommes insoupçonnables et irréprochables : Brienne, les évêques de Beauvais et de Lisieux, qu'elle recevait les offres de service, plus nombreuses chaque jour, et prenait les contacts nécessaires.

Un seul obstacle, mais de taille, semblait écarté. Le roi avait ôté à son frère « toute sorte d'administration de cet État et nommément de la régence pendant la minorité de nos enfants, en cas que Dieu nous appelle à lui avant qu'ils soient en âge de majorité ». Cette fois, Gaston était puni. L'acte, qui rappelait toutes ses trahisons passées, était très dur (c'est Richelieu qui l'avait dressé avant de mourir). « Il est impossible, y faisait-on dire à Louis XIII, de ne pas craindre une continuation de mauvaises intentions *(de la part d'un frère que)* le dangereux état auquel une grande maladie nous avait réduit pendant cette campagne *(du Roussillon)* n'a point touché. » Eh oui! le roi avait fini par apprendre (« par la déposition des complices », dit-il) que Gaston avait fait des projets sur sa mort, qu'il ne s'était « assuré du côté de l'Espagne » que pour se trouver en position de prendre le pouvoir « s'il venait faute de nous ». Privé maintenant, non seulement de ses droits à la régence, mais de son gouvernement d'Auvergne et de ses compagnies de gendarmes et de chevau-légers, Monsieur perdait les apparences et les moyens de la puissance. Louis XIII s'était même écrié devant un confident de Gaston « qu'il aimerait mieux égorger sa femme et ses enfants que de les laisser à la discrétion de son frère ».

Mais de là à accorder la régence à la reine, il y avait un pas que le roi n'était nullement prêt à franchir. D'abord il ne se voyait pas encore mort; ensuite il ne reconnaissait à sa femme qu'une qualité : l'amour maternel. Qu'elle défendît toujours et contre tous ses deux fils, là-dessus il lui faisait confiance. Mais il y avait la France à gouverner, la guerre à gagner, puis la paix à faire. De ces tâches il la jugeait doublement incapable, à cause de son caractère, à cause de sa naissance. Elle n'aurait rien de plus pressé que de traiter séparément avec sa chère Espagne, abandonnant ainsi nos alliés et bien des avantages. Mme de Chevreuse l'inclinerait dans ce sens. Bien qu'Anne déclarât hautement ne pas souhaiter le retour de son amie, Louis XIII restait persuadé qu'elle était prête à retomber sous sa coupe.

La reine est espagnole, avait rappelé Richelieu avant de mourir. Mais il avait dit aussi que Condé et son fils Anguien n'étaient, pas plus que Monsieur, vraiment dignes de confiance. En un mot, c'est tous les grands du royaume qu'il avait conseillé au roi d'écarter du gouvernement ; ces grands dont il disait, en un admirable raccourci, qu'ils « mesuraient leur mérite à leur audace ». Mais alors qui allait gouverner la France ?

Le conseil du roi se composait encore des créatures de Richelieu : Louis XIII avait gardé la pléiade Séguier-Bouthillier-Chavigny-Noyers... plus Mazarin.

Eh oui ! il y avait aussi Mazarin dans le conseil du roi ; Mazarin, maintenant cardinal, qui avait quitté son pays et la cour pontificale à la fin de 1639 pour passer au service de la France, c'est-à-dire d'un maître à sa mesure ; Richelieu était le seul homme d'État d'Europe qui pût inspirer un coup de foudre politique à un jeune diplomate ambitieux et doué. L'estime avait été réciproque. Mazarin devait à Richelieu son chapeau de cardinal. Il avait été auprès de lui un nouveau père Joseph. Négociateur et confident, il connaissait tous les secrets, y compris celui du traité d'Espagne. « Employez-le », avait dit Richelieu au roi avant de mourir. Et Louis XIII avait appelé Mazarin au conseil en des termes assez solennels, qui montraient en quelle estime il le tenait. Richelieu aurait dit aussi : « Je ne sache qu'un homme qui me puisse succéder ; encore est-il étranger. » Mazarin avait levé, ou cru lever cet obstacle en demandant et obtenant des lettres de naturalité.

Personne ne pensait que la reine, une fois régente, dût garder Mazarin ni aucun des membres du conseil du roi. Qui mettrait-elle en leur place? Les quelques fidèles de sa maison et des anciens bannis, victimes de Richelieu. On chuchotait les noms de l'évêque de Beauvais, des ex-gardes des Sceaux de Châteauneuf et de La Vieuville, des présidents de Bailleul et Barillon (ce Barillon à qui Henri Arnauld, pour le distraire et l'informer dans son exil, adressait les lettres que nous avons souvent citées). La Rochefoucauld, qui avait sacrifié sa carrière à la reine (et à Mme de Chevreuse), se verrait assurément confier quelque emploi important. La charge de gouverneur du dauphin irait sans doute à Bassompierre ou à Cramail, encore embastillés, mais que le roi allait bientôt libérer; celle de grand écuyer, vacante depuis la mort de Cinq-Mars, au duc de Beaufort, qui serait de toute façon, sous ce titre ou sous un autre, le pilier du nouveau règne. Dès la mort du cardinal, l'évêque de Lisieux lui avait écrit de quitter l'Angleterre, où il s'était exilé, pour revenir en France.

Beaufort, neveu de Louis XIII, était un ennemi en quelque sorte héréditaire de Richelieu; son père, le duc de Vendôme, emprisonné au moment de l'affaire Chalais, avait, après sa libération, passé plus de temps en exil ou dans son château d'Anet, la plus modeste de ses demeures, qu'à la cour. Anet lui venait de sa mère, Gabrielle d'Estrées, pour laquelle Henri IV, jadis, avait pensé répudier la reine Margot. Légitimés par le Vert-Galant, les Vendôme étaient donc princes du sang. Ce qui n'avait pas arrêté Richelieu. Le grand prieur, frère du duc et oncle de notre Beaufort, avait même trouvé la mort en prison, et ce n'était pas le moindre grief de tous ceux qu'on avait nourris contre le cardinal.

C'est après l'arrestation de Cinq-Mars que Beaufort s'était réfugié en Angleterre. Non point qu'il eût pris part à la conspiration, mais il l'avait connue et approuvée. Ce n'était pourtant pas la peur, disait-on, qui avait dicté sa fuite, mais le souci de ne pas charger les conspirateurs. Ce motif honorable ajoutait à son prestige, qui était grand. Beau, blond, brave et athlétique, ce petit-fils d'Henri IV joignait à tant de séductions un langage de charretier qui plaisait au peuple; on l'appellera pendant la Fronde « le roi des Halles ». Une inconnue : ses capacités politiques. Elles allaient se révéler au-dessous du médiocre, comme aimait à dire l'époque, et aggravées par une fâcheuse tendance à la fanfaronnade.

Il n'est pas sans intérêt de dire pourquoi Beaufort avait refusé de prendre part à la conspiration de Cinq-Mars. D'après La Châtre, autre opposant, il avait d'abord voulu savoir si cette conspiration était appuyée par la reine. Or ce lui fut impossible; l'intermédiaire qu'il avait envoyé à la cour n'ayant pu obtenir d'Anne la moindre assurance ni même entrer en contact avec elle. Quand on sait que Beaufort, plus encore que La Rochefoucauld, passait pour un fidèle partisan de la reine, on avouera que l'extrême prudence de celle-ci en cette occasion rend plus invraisemblables encore les contacts qu'on lui prête si généreusement avec les conspirateurs.

Le 21 février, Louis XIII tomba, ou plutôt retomba malade. Le 3 avril, il fit ce qui devait être sa dernière promenade, dans les couloirs du château neuf. Souvré, premier gentilhomme de la chambre en année, et Charost, capitaine des gardes du coprs, le tenaient chacun par un bras; Dubois, le valet de chambre, qui nous a laissé un récit très circonstancié et très ému de ces dernières semaines, suivait en portant une chaise : le roi, au bout de quelques pas, était obligé de s'asseoir. Bientôt, il n'eut plus la force que d'aller de son lit à sa chaise longue. C'est quelques semaines plus tôt qu'il s'était fait transporter au château neuf, qu'il avait toujours préféré au château vieux; l'air, disait-il, y était meilleur. Installé dans la plus belle des pièces, l'ancien cabinet de la reine, il pouvait apercevoir de son lit, par beau temps, les flèches de Saint-Denis. « Voilà, disait-il, où je demeurerai longtemps. »

Mais, avant de songer au ciel, il fallait régler le

temporel, Louis XIII, après bien des hésitations, dut se résoudre à mettre au point une déclaration pour le gouvernement de son État. Son frère et sa femme n'avaient cessé, chacun de leur côté, par toutes sortes de voies, de tenter de l'influencer en leur faveur. Gaston avait reçu son pardon (le sixième!), mais l'acte qui l'excluait de la régence restait en vigueur. Anne, par Chavigny, avait exprimé son repentir de ses imprudences passées, faisant particulièrement supplier son mari de ne point croire qu'elle eût souhaité sa mort (au moment de l'affaire Chalais) ni jamais songé à épouser son beau-frère. « En l'état où je suis, je lui dois pardonner, mais je ne suis pas obligé de la croire », avait soupiré Louis XIII. La reine avait aussi chargé Sublet de Noyers, grand ami des jésuites, de faire plaider sa cause par le P. Sirmond, confesseur. Cette démarche aurait été à l'origine du renvoi et de Noyers et de Sirmond. (Mais le pauvre confesseur avait quatre-vingt-cinq ans!) Ce qui est sûr, c'est qu'une lutte sourde était engagée entre les ministres pour se maintenir au pouvoir après la mort du roi. Ce qui est sûr, c'est que la reine et ses fidèles multipliaient les démarches pour prévenir les « pernicieux desseins » qu'on pourrait former à leur détriment. Brienne, qui écrit cela, s'était, pour sa part, assuré de la loyauté des gardes suisses et françaises. Le colonel général des Suisses, La Châtre, déjà cité, s'était d'ailleurs offert à la reine, par ce même Brienne et par Mlle de Saint-Louis, dès avant la mort du cardinal. Des contacts avaient été pris avec des membres du Parlement. Quant à La Rochefoucauld, revenu, lui aussi, à la cour, il avait procuré à la reine l'appui du jeune duc d'Anguien, qui venait, à vingt-deux ans, de recevoir le commandement de l'armée des Flandres. A cause de cette promotion, à cause de son nom, de son prestige personnel et de l'influence de son père Condé, Anguien aurait pu être dangereux. Beaucoup de ses officiers le pressaient d'être l'arbitre de la régence.

Le 20 avril, Louis XIII convoquait au château neuf

Gaston d'Orléans, le prince de Condé, le chancelier Séguier, les secrétaires d'État et les grands officiers de la couronne pour leur faire part de ses décisions. Anne d'Autriche était nommée régente, comme, rappelait la déclaration, l'avaient été avant elle les mères des rois mineurs, « les plus intéressées à la conservation de leur personne et de leur couronne ». Monsieur se voyait confier les fonctions de lieutenant général du royaume sous l'autorité de la régente.

Les articles suivants ôtaient toute valeur aux précédents. C'était un conseil *inamovible,* où la reine et son beau-frère côtoieraient le quarteron Mazarin-Séguier-Bouthillier-Chavigny, qui déciderait *à la pluralité des voix* de la paix et de la guerre, de la disposition des finances et des grandes charges civiles et militaires. Mazarin serait chef de ce conseil en l'absence de Monsieur et de Condé, formule destinée à ménager les susceptibilités des deux princes.

Ce n'était pas tout : deux alliés de la reine étaient formellement exclus de l'amnistie : Châteauneuf, celui-là même que l'opinion jugeait le plus capable de succéder à Richelieu, et Mme de Chevreuse. Quand le secrétaire d'État Phélipeaux de la Vrillière, qui lisait à haute voix dans la chambre du roi le texte de la déclaration, en arriva au passage concernant la duchesse, Louis XIII, qu'on croyait assoupi, se redressa sur son lit et s'exclama : « Voilà le diable, cela ! Voilà le diable ! » M. de Chevreuse, qui attendait dans une pièce adjacente, fut fort ému par ces paroles. Ce n'était pas que M. de Chevreuse, séparé depuis bientôt dix ans de son épouse, l'aimât encore et ne se fût consolé ailleurs; mais enfin c'était son épouse, et, quant à lui, il avait toujours été un loyal serviteur du roi. Ce dont celui-ci voulut bien lui rendre témoignage pour l'apaiser. La lecture terminée, la reine apposa sa signature au bas de cette déclaration considérée par elle comme injurieuse. Déterminée à ne pas la respecter, elle rédigea secrètement, sans doute sur le conseil de l'évêque de Beauvais, une protestation qu'un de ses prédicateurs, l'abbé de Montrouge, apporta secrètement à des notaires de Paris pour qu'ils la paraphassent.

C'est devant le Parlement que la reine aurait produit cet acte en cas de besoin. Mais en serait-il besoin? Le Parlement enregistra le 21 avril la déclaration, exactement dans les mêmes sentiments qu'Anne l'avait signée. Comment ces magistrats, dont Richelieu avait rogné les ambitions, eussent-ils souhaité voir se perpétuer au pouvoir les créatures de leur ennemi? De plus, en cassant la déclaration royale, ils se réinvestiraient *ipso facto* de l'autorité dont on les avait privés; c'est d'eux et d'eux seuls que la régente tiendrait son pouvoir. Occasion unique, à ne pas manquer! Par-dessus tout cela, il fallait tenir compte de la conjoncture : les illustres victimes de Richelieu, qui étaient maintenant presque toutes revenues dans le royaume, ne s'embarrasseraient pas des volontés d'un roi défunt, quand bien même le Parlement aurait voulu les respecter. Les dignes magistrats appelaient aussi la légalité au secours de leur future désobéissance : la monarchie étant successive et le pouvoir royal ne se divisant pas, le petit Louis XIV serait, dès la mort de son père, roi de France par la grâce de Dieu; restreindre l'autorité qu'il exercerait à travers sa mère, c'était aller, non pas contre la constitution, puisque la France n'avait pas de constitution, mais contre ce qu'on appelait les lois fondamentales du royaume.

Anne d'Autriche eut la joie d'apprendre que l'avocat général Omer Talon, orateur fameux, l'avait couverte de fleurs de sa rhétorique, allant jusqu'à voir en elle une nouvelle Blanche de Castille. Comme Blanche de Castille, Anne d'Autriche était espagnole, mais fallait-il s'arrêter à cela? demandait M. Talon. Que nenni! Les belles qualités de la reine et sa piété bien connue étaient des gages suffisants de son loyalisme et de ses bonnes intentions.

Ce même 21 avril, dans la soirée, Louis XIII fit procéder au baptême du dauphin, qui n'avait été qu'ondoyé. La princesse de Condé le tint sur les fonts baptismaux dans la chapelle du château vieux, avec – ô surprise ! – Mazarin. Certains contemporains ont cru que Mazarin représentait le pape. Il est de fait que Louis XIII avait demandé à Urbain VIII de parrainer son fils; mais, la France n'étant pas au mieux avec le Saint-Siège, la réponse tardait et le roi ne pouvait plus attendre. N'importe; Mazarin fut bien le parrain de Louis XIV, et il s'agissait là d'un « inestimable honneur », comme le disait l'intéressé, qui montre que Louis XIII voulait unir par des liens sacrés ce brillant politique à la couronne de France [1].

Après la cérémonie, le dauphin fut amené dans la chambre de son père. On connaît l'anecdote : « Comment vous appelez-vous à présent ? – Louis XIV, mon papa. – Pas encore, mon fils, pas encore ! Mais ce sera peut-être bientôt si c'est la volonté de Dieu. »

La volonté de Dieu... Le roi n'avait plus que ces mots à la bouche. Le XVIIe siècle est célèbre par ses belles morts. Celle de Louis XIII ne dérogea pas à la tradition; son courage, sa résignation, sa piété édifiaient tous les assistants, même le père Vincent de Paul, ce saint homme que la reine allait bientôt appeler à son chevet. Le roi ne montrait d'impatience qu'envers ses médecins qui jouaient les Diafoirus autour de son lit. Certaines visites, celle de Beaufort ou autres futurs ministrables, l'irritaient aussi. « Ah ! si j'en puis revenir, s'exclama-t-il un jour devant la reine, je leur vendrai bien cher le désir qu'ils ont que je meure ! » Mais à peine avait-il exprimé ces sentiments trop humains qu'il se les reprochait et disait ne plus vouloir songer qu'à l'éternité, « meilleur pays que celui qu'il laissait ». Dans le reste du château, « cent négociations différentes » se nouaient et les laquais sifflaient déjà les créatures de Richelieu. Pour les partisans de la reine, anciens ou récents, sincères ou opportunistes, qui s'affairaient dans les couloirs, on avait trouvé un nom : les Importants. Quand le roi reprenait quelques forces (il mit six semaines à mourir), conciliabules et sifflets s'éteignaient, cabaleurs et badauds reprenaient le chemin de Paris. « Il n'y eut jamais tant de bals que cette année-là », note Mademoiselle. Faisant allusion à l'interminable agonie, un impatient eut cet autre mot, affreux : « Il ennuie les spectateurs. »

Le petit peuple, qui n'allait pas aux bals, semblait plus ému des souffrances du roi ; il y trouvait surtout une occasion supplémentaire de manifester sa haine posthume à Richelieu : c'est celui-ci, disait-on, qui, avant de mourir, avait trouvé moyen d'empoisonner son maître !

De quoi mourait au juste le souverain ? Pierre Chevallier, dans son récent ouvrage sur Louis XIII, le plus documenté, a obtenu ce diagnostic *a posteriori* d'un médecin : « Péritonite purulente par perforation du colon, au terme d'une sévère entéropathie. » Il n'est pas sûr que cette entéropathie fut d'origine tuberculeuse, mais il est sûr que le roi souffrait aussi de tuberculose pulmonaire. Sa toux, ses vomissements, ses coliques l'épuisaient ; ses escarres et ses hémorroïdes le torturaient. Pour le soulager, on avait placé le bassin sous un matelas découpé à cet effet. La puanteur était effroyable et le roi, qui avait toujours été propre et pudique, demandait à sa femme de s'écarter de son lit pour n'en pas être incommodée. Anne passait tous les après-midi au chevet de son mari, et l'on admirait qu'une femme aussi délicate et raffinée pût en effet supporter ce spectacle et cette odeur. Pour l'y aider, Dubois, le valet de chambre, lui fit cadeau d'une petite fiole d'essence de jasmin.

Le 22 avril, lendemain de l'enregistrement de la déclaration royale, Louis XIII eut une syncope. Ses confesseurs firent demander à la reine de lui amener ses enfants afin qu'il les bénit. (On se souvient qu'Anne et ses fils habitaient le château vieux.) Il faisait ce jour-là un temps aigre de printemps avec des giboulées glaciales. Quand Anne arriva au château neuf, c'était la cohue. Les petits princes, arrachés du carrosse, disparurent dans la foule, passant de mains en mains. Anne, restée seule dans le carrosse assiégé avec sa dame d'atour, eut un moment d'affolement. « N'y a-t-il personne qui m'aide? criait-elle. Me laissera-t-on seule? » Dubois réussit à amener jusqu'à elle son chevalier d'honneur, le duc d'Uzès, qui l'escorta jusqu'à la chambre de son mari. Le petit Philippe d'Anjou (il avait deux ans et demi) criait de peur dans les bras de la duchesse de Vendôme, qu'il n'avait jamais vue. En attendant sa gouvernante, Mme de la Folaine, perdue dans la foule, Dubois réussit à le calmer en lui racontant des histoires : le roi possédait un petit cheval d'or et de diamants qu'il donnerait au plus sage de ses fils.

La reine s'était jetée à genoux au chevet de son mari. Quand leur conversation eut pris fin, on fit entrer les petits princes et le roi les bénit. La foule, dans la chambre, était devenue compacte. Aux médecins, aux confesseurs, à la famille royale, se joignaient les grands officiers de la couronne et les personnalités accourues de Paris. Malgré le froid, le roi, brûlant de fièvre, suffoquait et faisait signe qu'on s'écartât de son lit et des fenêtres : « Hé, messieurs, donnez-moi la vie! »

Le lendemain 23, Louis XIII eut une autre faiblesse et on lui administra l'extrême-onction. Aller au chevet de son mari et y rester jusqu'à la fin, cela signifiait pour la reine quitter ses enfants. Certes, les petits princes n'étaient pas seuls au château vieux; mais que feraient leurs gouvernantes, femmes de chambre et même leurs gardes contre une marée humaine comme celle de la veille? Il n'y avait pas que cela. Il faut imaginer ce qu'est une fin de règne. Tout pouvait arriver. Les ministres du défunt cardinal disposaient encore des leviers de commande, et les princes n'attendaient que le moment de prendre leur revanche. Condé semblait le plus dangereux, mais Monsieur redressait la tête et prétendait au moins à la corégence; il avait des partisans parmi les parlementaires, et Chavigny, qui occupait une charge dans sa maison et savait n'avoir rien à espérer de la reine, était pour lui. Enfin, les grands seigneurs, qu'opposaient déjà leurs ambitions contradictoires, avaient fait venir de Paris ou d'ailleurs ce qu'on appelait leurs amis. C'était une habitude chez les grands, qui en dit long sur leurs procédés, de parader ainsi, entourés de leur clientèle, pour intimider leurs adversaires ou le pouvoir. Concini avait eu ses *coglione,* Cinq-Mars, ses « vingt-deux », qui les accompagnaient partout.

Cette fois, le déploiement de forces fut plus impressionnant et plus soudain. Le grand-maître de l'artillerie, La Meilleraie, neveu par alliance de Richelieu, se jugeant menacé, comme tous les parents du cardinal, fit venir à Saint-Germain trente à quarante de ses officiers (trois à quatre cents, disent d'autres sources). Monsieur et Condé ripostèrent en donnant ordre à leurs « amis » de se rendre sur place. Des gens qu'on n'avait pas vu armés depuis dix ans, se promenaient avec une épée au côté, écrit Olivier Lefèvre d'Ormesson. La Meilleraie voulait-il seulement se protéger, ou enlever les petits princes à la reine, avec la complicité de Chavigny et pour le compte de Monsieur, comme d'aucuns le chuchotaient? Car les bruits les plus fous couraient. Quoi qu'il en soit, on comprend qu'il ait paru impossible à la reine de quitter ses enfants sans investir quelque haute personnalité du soin de leur sécurité. Beaufort, outre les raisons qui militaient en sa faveur, entraînait avec lui toute la maison de Vendôme. Ces maisons princières, dont Richelieu avait un temps « rabaissé l'orgueil », redevenaient des puissances. La reine ne pouvant choisir celle d'Orléans, ni celle de Condé, ni celle de Guise dont le chef était encore en exil, ni celle de Rohan dont l'élément le plus actif, Mme de Chevreuse, était elle aussi en exil, il ne restait en effet que la maison de Vendôme.

Dès la reine partie pour le château neuf, Beaufort mit en place autour du château vieux un dispositif militaire qui n'eût pas été disproportionné en cas d'attaque, mais qui, n'étant que préventif, parut offensant à Monsieur et à Condé. En effet, le roi ayant survécu à sa syncope, les deux princes revinrent au bout de quelques heures au château vieux (où ils logeaient tant bien que mal dans l'attente de la mort du roi). Quelle ne fut pas leur surprise de trouver dans la cour Beaufort à cheval, fièrement campé au milieu de soldats sous les armes et détournant la tête pour ne pas répondre à leurs questions! Du moins auraient-ils compris que la reine n'était pas seule. Louis XIII, lui-même, quand il eut repris connaissance, approuva sa femme et fit doubler aussi la garde autour du château neuf. Le 7 mai, Anne, s'y étant fait préparer une chambre, s'installait auprès de lui. Elle passait son temps à prier et à pleurer. Ses serviteurs s'employaient à d'autres tâches.

Le 9 mai, l'abbé de Montrouge rendait visite à Omer Talon. La reine, lui dit-il, amènera le dauphin au Parlement dès la mort du roi. Il ajouta en confidence qu'elle avait obtenu de Monsieur et du prince de Condé qu'ils ne feraient point obstacle à ce qu'elle devienne « seule, absolue et entière régente ». Mais comment, demanda Talon, cette affaire a-t-elle pu être « ménagée si adroitement et si secrètement »? La reine, dit l'abbé, s'est expliquée seule à seul avec Monsieur, l'évêque de Beauvais ayant travaillé à rapprocher les points de vue.

Gaston n'était pas sot; il avait compris deux choses : que l'opinion, comme le rapport des forces, lui était pour l'instant défavorable et qu'il fallait avant tout faire front commun avec sa belle-sœur contre la déclaration royale. Mais Anne avait dû promettre de lui conserver la charge de lieutenant général du royaume et de lui donner un gouvernement pour compenser celui d'Auvergne qu'il avait perdu. A Condé, qui possédait déjà le gouvernement de Bourgogne, l'évêque de Beauvais en avait promis un autre pour son fils Anguien.

Le 10 mai, Louis XIII tomba dans un assoupissement que les médecins jugèrent fatal. On fit revenir les petits princes. « Considérez, je vous prie, leur dit Dubois, le roi qui dort, comme il est et de quelle façon, afin qu'il vous en souvienne lorsque vous serez grands. » Quand le dauphin fut sorti de la chambre : « Avez-vous bien remarqué? demanda Dubois. – Oui, dit l'enfant, j'ai bien remarqué qu'il tient la bouche et les yeux ouverts et tout tournés. » A l'huissier de la chambre, qui lui demandait s'il aimerait être roi, le dauphin répondit non et que, si son papa mourait, il se jetterait dans le fossé. Mme de Lansac interrompit aigrement cette conversation, à vrai dire intempestive. Cette nuit-là, la reine ne regagna sa chambre qu'à deux heures. On croyait que le roi n'irait pas jusqu'au matin. Le lendemain, pourtant, il trouva la force de dicter des lettres à Chavigny et se fit jouer du luth. Quelle déception! La Porte et Mme de Hautefort, qui était revenus en hâte et secrètement de leur exil, durent repartir. Ils n'avaient passé qu'une nuit à Paris, et fort inconfortable. Toutes les auberges étant pleines, ils avaient échoué dans un garni, très bruyant, dont ils ne découvrirent qu'au matin la véritable destination.

Louis XIII mit encore trois jours à mourir. Le 12 mai, voyant sa femme et son frère de chaque côté du lit, il leur prit les mains, les joignit, les suppliant de toujours rester unis, de toujours veiller sur ses enfants. Le lendemain 13, pendant qu'on récitait les prières de l'agonie, il murmura à son confesseur : « Il me vient des pensées qui me tourmentent. » A laquelle de ses victimes songeait-il?

Le 14 mai enfin, à deux heures trois quart de l'après-midi, Louis XIII rendait à Dieu son âme énigmatique.

Commençant de régner, il a cessé de vivre

écrivit Corneille.

On avait fait sortir la reine un peu avant la fin. Elle était retournée au château vieux pour se rendre dans la chambre de l'enfant qui allait devenir Louis XIV, qu'elle embrassa comme son fils et salua comme son roi, dit Mme de Motteville. Dès le dernier soupir de Louis XIII, les courtisans s'y précipitèrent et « l'on vit le soleil levant adoré », comme écrit, non sans amertume, Goulas, un serviteur de Monsieur. Anne s'étonnera plus tard, devant Mme de Motteville, d'avoir éprouvé autant de chagrin. Mais non! C'était sa première mort, et puis on ne vit pas impunément vingt-cinq ans auprès d'un homme, et puis cet homme-là, si peu qu'il l'eût aimée, lui avait quand même donné ces deux fils sans lesquels elle n'aurait même pas obtenu un simulacre de régence.

Au bout d'un moment, Anne demanda à rester seule et pria Beaufort de faire sortir tout le monde. Beaufort inclut dans ce tout le monde Monsieur et Condé. C'était une offense de trop et, cette fois, on craignit l'affrontement. Vendôme ayant excusé son fils, qui lui-même s'excusa, l'incident n'eut pas de suite immédiate, mais laissa dans les cœurs de farouches désirs de vengeance.

Dès le lendemain, la reine, comme elle l'avait prévu, quittait avec ses fils Saint-Germain pour Paris. Rien n'était plus urgent et nécessaire que de créer un mouvement de réconciliation nationale et de ferveur populaire autour de l'enfant-roi. Dès l'aube, de longues files de chariots et charrettes, chargés de meubles et de bagages, commencèrent à dévaler la colline de Saint-Germain dans un nuage de poussière. Le défilé ne s'interrompit que vers midi pour laisser passer le cortège de la reine. Beaufort avait grandement fait les choses. En tête, la moitié du régiment des gardes françaises et une partie des gardes suisses; ensuite les mousquetaires gris et les mousquetaires noirs sous les ordres de Tréville (que Louis XIII avait rappelé aussitôt après la mort du cardinal), puis les chevau-légers conduits par le maréchal de Schomberg, puis le carrosse des écuyers de la reine, les gardes de la porte, les gardes du corps français et les cent-suisses. Le carrosse royal, où avaient pris place Anne et ses enfants,

Monsieur et la princesse de Condé, était entouré des valets de pied du roi, escorté par les capitaines des gardes du corps et le premier écuyer, Saint-Simon, revenu lui aussi, et qui, en l'absence d'un grand écuyer, portait l'épée royale. Derrière, venaient les gendarmes de la maison du roi, le carrosse des filles d'honneur, la compagnie des gardes écossaises, le reste des gardes suisses et françaises et le carrosse (vide) du feu roi, tiré par six chevaux isabelle, choisis parmi ses préférés. Ensuite, c'était de nouveau des carrosses, chariots et charrettes, dans le flot de valetaille et gens de métier que traînaient toujours à leur suite les maisons princières en déplacement; n'y manquaient même pas les filles de joie et leurs ruffians, qui avaient l'habitude de camper autour des châteaux royaux pour happer la clientèle. Il faudra que Louis XIV, plus tard, menace ces demoiselles de leur faire couper les oreilles pour qu'elles ne viennent pas débaucher ses gardes aux grilles de Versailles.

Le dernier galopin parti, Saint-Germain retomba dans le silence. Il n'y restait qu'un cadavre malodorant et squelettique, veillé par quelques gardes. Le pauvre corps de Louis XIII, revêtu d'une simple camisole et d'un bonnet de nuit, était couvert d'un drap blanc. Ni sceptre ni couronne à ses pieds. Le roi, à la différence de son ministre, avait voulu retourner à Dieu dans la simplicité.

L'agitation, l'excitation et la cohue se trouvaient maintenant à Paris où, depuis l'aube, une bonne moitié de la population se portait vers la route de Nanterre, le reste s'entassant dans le faubourg Saint-Honoré, par où devait passer le cortège. Les parlementaires, les grands commis étaient aussi sur le parcours, mais plus dignement, aux fenêtres. Les d'Ormesson avaient retenu depuis la veille un balcon chez un de leurs amis. Il était capital de savoir qui serait aux côtés de la régente dans sa première démarche; les carrières en dépendaient. Mais les inquiétudes professionnelles n'entamaient pas la joie, qui était générale. Au passage de la reine et de ses enfants ce n'étaient qu'applaudissements et bénédictions. « La reine était adorée, écrit Retz, qui ajoute avec son irrésistible malveillance, [...] beaucoup plus par ses disgrâces que par son mérite. L'on ne l'avait vue que persécutée et la souffrance, aux personnes de ce rang, tient lieu d'une grande vertu. L'on se voulait imaginer qu'elle avait eu de la patience, qui est très souvent figurée par l'indolence. Enfin il est constant que l'on en espérait des merveilles; et Bautru disait qu'elle faisait déjà des miracles, parce que les plus dévots avaient même oublié ses coquetteries. »

A l'entrée du faubourg du Roule, la régente de France subit ses premiers discours : ceux du duc de Montbazon, gouverneur de Paris, et du prévôt des marchands. Elle répondit qu'elle « ferait instruire son fils de la bienveillance qu'il devait avoir pour ses sujets ». Le cortège n'avançait plus qu'au pas et n'atteignit le Louvre qu'à six heures du soir. Sept heures de voyage entre Saint-Germain et Paris-centre, même à l'époque c'était un record! On ne se souvenait pas d'avoir vu foule aussi compacte dans la capitale depuis l'entrée de cette même Anne d'Autriche, alors jeune mariée, en 1617. Une fois au Louvre, la reine, épuisée, fit savoir qu'elle remettait les réceptions au lendemain.

Le samedi 16 mai fut en effet consacré aux visites des corps constitués; le dimanche 17, beaucoup moins aux dévotions qu'aux tractations. C'est le lendemain 18 que le Parlement devait se prononcer sur la déclaration royale. Il semblait exclu qu'il ne la cassât pas; néanmoins, l'évêque de Beauvais, qui appartenait à une famille de parlementaires, les Potier, fit les démarches nécessaires pour s'en assurer et aussi pour que la séance se déroulât dans la dignité. Tous les magistrats exilés par Richelieu étaient maintenant revenus et l'on pouvait craindre que certains d'entre eux ne profitassent de l'occasion pour dénigrer le règne passé, ce qui, Louis XIII n'étant pas encore enterré, eût été fort choquant.

On se levait tôt au XVIIe siècle. Le lundi 18, c'est à cinq heures du matin qu'Olivier Lefèvre d'Ormesson, qui nous l'a conté dans son journal, partit pour le Parlement en robe rouge. A huit heures, tout le monde était en place dans la Grand-Chambre. A ces assemblées solennelles en présence du roi, qu'on appelait lits de justice, étaient convoqués les ducs et pairs, maréchaux de France et grands officiers de la couronne. Revêtus de leurs manteaux doublés d'hermine, les ducs étaient à la droite du trône. A la gauche, l'évêque de Beauvais, qui aurait dû être entouré des autres pairs ecclésiastiques; mais, comme il était seul sur son banc et que plusieurs personnalités, le prince de Condé lui-même, se dérangèrent pour aller lui parler avant le début de la séance, personne ne douta plus qu'il ne dût être, le jour même, déclaré chef du conseil par la régente. Qui aurait pu lui disputer cette fonction? Certes pas Mazarin, qui d'ailleurs n'était pas venu et dont on savait qu'il se préparait à retourner en Italie.

A neuf heures et demie, on annonça que le roi et sa mère venaient d'arriver à la Sainte-Chapelle. Une délégation alla les y chercher. Le petit Louis XIV, vêtu de violet, était dans les bras de M. de Chevreuse, grand chambellan. Devant lui, le roi d'armes de France et deux hérauts d'armes en cottes de velours violet à fleurs de lys d'or et portant à la main leurs sceptres et leurs masses. M. de Chevreuse déposa son précieux fardeau sur le trône, surélevé de trois marches et surmonté d'un dais ancien, également de velours violet. Anne d'Autriche prit place sur le haut siège qui lui avait été réservé à droite du trône. Mme de Lansac (elle était encore là, mais pas pour longtemps!) se tint debout à sa gauche; le duc de Chevreuse s'assit aux pieds de Louis XIV, sur la seconde marche de l'estrade. Monsieur, Condé et son second fils Conty, alors âgé de quatorze ans, avaient droit, eux aussi, à des fauteuils à côté de celui de la reine. Lorsque tout le monde eut pris séance, Charost, capitaine aux gardes, demanda le silence. La reine, aidée par Mme de Lansac, leva le roi debout sur son trône pour qu'il prononçât la formule en usage : « Je suis venu pour témoigner au Parlement ma bonne volonté; M. le chancelier dira le reste. » On distingua peu de mots dans le bredouillis de l'enfant qui, d'après d'Ormesson, se serait même rassis sans vouloir ouvrir la bouche. C'était maintenant au tour de la reine. Ce qu'on voyait de son visage, sous le grand crêpe noir qui l'enveloppait, était très pâle. Moment bouleversant pour cette femme de quarante et un ans, qui, depuis l'âge de quinze ans, attendait qu'on la traitât en reine. C'est d'une voix altérée, à peine audible, qu'elle prononça son allocution. On en appréciera les termes : « La mort du défunt roi, mon seigneur, m'a surchargée de douleur [...]. Mon affliction a été si grande qu'elle m'a ôté toutes sortes de pensées de ce que j'avais à faire, jusque à ce qu'au dernier jour vos députés ayant salué le roi, monsieur mon fils, ils le supplièrent de venir tenir son lit de justice et prendre la place de ses ancêtres, laquelle il considérera comme l'une des marques de la royauté. Ce que j'ai voulu faire ce jour d'hui pour témoigner à cette compagnie qu'en toutes sortes d'occasions je serai bien aise de me servir de vos conseils, que je vous prie de donner au roi, monsieur mon fils, et à moi, tels que vous les jugerez en vos consciences pour le bien de l'État. »

Après quoi, le duc d'Orléans, prenant la parole, demanda que la reine fût investie de la pleine autorité pendant la minorité du roi, « ne désirant autre part dans les affaires que celle qu'il lui plairait lui donner ». Le prince de Condé prononça quelques paroles aux mêmes fins, sans omettre de rendre hommage aux qualités de la reine et même à sa beauté. On remarqua néanmoins qu'il avait parlé d'une voix plus réticente que Monsieur.

Commença alors la dure épreuve du chancelier Séguier. Depuis le début de la séance, le garde des Sceaux, revêtu de sa robe violette et de son bonnet carré, avait paru mal à l'aise. Ayant gravi les marches du trône, il s'agenouilla devant le petit roi, comme pour prendre ses ordres, puis revint à sa place pour blâmer ce qu'il avait approuvé et se démentir lui-même, c'est-à-dire demander l'annulation de la déclaration royale. Suivit un éloge d'Anne d'Autriche, cette même Anne d'Autriche qu'il avait en 1637 traitée en criminelle, allant jusqu'à porter les mains sur elle pour la fouiller. Or que disait-il maintenant, le chancelier Séguier? Que « l'autorité de cette vertueuse et sage princesse ne saurait être trop grande, puisqu'elle se trouvait entre les mains de la vertu même ». Les mots eurent du mal à passer. « Sa harangue était bien faite, écrit d'Ormesson, mais, soit qu'il ne la sût pas bien ou qu'il fût interdit, il hésita beaucoup et s'interrompit, dont tout le monde témoignait être bien aise tant il était haï. » MM. du Parlement ne pardonnaient pas à Séguier d'avoir fait trancher la tête à de Thou, un des leurs. La reine, elle-même, eut du mal à cacher la satisfaction que lui procurait la gêne visible du chancelier.

Omer Talon, en tant qu'avocat général, devait donner ses conclusions avant qu'on recueillît les voix. Autre épreuve pour Séguier, qui reçut tous les coups que Talon porta au pouvoir déchu. Certes, le feu roi était épargné, comme prévu, mais ses ministres étaient extrêmement malmenés. Quelles espérances, en revanche, faisait naître le nouveau règne! La paix, la paix qui « valait mieux que des victoires », la paix qui, seule, pouvait mettre un terme aux misères du peuple, serait à coup sûr l'œuvre de la régence. Mais que Louis XIV aimât son Parlement, où résidait « le dépôt sacré de la justice »! Les souverains, continuait Omer Talon, « qui doivent à Dieu ce que nous devons à leurs personnes, le compte de leurs actions, sont obligés d'être infiniment retenus dans toutes sortes de nouveautés contraires aux lois anciennes et ordinaires de l'État ». La reine était suppliée, elle aussi, de ne pas l'oublier; la confiance publique qu'on lui accordait en ce jour l'obligeait à ne pas décevoir la France.

Après cela, le Parlement cassa à l'unanimité la déclaration qu'il avait, vingt-cinq jours plus tôt, enregistrée à l'unanimité. Et c'est encore Séguier qui dut prononcer l'arrêt qui, en donnant à la reine l'administration absolue des affaires du royaume et le libre choix des ministres, était pour lui comme un arrêt de mort.

Un plébiscite pour Anne d'Autriche, et si triomphal qu'elle ne voulut pas attacher d'importance à l'incident qui avait troublé la séance (ce qui ne veut pas dire qu'elle l'oublia). Deux des parlementaires récemment revenus d'exil, MM. Barillon et Gayant, au lieu de donner succinctement leurs avis, les avaient assortis de véritables diatribes politiques. Non contents de rappeler à Louis XIV que le modèle à suivre était son *grand-père* Henri IV « dont le nom serait vénérable à tous les siècles », ils avaient demandé qu'on arrachât des registres la déclaration de Louis XIII, que leur assemblée n'avait enregistrée que sur ordre; rappelant enfin qu'ils avaient eu « la bouche fermée pendant quelques années », ils avaient prétendu faire des remontrances sur le gouvernement des affaires de l'État. Quelque cinquante conseillers, des Enquêtes surtout (c'était la chambre la plus remuante), avaient opiné en disant : « De l'avis de M. Barillon. » D'autres, sans le dire, auraient voulu qu'on profitât de l'occasion pour demander à la régente, c'est-à-dire pour exiger d'elle, le renvoi de tous les ministres « de la tyrannie passée ». M. de Beauvais avait obtenu qu'on n'en fît rien, disant « qu'il fallait laisser à la reine la gloire de se défaire elle-même de ces messieurs ». Puisque, de toute façon, elle y était décidée...

Dans l'après-midi de cette mémorable journée, Anne fut invisible. Fatiguée, elle s'était mise au lit et s'entretenait avec M. Arnaud d'Andilly, autre membre de la tribu, un dévot qu'elle connaissait et appréciait particulièrement. Mais le Louvre bruissait comme aux plus beaux jours. Tous les grands, tous les hauts magistrats, tous les bannis étaient en train d'y supputer leurs chances lorsqu'une rumeur courut, s'enfla, se répandit, frappant d'étonnement les assistants : la reine conservait les ministres de son mari. Deux jours plus tard, ce ne fut plus de l'étonnement, mais de la stupeur : Anne d'Autriche avait nommé le cardinal Mazarin chef de ses conseils [2].

IX

UNE ESPAGNOLE SAISIE PAR LA FRANCE

Il est un peu intimidant d'aborder, après tant d'autres, une histoire qui a fait couler tellement d'encre. La première chose à dire, c'est que Louis XIII, sur son lit d'agonie, avait fait promettre à sa femme de toujours garder Mazarin ; c'est pour cela, avait-il expliqué, que je l'ai choisi comme parrain du dauphin. Anne avait promis. Reste à savoir si elle se sentait liée par cette promesse. Nous avons vu le cas qu'elle avait fait des autres volontés dernières de son mari ! C'est pourquoi il faut chercher ailleurs des explications au choix qu'elle fit de Mazarin.

Les contemporains allèrent au plus simple : le charme de l'homme. Pour La Rochefoucauld, Mazarin, déjà, « commençait à n'être pas désagréable » à la reine. On a dit plus ; on a dit que Richelieu avait prémédité cette liaison pour continuer à gouverner la France par-delà la tombe ! Lors du premier séjour à la cour du signor Giulio, il l'aurait présenté à la reine en ces termes : « Vous l'aimerez bien, madame, il a l'air de M. de Buckingham. » Tout est possible de Richelieu, mais Mazarin était-il si séduisant ?

Tout le monde à l'époque en jugeait ainsi, même ses ennemis. Il manque pourtant à ses portraits ce que je ne sais quoi qui fait la séduction de Buckingham. On dira que, sous la pourpre, il est difficile d'avoir l'air cascadeur ! Sans doute, mais même dans les portraits de jeunesse, où la ressemblance est indéniable (même coupe de visage, même plantation de cheveux, même nez, mêmes yeux en amande), tout, chez Mazarin, est, par rapport à Buckingham, comme adouci, amolli : joues plus pleines, menton moins impérieux, allure moins conquérante. L'âge ne fera qu'accentuer ces traits. Mais une reine quadragénaire se serait-elle accommodée d'un piaffant cavalier?

La séduction de Mazarin, c'était celle des manières et de l'esprit. En tout, un raffiné. On se moquera pendant la Fronde de ses pommades et de ses parfums : c'est qu'il était extrêmement soigné de sa personne. Il fallait le surprendre au réveil, dit Brienne le jeune, fils de l'autre, pour sentir sur lui quelque mauvaise odeur. Particularité en effet remarquable à une époque où l'odeur habituelle des gentilshommes, c'était l'odeur de bouc!... Mazarin soignait son décor bien plus encore que sa personne. Dès 1641, sa table passait pour la plus « propre », c'est-à-dire la plus raffinée de Paris. Collectionneur impénitent, « militant de l'art », a même dit de lui Mme Laurain-Portemer, cet homme de goût offrait des cadeaux exquis, ne ménageait aucune peine pour se les procurer, descendant dans tous les détails. On appréciera cette lettre adressée au diplomate Hugues de Lionne, alors à Parme, pendant l'ultime maladie du roi : « Veuillez avoir l'obligeance de voir si vous pouvez trouver un chien semblable à Bottolino, ou qui ait quelque autre originalité; le poil blanc et noir sera le plus agréable. Vous devez prendre garde qu'il ne soit pas très gros, mais semblable à ceux que le roi a coutume d'avoir auprès de lui.

« Je vous prie encore de vouloir bien m'envoyer par la première occasion une forme de fromage parmesan et un peu de salaison de Modène ou de Bologne. »

Le prince Maurice de Savoie, quant à lui, est prié d'envoyer à la cour la troupe de comédiens « qui a été à Nice » et de veiller à ce qu'elle soit meilleure que la dernière fois : le roi n'en avait pas été satisfait. Et pour ne rien laisser au hasard, Mazarin écrit lui-même à

Leandro, le chef de troupe. Plus tard, il fera en sorte que la reine ait toujours sur sa table les premières oranges du Portugal, allant pour cela jusqu'à retarder les livraisons dans le reste du pays!

Déjà, Anne d'Autriche avait été sensible aux éventails, gants, parfums et autres « bagatelles » que le seigneur Jules lui avait envoyés d'Italie; des « galanteries » y succédèrent, c'est-à-dire des objets plus précieux : rosaires, médailles, camées... La reine aussi était délicate et raffinée, et elle aimait les belles choses, comme en témoigne l'inventaire de son mobilier. On raconte que Mazarin, lors d'un de ses séjours en France, ayant gagné une grosse somme au jeu (le jeu était un de ses talents de société), offrit 5 000 écus à la reine dont la présence, disait-il, lui avait porté chance. Anne refusa, mais il insista avec de si doux accents *(soavi accenti)* qu'elle finit par céder. La reine était alors toujours à court d'argent; mais qu'elle ait pu accepter pareil présent d'un diplomate étranger et même que celui-ci ait osé le lui offrir, la chose est difficile à croire. Ne retenons de l'anecdote que la maxime qu'elle illustre et que Mazarin mettait inlassablement en pratique : les petits cadeaux entretiennent l'amitié. Les petits services aussi, et Mazarin s'efforçait d'en rendre à la reine. Le 5 mai 1643, donc avant la mort du roi, il écrit au général des postes de Savoie : « Monsieur, je n'avais pas besoin d'être sollicité pour protéger les intérêts que vous avez en cette cour à l'occasion du mariage de votre fille. La reine m'avait déjà commandé de m'y employer [1] ».

Insinuant, affable, enjoué, agréable, capable de plaire, quand les contemporains parlent de Mazarin, ces mots reviennent sous toutes les plumes. Un enchanteur, dit même Mme de Motteville! On allait beaucoup se moquer de son accent italien; en quoi pouvait-il gêner une Espagnole dont la voix, de temps en temps, dans l'irritation surtout, retrouvait ce que les contemporains appellent une aigreur ou un fausset, qui n'était que la raucité de sa langue natale soudain resurgie?

Plus important est de savoir que Mazarin parlait couramment le castillan.

Mais, tous ces atouts, le seigneur Jules, en ce début de 1643, n'avait guère eu le temps de les faire valoir auprès d'Anne d'Autriche. Plutôt qu'au charme de l'homme, c'est à l'habileté du politique qu'il faut faire appel pour comprendre comment le plus fidèle disciple de Richelieu a pu amener la plus constante ennemie du même à lui accorder sa confiance et le pouvoir. N'était-ce pas déjà un tour de force que d'avoir servi trois ans Richelieu sans s'aliéner la reine? Sans doute, Mazarin séjournait peu à la cour et, s'il y séjournait peu, c'est qu'il s'employait à négocier par monts et par vaux. « Vous courtisez la paix comme si elle était la dame de vos pensées », lui disait Richelieu. C'est là une des clés qui peut nous aider à comprendre le choix d'Anne d'Autriche.

Rappelons-nous en quelles circonstances elle avait pour la première fois entendu parler de Mazarin : à Lyon, en 1630, alors qu'il travaillait déjà à la paix entre la France et l'Espagne, momentanément compromise par l'affaire de Mantoue. L'historique « coup de chapeau » (Motteville) par lequel le jeune diplomate avait arrêté à Casal les deux armées prêtes à en découdre, Anne l'avait admiré plus que tout le monde parce qu'il mettait fin au conflit entre ses deux patries. C'est encore à empêcher la guerre qu'avait travaillé Mazarin, lorsqu'il était revenu en France en 1634, et nous savons les conversations qu'il avait eues avec la reine sur ce sujet. A partir de 1640, passé au service de Richelieu, le monsignore ne s'était encore et toujours occupé qu'à négocier, à l'extérieur comme à l'intérieur du royaume. Jamais cet homme de compromis n'avait eu part aux cruautés de Richelieu. Il avait intercédé pour de Thou, lors des premières imprudences de celui-ci et, tout récemment, s'il n'avait pu le sauver, il avait du moins contribué à sauver Bouillon en négociant avec lui l'accord qui livrait Sedan à la couronne. Il se flattera plus tard d'avoir également intercédé pour Monsieur après la découverte de cette même conspiration de Cinq-Mars [2].

Pendant les cinq mois qui séparèrent la mort du cardinal de celle de Louis XIII, la tactique de Mazarin peut se résumer ainsi : au roi : faites-moi confiance, j'empêcherai la reine de nuire; à la reine : faites-moi confiance, je vous sauverai l'essentiel. Les témoins, et ils sont nombreux, tant cette affaire intrigua les contemporains, diffèrent un peu sur les péripéties mais sont unanimes sur la tactique : le travail souterrain fut admirablement mené.

Mazarin, tel qu'il était, avait beaucoup d'amis; c'est par ces amis qu'il agit d'abord sur la reine. Les principaux intercesseurs furent le nonce Grimaldi, l'évêque de Beauvais (qui se laissa complètement berner), Vincent de Paul, Brienne, Henri de Beringhen et Montagu. Il y aurait une thèse à écrire sur Montagu, ou un roman. On voit ce qu'en ferait Graham Greene : pur produit de l'*establishment,* passé à l'Intelligence Service, pour finir converti et prêtre de l'Église catholique romaine!

Dans le cœur d'Anne d'Autriche, lord Walter Montagu était associé à un très cher souvenir; n'avait-il pas accompagné Buckingham en France lors du voyage de 1625, celui qui s'était achevé à Amiens par la trop célèbre leçon d'amour dans un parc? Et, en 1628, c'est Montagu qui avait recueilli à Portsmouth le dernier soupir de Buckingham, après le coup de poignard de Felton. Depuis l'âge de vingt-deux ans, il appartenait au service secret de Sa Majesté britannique, comme spécialiste des affaires françaises. De la France, il connaissait la langue, le personnel politique... et les prisons. Capturé et embastillé par Richelieu en novembre 1627, pour avoir aidé Mme de Chevreuse et ses amis à ourdir leur complot européen contre la France, il rendit alors un très grand service à Anne d'Autriche. La reine, qui n'avait pas la conscience tranquille, craignait d'être mise en cause; on se souvient que Montagu la fit rassurer par La Porte : elle n'était pas nommée dans les papiers saisis et, de toute façon, il ne dirait jamais rien qui pût lui nuire, quand bien même on devrait le faire mourir. Libéré quelques mois plus tard, Montagu, chose étrange, revient en France l'année suivante et, jusqu'à 1633, y séjourne presque en permanence, attaché d'un lien mal défini à l'ambassadeur d'Angleterre. Agent double? Non, mais homme utile par les contacts qu'il entretenait au plus haut niveau en Angleterre et qu'il valait mieux ménager. Anne le vit alors souvent, en public et en privé (au Val-de-Grâce).

En 1635, Montagu, de retour dans son pays natal, décide de se convertir au catholicisme. Par conviction sans doute, puisque c'était le plus sûr moyen de ne pas réussir en Angleterre, sauf auprès de la reine Henriette. On disait qu'Henriette et *Wat* (ainsi l'appelait-elle) ne communiaient pas qu'en Dieu... Une visite à Loudun, au moment de l'affaire des possédés, acheva en *Wat* ce que le désir de plaire, peut-être, avait commencé; il vit, de ses yeux, le démon Balaam sortir du corps de la mère Jeanne des Anges! Il est vrai que les exorcistes avaient été prévenus de la visite de ce noble catéchumène... C'est pendant ce séjour en France que Montagu se lia avec Mazarin, qui s'y trouvait alors comme nonce extraordinaire. Le seigneur Jules ne négligeait aucune relation et il avait avec *Wat,* qui n'en était pas encore à la pénitence, beaucoup de goûts communs : le luxe, le théâtre, les arts et l'Italie. On échangea des cadeaux, on se recommanda des peintres et des sculpteurs.

En 1638, Montagu séjourne de nouveau en France, chargé de mission par le roi d'Angleterre; il réussit même à y obtenir, au nom de la reine Henriette, la libération du chevalier de Jars, un fidèle d'Anne d'Autriche. Trois ans plus tard, à l'automne 1641, l'Anglais, chassé de son pays par la révolution, par le scandale de sa conversion et par l'hostilité de son roi, revient chez nous. Il se fixe à Pontoise, où, avant d'obtenir l'abbaye Saint-Martin, il occupe une maison que tout le monde nous décrit comme fort bien aménagée (le confort anglais, déjà!). La principale relation de Montagu à Pontoise était la mère Jeanne de Jésus, alias Jeanne Séguier, prieure des Carmélites. Si Anne d'Autriche haïssait Séguier, elle aimait beaucoup sa dévote sœur et allait souvent lui rendre visite. Il est donc à peu près sûr que, dès avant la mort du cardinal, elle eut de nouveaux contacts, au moins indirects, avec Montagu. En décembre 1642, vingt jours après la mort de Richelieu, on revoit l'Anglais à la cour; il y vient solliciter un secours d'argent pour les souverains britanniques en péril. Anne eut alors toute liberté de lui faire part de ses perplexités. Montagu, maintenant âgé de quarante ans, était un sage, nous dit Mme de Motteville. Dans sa sagesse il parla pour Mazarin. Acheté par celui-ci? Non, mais il savait reconnaître un homme d'État quand il en voyait un et il n'avait plus aucune raison de jouer contre la France. Je suis peut-être, disait-il à Anne, « la seule personne désintéressée » de qui vous pouvez prendre conseil. Si bien qu'il n'est pas exagéré de dire que, grâce à un Anglais, une reine espagnole choisit un Italien pour gouverner la France.

Montagu joua sur le désir de paix d'Anne d'Autriche. Vous voulez mettre fin à la guerre? lui dit-il. Alors, commencez par éviter les difficultés intérieures; ne donnez pas lieu aux « brouilleries domestiques en votre cour » que susciterait infailliblement le renvoi des ministres en place. Et si vous n'en gardez qu'un, gardez le négociateur chevronné, seul capable de s'entendre avec les Espagnols qu'il connaît si bien. S'il faut en croire La Châtre, Montagu aurait même dit que Mazarin accorderait à l'Espagne des conditions avantageuses parce qu'il était à demi espagnol lui-même. Il est curieux que Mme de Motteville aussi nous parle de Mazarin comme d'un demi-Espagnol. Sans doute la moitié de l'Italie, comme la moitié de l'Europe, dépendait du roi d'Espagne; sans doute Mazarin avait eu pour premiers *padroni* les Colonna, inféodés à l'Espagne. Mais les sympathies de Giulio étaient très tôt allées à la France. À regarder sa biographie, on s'aperçoit qu'il n'avait en tout et pour tout passé que deux années de sa jeunesse en Espagne. Il en était revenu, détail qui n'est pas sans intérêt, « très affectionné aux dames de ce pays », comme il le confia un jour à Chavigny. Si les contemporains ont tant insisté sur les attaches espagnoles de Mazarin, jusqu'à faire de lui un demi-Espagnol, c'est sans doute qu'ils ne trouvaient pas d'autre explication au surprenant choix de la reine.

Ulcérée par la déclaration royale, qu'elle connut avant sa promulgation, Anne, en un premier temps, en voulut à Mazarin qu'elle en rendait responsable avec Chavigny. C'est alors que l'évêque de Beauvais joua sa partie. À l'instigation de Mazarin, il persuada la reine que le seul Chavigny était coupable, ce qu'elle était toute prête à croire; il fit surtout valoir l'argument décisif : l'important, c'était d'obtenir du roi le titre de régente; on verrait ensuite. Il est bien évident que cet *ensuite* n'avait pas le même sens pour Mazarin que pour Beauvais, comme celui-ci s'en rendit compte quand le premier lui eut été préféré. L'évêque manquait de subtilité. La Rochefoucauld remarque que c'était le seul des serviteurs de la reine que Richelieu n'avait pas jugé digne d'être chassé! Retz l'appelle avec moins de ménagements « la bête mitrée » ou « le plus idiot des idiots ». Quand bien même M. de Beauvais aurait eu plus d'intelligence, cela n'eût pas suffi. Dans une cour, il faut ériger la méfiance en vertu. Avant d'aider la reine à obtenir les pleins pouvoirs, Beauvais devait lui arracher l'assurance qu'elle renverrait les ministres en place, comme le voulaient les parlementaires; et, puisqu'on n'est jamais mieux servi que par soi-même, il devait ne pas se contenter de cette assurance et s'arranger pour ruiner ses possibles rivaux. C'est ainsi qu'avait agi en son temps Richelieu; c'est ainsi qu'agissaient toujours en monarchie les favoris, pour rester seuls maîtres de l'esprit des souverains. Philosophant sur cette affaire, le mémorialiste Goulas rappelle que Luynes, le moins cruel des hommes, ne s'était pourtant pas contenté de faire assassiner Concini et de chasser ses amis : « Il avait découplé le peuple sur ses biens et sur sa charogne. »

On sait le crédit qu'Anne d'Autriche accordait aux gens d'Église. Lorsque Vincent de Paul joignit sa voix à celles du nonce Grimaldi, de l'évêque de Beauvais, de Montagu, elle fut très impressionnée. M. Vincent, comme Montagu, commença par conseiller le maintien des ministres en place, mais pour raisons évangéliques : Dieu ne nous commande-t-il pas de pardonner à nos ennemis ? Ensuite, si, comme Montagu et comme Grimaldi, M. Vincent en vint à recommander Mazarin, c'est sans doute parce qu'il le jugeait le meilleur, ce qui était vrai, mais aussi parce que cette petite cabale catholique estimait conforme aux intérêts de l'Église qu'un homme d'Église, et romain, gouvernât la France.

Brienne, lorsqu'il apprit que des contacts avaient eu lieu, en fut d'abord désagréablement surpris, la reine, *sa* reine, songeait à faire confiance à une créature de Richelieu ? Mais pourquoi ? « Deux raisons, me répondit cette princesse ; la première que, sur la parole du nonce, je suis persuadée que le cardinal Mazarin est mon serviteur ; et la seconde, qu'ayant envie de me défaire de Bouthillier, de Chavigny et de tous ceux qui n'ont point été dans mes intérêts, je serai bien aise d'y conserver quelqu'un qui puisse m'informer des intentions que pourra avoir le roi à sa mort pour les suivre. » Anne ajoutait que Mazarin offrait un autre avantage : il n'était ni dans la dépendance de Monsieur ni dans celle de Condé, ni, à vrai dire, de personne, puisque étranger. Par ailleurs, la reine étant décidée à renvoyer Bouthillier, Chavigny et, cela va sans dire, Séguier, qui pouvait-elle conserver de l'ancienne équipe sinon Mazarin ? Car il fallait bien qu'elle conservât un au moins des principaux ministres en place, ne fût-ce que momentanément, pour assurer la transition.

On voit que la reine avait déjà beaucoup réfléchi. Ses longues années de solitude avaient été des années d'observation. Elle avait d'abord appris à se connaître elle-même; de tempérament indolent et même « paresseux » (Motteville), elle se défiait de ses forces autant que de ses capacités. Elle avait aussi appris à connaître les êtres, à mesurer la rareté des hommes valables. L'évêque de Beauvais, « dès le premier moment », dit La Châtre, l'avait déçue. Bientôt, il allait lui déclarer que les Hollandais ne pourraient continuer à bénéficier de notre alliance que s'ils se convertissaient au catholicisme! Anne, pour pieuse qu'elle fût, « eut honte de cette mômerie de ministère », ajoute Retz. Beaufort aussi avait déçu la reine, mais pour d'autres raisons.

Ah, qu'il est difficile d'être reine et jolie femme! Beaufort, grisé par les marques de confiance d'Anne d'Autriche, ne se faisait pas seulement des ennemis, mais beaucoup d'illusions. Pourquoi, se disait-il, ne pas assaisonner mon dévouement d'un peu de galanterie? Il connaissait au fond assez peu la reine, sinon de réputation, et, dans cette réputation, il y avait Buckingham. Or Anne, depuis cet épisode, n'avait plus jamais connu la douceur d'être aimée et elle avait maintenant près de quarante-deux ans. Comment (se disait encore Beaufort) ne serait-elle pas sensible aux assiduités d'un homme de vingt-sept? Elle l'eût peut-être été en d'autres circonstances. Beaufort, qui était un lourdaud, ne comprit pas qu'une femme qui est en train de voir mourir son mari éprouve un véritable dégoût de l'amour et même des hommages. Si encore ces hommages avaient été sincères!... Mais Beaufort aimait ailleurs et la reine le savait. Je l'ai dit déjà, mais il faut le redire : impossible, quand on évoque une cour, de dissocier la politique du sentiment. L'amour passionné de Beaufort pour Mme de Montbazon est un fait dont l'historien doit tenir compte, puisqu'il aura des répercussions sur toute la régence d'Anne d'Autriche.

Pendant l'agonie de Louis XIII, la duchesse de Montbazon, comme tous les grands, habitait Saint-

Germain ; après avoir fait l'empressé auprès de la reine, Beaufort allait la retrouver chaque soir. On a beau se refuser à l'amour, ces choses-là déplaisent ! Mazarin, qui, comme Richelieu, avait des créatures partout, eut beau jeu de faire remarquer à la reine, par une de ses femmes de chambre, combien la conduite de Beaufort était à la fois indélicate et compromettante. Il en était à peine besoin : Beaufort multipliait les maladresses.

Si l'on pouvait voir les reines au lit, il n'était pas d'usage de les voir au bain, encore que, là aussi, elles fussent décemment revêtues d'amples chemises. Un matin, tandis que les courtisans attendaient dans l'antichambre que la reine eût terminé ses ablutions, Beaufort alla gratter à sa porte. Bravade du même type que celles de Concini, lorsqu'il renouait son aiguillette au sortir de la chambre de Marie de Médicis pour faire croire que... L'huissier entrouvrit la porte pour rappeler que Sa Majesté ne recevait pas. Le repoussant, Beaufort entra, pour se faire aussitôt renvoyer par la reine en quelques mots extrêmement irrités. Il reprit sa place dans l'antichambre, fort vexé d'avoir subi une humiliation publique.

Ses rivaux s'étant ainsi déconsidérés, ses capacités ayant été par ailleurs suffisamment vantées à la reine, Mazarin n'avait plus qu'à jouer deux cartes : celle du dévouement, celle du désintéressement. D'après Brienne le jeune, il aurait même fait porter à Anne par Beringhen l'assurance écrite de sa fidélité :

« Je n'aurai jamais de volonté que celle de la reine. Je me désiste dès maintenant, de tout mon cœur, des avantages que me promet la déclaration *(de Louis XIII)*, que j'abandonne sans réserve, avec tous mes autres intérêts, à la bonté sans exemple de Sa Majesté. Écrit et signé de ma main,

« De Sa Majesté le très humble, très obéissant et très fidèle sujet et la reconnaissante créature

« Jules, cardinal Mazarini. »

Si l'on n'est pas sûr de l'authenticité du billet, on

peut l'être des propos qu'il exprime. Mazarin savait que la reine n'aurait rien de plus pressé que de faire casser la déclaration royale; c'est d'elle et d'elle seule qu'il devait obtenir de rester au pouvoir. Il est même possible qu'il ait espéré, par cet acte d'allégeance, la dissuader de laisser au Parlement le soin de lui accorder les pleins pouvoirs. Il était bien trop astucieux pour ne pas deviner que ce service se paierait cher.

Deuxième carte : le chantage au départ. Mazarin était un joueur : il en joua jusqu'au bout. Et pas seulement pour être choisi, mais pour obtenir, contrairement à ce qu'il avait d'abord laissé croire, un rang équivalent à celui qu'il aurait eu au conseil de régence institué par Louis XIII. Cette promesse du feu roi, comme sa dignité de cardinal, lui interdisaient d'entrer au conseil sans le titre et même le brevet de ministre d'État. Le service de la reine l'exigeait aussi : sans autorité, il serait inutile. Dès lors, pourquoi rester en France? Ses préférences, d'ailleurs, le portaient vers la diplomatie. Si la reine ne pouvait ou ne voulait lui donner le poste qu'il souhaitait, eh bien qu'elle l'envoyât servir la France à l'étranger, particulièrement en Italie où l'appelaient ses intérêts et sa famille!

La tactique fut payante, comme on l'a vu. Reste à savoir si l'accord se fit avant ou après le lit de justice du 18 mai, et si le « désespoir » que, selon la princesse de Condé, Mazarin aurait manifesté après l'abrogation de la déclaration n'était qu'une comédie. D'après Brienne le jeune, l'accord était déjà réalisé; c'est son propre père qui, ayant constaté l'embarras de la reine, lui aurait conseillé d'offrir à Mazarin le poste qu'il souhaitait, ne fût-ce que pour l'éprouver et savoir s'il avait réellement l'intention de s'attacher au nouveau pouvoir. Pourtant, il semble bien qu'Anne d'Autriche ait hésité jusqu'au dernier moment et que ce fût le refus de Mazarin, au soir du 18 mai, d'assister sans titre au conseil qui l'ait décidée à lui offrir un peu plus qu'elle n'avait d'abord projeté.

Mais pourquoi, on peut se le demander, la reine ne

choisit-elle pas un de ses anciens alliés, c'est-à-dire Châteauneuf? Parce que Châteauneuf avait un grand défaut : il était absent. Jusqu'à la mort du roi, grâce aux précautions prises par celui-ci, Anne ne put le rencontrer. Or elle ne l'avait pas revu depuis 1633. C'était maintenant un homme de soixante-trois ans et qui avait passé dix années en forteresse. Que savait-il de l'état présent du royaume et des affaires internationales? Et puis Châteauneuf, malgré les qualités qu'on lui connaissait, était-il un bon choix? « Irréconciliable » avec les créatures de Richelieu, il exigerait leur éviction immédiate, provoquant ainsi ces brouilleries domestiques que Montagu avait fait craindre à la reine; détesté des Condé, pour avoir jadis fait condamner Montmorency, frère de Madame la Princesse, sa seule présence au gouvernement rejetterait ceux-ci dans l'opposition. Or on pouvait d'autant moins perdre l'appui des Condé qu'il était nécessaire d'opposer, « dans les occasions », Monsieur le Prince à Monsieur pour les contenir l'un par l'autre. Ce n'est pas l'historien qui raisonne ainsi, c'est Anne d'Autriche elle-même qui le disait à Brienne. L'historien, lui, ne peut que rester confondu devant la pénétration insoupçonnée de la reine.

Et c'est pourquoi il faut s'écarter des idées reçues, éclairer d'un jour nouveau le choix de Mazarin par Anne d'Autriche. Quelques circonstances qui aient joué en faveur de l'habile Giulio, quelques ressorts qu'il ait fait jouer lui-même, il n'aurait pas été choisi si, pour la première fois de sa vie, Anne d'Autriche n'avait mesuré la complexité des affaires de l'État. Et je ne parle plus de la fatigue ou de l'effroi qu'elles pouvaient lui inspirer. Il s'agit d'autre chose; d'un début de métamorphose, à vrai dire bouleversant. Anne d'Autriche, après vingt ans d'opposition et même de trahisons, commençait à se sentir responsable du devenir de la France. La fonction saisissait la femme. Elle comprenait que ceux qui avaient servi Richelieu n'avaient fait que servir l'État, que ceux qui avaient intrigué contre lui étaient capables d'intriguer contre elle, parce qu'ils faisaient passer leurs intérêts particuliers avant ceux du royaume, parce que c'est au pouvoir qu'ils en avaient, en quelques mains qu'il se trouvât. En choisissant un premier ministre inféodé à un clan, ce pouvoir, qu'elle avait eu tant de mal à obtenir, lui serait ôté plus sûrement encore que par les volontés de son mari. Personne ne comprit qu'elle avait compris cela. D'où les clameurs de dépit, bientôt transformées en clameurs de vengeance, qui s'élevèrent parmi ses serviteurs d'avant. Tous, les La Châtre, les Bouillon, les La Rochefoucauld, les La Porte, les expriment avec plus ou moins de talent.

Deux exemples suffisent à montrer le changement qui s'était déjà opéré en la reine : son attitude envers Mme de Chevreuse, son attitude envers l'Espagne.

Les premiers gestes souverains de la régente furent de chasser de son entourage les Brassac et Mme de Lansac, d'y rappeler Mme de Senecey et Mme de Hautefort; elle envoya même à celle-ci sa litière pour qu'elle revînt plus vite et plus honorablement de l'exil auquel Louis XIII l'avait condamnée. L'abbesse du Val-de-Grâce et le P. Caussin réintégrèrent leurs couvents, et la sœur de Châteauneuf, Mme de Vaucelas, fut aussi rappelée. D'Argouges, le trésorier jadis chassé par Richelieu, allait bientôt l'être et remplacerait Le Gras. Qui donna-t-on au petit roi comme premier médecin? Vautier, tout juste sorti de la Bastille, et qui avait occupé le même poste auprès de Marie de Médicis. Les autres proscrits, s'ils n'étaient pas tous rentrés dans leurs charges, étaient du moins rentrés dans le royaume, voire à la cour, comme les ducs de Guise, d'Elbeuf et d'Épernon, comme la jeune Mme de Motteville, qui avait eu la gloire d'être bannie par Richelieu à l'âge de dix ans. On voyait même parader dans la capitale des rescapés de la conspiration de Cinq-Mars encore sous le coup d'une condamnation, tels Fontrailles et Aubijoux.

Tout le monde avait cru que le rappel de Mme de

Chevreuse aurait précédé les autres. Quand on vit qu'il ne manquait plus qu'elle à la cour, on murmura, et La Rochefoucauld prit sur lui de faire des représentations à la reine. « Elle me fit, écrit-il, beaucoup de difficultés de la laisser revenir à la cour, après l'expresse défense que le roi lui en avait faite en mourant; elle me dit qu'elle l'aimait toujours, mais que, n'ayant plus de goût pour les amusements qui avaient fait leur liaison dans leur jeunesse, elle craignait de lui paraître changée; qu'elle savait par sa propre expérience combien Mme de Chevreuse était capable de troubler par des cabales le repos de sa régence. La reine ajouta encore qu'elle revenait sans doute avec un esprit aigri de la confiance qu'elle prenait au cardinal Mazarin, et dans le dessein de lui nuire. Je lui parlai peut-être avec plus de liberté que je ne devais : je lui représentai quel trouble et quelle surprise un changement si imprévu allait causer au public et à ses anciens serviteurs, quand on verrait tomber les premières marques de sa sévérité sur Mme de Chevreuse; je lui remis devant les yeux la fidélité de son attachement pour elle, ses longs services et la durée des malheurs qu'elle lui avait attirés; je la suppliai de considérer de quelle légèreté on la croirait capable et quelle interprétation on donnerait à cette légèreté si elle préférait le cardinal Mazarin à Mme de Chevreuse. Cette conversation fut longue et agitée; je vis bien que je l'aigrissais quelquefois... »

La reine permet enfin à Mme de Chevreuse de rentrer dans le royaume et à La Rochefoucauld d'aller à sa rencontre, mais « pour lui faire prendre une conduite qui lui fût agréable ».

Il est étonnant de voir un homme aussi intelligent que l'auteur des *Maximes* réduire le problème à une préférence personnelle; de l'entendre parler de « légèreté », quand cette préférence va à l'homme d'État, et de lire sous sa plume l'explication suivante de la conduite d'Anne d'Autriche : « On fit qu'elle affecta de désavouer tout autre intérêt que celui de l'État. » Mais non, ce n'était pas une affectation! Qui sait même si la reine, quand, dès avant la mort de son mari, elle disait ne pas souhaiter le retour de Mme de Chevreuse, n'était pas déjà sincère?

On pourrait aussi parler de Séguier, de Séguier, qu'à la surprise générale, Anne garda, alors qu'elle excluait du ministère de moins haïssables que lui, tels Bouthillier et Chavigny. Le maintien de Séguier fut attribué à l'influence de la mère Jeanne Séguier et de Montagu, à l'intervention de Mazarin et de Brienne, à la difficulté de lui trouver un successeur, à la corruption aussi : Séguier était riche et il aurait acheté des membres de la maison de la reine. Toutes ces raisons ont pu jouer, mais elles n'auraient pas suffi si la reine n'avait compris que Séguier, lors même qu'il la persécutait, n'avait fait, lui aussi, que son devoir.

Le plus étonnant, le plus extraordinaire fut l'attitude envers la maison d'Autriche de celle qui s'appelait Anne d'Autriche.

Le 19 mai 1643, la régence naissante de la reine était inondée de gloire par la victoire de Rocroi, qui révélait en même temps à l'Europe le génie d'un stratège de vingt-deux ans, le duc d'Anguien. Retz écrira plus tard : « M. le Prince est né capitaine, ce qui n'est jamais arrivé qu'à lui, à César et à Spinola. » La première allégresse passée, une question se posa : que faire maintenant? La célèbre infanterie espagnole étant quasi anéantie, ne convenait-il pas de négocier en position de force? C'était le vœu le plus cher de la reine. Mazarin en jugeait autrement; il souhaitait qu'on exploitât le succès obtenu en entreprenant une action d'envergure, à savoir le siège de Thionville. Conquise par nous, Thionville, qui appartenait aux Pays-Bas espagnols, verrouillerait notre frontière de l'Est contre les invasions et nous ouvrirait le chemin de l'Allemagne. Au conseil, tout le monde se prononça contre le projet, jugé trop hardi. Mazarin le fit pourtant adopter grâce à l'appui de la reine; il explique pourquoi et comment dans une lettre à son ami le cardinal Bichi :

« Mes raisons les plus fortes furent que la victoire remportée à Rocroi serait attribuée aux ordres du feu roi ou à l'ardeur d'un prince jeune et avide de gloire qui commandait les armées, mais que, si l'on ne tirait aucun fruit de ce grand succès, on l'imputerait à la faiblesse de la régence et l'on dirait que dans la tombe du feu roi avait été ensevelie toute vigoureuse résolution. Ce qui, non seulement enhardirait les ennemis [...], mais de plus nos alliés songeraient à se mettre en sûreté en consentant à une paix particulière avec la maison d'Autriche, par laquelle ils étaient continuellement sollicités. Ils penseraient d'autant plus à se séparer de la France que, *la voyant gouvernée par une reine sœur du roi d'Espagne, ils seraient persuadés que, si l'on ne profitait pas de la victoire, cela viendrait de l'attachement et de la sympathie que Sa Majesté avait pour sa maison et de quelque intelligence avec les ministres du roi son frère à l'effet de suspendre les hostilités.* »

On a bien lu : ce que Mazarin a dit à la reine, c'est : vous devez abattre la maison d'Autriche, vous plus qu'aucune autre, parce que vous y appartenez. Et ce langage, Anne, visitée par Dieu sait quelle illumination, l'a compris. Oh ! ce ne fut pas sans hésitations. Mazarin ne se fiait pas à ses seules forces ; deux généraux, entre tous, approuvaient son plan : Rantzau et Turenne (frère de Bouillon) ; il les supplia d'aller parler à la reine pour « l'affermir dans la pensée de cette entreprise ». Mais enfin, si l'on songe que la victoire de Rocroi fut connue à Paris le 21 mai et que les premiers ordres pour le siège de Thionville partirent le 27, on voit que la reine n'a pas balancé longtemps et qu'on ne peut attribuer à la seule persuasion de Mazarin, de Turenne et de Rantzau une décision si contraire à tout ce qu'elle avait jusqu'alors souhaité. Richelieu et Louis XIII n'étaient plus là pour voir ce revirement qui les aurait tant surpris et peut-être émus.

Anne d'Autriche continua donc la guerre contre son frère le roi d'Espagne et son cousin l'empereur. Avec celui-ci la paix devait être conclue en 1648 à Münster (traités de Westphalie), mais il faudrait attendre 1659 pour que cessassent les hostilités avec l'Espagne. Pendant ces quinze années, Anne, qui avait choisi Mazarin pour faire la paix, ne faiblit pas. On assista même à des scènes étonnantes : la reine, à l'annonce de la victoire de Nordlingen, se dirigeant, rayonnante, vers son ministre, et celui-ci obligé de la modérer en disant : « Madame, tant de gens sont morts... »

Anne aurait-elle faibli si elle n'avait été que régente? Je veux dire si elle n'avait eu pour fils le roi de France? On peut se poser la question. Mme de Motteville, qui était bonne psychologue, Brienne, qui connaissait bien la reine, ont perçu que c'était l'attachement passionné qu'elle portait à ses enfants qui avait « effacé de son cœur » l'affection tout aussi passionnée qu'elle vouait, avant ses maternités, à sa famille d'Espagne. Quand Philippe IV (en novembre 1646) perdit son fils après sa femme, la reine manifesta quelque tristesse, mais, au bout d'un moment, dit à Mme de Motteville que, si l'infante Marie-Thérèse, seul autre enfant de Philippe IV, venait aussi à mourir, le trône d'Espagne serait à prendre et qu'elle y ferait valoir les droits de son second fils, le petit duc d'Anjou.

Mazarin joua constamment sur l'amour d'Anne pour ses enfants; il joua constamment sur « la gloire » qu'elle se devait de procurer au petit roi de cinq ans. Cette gloire, Corneille la chantait déjà :

Que vos soins, grande reine, enfantent de miracles!
Bruxelles et Madrid en sont tout interdits;
Et si notre Apollon me les avait prédits,
J'aurais moi-même osé douter de ses oracles.

Sous vos commandements on force tous obstacles,
On porte l'épouvante aux cœurs les plus hardis
Et par des coups d'essai vos États agrandis
Des drapeaux ennemis font d'illustres spectacles.

Mais les poètes ne suffisent pas à entraîner l'opinion. Si la reine était sincère dans ses nouvelles résolutions, personne ne le croyait encore : son passé parlait contre elle. Chez nos alliés, qui n'ignoraient rien de l'affaire du Val-de-Grâce, la méfiance était générale et la diplomatie espagnole n'avait aucun mal à l'entretenir. Ce fut le premier soin de Mazarin que d'écrire à nos alliés, à tous, Christine de Suède, les États-Généraux des Provinces-Unies, les princes allemands, la sérénissime république de Venise, pour leur dire que la politique française ne changerait pas. Nos représentants à l'étranger étaient particulièrement chargés de mettre l'accent sur le point « délicat » des sentiments de la reine. Lettre à M. des Hameaux, ambassadeur près la Sérénissime :

« Vous aurez su les courageuses résolutions qu'on a prises ici depuis la mort du feu roi et comme, après le gain de la plus fameuse bataille de ce siècle, la reine a voulu de son mouvement qu'on assiégeât la plus importante ville des Pays-Bas [...]. Il ne fut jamais princesse d'inclination plus française qu'elle, ni de mère qui eût plus de passion pour la gloire de son fils et pour le bien de ses affaires. Quelque grandes qu'elles soient, je vous puis assurer qu'elles ne surpassent pas ses forces et qu'elle fait voir tant de lumières et de vigueur en sa conduite qu'il ne nous est rien arrivé de si éclatant par le passé qu'on ne puisse avec raison attendre du nouveau règne. »

Pour « MM. les États » (des Provinces-Unies), alliés particulièrement difficiles et méfiants, on force encore sur cette dernière idée : « La constance du feu roi dans le bon parti sera inférieure à la fermeté avec laquelle la reine est résolue d'y persévérer. En un mot, je ne vous représenterai que la vérité [...] quand je vous assurerai que, encore que cette princesse soit du sang d'Autriche, elle n'en a retenu que la noblesse, et que toutes ses passions sont pour le roi et le bien de ses affaires. »

Les méfiances, pourtant, ne se dissipent pas et nos

alliés se font l'écho de bruits inquiétants. Lettre de Mazarin à M. de la Thuillerie, ambassadeur près les États-Généraux, du 15 août 1643 : « [...] le procédé de la reine envers ses alliés est si net et si hors d'ombrage, le soin qu'elle a apporté jusqu'au scrupule à éviter tout ce qui leur en eût pu donner la moindre impression du monde, le refus qu'elle a fait de voir des personnes et de recevoir des lettres qui leur pouvaient être suspectes, la franche et prompte communication qu'elle a donnée à leurs ministres de toutes ces petites occurrences, à mesure qu'elles sont arrivées, ne les doivent pas seulement avoir guéris de toute sorte de défiance, mais de la disposition même d'en recevoir à l'avenir. » Mazarin ne disait que la vérité : ayant reçu une lettre de sa sœur l'impératrice, Anne d'Autriche la communiqua d'elle-même, non décachetée, à Grotius, l'ambassadeur de Suède. Cela ne suffit pas. Le 2 avril 1644, Mazarin écrivait encore à la princesse de Phalsbourg, demi-sœur du duc de Lorraine : « On m'a dit que la princesse de Phalsbourg se plaint de la reine et que les Espagnols ont l'artifice d'attribuer les mauvais traitements qu'ils lui font aux prières qu'elle leur en a fait faire. Je vous puis assurer que je sais de très bon lieu que jamais Sa Majesté n'en a parlé ni écrit en Espagne [...] ni fait écrire [...]. Je ne vous mande rien dont je ne sois bien avoué... »

Efforts véritablement pathétiques ! Mazarin avait tout misé sur la reine, et je ne parle pas seulement de sa carrière. Si Anne venait à faiblir, si elle n'acquérait pas une crédibilité au-dessus de tout soupçon, les vingt années de travail de Richelieu étaient perdues. Nos alliés nous abandonneraient, nous nous retrouverions isolés en Europe et la maison d'Autriche regagnerait par une paix honteuse tout ce que nous lui avions pris : rien de moins que l'Artois, l'Alsace, le Roussillon et partie de la Catalogne.

A l'intérieur du royaume, l'euphorie consécutive au changement de règne (on pourrait presque dire de régime) occulta pendant un temps les difficultés, qui n'étaient pas moins grandes qu'à l'extérieur. Nous évoquerons plus loin le tragique déficit des finances publiques, l'horreur des injustices fiscales et sociales. Les contemporains, à qui la régence d'Anne d'Autriche en son début parut un âge d'or, les oubliaient assurément. Mais que d'autres motifs de céder à la joie! Même les ennemis de Richelieu avaient craint, qu'après sa disparition, la France, n'étant plus matée par sa rude poigne, ne tombât « en désordre et combustion ». Il n'en était rien; la paix civile régnait; s'y ajoutaient les victoires, la liberté retrouvée, une famille royale enfin réconciliée et la succession assurée par deux beaux enfants dont chacun vantait les grâces. Sous l'aimable sceptre d'une femme encore belle, majestueuse, accueillante et gaie, la cour, où l'on revoyait enfin tous les grands seigneurs et toutes les grandes dames, éblouissait. Surtout, le pays respirait. Finis, les échafauds et les exils. Un « sodomiste », il est vrai, et qui avait pour complice un notaire de Paris, fut brûlé vif en 1644, mais, pour le reste, tout ce qui avait loisir de penser pouvait enfin s'exprimer, publier, critiquer et chansonner sans risques. Même les protestants, après d'assez vives alarmes, avaient reçu l'assurance que leurs libertés de conscience et de culte seraient respectées. Et elles le furent. Quand on sait que Philippe III d'Espagne avait jadis donné pour instruction à sa fille de tenter de rétablir l'Inquisition en France, le fait mérite d'être souligné.

Si les serviteurs de la reine s'étaient irrités et s'irritaient encore du choix de son ministre, du moins la personnalité apparente de celui-ci ne pouvait qu'ajouter à ce sentiment de soulagement et de liberté. Qui aurait craint un Mazarin? « L'on voyait sur les degrés du trône, d'où l'âpre et redoutable Richelieu avait foudroyé plutôt que gouverné les humains, un successeur doux, bénin, qui ne voulait rien, qui était au désespoir que sa dignité de cardinal ne lui permettait pas de s'humilier autant qu'il l'eût souhaité devant tout le monde, qui marchait dans les rues avec deux petits laquais derrière son carrosse. »

C'est encore Retz qui nous dit qu'il n'y avait plus dans la langue française que quatre petits mots : « La reine est si bonne! » Tout le monde le répétait, parfois sur un autre ton. Guy Patin, bourgeois bougon : « Nous avons une régente très libérale et qui ne refuse rien. On dit ici que, depuis un mois, elle a donné la valeur de six millions. Je souhaite qu'il lui en prenne mieux qu'à la feue reine mère, laquelle, au commencement de la régence, donna prodigieusement à tous les grands, la plupart desquels l'abandonnèrent quand elle n'eut plus rien. Elle a à faire à d'étranges gens qui sont les courtisans. »

Les chansonniers :

La reine donne tout,
Monsieur joue tout,
M. le Prince prend tout,
Le chancelier scelle tout.

Séguier, en effet, revenu de si loin, se gardait bien d'opposer la moindre résistance aux souhaits de la régente. On ne le reconnaissait plus, tant il était humble et poli! Il faisait même des visites, ce qui surprenait plus que tout, car il était d'usage que les chanceliers n'en fissent point.

Les mêmes causes produisent toujours les mêmes effets. Une régence, étant par essence plus fragile qu'un règne, se doit d'être généreuse, quand bien même, comme celle-là, elle ne l'eût pas été par réaction. Anne céda au plaisir de donner, plaisir royal par excellence et dont elle avait été si longtemps privée. Mais on remarqua, dès le début, qu'elle ne différenciait pas « les amis de la solitude » des « amis de la multitude » autant qu'elle avait promis de le faire. C'est que la politique, là aussi, prenait le pas sur les sentiments. Il importait d'apaiser les mécontents et de n'en pas créer de nouveaux. Tous les bannis, maintenant revenus, voulaient rentrer dans leurs charges; or ces charges avaient été conférées à d'autres. Comment apaiser les spoliés sinon par de l'argent, des terres, des titres? Il y avait, par ailleurs, des promesses qu'Anne ne pouvait éluder sous peine de perdre ses appuis. Ce fut miracle qu'on réussît à faire traîner jusqu'au printemps 1644 l'octroi de gouvernements à Monsieur et à Anguien (pour l'un celui du Languedoc, pour l'autre celui de Champagne). On apaisa l'impatience des Condé en leur rendant (en septembre 1643) Chantilly et Dammartin, jadis confisqués à Montmorency, frère de Madame la Princesse. On apaisa l'impatience de Monsieur en le couvrant d'or; il était, plus encore que tous les grands seigneurs, pourri de dettes, ses pertes au jeu s'ajoutant aux énormes frais de sa maison. Quand on régla, en 1646, la succession de Marie de Médicis, c'est lui qui se tailla la part du lion avec le palais du Luxembourg, le duché d'Alençon, les vicomtés de Carentan et de Saint-Lô, divers terrains et maisons, pour ne pas parler de dix-huit arpents « au Mont-Parnasse », ce faubourg éloigné dont nul ne pouvait alors prévoir l'essor. Pour maintenir Gaston dans le droit chemin, on achetait de plus son conseiller, l'abbé de la Rivière.

Mais pour le reste? Si l'on considère le nombre des réclamations, sollicitations et requêtes qui fusaient de toutes parts, la somme de ce que la reine accordait apparaît bien inférieure à ce qu'elle refusait. Dès les premières semaines de la régence, les lettres de Mazarin ne sont qu'excuses, défaites et regrets. Vous voulez telle charge, telle place, tel régiment, telle compagnie? Hélas! la reine les a déjà promis à d'autres (à qui on écrivait la même chose). Une coadjutorerie? Hélas! La reine ne veut plus que les évêques aient des coadjuteurs; c'est un abus qui la choque; n'a-t-elle pas institué un « conseil de conscience », où siège le vertueux père Vincent, pour mettre de l'ordre dans la distribution des bénéfices ecclésiastiques?

On refusa aussi, on refusa même de rendre Sedan au duc de Bouillon. Or Bouillon n'était pas que le frère du grand Turenne dont dépendait en partie la victoire : il pouvait faire beaucoup de mal et il en fit en clamant partout qu'il n'avait perdu Sedan que pour avoir voulu protéger la reine et le nouveau roi des entreprises de feu Richelieu. « Vous pouvez juger, écrivait Turenne à leur sœur à tous deux, Mlle de Bouillon, combien il doit être sensible à mon frère de voir la reine et Monsieur tout-puissants et d'avoir perdu Sedan pour l'amour d'elle. » Les observateurs retenaient leur souffle; cette affaire était un test. En cédant, notait judicieusement d'Ormesson, la reine commettrait une grande faute, pas seulement contre l'État, mais contre elle-même; qui, après cela, ne soupçonnerait « qu'elle aurait eu part au dernier traité d'Espagne, à la suite duquel M. de Bouillon a perdu Sedan »? La reine ne céda pas; elle déclara même qu'elle ne rendrait jamais Sedan; le duc de Bouillon devrait se contenter des compensations qu'on lui avait promises du vivant de Richelieu.

Mazarin félicita sa souveraine du bon effet produit par sa fermeté. Fermeté, lui disait-il, qui est plus nécessaire dans ce royaume que partout ailleurs : on ne peut se fier à *aucun Français*; tous, à quelque ordre qu'ils appartiennent, princes, parlementaires, protestants, gouverneurs de provinces, sont intéressés à diminuer l'autorité royale pour accroître la leur. Ce « mal français » reste d'actualité; si la monarchie est devenue démocratie, si les groupes de pression y sont autrement composés, ils constituent toujours le même danger pour l'État. Aussi, continuait Mazarin, « il faut parler haut; il faut que la reine dise que ceux qui se fient dans sa bonté pourront s'en repentir [...]. Le roi, devenu majeur, ne pourra s'affliger d'aucune chose davantage que de se retrouver, lui, successeur d'un roi absolu, dépendant de ses sujets par la faute d'un mauvais gouvernement, comme cela s'est vu dans le passé. » Ou encore ce mot admirable, véritablement gaullien : « Pour porter les affaires de la France au plus haut point qu'elles aient jamais été, une seule chose est nécessaire : que les Français soient pour la France. »

C'étaient là de hautes, de sévères leçons et il est tout à l'honneur de Mazarin d'avoir osé et su les donner. Aussi bien, qui nierait son rôle dans les sages décisions et les succès du début de la régence?... Il est tout de même un peu irritant de voir les historiens lui en attribuer tout le mérite : Anne d'Autriche aurait pu ne pas suivre les conseils de son ministre; or elle les suivit. Il y a plus. Le virulent morceau que La Rochefoucauld consacre à l'ingratitude de la reine, dans son *Apologie du prince de Marcillac*, prouve que, dès avant son accession au pouvoir, dès avant que Mazarin lui inspirât sa conduite, Anne avait compris les dangers de la faiblesse. Il faut citer ce texte; son outrance et son injustice donnent la mesure du dépit éprouvé par ceux qui s'étaient flattés de gouverner celle qui allait gouverner. Et puis quel style!

« Lorsque la reine se vit en état de penser sérieusement à la régence, il y avait dix ans qu'elle me tenait particulièrement pour son serviteur, et six ou sept qu'on me nommait tout publiquement son martyr...

« Aussi dois-je avouer que rien n'avait manqué à sa reconnaissance durant tout ce temps-là. Je ne hasardais ni ne perdais quoi que ce soit pour elle dont ses bontés et ses louanges ne me récompensassent, même avec excès; il semblait qu'elle ne s'intéressât qu'en ma faveur au succès des armées où j'allais servir, et elle avait accoutumé de dire qu'elle ne voyait plus de gazettes dès qu'elle n'avait plus à craindre pour moi. Je lui paraissais au-dessus de tout ce qu'il y avait de charges et de dignités, et on eût dit qu'elle ne souhaitait une extraordinaire puissance que pour m'élever à d'extraordinaires grandeurs. Cependant, quoique je la servisse, en l'occasion qui se présentait *(agonie du roi)*, plus utilement que je n'avais fait en toutes les autres et que quelque sorte de réputation me donnât moyen de lui acquérir presque tous les jours quelque corps, quelque place ou quelque personne d'extrême importance, je commençai à m'apercevoir que je me reculais par les mêmes voies qui devaient m'avancer et qu'elle me donnait assez peu de part en beaucoup de choses ou d'autres n'en devaient possible avoir que par moi. Mais, comme elle ne voulait pas encore déclarer à ses serviteurs ce qu'on avait déjà gagné contre eux auprès d'elle, ces changements et ces réserves-là ne manquaient point de belles couleurs : le défaut de confiance passa pour un simple défaut d'application ; il fallait l'imputer à un embarras que je voyais bien plutôt qu'à un dessein formé que je ne verrais de ma vie ; je devais croire qu'elle ne s'abstenait de me dire que ce qu'elle pensait m'avoir déjà dit, et qu'à force de m'avoir dans l'esprit, elle s'imaginait que j'avais présidé à tous ses conseils et distribué à chacun de ceux du parti l'emploi dont il était capable. Si un homme, à demi persuadé par le propre mérite de ses actions, fut achevé de l'être par des assurances où il ne voyait rien qu'on ne pût bien croire de la gratitude et de l'équité d'une grande reine, il n'y a pas grand sujet de s'en étonner [...]. Toutefois ces commencements eurent bientôt des suites à devoir faire juger ce qu'on a vu depuis. La mort du feu roi arriva et les premiers sentiments de la reine moururent avec lui [...]. L'arrêt du Parlement qui la fit régente la déchargea dans sa pensée de tout ce qu'elle avait cru devoir jusqu'alors ; elle fut persuadée que ce n'était pas à une princesse qui disposait de tout à payer ce qu'on avait fait pour une princesse qui ne pouvait rien... »

Tous les espoirs des Importants se portaient vers Mme de Chevreuse. Telle était sa réputation qu'on croyait qu'elle n'avait qu'à paraître pour reconquérir et retourner la reine. L'ambassadeur de Venise en était persuadé : la duchesse l'emporterait et, avec elle, « le parti de la nouveauté et des chimères qui sont les deux génies dominants de cette nation ».

Chimère, en effet, que de croire qu'après Richelieu

tout pourrait recommencer comme avant (c'est à cela que se réduisait la « nouveauté »). La politique était maintenant affaire de spécialistes et les spécialistes ne se recrutaient plus dans les salons ou dans les alcôves. D'où sortaient un Mazarin, un Séguier, un Le Tellier?... Nous n'avons pas encore parlé de Le Tellier, jeune intendant que Mazarin avait fait entrer au conseil ; son fils aura nom Louvois. Une dynastie, oui, encore, mais bien différente des précédentes ; une dynastie bourgeoise de « grands commis » dont l'ascension annonçait les temps modernes.

Mazarin, beaucoup moins sûr de la reine qu'il n'aurait dû l'être, je veux dire politiquement, ne sous-estimait pas le danger incarné par Mme de Chevreuse, puisqu'il envoya Montagu à sa rencontre, avec compliments, offres de service et promesses pécuniaires. Montagu, avec mille précautions, tenta de faire comprendre à son ancienne maîtresse ce que La Rochefoucauld, de son côté, était venu lui dire : la reine avait changé, rien ne serait plus maladroit que de prétendre la dominer. Si l'on avait pu autrefois l'influencer facilement, c'est qu'elle était isolée et maltraitée ; mais, à présent qu'elle régnait, toute la cour lui donnait de l'encens, comme écrit Montglat.

Mme de Chevreuse eut le tort de ne pas écouter ces avis. Les honneurs qu'on lui rendit dès qu'elle eût passé la frontière et à toutes les étapes, la foule des hauts et puissants visiteurs qui vinrent la féliciter à l'hôtel de Chevreuse, l'attitude de Mazarin lui-même étaient de nature à l'encourager dans ses illusions. Seul, le premier accueil de la reine avait paru décevant : beaucoup de caresses, comme on disait alors, mais une méfiance perceptible. Étant donné que vous arrivez de chez les Espagnols, avait dit Anne, nos alliés pourraient s'inquiéter de vous savoir auprès de moi ; peut-être un petit séjour à Dampierre, pour commencer... Demandons l'avis du cardinal Mazarin, répondit la duchesse. Et Mazarin, qui se tenait respectueusement à l'écart, s'avança pour intercéder en faveur de

Mme de Chevreuse! Le lendemain, il se présentait chez elle pour lui apporter 50 000 écus, bientôt suivis de 200 000 autres. « Je dissimule, je biaise, j'adoucis, j'accommode tout autant qu'il m'est possible; mais, dans un besoin pressant, je ferai voir de quoi je suis capable », devait bientôt écrire Mazarin. Des scènes comme celles qu'il venait de jouer, il en jouera désormais tous les jours et les plus fins s'y tromperont. Mme de Chevreuse avait trouvé son maître, mais ne le comprit pas. « Esprit fort, [...] beauté puissante dont elle savait bien user, ne s'amollissant par aucune disgrâce et demeurant toujours dans une même assiette d'esprit », avait dit d'elle l'autre cardinal. La beauté était bien diminuée, mais l'esprit et l'ambition n'avaient rien perdu de leur force; quant à la réputation, elle s'auréolait de dix années d'exil, et que la Chevrette, avec beaucoup de mauvaise foi, prétendait n'avoir subies que pour la reine.

La duchesse empocha la manne qu'on lui offrait comme la moindre des choses : n'avait-elle pas, jadis, elle-même prêté de l'argent à la reine? C'est le pouvoir qu'elle voulait. Elle avait une politique et un parti. Sa politique? Paix séparée, immédiate et à n'importe quel prix avec l'Espagne, pour aider ensuite le roi d'Angleterre, autre de ses amis, à reconquérir le pouvoir absolu. Le contraire, en somme, de ce qu'on faisait. Il fallait donc commencer par modifier le gouvernement et le rapport des forces à l'intérieur de la cour, c'est-à-dire reprendre aux parents de Richelieu (les Brézé, La Meilleraie, Aiguillon), soutiens naturels de Mazarin, les gouvernements, places et charges très importantes qu'ils détenaient encore, pour les confier à des amis sûrs; ensuite imposer Châteauneuf au ministère; enfin éliminer Mazarin, s'il refusait tous ces ukases.

Le parti de Mme de Chevreuse, c'était ses trois familles, les Guise, les Luynes, les Rohan, plus tous les Importants. On ne résiste jamais à citer Retz, mais quand il nous dit que les Importants se réduisaient à

« quatre ou cinq mélancoliques qui avaient la mine de penser creux », que leurs intrigues n'étaient qu'apparences et imprudences (« l'on tenait cabinet mal à propos, l'on donnait rendez-vous sans sujet, les chasses mêmes paraissaient mystérieuses »), il se trompe et il nous trompe. Derrière Beaufort et derrière Beauvais, il y avait une véritable coalition, hétéroclite sans doute, mais résolue à dicter ses conditions au pouvoir. Les grands seigneurs déçus et les grandes dames en quête d'aventures trouvaient des alliés dans l'épiscopat, qui voulait regagner l'influence et les prérogatives que Richelieu leur avait ôtées, et parfois, sincèrement, promouvoir des réformes; chez les parlementaires, mus, comme les évêques, tantôt par le réformisme, tantôt par leurs intérêts de corps; dans l'entourage même de la reine, où les Hautefort, les Senecey, les Saint-Louis, les La Porte, se dépitaient de ne pas retrouver l'ancienne familiarité; enfin, dans la classe d'éternels opposants qui refusaient le nouveau cardinal-ministre comme ils avaient refusé le précédent, par ce phénomène bien français d'allergie à l'autorité, déjà évoqué. On y retrouvait tous les rescapés des conspirations passées, les Fontrailles, Aubijoux, Beaupuy, Tréville, des Essarts, que nous connaissons déjà, et d'autres dont nous n'avons pas parlé (parce qu'il y en a trop!). Le journal *Le Monde*, s'il avait existé, aurait été la bible de ces gens-là; de Gaulle, s'il les avait connus, leur aurait appliqué les mots que nous l'entendîmes appliquer à « ces coalitions hostiles des comités et des stylographes » qui refusent toujours « ce qui est normal, national, régulier ». Mazarin a finement analysé l'espèce de perversion intellectuelle qui inclinait ces esprits forts, ou se croyant tels, à une permanente critique, et l'orgueil qu'ils tiraient de leur permanente opposition :

« Leur profession est de médire et de se moquer des bons; ils se veulent ériger en réformateurs de l'État, trouvent à redire à tout, exultent des malheurs qui arrivent au royaume, s'affligent des prospérités et, battant le pavé, décident sur tout ce qui fait à la guerre et s'appliquent à éplucher et rendre mauvaises toutes les bonnes actions qui se font par tant de braves officiers qui hasardent à tout moment leur vie pour le salut de l'État [...]. Ils ont quelque chose de divin en ce qu'ils ont de la complaisance d'eux-mêmes, se satisfont et s'épanouissent de leurs grandes actions, et admirent souvent la bonté de Dieu de ce qu'il ait conservé la France sans que pas un d'eux ait eu part à l'administration des affaires [...]. Il est encore à naître un homme capable pour cela ou qui mérite leur approbation... »

On commença par le plus facile : une campagne contre feu Richelieu, pour mieux abattre ses parents et créatures. Les dames de l'entourage de la reine allaient jusqu'à monter le petit Louis XIV contre le monstre qui, disaient-elles, avait voulu lui prendre son trône, et l'enfant demandait un balai pour se débarrasser de ses portraits. On continua en inquiétant la reine sur sa réputation. A quarante et un ans, ce Mazarin paraissait bien jeune et bien séduisant pour un ministre, et, à la différence de son prédécesseur, il n'était pas prêtre. Pouvait-on croire que ses tête-à-tête avec la reine fussent innocents? Les portes restaient ouvertes, mais on peut se dire bien des choses à mi-voix.

La première fois que Mme de Hautefort rapporta ces bruits à la reine, Anne répondit en riant qu'elle n'avait rien à craindre, Mazarin venant d'un pays « à avoir des inclinations d'une autre nature ». (L'homosexualité était alors qualifiée, Dieu sait pourquoi, de vice italien.) La reine croyait-elle ce qu'elle disait? A sa remarque répond une autre remarque de Mazarin lui-même. A l'imitation de Richelieu, mais avec plus de talent, l'aimable Giulio jouait de la galanterie pour s'acquérir ces terribles grandes dames qui pouvaient faire tant de mal. Il en joua avec Mme de Chevreuse, comme avec sa belle-sœur, Mme de Guéméné; mais, ces galanteries ne dépassant jamais le stade de la parole, ces dames, écrit Mazarin dans ses carnets, « en concluent que je suis impuissant ». Que la chasteté d'un prélat parut à ce point surprenante qu'on choisît de l'attribuer à quelque anomalie sexuelle, c'est un signe des temps. On remarquera aussi, pour plus tard, que, si Mazarin s'était su impuissant, il n'aurait pas écrit cela.

En accueillant ces bruits, en les reprenant à son compte, Anne d'Autriche croyait-elle désarmer la médisance? Si c'est le cas, la tactique échoua. Les évêques qu'elle fréquentait redoublaient d'avertissements; les supérieures des couvents, où elle se rendait si souvent, se faisaient sincèrement l'écho de ces insincères inquiétudes. Les extrémités où se portèrent les anciens serviteurs de la reine pour l'éloigner de Mazarin sont à peine croyables. La Porte ne fut pas le moins audacieux. Anne lui avait demandé de lui rapporter les bruits qui couraient à la cour et à la ville. Il ne rapporta que ce qui concernait ses relations avec le ministre et il en rajouta. C'est votre vertu et votre bonne réputation, lui dit-il, qui vous ont mise là où vous êtes; l'amour du peuple vous a plébiscitée avant que le Parlement vous déclarât régente. Or, cette réputation et cette affection populaire, vous êtes en train de les perdre à cause du cardinal Mazarin. « Qui vous a dit cela? – Tout le monde! » Rouge de colère, Anne s'écria que le prince de Condé, qui ne cherchait qu'à nuire, était à la source des ragots; au reste, quand on ne faisait point le mal, on n'avait rien à craindre. Si, dit La Porte : « Le public ne s'arrête pas à ce qui est, mais à ce qu'on dit. » La scène se passait au Louvre, dans le cabinet des livres. Anne alla jusqu'à une des fenêtres qui donnait sur la Seine, tapota nerveusement la vitre avec son éventail, puis revint vers La Porte. Lui voyant un visage plus calme, il repartit à l'attaque. Que Sa Majesté prît garde de ne pas imiter sa belle-mère Marie de Médicis, de ne pas commettre les fautes que celle-ci avait commises, notamment avec Concini. « Quelles fautes? demanda la reine. – D'avoir fait mal parler d'elle et de cet Italien », osa dire La Porte. Marie de Médicis avait aussi abandonné ses premiers serviteurs, elle avait omis de s'assurer de bonnes places fortes, de ports de mer et d'argent, si bien que, lors de sa disgrâce, elle n'avait pu se défendre. Ma situation est différente, répondit Anne; moi, je n'ai rien à craindre, parce que je ne me départirai jamais du service du roi. Admirable, quand on songe que celle qui parlait ainsi s'était jadis, sans aucun scrupule, départie du service du roi en faveur de sa belle-mère! Il est vrai que ce roi-là était son mari, qu'elle n'aimait pas, et non son fils, qu'elle adorait. En tout cas, quelle preuve supplémentaire du changement d'Anne d'Autriche! Car cette conversation est du début de juin 1643, soit trois semaines seulement après son accession au pouvoir.

La Porte ne se tint pas pour battu; il amena à la reine son beau-père, un M. Cottignon, qui avait le franc-parler et la misogynie d'un bourgeois de Molière. On évoqua de nouveau Marie de Médicis. « Si elle m'avait voulu croire, dit la reine, elle aurait évité tous ses malheurs. – Il est vrai, madame, répondit M. Cottignon, mais vous êtes toutes faites comme cela : si vous vouliez vous jeter par la fenêtre, il ne serait pas permis de vous retenir par la robe; il faut vous laisser noyer. »

Tous ces avis n'ayant eu d'autre résultat que d'irriter la reine contre les donneurs d'avis, La Porte choisit ce qu'il appelle « une voie plus libre et moins dangereuse », à savoir une lettre anonyme qu'il glissa dans le lit de sa souveraine; on y trouvait énumérés tous les ragots qui couraient. Le poulet se terminait à peu près par ces mots : si vous ne vous débarrassez pas de ce cardinal, nous nous en débarrasserons.

Comme on comprend que Mazarin ait incité la reine à vivre moins familièrement avec son entourage (ses carnets en témoignent) et qu'il ait fait tous ses efforts pour qu'elle en changeât!

Sur le plan politique, il avait contre ses ennemis un atout en quelque sorte négatif, mais dont il était homme à tirer le meilleur, à savoir les jalousies qui les opposaient entre eux. Son plus dangereux rival, Châteauneuf, revenu le 13 juin, était, nous l'avons dit, exécré des Condé, qui travaillaient de toutes leurs forces contre son éventuelle rentrée au ministère. A dire vrai, Châteauneuf suscitait des réserves jusque chez les Importants, mise à part Mme de Chevreuse, « qui savait assez les moyens de le gouverner », comme écrit élégamment La Rochefoucauld. C'était un homme orgueilleux qui ne se contenterait que de la première place; un homme intraitable qui, peut-être, aurait la poigne trop rude et prendrait trop d'ascendant sur la reine. Mais alors qui? Le duc de Vendôme, plus intelligent que son fils Beaufort, comprenait bien qu'on n'amènerait – peut-être – la régente à renvoyer Mazarin que si on lui procurait un remplaçant de valeur approchante. Il suggéra à l'évêque de Beauvais de faire revenir Sublet de Noyers. Anne l'appréciait puisqu'il avait servi ses intérêts pendant la maladie du roi. Mais Mazarin déjoua la manœuvre en faisant savoir à l'évêque de Beauvais, qui ambitionnait le cardinalat, que Noyers, confit en dévotion, rêvait lui aussi de la pourpre. Deux têtes pour un même chapeau, c'était une de trop!

Les Condé ne détestaient pas moins Beaufort que Châteauneuf et s'opposaient à toute augmentation de puissance des Vendôme. Or Mme de Chevreuse réclamait pour ceux-ci l'amirauté et le gouvernement de Bretagne dont ils avaient jadis été dépossédés au profit des neveux de Richelieu, Brézé et La Meilleraie. Le mariage du duc d'Anguien avec une Brézé donnait aux Condé un motif supplémentaire pour s'opposer à ce que passassent dans une maison rivale des charges sur lesquelles, selon les mœurs du temps, ils se croyaient des droits. Anne d'Autriche, si elle n'aimait pas le prince de Condé, aimait sa femme et subissait son influence. Au reste, pouvait-on mécontenter une si grande famille, et dont le fils volait de victoire en victoire?

Quant à Gaston d'Orléans, bien qu'il laissât entendre

que la reine lui devait sa régence, bien qu'il s'irritât qu'elle prît des mesures sans le consulter, bien qu'il fût encouragé dans cette attitude par Condé lui-même, il était extrêmement jaloux du duc d'Anguien. Une contestation s'était élevée après Rocroi, quand on avait porté à l'hôtel de Condé les drapeaux pris à l'ennemi; n'était-ce pas au Luxembourg, chez Monsieur, lieutenant général du royaume, qu'ils auraient dû être exposés?

Des querelles bien plus futiles encore exacerbaient les rivalités latentes. C'est tout bêtement une jalousie de femmes qui fut à l'origine de la déroute des Importants. Pour épouser Geneviève de Bourbon, fille des Condé et sœur du duc d'Anguien, M. de Longueville avait dû rompre sa liaison avec Mme de Montbazon. Celle-ci, nous le savons, s'était consolée avec Beaufort, mais elle supportait mal de perdre un adorateur et les avantages pécuniaires qu'elle avait retirés de celui-là. Beaufort, de son côté, avait un temps vainement prétendu à la main de Geneviève de Bourbon. C'est assez dire que les deux femmes se haïssaient. Par-dessus tout cela, Mme de Longueville avait sur sa rivale l'avantage de la naissance, de la jeunesse et de la beauté. Non point que la sculpturale Montbazon fût laide, bien au contraire; à trente-cinq ans, elle séduira le jeune abbé de Rancé, qui, après sa mort subite, se retirera à la Trappe (voir les admirables pages de Chateaubriand). Mais enfin, depuis l'entrée dans le monde de Geneviève de Bourbon, Mme de Montbazon ne pouvait plus passer, comme avant, pour la plus grande beauté de la cour. De plus, si Mme de Longueville devait, plus tard, beaucoup tromper le mari qu'on lui avait imposé, elle était alors irréprochable. Autre avantage sur la Montbazon dont Retz a écrit : « Je n'ai jamais vu une personne qui ait conservé dans le vice si peu de respect pour la vertu. »

Les rôles de la comédie étant distribués, venons-en à l'argument. Un jour du début d'août 1643, Mme de Montbazon ramasse dans son salon deux lettres de femme qu'un imprudent a laissé tomber de sa poche. Sans aucun fondement, elle et Beaufort les attribuent à Mme de Longueville, qui les aurait adressées à Maurice de Coligny, un fidèle de son frère Anguien. Il est vrai que Coligny brûlait pour Mme de Longueville, mais c'était en secret et respectueusement. Qu'il y eût donc, dans cette méchanceté gratuite, matière à offense, assurément ; mais le retentissement qu'eut une pareille affaire est difficile à comprendre aujourd'hui, tant elle fait appel à des notions qui nous sont devenues étrangères : réputation des femmes, orgueil incommensurable des grandes familles, politisation propre à la vie de cour des moindres querelles où ces familles étaient impliquées. L'affaire des lettres devint affaire d'État. Les Condé exigèrent des excuses et la cour se divisa en deux clans hostiles, tout ce qui touchait aux Condé prenant le parti de Mme de Longueville contre Mme de Montbazon et ses amis, c'est-à-dire Beaufort, les Importants et Mme de Chevreuse. Ce n'était pas que Mme de Chevreuse aimât particulièrement Mme de Montbazon, plus jeune et plus jolie qu'elle et qui était de surcroît sa belle-mère, ayant épousé son père veuf, Hercule de Rohan ; mais, précisément, ces liens de famille lui faisaient un devoir de la soutenir.

Cependant, le véritable destinataire des lettres, le marquis de Maulévrier, était allé demander à La Rochefoucauld de le tirer d'affaire, lui et surtout sa correspondante, Mme de Fouquerolles. On aurait pu leur dire à tous deux que le meilleur moyen de ne pas se compromettre était de ne pas s'écrire. Mais quel autre moyen de communiquer ? Et puis c'était la mode. Mme Cornuel, bourgeoise fort lancée et fort spirituelle, remontrant un jour à quelques-unes de ses nobles amies les dangers que leur faisaient courir de telles correspondances. « Voire, lui dirent-elles, ne pas écrire, c'est faire l'amour en chambrières. »

La Rochefoucauld fit comprendre à Mme de Montbazon et à Beaufort qu'une simple comparaison d'écriture, en innocentant Mme de Longueville, suffirait à prouver leur mensonge; il ajouta que le duc d'Anguien, dès son retour de l'armée, prendrait avec plus de vigueur encore et même de violence que ses parents la défense d'une sœur qu'il adorait. Mme de Montbazon remit les lettres à La Rochefoucauld qui, après les avoir montrées à Mmes de Rambouillet et de Sablé, ces deux arbitres de la vie mondaine qui étaient aussi des amies de Mme de Longueville, les brûla en présence de la reine.

L'histoire littéraire se mêle ici à l'histoire (puisque ces bagatelles faisaient alors l'histoire). La romancière Mme de la Fayette, trente ans plus tard, dans *La Princesse de Clèves*, a utilisé cette affaire de lettres perdues. Par qui la connaissait-elle, elle qui avait dix ans au moment des faits? Par La Rochefoucauld, ce même La Rochefoucauld qui, après avoir aimé deux protagonistes de ce mini-drame, Mme de Chevreuse sous Louis XIII et (bientôt) Mme de Longueville sous la régence, aimerait sous Louis XIV Mme de la Fayette. Mais d'un amour apaisé. Elle était fragile et mélancolique; il était goutteux et désabusé; alors on se distrayait à écrire des romans, faute peut-être de pouvoir faire autre chose.

Il y a bien des ressemblances entre les lettres perdues par Maulévrier et celles que, dans *La Princesse de Clèves*, l'héroïne croit perdues par Nemours, qu'elle aime : lucidité de l'introspection, subtilité de l'analyse, sûreté du langage, qui nous rappellent que la psychologie amoureuse était devenue en France l'étude favorite des moralistes et des salons. (Des sept premières communications faites à l'Académie française, après sa création, cinq furent consacrées à l'amour.) Mais, des lettres imaginées par Mme de la Fayette aux vraies lettres, il y a toute la différence de l'art à la vie et aussi tout l'acquis des trente années qui les séparent. Donnons un échantillon des unes et des autres. Lettre à Maulévrier :

« De quoi vous avisez-vous après un si long silence? Ne savez-vous pas bien que la même gloire qui m'a rendue sensible à votre affection passée me défend de souffrir les fausses apparences de sa continuation? Vous dites que mes soupçons et mes inégalités vous rendent la plus malheureuse personne du monde; je vous assure que je n'en crois rien, bien que je ne puisse nier que vous ne m'ayez parfaitement aimée, comme vous devez avouer que mon estime vous a dignement récompensé. En cela nous nous sommes rendu justice et je ne veux pas avoir dans la suite moins de bonté, si votre conduite répond à vos intentions. Vous les trouveriez moins déraisonnables si vous aviez plus de passion, et les difficultés de me voir ne feraient que l'augmenter au lieu de la diminuer. Je souffre pour trop aimer et vous pour n'aimer pas assez... »

Biens moins élégiaque est la lettre de *La Princesse de Clèves*. C'est l'absolu qu'on cherche et, faute de l'obtenir, on se venge avec une cruauté raffinée. Racine est passé par là.

« Je vous ai trop aimé pour vous laisser croire que le changement qui vous paraît en moi soit un effet de ma légèreté; je veux vous apprendre que votre infidélité en est la cause [...]. Je croyais que vous aviez pour moi une passion violente, je ne vous cachais plus celle que j'avais pour vous; et dans le temps que je vous la laissais voir tout entière, j'appris que vous me trompiez, que vous en aimiez une autre et que, selon toutes les apparences, vous me sacrifiiez à cette nouvelle maîtresse...

« Je pensais que je ne vous punirais pas assez en rompant avec vous et que je ne vous donnerais qu'une légère douleur si je cessais de vous aimer lorsque vous ne m'aimiez plus [...]. Je crus que, si quelque chose pouvait rallumer les sentiments que vous aviez eus pour moi, c'était de vous faire voir que les miens étaient changés, mais de vous le faire voir en feignant de vous le cacher et comme si je n'eusse pas eu la force de vous l'avouer. Je m'arrêtai à cette résolution, mais qu'elle me fut difficile à prendre et, qu'en vous revoyant, elle me parut impossible à exécuter! Je fus prête cent fois à éclater par mes reproches et par mes pleurs...

« La bizarrerie de votre cœur vous fit revenir vers moi, à mesure que vous voyiez que je m'éloignais de vous. J'ai joui de tout le plaisir que peut donner la vengeance; il m'a paru que vous m'aimiez mieux que vous n'aviez jamais fait et je vous ai fait voir que je ne vous aimais plus [...]. Mais votre retour et votre discrétion n'ont pu réparer votre légèreté. Votre cœur a été partagé entre moi et une autre, vous m'avez trompée, cela suffit pour m'ôter le plaisir d'être aimée de vous, comme je croyais mériter de l'être, et pour me laisser dans cette résolution que j'ai prise de ne vous voir jamais et dont vous êtes si surpris. »

Les lettres (les vraies) ayant été brûlées et l'innocence de Mme de Longueville établie, on aurait pu s'en tenir là. C'était le vœu le plus cher de M. de Longueville, fort gêné d'être pris dans une querelle qui opposait son épouse à son ancienne maîtresse. Mais Madame la Princesse ne l'entendait pas ainsi; elle exigeait que la réparation fût égale à l'offense et, faute de l'obtenir, menaçait de se retirer de la cour, elle et toute la maison de Condé. C'était à la reine, au gouvernement de prendre les choses en main pour obliger Mme de Montbazon à des excuses publiques. Imagine-t-on que la reine régente de France se déplaça jusqu'au château de la Barre, où l'on avait envoyé Mme de Longueville, pour promettre son appui? Imagine-t-on que le ministre, qui se débattait entre les soucis de la guerre et ceux des finances, les méfiances de nos alliés et celles des protestants, qui, jour après jour, combattait les hésitations de la reine et les ambitions des grands, éludait les requêtes, apaisait les différends, déjouait les manœuvres (treize lettres connues pour la seule journée du 5 mai 1644), dut consacrer, non pas des heures, mais des semaines de son précieux temps à cette affaire?

C'est lui qui présida à la rédaction de la lettre d'excuses que Mme de Montbazon, sur ses instances et celles de la reine, avait accepté d'aller lire à l'hôtel de Condé. La scène se passe au Louvre, dans le grand cabinet de la reine. Anne et la princesse de Condé sont assises dans les deux fauteuils tendus du même brocart bleu à fleurs d'argent que le tapis de table. Dans une pièce voisine, Mazarin et Mme de Chevreuse, occupés à composer la harangue d'excuses. « Sur chaque mot il y avait un pourparler d'une heure. Le cardinal, faisant l'affairé, allait d'un côté et d'autre pour accommoder leur différend, comme si cette paix eût été nécessaire au bonheur de la France et au sien en particulier. » (Motteville.)

Pour que Mme de Montbazon ne bronchât pas sur un mot, on écrivit l'excuse sur un bout de papier qu'on attacha à son éventail. Elle la lut « de la manière du monde la plus fière et la plus haute, faisant une mine qui semblait dire : " Je me moque de ce que je dis. " » (Motteville.) Cette scène eut lieu le 8 août et Mazarin s'y trouva comme témoin de la part de la reine. Mme de Montbazon ayant commencé sa lecture sans dire : « Madame », la princesse de Condé s'en plaignit et l'autre dut recommencer! Il est bien évident que cette farce ne finissait rien et que la Montbazon et Beaufort ne resteraient pas sur l'humiliation subie.

A quelques jours de là, Mme de Chevreuse invitait la reine à une collation au jardin de Renard. Anne d'Autriche, enfin libérée des surveillances et de la triste vie qu'on lui avait si longtemps imposées, goûtait maintenant et, il faut l'avouer, sans attendre la fin de son deuil, la joie délicieuse de sortir en ville; elle assistait même, masquée, à la comédie. Au jardin de Renard on pouvait se montrer sans masque : c'était le rendez-vous des élégances. Cette espèce de casino avait été installé par le traiteur Renard à l'extrémité du jardin des Tuileries (sur l'actuel emplacement de la place de la Concorde, côté Seine) ; on y venait prendre des rafraîchissements en écoutant des sérénades, après s'être promené au Cours-la-Reine. Le Cours-la-Reine, nouvellement planté, était fort à la mode; on y voyait à la fraîche tant de carrosses et, dans ces carrosses, tant de beautés que l'on s'étonnait que la nuit pût venir « au milieu de tant de soleils »!

A la collation offerte par Mme de Chevreuse, la reine s'était fait accompagner de la princesse de Condé sur l'assurance que Mme de Montbazon ne s'y trouverait point. Or Mme de Montbazon, non seulement s'y trouvait, avec Beaufort et quelques-uns des Importants, mais elle prétendit faire les honneurs de la collation en tant que belle-mère de celle qui l'offrait. Ce n'était rien encore. Pour éviter l'incident, la reine fit demander à Mme de Montbazon de prétexter un malaise afin de se retirer. L'insolente, excitée par ses amis, refusa, et ce fut la reine qui dut quitter la place avec Madame la Princesse. La suite ne pouvait être que ce qu'elle fut. Seul élément imprévu : c'est le petit roi (de cinq ans!) qui écrivit à la duchesse de Montbazon pour lui signifier sa disgrâce : « Ma cousine, le mécontentement que la reine, madame ma mère, a du peu de respect que vous fîtes paraître ces jours passés [...], m'oblige d'envoyer partout où vous serez le sieur de Neuilly, un de mes gentilshommes ordinaires, avec cette lettre que je fais pour vous dire que vous vous rendiez en votre maison de Rochefort et que vous y demeuriez jusques à ce que vous ayez autre ordre de ma part; ce que me promettant de votre obéissance, je ne vous ferai de commandement plus exprès, et prie Dieu cependant qu'il vous aie, ma cousine, en sa sainte garde. »

Par l'éloignement de Mme de Montbazon, Beaufort se trouvait frappé à la fois dans ses amours et dans son orgueil. Déjà furieux d'avoir perdu la confiance de la reine au profit de Mazarin, il s'était fait un zélé propagateur des calomnies les concernant. Ce dernier coup lui fit perdre toute mesure; quand la reine s'approchait de lui, il allait jusqu'à lui tourner le dos; quand il rencontrait chez elle Montagu, le sachant ami de Mazarin, il lui faisait des crocs-en-jambe (ce qui donne une idée de son intelligence et des manières des grands seigneurs!). Pour le cardinal, la décision était prise : on l'assassinerait. Les contemporains n'ont pas cru à ce projet, qui était, disent-ils, imaginé de toutes pièces par la prétendue victime pour inciter la reine à se défaire des Importants. Non, il y eut bien une tentative d'assassinat et ce n'était pas la première. Au moment même où Mme de Chevreuse composait avec Mazarin la harangue d'excuses de Mme de Montbazon, la perte du cardinal était déjà résolue. La Chevrette, ayant compris qu'on ne lui accorderait rien de ce qu'elle demandait pour elle et pour ses amis, pressait ses complices d'agir avant le retour du duc d'Anguien et de ses officiers (les campagnes militaires étaient, si l'on peut dire, saisonnières, et l'automne voyait le retour dans leurs foyers des hommes de guerre.) Pour déjouer les soupçons, Mme de Chevreuse, cependant, redoublait de prévenances auprès de la reine.

C'est au cabaret des Deux-Anges, rue Saint-Honoré, que se réunissaient les hommes de main ; c'est de là que, sur un signal convenu, ils seraient allés attaquer Mazarin, lorsqu'il sortirait en carrosse du logis qu'il occupait alors, l'hôtel de Clèves, proche de l'Oratoire (et donc du Louvre). Mais, par une malchance dont le hasard n'était sans doute pas seul responsable, jamais Mazarin ne se trouva seul dans son carrosse. On organisa donc un nouveau guet-apens pour le 30 août, à cette heure du soir où le cardinal revenait du Louvre, après son entretien quotidien avec la reine. En ces occasions-là, il était toujours seul. Des spadassins attendraient sa sortie et l'on avait demandé au duc d'Épernon, colonel général de l'infanterie, de qui dépendaient les gardes du palais, que ceux-ci n'intervinssent pas. Las! ce 30 août au soir, Mazarin ne vint pas au Louvre. D'Epernon, qui était loyal, l'avait peut-être prévenu. Beaufort ne craignit pas, le lendemain, de se rendre à une fête au château de Vincennes, que Chavigny, qui en était resté gouverneur, offrait à la reine. Était-ce du cynisme, de l'inconscience, ou du courage? Car le bruit du complot courait déjà la ville, et les hommes de main avaient jugé bon de prendre la fuite. Le 2 septembre, Beaufort alla à la chasse. Sur le soir, il se rendit au Louvre pour présenter ses hommages à la reine, qui, comme à l'ordinaire, s'entretenait avec Mmes de Chevreuse et de Hautefort. Inquiètes, la mère et la sœur de Beaufort, les duchesses de Vendôme et de Nemours, tentèrent de le dissuader de monter. « On n'oserait », leur dit-il, rééditant, peut-être sans le savoir (il savait si peu de choses!), le mot du Balafré avant son assassinat par Henri III.

Beaufort monta donc et fut très bien reçu par la reine, qui ne se lassa pas de lui faire raconter sa chasse. Quand Mazarin arriva, elle se leva et passa avec lui dans une autre pièce, apparemment pour y tenir conseil, comme à l'accoutumée. Guitaut, qu'Anne avait nommé capitaine de ses gardes, s'approcha alors de Beaufort et, à mi-voix, lui demanda de bien vouloir le suivre au nom du roi et de la reine. Beaufort, rendons-lui cette justice, ne fut pas inégal à la situation; sans ciller, ses yeux plantés dans ceux de Guitaut : « Oui, je le veux, dit-il, mais cela, je l'avoue, est assez étrange. » Puis se tournant vers Mmes de Chevreuse et de Hautefort : « Mesdames, vous voyez, la reine me fait arrêter. Qui l'aurait cru il y a trois mois? » On le garda au Louvre pour la nuit et on le conduisit au matin à Vincennes, au milieu d'un grand déploiement de forces.

Maintenant, voici le plus étonnant. Le lendemain, Anne, tandis qu'on la coiffait, dit à Mme de Motteville et à deux de ses femmes qu'en ce même château de Vincennes, trois jours plus tôt, voyant Beaufort participer avec tant d'enjouement à la fête offerte par Chavigny, elle n'avait pu s'empêcher de le plaindre, se disant à elle-même : « Hélas! ce pauvre garçon, dans trois jours il sera peut-être ici où il ne rira plus. » Et Mme de Motteville ajoute : « La demoiselle Filandre, première femme de chambre, me jura que la reine pleura ce soir-là en se couchant. » Que faut-il le plus admirer des larmes d'Anne d'Autriche ou de sa dissimulation? Déjà, elle avait dit à Mme de Motteville, parlant des Importants : « Vous verrez comme je me vengerai des tours que ces méchants amis me font. » Et la narratrice d'écrire : « Je vis en ce moment, par le feu qui brillait dans les yeux de la reine et par les choses qui, en effet, arrivèrent le lendemain et le soir même, ce qu'est une personne souveraine. »

Oui, c'est en cette occasion qu'Anne d'Autriche est devenue définitivement la souveraine, acceptant toutes les rigueurs auxquelles cette fonction la contraignait. Ce n'est pas de gaieté de cœur, soyons-en sûr, qu'elle envoyait en prison le séduisant Beaufort et, qu'apprenant à sévir, elle perdait les sympathies qu'elle avait jusqu'alors inspirées à tous. Quand, l'année suivante, elle se vit obligée de bannir MM. Gayant et Barillon, ces parlementaires qui avaient créé un incident au lit de justice et qui récidivaient à chaque occasion, elle mesura la solitude des puissants et s'en ouvrit à Mme de Motteville. Rien, lui dit-elle, ne m'a fait plus de peine que l'attitude de Barillon; pourquoi cet homme intègre et intelligent, que j'avais toujours cru dévoué, m'a-t-il combattue dès que j'ai été au pouvoir? Parce que, comme l'écrit André d'Ormesson (père d'Olivier), « les peuples espèrent toujours plus de leurs princes futurs qu'ils ne tiennent [...] *amant regnaturos, non regnantes* ».

En ce qui concerne Beaufort, l'indignation et la déception l'emportèrent en Anne d'Autriche sur tout autre sentiment. Un homme en qui elle avait cru au point de lui confier ses enfants se révélait un assassin, et c'est Mme de Chevreuse, son amie de toujours, qui l'avait poussé au meurtre! Si elle a pleuré, c'est de cela. Ne répétons pas, après d'autres, que ses sentiments pour Mazarin ont emporté sa décision. Je répète qu'il ne pouvait y avoir de liaison amoureuse entre cette veuve de quatre mois et qui que ce fût. Mais Anne était orgueilleuse, du double orgueil de sa naissance et de son rang. Nous l'avons vue, sous Richelieu, s'indigner de ne pas être traitée en conséquence. Comment eût-elle maintenant toléré qu'on attentât à sa légitime autorité de reine régente? Comment, surtout, n'eût-elle pas fait la différence entre la conduite de son ministre et celle de ses prétendus amis? Pendant que ceux-ci ne cherchaient qu'à troubler l'État et même à verser le sang, celui-là ne travaillait qu'à l'affermir sur son trône; il prenait sur lui tout le poids des affaires et lui en rapportait toute la gloire. Le duc d'Anguien venait de conquérir Thionville, après Rocroi. Or qui avait eu l'idée du siège de Thionville? Qui l'avait imposée?...

On ne se contenta pas d'arrêter Beaufort. Les Vendôme, sa famille, furent priés de regagner Anet... qu'ils avaient quitté quatre mois plus tôt. Les comparses auxquels ils y donnèrent asile furent pour la plupart capturés dans la maison de tolérance du village, grâce à la complicité de la tenancière. Rien ne change sous le soleil... Le duc de Vendôme, furieux, fit démolir la maison. Après quoi, il jugea prudent d'aller en Italie espérer la chute de Mazarin, comme il avait, en Angleterre, attendu celle de Richelieu..

Dès le 3 septembre, Mme de Chevreuse avait été priée de quitter Paris. Elle n'y consentit que lorsqu'on eut achevé de payer ses dettes; ce fut l'affaire d'encore 200 000 livres. La duchesse, après dix ans d'exil, n'aurait donc passé que dix semaines à Paris. Châteauneuf fut aussi éloigné, pour la seconde fois. Sur la lancée, on ôta à La Châtre, qui avait pris le parti de Mme de Montbazon, sa charge de colonel général des Suisses pour la rendre au vieux et dévoué Bassompierre. De M. de Beauvais on se débarrassa en rappelant aux évêques qu'ils étaient tenus de résider dans leurs diocèses. (C'est parce qu'ils ne le faisaient plus depuis beau temps que les coadjuteurs, ces « valets sacrés et mitrés, payés pour imposer les mains », dit Saint-Simon, avaient pris tant d'importance.) Par cette mesure habile, Mazarin écartait, en même temps que l'évêque de Beauvais, ceux de Limoges et de Lisieux, deux hommes de valeur que la reine avait appelés au conseil de conscience et dont l'influence nuisait à la sienne. Le premier était un parent de Mme de Senecey, dame d'honneur, et avait été lui-même pendant dix-sept ans aumônier d'Anne d'Autriche. Quant à l'évêque de Lisieux, nous savons tout ce qu'il avait fait pour la reine; et d'ailleurs celle-ci lui portait tant de respect qu'elle lui permettait de l'appeler « ma bonne fille ».

Quelle purge! Et, pour Mazarin, quel triomphe! Car, si l'on regretta le renvoi de l'évêque de Liseux, le reste des bannis suscitèrent peu de compassion et la France ne bougea pas. « Il y a des temps, écrit Retz, où la disgrâce est une manière de feu qui purifie toutes les mauvaises qualités et qui illumine toutes les bonnes. » C'était le cas sous Richelieu; ce ne l'était plus sous Mazarin, « où l'autorité était si douce qu'elle était comme imperceptible ». D'où la stupeur et l'admiration que suscita ce coup de force, ce coup de tonnerre dans un ciel serein. « L'on se croyait bien obligé au ministre de ce que, toutes les semaines, il ne faisait pas mettre quelqu'un en prison et l'on attribuait à la douceur de son naturel les occasions qu'il n'avait pas de mal faire. » Mazarin seconda son bonheur par la modestie de son triomphe; il feignit d'avoir cédé aux conseils de Monsieur et de Condé, alors qu'il aurait, pour sa part, prêché l'indulgence à la reine. Mais il ne fit pas porter à celle-ci la responsabilité de ses rigueurs, comme Richelieu le faisait autrefois avec Louis XIII : « Vous pouvez juger, écrivait-il à l'un de ses correspondants, combien cette princesse se doit être fait violence en quittant les mouvements de la bonté qui lui est naturelle, pour entrer dans ceux de la justice... »

Le bénéfice de la purge se fit sentir aussi en politique étrangère. Les représentants de nos alliés vinrent féliciter Mazarin. Grotius, l'ambassadeur de Suède, écrivait que le général ennemi Lamboy, « apprenant que l'on avait conduit le duc de Beaufort en prison, avec un tel retentissement de trompettes et de tambours, en fut frappé d'étonnement et dit que ce coup abattait les espérances que l'Espagne et l'Autriche avaient fondées sur la minorité de Louis XIV, puisque la mère du roi, dont le pouvoir était si récent, n'avait pas reculé devant un pareil acte de puissance ». L'ambassadeur de Venise écrivait à peu près la même chose. Ces réactions donnent la mesure des inquiétudes éprouvées par nos alliés : le triomphe de Mme de Chevreuse et des Importants, ç'aurait été le triomphe du parti espagnol. Eh bien non! on savait maintenant que la régence d'Anne d'Autriche n'aurait rien de commun avec celle de Marie de Médicis et qu'on ne verrait pas, sous cette reine de France espagnole, les porte-parole des Espagnols admis au conseil, comme l'avait été jadis le nonce.

Dès le lendemain de l'arrestation de Beaufort, on suggéra à Mazarin de demander des gardes à la reine, pour se protéger à l'avenir. Il refusa; cela, écrivait-il à La Meilleraie, ne serait « ni conforme à mon humeur, ni convenable à la condition des temps et à la disposition des esprits ». Habileté? Certes, mais bien plus grande encore qu'il n'y paraît. Car Mazarin, contrairement à ce qu'il disait et écrivait, fit venir de son régiment italien quelques robustes gaillards pour le protéger. Mais – et c'est là toute la différence avec Richelieu – il n'en fit point parade; bien au contraire, il les déguisa en valets de pied et leur ordonna de tenir leurs armes cachées dans leurs vêtements. Cela ne trompait point trop le public, qui chansonnait :

Il n'est pas mort; il n'a que changé d'âge,
Ce cardinal, dont chacun en enrage...

Or nous taisons, de peur d'entrer en cage;
Il est en cour, l'éminent personnage,
Et pour durer encore plus de vingt ans

Demandez-leur, à tous ces Importants;
Ils vous diront d'un moult piteux langage :
Il n'est pas mort, etc.

D'Ormesson remarque qu'on n'appelait déjà plus le ministre « le cardinal Mazarin », mais « Monsieur le cardinal », tout comme le précédent.

X

LA « BONNE RÉGENCE »

Au début d'octobre de cette année 1643, Anne d'Autriche et ses enfants s'installaient au Palais-Cardinal, rebaptisé Palais-Royal. Palais, à l'époque, c'est la traduction de *palazzo*, rien de plus, mais rien de moins. Autrement dit, une somptueuse villa italienne où tout est fait pour l'agrément et la commodité. Après le Louvre, ce perpétuel chantier, si vaste, si triste, où l'on entrait encore par un pont-levis, quel changement! De hautes et larges fenêtres, point de murailles, point de fossés. On le regrettera pendant la Fronde. Indéfendable, inapte à abriter des troupes, le Palais-Royal était en outre situé au voisinage des Halles, quartier traditionnellement turbulent. Mais qui, en 1643, se serait méfié du bon peuple de Paris? Il venait de manifester si chaleureusement son attachement à la royauté et à la régente! Et puis Anne d'Autriche rêvait d'habiter le Palais-Royal, ce palais tout neuf dans un quartier tout neuf. On peut dire que, pendant les premières années de sa régence, elle y vécut des jours heureux, sans pour autant échapper à l'étiquette et à la publicité qui la fatiguaient tant.

Elle s'éveillait extraordinairement tard pour l'époque, entre dix et onze heures du matin, sauf les jours de dévotion. Celle de ses femmes qui couchait dans sa chambre (c'était l'usage) annonçait alors son réveil, et les principaux officiers de sa maison entraient pour lui faire leur cour, suivis de quelques dames qui l'informaient des misères à soulager et lui servaient d'intermédiaires pour ses aumônes. La charité d'Anne d'Autriche était sincère et agissante; point de fondations pieuses (et Dieu sait si l'époque en était féconde!) qu'elle ne patronnât ou protégeât. Pour aider des malheureux, il lui était arrivé, dans sa jeunesse, lorsqu'elle avait tant de mal à obtenir de l'argent de l'Épargne, d'engager ou de vendre de ses bijoux. Quand la dame d'atour s'inquiétait de leur disparition, elle répondait qu'elle les avait perdus. Même pour faire le bien, il lui fallait alors mentir.

Le petit roi et son frère venaient tous les matins souhaiter le bonjour à leur mère et restaient presque toute la journée auprès d'elle, aussi longtemps du moins que la nécessité de leurs études et de leurs obligations le permit. Une fois sortis de la prime enfance, ils prirent leurs repas avec elle, ce qui n'était pas la coutume. Jusqu'à sa mort, Anne porta au poignet un bracelet des cheveux du roi.

Les deux enfants aussi étaient heureux au Palais-Royal, dont les jardins étaient bien plus agréables que ceux du Louvre; on les y voyait se promener dans une petite charrette tirée par des chiens. Louis XIV, déjà! se plaisait en la compagnie des femmes. Il nourrissait une passion enfantine pour Marie de Hautefort, grimpait sur son lit quand elle était malade et l'appelait « ma femme ». Benserade en fit des vers :

Objet aimable et vertueux,
Comme un amant respectueux,
Je mets à vos pieds mon empire
. . . .
Mon père eut le même transport
Et m'a laissé, quand il est mort,
Cette belle flamme en partage.
Je l'ai trouvée entre ses biens
Et j'en préfère l'héritage
A tous les sceptres que je tiens.
. . . .

Jusques ici mes maux sont doux,
. . . .
Mais qu'un jour je serai content
Si votre cruauté se passe
Et si votre beauté m'attend!

Mme de Hautefort n'attendit pas. Plus tard, ce sera Louis XIV qui n'attendra pas le bon vouloir des dames.

Après les premières audiences matinales, Anne d'Autriche se levait, passait une robe de chambre, faisait une prière (la seconde, déjà), puis elle déjeunait de grand appétit (elle avait toujours été gourmande). Ensuite, le petit roi lui présentait sa chemise en l'embrassant et cette coutume dura longtemps. Une fois mis son « corps de jupe » et un peignoir, Anne se faisait dire la messe, puis commençait sa toilette. Elle avait au Palais-Royal, comme elle eut plus tard au Louvre, un luxueux « cabinet des bains » et se baignait fréquemment, à la différence de tant de ses contemporains, dans une cuve qu'on remplissait à la main. Son nécessaire de toilette se composait de vingt accessoires d'or : miroirs, brosses à cheveux, boîtes à épingles, etc. Les cuvettes, pots de chambres et « bassins d'affaires » étaient d'argent, comme les bassinoires et brasiers (pourquoi disons-nous braseros?).

« Il y avait un plaisir non pareil, écrit Mme de Motteville, à la voir coiffer et habiller; elle était adroite et ses belles mains, en cet emploi, faisaient admirer toutes leurs perfections. Elle avait les plus beaux cheveux du monde; ils étaient fort longs et en grande quantité; ils se sont conservés longtemps sans que les années aient eu le pouvoir de détruire leur beauté. » Ayant foncé avec l'âge, les cheveux d'Anne d'Autriche étaient maintenant plus châtains que blonds et elle avait renoncé à sa coiffure ronde, frisée au petit fer, pour adopter le chignon à la mode, orné d'une résille ou d'un serre-tête et dont quelques longues boucles, encadrant les joues, adoucissaient la rigueur. Coquette, Anne d'Autriche? Oui, encore; on le devine entre les lignes trop louangeuses de Mme de Motteville. Point d'or ni d'argent sur ses habits, puisque, pour donner l'exemple, elle avait renoncé à ces coûteux ornements, mais enfin elle se vêtait « avec le soin et la curiosité permise aux personnes qui veulent être bien sans luxe ». Un peu plus que cela... Le raffinement de la reine était extrême; elle aimait « avec passion » les bonnes senteurs, et il fallait laver dans plusieurs eaux la toile de ses draps et de ses chemises pour l'adoucir. Mazarin, plus tard, l'en plaisantera, lui disant que, « si elle allait en enfer, elle n'y aurait d'autre supplice que de coucher dans des draps de Hollande ». Comprenons que la toile de Hollande, pour fine qu'elle fût, ne l'était pas encore assez pour la reine, qui ne voulait que de la batiste.

Jusque sur son lit d'agonie (coquetterie ou dignité?) Anne d'Autriche prendra le plus grand soin de son apparence. Son inventaire après décès nous apprend qu'elle possédait trois cent cinquante paires de gants et qu'elle portait toujours, accrochée à ses vêtements, une petite montre d'or. Elle avait bien d'autres bijoux et leur faisait honneur. On peut voir sur presque tous ses portraits ou bustes son rang de trente grosses perles pesant 300 carats et estimé à 105 000 livres. Ses pendants d'oreille et sa croix de perles et diamants étaient estimés plus cher encore : 120 000 livres chacun.

Et les ferrets de diamant de Buckingham, la reine régente de France s'en servait-elle encore? Nous l'ignorons, mais nous savons qu'en 1646 elle accorda une gratification de 30 000 livres au fils de Buckingham. Mazarin s'en irrita, mais comme il s'irritait de tout ce que faisait la reine sans le consulter, et surtout de ses largesses, moyen de gouvernement qui ne devait être utilisé qu'à bon escient.

Depuis son veuvage, Anne avait cessé de se farder, c'est-à-dire essentiellement de mettre du rouge aux joues, dont elle abusait auparavant, selon, paraît-il, la mode des Espagnoles. Les dames de son entourage renoncèrent, pour l'imiter, au maquillage, et ce fut pour la reine un petit plaisir de vanité que de l'emporter sur elles, à quarante ans passés, par le seul éclat naturel de son teint. Comme toutes les femmes un peu grasses, elle conserva longtemps une chair lisse et sans rides. Outre ses réveils tardifs, Anne avait coutume de garder la chambre quelques jours par mois, particulièrement les samedis où elle ne sortait que pour aller entendre la grand-messe à Notre-Dame. Les fêtes religieuses (et Dieu sait s'il y en avait alors, chaque église honorant son saint patron!) lui étaient d'autres occasions d'éviter les importuns; elle les passait souvent au Val-de-Grâce dont elle était en train de dresser les nouveaux plans avec François Mansart. Elle dînait vers deux heures, rarement en public, mais dans ce qu'on appelait son petit cabinet, servie par ses femmes. Sa vaisselle d'or comptait 31 pièces estimées à 25 154 livres; sa vaisselle d'argent, 380 pièces estimées à 30 743 livres, plus quelques pièces en « vermeil doré usé », estimées à 5 417 livres. Un de ses officiers, qui portait le titre de garde-vaisselle, était responsable de tout cela.

Après le dîner, la reine tenait cercle ou sortait, sauf les lundis et jeudis, jours de conseil. Le « cercle » était un exercice très fatigant pour les dames de la cour, qui devaient rester debout, seules les duchesses ayant droit au fameux tabouret, objet de tant de convoitises. C'est parce qu'on l'avait refusé à sa femme que La Rochefoucauld, ulcéré, passa à la Fronde.

Anne prenait un plaisir infini à initier le petit Louis XIV, si digne déjà! à son métier de roi. Avec lui elle recevait les ambassadeurs; avec lui elle allait à Notre-Dame entendre les *Te Deum*; avec lui, aux bois de Boulogne et de Vincennes pour assister aux parades des régiments des gardes. Dès son avènement, elle lui avait donné une compagnie « d'enfants d'honneur ». Le jeune Brienne en faisait partie et nous a raconté les débuts de cette compagnie de marmots : « Mme de la Salle (*femme de chambre du petit roi*) qui en était la capitainesse, si capitainesse il y a [...], nous reçut, la pique à la main et le hausse-col sur son mouchoir bien empesé et bien tiré, un chapeau couvert de plumes noires sur la tête et l'épée au côté [...]. Ce fut elle qui nous mit le mousquet sur l'épaule et cela de fort bonne grâce. »

Les enfants d'honneur, en justaucorps de velours noir doublés de petit gris, faisaient l'exercice devant leur souverain de cinq ans, qui semblait y prendre un plaisir extrême. Il n'aimait qu'à jouer à la guerre et battre du tambour, sur une grosse caisse semblable à celle des cent-suisses. On dut bientôt réduire à quinze le nombre des enfants d'honneur; leur compagnie était devenue une cohue ingouvernable, tous les courtisans voulant y placer leurs fils. Le jeune Brienne, qui était adroit et un peu fou, émerveillait son petit maître et ses camarades par de prodigieuses cabrioles, faisant même de la voltige sur le garde-fou de la terrasse des appartements de la reine. Pour lui manifester son attachement, Louis XIV lui prêta une magnifique arbalète qui avait été fabriquée par son père. Mais, comme les rois « donnent ce qu'ils prêtent », ainsi que l'apprit Mme de Senecey à son royal pupille, cette pièce de collection devint la propriété du jeune Brienne, qui trouva moyen de se la faire voler. Avec le temps, les divertissements devinrent moins innocents. En 1652, Brienne, après une petite vérole, resta le visage marqué et très rouge. Louis XIV se servit alors de lui pour effaroucher les filles d'honneur de sa mère, en lui demandant de leur sauter au cou à l'improviste pour les embrasser, tout rouge et grêlé qu'il était.

De retour au Palais-Royal, après ses sorties de l'après-midi, Anne retrouvait pour quelque temps les princesses et dames de qualité. Puis commençaient les visites; celles du duc d'Orléans, de Condé, de son fils Anguien et du cardinal Mazarin « qui n'y manquait jamais ». Pendant un moment, la conversation entre ces hauts personnages était générale et publique, et la foule des privilégiés se pressait pour y assister. Gaston d'Orléans, après un entretien privé avec sa belle-sœur, se retirait et la laissait seule avec Mazarin. Le tête-à-tête, qu'on appelait « petit conseil », durait une bonne heure. Les portes restaient ouvertes, mais personne n'entrait.

C'est au cours de ces séances de travail, comme au cours des autres visites qu'il lui rendait, que Mazarin instruisait la reine des affaires de l'État et obtenait son approbation pour les mesures qu'il ferait ensuite adopter en conseil. On se fera une idée de la façon dont il lui mâchait la besogne, de l'habileté avec laquelle il ménageait ses susceptibilités, lui laissant aux yeux des tiers la gloire et la responsabilité des décisions qu'il l'aidait à prendre, par la lecture de la lettre suivante, du 9 septembre 1648. La date en est intéressante (c'est le début de la Fronde), de même que le nom du destinataire : il s'agit de La Rochefoucauld, alors gouverneur du Poitou et dont la loyauté commençait à faire question. D'où la menace finale, si exquisement voilée sous les fleurs de la rhétorique :

« Aussitôt que j'ai reçu la lettre que vous avez pris la peine de m'écrire, je l'ai lue moi-même d'un bout à l'autre à la reine, afin de lui faire mieux connaître avec quel zèle et quelle utilité vous servez le roi. Sa Majesté en a témoigné grand sentiment et m'a dit qu'elle n'attendait pas moins de l'affection que vous avez pour elle en particulier, qu'elle sait être seule capable de vous donner ces bons mouvements et de vous faire contribuer de tout votre pouvoir à la gloire de sa régence et de son administration.

« J'ai été ravi de pouvoir, en suite de ce que vous me mandez, assurer Sa Majesté de l'entière obéissance où est la province du Poitou par les bons ordres que vous avez donnés pour étouffer dans leur naissance les petits désordres qui y étaient arrivés. Il est superflu de vous exciter [...] d'avoir toujours l'œil que toutes choses passent comme elles doivent, et Sa Majesté n'attendra que de bonnes nouvelles d'un endroit où vous avez l'autorité en main. Ses intentions sont les meilleures pour l'avantage et le soulagement du peuple [...]; mais certes, si après tant de grâces considérables qu'elle a fait (*sic*), on prétendait en acheter d'autres par des voies illégitimes, la province, pensant de rendre sa condition meilleure, ne ferait que l'empirer et il vous sera facile de lui faire connaître que ce ne serait que s'attirer sur les bras, au grand regret de Sa Majesté et de ceux qui ont l'honneur de la conseiller, la plus grande partie des troupes dont les armées sont à présent composées et que l'hiver qui approche donnera lieu de pouvoir retirer des endroits où elles agissent présentement... »

« Les troupes dont les armées *(françaises)* étaient à présent composées » étaient des troupes de mercenaires étrangers qui se comportaient sur notre sol à peu de choses près comme elles l'eussent fait en territoire ennemi, c'est-à-dire en « mangeant » le pays. Les héberger pendant les quartiers d'hiver constituait une calamité si ruineuse que les provinces étaient prêtes à tout pour s'en exempter, même à payer des impôts supplémentaires. D'où la menace de Mazarin.

Après ce « petit conseil » si bien employé, la reine revenait souhaiter le bonsoir à la foule des courtisans qui, après son départ, restaient dans ce qu'on appelait le grand cabinet dont une façade, entièrement vitrée, donnait sur le jardin, et qu'éclairaient, le soir, des chandeliers d'argent ornés de figures de Maures. C'est là et c'est alors, dit Mme de Motteville, « que se pratiquait sans doute tout ce que la galanterie et les folles intrigues pouvaient produire ».

Les quelques hommes qui avaient l'honneur d'être admis « au particulier » de la reine étaient, outre les princes de sang, Beringhen dont elle avait fait son premier valet de chambre, Guitaut et son neveu et lieutenant Comminges, Chandenier, capitaine des gardes du corps, jusqu'au moment du moins où son hostilité à Mazarin le fit chasser; il y avait aussi le chevalier, maintenant commandeur de Jars, et son cousin le marquis de Mortemart, premier gentilhomme de la chambre du roi, que la reine appréciait pour son irrésistible esprit. C'était un trait de famille, que possédait aussi Jars et qui éblouira chez la fille de Mortemart, Mme de Montespan.

Il arrivait que quelques intrus « se fourrassent », comme dit Mme de Motteville, parmi ces privilégiés, et la reine se plaignait en riant de ce qu'ils y prenaient racine. Il arrivait aussi qu'elle invitât elle-même à son cercle quelque *outsider* dont les aventures pouvaient distraire la noble assistance. Le jeune Bienne, quand, plus tard, il revint de Laponie, fit frémir les dames en leur décrivant les affreux déserts de neige et de glace qu'il avait traversés et l'horrible aspect des « pygmées » qui les habitaient. Les dames lapones, au teint enfumé, aux yeux rouges et aux dents couleur d'ébène (elles fumaient « comme des dragons ») n'égorgeaient-elles pas les rennes de leurs propres mains pour en boire le sang ?

Anne terminait sa journée dans son oratoire, où elle restait près d'une heure en prières. Parfois, quelques dames venaient l'y rejoindre pour prier avec elle ou l'instruire « des nécessités journalières, publiques et particulières », c'est-à-dire encore des aumônes à faire. L'oratoire était un vrai sanctuaire à l'espagnole, brillant de reliquaires : ceux qu'Anne avait apportés d'Espagne, ceux qu'avait laissés en fuyant Marie de Médicis, ceux, enfin, que lui offraient les ecclésiastiques et les princes étrangers, connaissant sa piété. Son inventaire après décès n'en mentionne pas moins de vingt-sept, sans parler des trente-sept chapelets et rosaires. (Mais la reine, on le remarquera, n'avait rien gardé, pour son usage personnel, des rutilants objets de culte de la « chapelle de diamants » léguée par Richelieu, avec son palais, à la couronne ; après les avoir fait inventorier par les orfèvres Dujardin et Courtois, elle les avait remis au grand aumônier de France, le cardinal de Lyon.)

D'Espagne venait le grand reliquaire de bois, enrichi

de lapis et de diamants, orné d'une Vierge en bois sculpté et au pied duquel se trouvait un petit autel, orné lui-même d'une croix et de quatre chandeliers d'or; estimation : 12 000 livres. Espagnol aussi, le cabinet d'ébène contenant une Vierge, aux ornements de cristal, or et argent doré. Le doigt de sainte Anne, patronne de la reine, était enchâssé dans un petit reliquaire de cristal garni d'or; des fragments de la Sainte Épine et de la Vraie Croix, dans deux soleils garnis de diamants et soutenus par des statuettes en or représentant des anges. On voyait aussi, dans d'autres reliquaires tout aussi précieux, un morceau du voile de la Vierge et du manteau de saint Joseph, des restes de saint Isidore (saint espagnol), de saint Laurent, de sainte Radegonde (reine de France), de sainte Cunégonde, et – quelle horreur! – la tête de saint Canut (Knut), roi de Danemark. Sauf deux, réservés pour Louis XIV et son frère, les reliquaires de la reine furent légués au Val-de-Grâce avec tout le mobilier de l'oratoire : chandeliers, croix, burettes, bénitiers, caissettes d'ébène « pour mettre des bouquets », le tout garni d'or ou incrusté de pierres précieuses. Il y avait aussi des peintures sur bois (deux Vierges, deux Assomptions) et un grand nombre de pièces d'orfèvrerie : une Flagellation comportant quatre statuettes d'argent; quatorze figurines de même, représentant Jésus-Christ, saint Jean-Baptiste et les apôtres, etc. Dans la crèche, également d'argent, l'enfant Jésus était en or. Beaucoup de ces pieux objets suivaient la reine dans ses diverses résidences (Saint-Germain et Fontainebleau); il y avait même deux reliquaires « portatifs » qu'elle emportait dans ses moindres déplacements.

On notera que Mazarin n'appréciait pas la dévotion de la reine; elle lui paraissait trop espagnole pour le goût français, et surtout elle lui paraissait dangereuse. À quoi bon tant de visites aux églises et aux couvents? écrivait-il dans ses carnets. Dieu est partout et Sa Majesté pouvait aussi efficacement le prier chez elle. Il regrettera même un jour devant des tiers que la reine

« s'amusât » à écouter les dévots. Joli mot dans la bouche d'un cardinal, mais Mazarin était beaucoup plus homme d'État qu'homme d'Église et l'homme d'État se doit d'être méfiant. Celui-là continuera à l'être même après le renvoi des évêques de Beauvais, de Lisieux et de Limoges. C'est que, dans les couvents qu'elle fréquentait, la reine entendait d'autres voix que celle de son ministre. Les politiques utilisaient les dévots, et les dévots utilisaient les saintes femmes qui dirigeaient le Val-de-Grâce, le Carmel ou les Filles Sainte-Marie, non seulement pour inquiéter la reine sur sa réputation et donc l'éloigner de Mazarin, mais pour troubler sa conscience, comme ils avaient troublé celle de Louis XIII, en lui reprochant la continuation de la guerre contre une puissance catholique. Ils lui prenaient à dessein son temps (c'est Mazarin qui parle) pour l'empêcher de s'occuper des affaires de l'État. Or le premier devoir de la régente n'était-il pas de s'occuper des affaires de l'État? Autre façon de servir Dieu, puisque Dieu l'avait mise là où elle était. Non pas que Mazarin souhaitât qu'Anne d'Autriche prît effectivement en main les rênes du gouvernement, mais il importait que le public le crût, notait-il avec un tranquille cynisme. Pourquoi? Parce qu'étant donné la fragilité de sa position, il ne voulait ni ne pouvait porter seul la responsabilité des décisions; sans doute aussi parce que, dans ces débuts de la régence, Anne, éblouie par les succès de son ministre, avait trop tendance à croire que la « bonace » allait durer et à négliger ses propres devoirs. Mazarin, jugé par elle comme « le plus habile homme d'Europe » (Motteville), était en quelque sorte victime de sa réussite.

Quand Anne sortait de son oratoire, il était près de onze heures du soir et elle soupait. Le souper terminé, ses dames en mangeaient les reliefs, se servant « pour tout appareil de sa serviette à laver et du reste de son pain », écrit Mme de Motteville, qui ajoute : « Quoique ce repas fût mal ordonné (*c'est le moins qu'on puisse dire!*) il n'était point désagréable par l'avantage de ce qui s'appelle privauté, pour la qualité et le mérite des personnes qui s'y rencontraient quelquefois. » S'étant levée à dix heures du matin, Anne ne pouvait pas se coucher. Après le souper, elle s'entretenait encore avec ses femmes, « conversation libre et gaie » qui durait jusqu'à près d'une heure du matin. « Vous ne vous êtes jamais pu résoudre de vous coucher de bonne heure », lui écrira un jour Mazarin, en la suppliant de ne pas donner même habitude au roi, son fils.

Point d'autres divertissements ? Oh, si ! Toutes les sorties de la reine n'étaient pas pour les églises et les cérémonies ; Mme de Motteville avoue qu'elle n'avait pas encore renoncé à tous les plaisirs qui lui avaient plu autrefois. Du bal elle avait perdu le goût, mais elle aimait toujours autant le théâtre ; nous avons vu que, même pendant son deuil, elle y allait incognito, se dissimulant derrière une de ses dames. On peut s'étonner de cette infraction aux règles alors si strictes des veuvages royaux (même les chambres et les carrosses étaient tendus de noir). C'est que Corneille avait donné au théâtre ses lettres de noblesse ; la morale de ses pièces, dit encore la bonne Motteville, « pouvait servir de leçon à corriger le dérèglement des passions humaines et, parmi les occupations vaines et dangereuses de la reine, celle-là du moins pouvait n'être pas des pires ». Étrange propos de la part d'une thuriféraire. Quelles étaient ces occupations vaines et dangereuses ? Les tête-à-tête avec Mazarin, que Mme de Motteville n'aimait pas ? Ou seulement les promenades au Cours-la-Reine, les sérénades et collations au jardin de Renard, le jeu (car Anne jouait, comme toutes les femmes de son époque et de son milieu) ? Plus probablement la comédie italienne, qui, plus leste que la française, n'avait pas bénéficié de l'aura que Corneille avait donnée au théâtre.

Au Palais-Royal, un petit escalier privé permettait à la reine de descendre directement de son appartement à la tribune qui lui était réservée dans la plus petite des salles de spectacle construite par Richelieu. Or, une fois sur deux, c'étaient les comédiens italiens qui s'y produisaient. Quelques-uns de ces fameux dévots que redoutait Mazarin s'en offusquèrent et, un jour de 1646, le curé de Saint-Germain-l'Auxerrois (c'était la paroisse du Palais-Royal, comme du Louvre) ne craignit pas d'écrire à la reine qu'elle ne devait plus souffrir ce divertissement chez elle. Anne consulta des évêques qui la rassurèrent : les gens de cour avaient besoin de ces sortes d'occupations pour en éviter de plus mauvaises; la dévotion des princes pouvait être différente de celle des particuliers et les personnes publiques devaient autoriser les divertissements publics. « Ainsi la comédie fut approuvée et l'enjouement de l'italienne se sauva sous la protection des pièces sérieuses. »

Le curé de Saint-Germain ne se tint pas pour battu ; il se transporta en personne au Palais-Royal pour déclarer à la reine qu'elle commettait un péché mortel, lui apportant à l'appui de ses dires un avis signé de sept docteurs de la Sorbonne, qui condamnait expressément la comédie. Troublée, ou seulement décidée à faire ce qui lui plaisait, Anne, à son tour, consulta la Sorbonne par l'intermédiaire de l'abbé de Beaumont, précepteur du roi et futur archevêque de Paris. L'abbé trouva sans peine dix à douze théologiens d'un avis opposé à ceux de leurs collègues : la comédie, présupposé qu'il ne s'y dise rien de scandaleux ou de contraire aux bonnes mœurs, « était de soi indifférente et on pouvait l'entendre sans scrupules, et cela fondé sur ce que l'usage de l'Église avait beaucoup diminué de cette sévérité apostolique que les premiers chrétiens avaient observée dans les premiers siècles. »

On voit que Molière (qui avait vingt ans à l'époque) n'a rien inventé. Mais de qui faut-il rire le plus dans cette affaire? Du curé de Saint-Germain? C'est ce que firent les courtisans. Ce pauvre prêtre! Était-il permis d'ignorer à ce point le monde et la cour? Et quelle audace non pareille que d'avoir osé troubler la conscience de la régente! C'était un coup de M. Vincent qui, tout occupé de ses miséreux, ne connaissait rien, lui non plus, à la cour et que la reine avait pourtant la faiblesse d'admirer.

Si cette affaire concernait la seule Anne d'Autriche, elle n'aurait qu'un intérêt anecdotique. Mais elle est révélatrice des mentalités de l'époque. De quoi est né le traité *De la fréquente communion* qui marque un moment capital de l'histoire du jansénisme? De quoi sont nées *Les Provinciales*, qui révélèrent à la France le génie d'un certain Blaise Pascal? D'un incident en tous points semblable au précédent.

Un jour de 1640, Mme de Sablé demande à Mme de Guéméné de l'accompagner au bal. La princesse s'excuse : elle vient de communier et son directeur de conscience, l'abbé de Saint-Cyran, lui interdit le bal les jours où elle a reçu l'hostie. Étonnée, Mme de Sablé fait connaître cet interdit à son propre directeur, un jésuite. Celui-ci juge la question assez délicate pour la soumettre à deux autres pères de la compagnie. Les trois jésuites rédigent alors un écrit, approuvé par leur ordre, qui autorise Mme de Sablé à achever sa pénitence au son des violons. Antoine Arnauld, le benjamin de la grande famille Arnauld, prend feu et flamme et réfute point par point l'écrit des jésuites dans son traité *De la fréquente communion*.

Nous n'allons pas refaire l'histoire du jansénisme, mais il faut rappeler que les Arnauld y étaient intimement associés. N'est-ce pas Angélique Arnauld qui, en 1609, avait réformé Port-Royal? Ce fut une petite bombe que cette journée du guichet. Qui aurait imaginé qu'une abbesse de dix-sept ans se ferait de la vie monastique une idée assez rigoureuse pour fermer la porte de son couvent au nez des visiteurs, sa propre famille incluse? Il n'est pas étonnant qu'Antoine Arnauld, frère d'Angélique, ait réagi d'une façon similaire devant le laxisme des jésuites; mais il est étonnant et tout à l'honneur de la société du temps que sa *Fréquente communion* ait connu un tel succès. Publié en août 1643, le traité éclipsa presque le bruit alors causé dans les salons par une autre forme de littérature : les lettres d'amour perdues chez Mme de Montbazon. Le jansénisme, où l'on ne voyait jusque-là qu'un confus débat de théologiens sur la grâce et le libre arbitre, descend dans la rue et y fait des ravages. Mme de Sablé va bientôt passer à Port-Royal et Mme de Longueville s'exclame : « Si je devenais dévote, je serais de ce parti-là ! »

Si Antoine Arnauld avait du style, le jeune Pascal, lui, avait un vrai génie de polémiste, comme on s'en rendit compte, quand, en 1656, il prit le relais avec ses *Provinciales* (car la querelle n'avait pas cessé depuis 1643). Jamais coups plus rudes n'avaient été portés aux jésuites, ou plus exactement à ceux des jésuites qu'on appelait les casuistes, docteurs tout spécialement chargés d'examiner les cas de conscience que posait aux fidèles l'observance de la loi, c'est-à-dire les obligations contradictoires du monde et de la religion. S'il ne faut pas trop se moquer du curé de Saint-Germain-l'Auxerrois, c'est parce que, comme Pascal, il refusait ce à quoi les casuistes aboutissaient : le laxisme et l'hypocrisie, la faute plutôt que le scandale. A force d'examiner, il est bien rare qu'on ne finisse par excuser. Qu'une reine ne puisse renoncer à la comédie, cela se conçoit ; qu'une grande dame ne puisse renoncer au bal, passe encore ; mais quand on admet qu'un gentilhomme ne peut renoncer à venger son honneur, c'est tout bonnement l'homicide qu'on autorise, qu'il s'agisse d'un duel ou d'un assassinat.

C'est vraiment une lecture instructive que celle des manuels de casuistique ; tous les péchés des contemporains y sont recensés, et il y a de certains articles « effroyables », qu'à l'instar de Pascal, on n'oserait citer, même en latin. Qu'on sache seulement que le péché de mollesse (onanisme) n'est pas mortel, même commis dans une église, pourvu que ce soit discrètement ; qu'un ecclésiastique est absous de filouter ou de se rendre en des lieux de débauche (*ad lupanar ad fornicandum*), pourvu qu'il ne soit pas en soutane. Et comme, à ceci, Pascal, dans sa sixième *Provinciale*, fait l'étonné, son interlocuteur jésuite lui répond : « Ne voyez-vous pas quel scandale ce serait de surprendre un religieux en cet état avec son habit de religion ? »

S'il est vrai que les jésuites, confesseurs traditionnels des grands, voulaient, par le biais de la casuistique, conserver leur clientèle et donc leur influence politique, ils étaient pourtant moins blâmables qu'Arnauld et Pascal ne le disaient. Ils pensaient, comme nous le pensons aujourd'hui, qu'à l'évolution de la société doit correspondre une évolution de la morale. Il est vain d'exiger l'impossible ; imposer aux chrétiens les rigueurs de l'Église primitive, comme le voulaient les jansénistes, c'était aller contre l'intérêt de la religion et le salut des âmes. Si les jésuites pensaient cela, c'est aussi parce qu'ils faisaient confiance à l'homme. Ces modernistes étaient en même temps des optimistes. La créature n'a-t-elle pas été formée à l'image du Créateur ? N'est-elle pas douée de libre arbitre ? L'homme est donc capable de se sauver par ses actes, avec l'aide de la grâce divine, bien entendu, mais cette grâce, précisément, ne lui est qu'un adjuvant. Pour les jansénistes, au contraire, la grâce seule est efficace, parce que l'homme, déchu depuis la faute d'Adam, n'a plus rien de commun avec son créateur ; il est incapable de se sauver par ses actes ; tout en lui est vicié, même ses bonnes œuvres. Le nier, c'est nier l'utilité de la Rédemption, donc du Christ ; c'est faire de la religion une philosophie morale, une raison plus parfaite, comme dira Molière ; c'est aboutir au déisme et le déisme, on le verra au siècle suivant, aboutit à l'athéisme. Les jansénistes avaient raison de se méfier.

Et pourtant leur pessimisme était condamnable, parce qu'il était désespérant. Mais, intellectuellement, son apport est sans prix. Il a crevé les illusions où s'était complu un certain XVIIe siècle, celles de l'homme « maître de ses passions comme de l'univers », selon la formule de Corneille. De Corneille, élève des jésuites. En démolissant les héros, le jansénisme a donné l'essor à une psychologie de l'homme sur laquelle nous vivons encore, celle de Pascal, de La Rochefoucauld, de Racine. De Racine, élève de Port-Royal...

De cette grande querelle Anne d'Autriche n'a certainement pas perçu l'ampleur ni deviné les prolongements. Elle avait la foi du charbonnier. Si elle sévira plus tard contre les jansénistes, ce sera surtout par politique ; ayant subi la Fronde du Parlement et celle des princes, elle ne voulait pas subir une fronde ecclésiastique. Mais, en un premier temps, elle avait été touchée par la ferveur et la rigueur des jansénistes ; elle avait senti qu'il y avait là quelque chose qui la dépassait et elle s'était interrogée, allant jusqu'à douter qu'il fût sage de donner au petit roi un confesseur jésuite, comme le voulait la tradition. (Mazarin, toujours par politique, lui avait remontré qu'on ne pouvait se mettre à dos la puissante Compagnie.) Dans l'entourage de la reine, Mme de Brienne penchait vers le jansénisme, comme Mme Le Charron, femme de son premier maître d'hôtel, qui finira d'ailleurs religieuse à Port-Royal. Un des Arnauld, ami de ces deux dames, était bien connu de la reine : Robert Arnauld d'Andilly, qui avait occupé avec distinction diverses charges publiques et qui était, malgré sa dévotion, fort lancé dans le monde. (Il avait, écrit Mme de Sévigné, la passion de sauver les âmes, surtout quand elles habitaient de beaux corps !) Nous avons vu la reine s'entretenant avec Arnauld d'Andilly au retour du lit de justice qui l'avait nommée régente ; elle lui avait donné part aux nombreuses libéralités qu'on lui reprochait, elle avait même songé à lui confier l'éducation du dauphin. C'est sur ses instances et celles de Mme de Guéméné qu'elle avait rendu la liberté à Saint-Cyran, injustement, scandaleusement incarcéré par Richelieu. Une fois Saint-Cyran mort (octobre 1643), elle donna son abbaye à son neveu, Barcos, autre janséniste. Et cela malgré les jésuites qui firent tous leurs efforts pour l'amener à révoquer cette grâce. Arnauld d'Andilly vint au Palais-Royal remercier la reine. Elle se promenait dans la galerie avec le petit roi. « Vous aimiez donc bien M. de Saint-Cyran? demanda-t-elle. – Je lui avais, madame, de si grandes obligations que je l'aimais plus que ma vie; il y a même ajouté celle de me donner son cœur par son testament, et j'estime plus cela... » Arnauld, gêné par ce qu'il allait dire, s'arrêta net. Anne acheva pour lui. « Que d'être cela », dit-elle en serrant le bras de son fils Louis XIV.

Quant à décider si *La fréquente communion* était ou non orthodoxe, la reine s'en savait si bien incapable qu'elle préféra envoyer l'auteur à Rome pour s'en informer.

Anne d'Autriche préférait Paris à tout autre séjour. Pendant l'été, on allait pourtant à Fontainebleau et l'on y restait pour la saison des chasses. Anne y montait l'un ou l'autre de ses quatorze chevaux de selle : roussins, barbes, alezans, croates. Son inventaire après décès mentionne aussi une petite haquenée brune, qu'elle devait garder par pure sentimentalité, car elle était « fort vieille et borgne » (estimée d'ailleurs à 100 livres, le prix de dix savonnettes parfumées).

À Fontainebleau, pendant les chaleurs, que supportaient mal les gens du XVIIe siècle, habitués à vivre dans des demeures glaciales, la reine pouvait se baigner dans la Seine avec ses enfants, toujours en chemise, si bien que la modestie n'était pas offensée, dit Mme de Motteville; il est vrai, comme elle le remarque, que la reine n'avait alors auprès d'elle que des vieillards, toute la jeunesse passant l'été sur les champs de bataille.

En juin-juillet 1644, on fit un séjour à Rueil, chez la duchesse d'Aiguillon. Il s'agissait de joindre l'utile à l'agréable en accomplissant un geste politique.

Mme d'Aiguillon, comme tous les parents de Richelieu, restait menacée et vilipendée. Mme de Chevreuse avait voulu lui faire ôter le gouvernement du Havre en faveur de La Rochefoucauld, et les Condé lui intentaient maintenant un procès pour récupérer au nom de la duchesse d'Anguien, leur belle-fille, une partie de l'héritage du défunt cardinal. (Richelieu avait réussi à marier sa nièce à un prince du sang en l'excluant de sa succession. Quel homme, décidément!) Mme d'Aiguillon avait demandé en pleurant la protection de la reine et « les larmes d'une femme autrefois si fière » avaient ému Anne d'Autriche. Elle était capable de sévérité, mais pas de cruauté. Certains mémorialistes attribuent même à la violence qu'elle avait dû se faire pour renvoyer ses anciens serviteurs, au moment de l'affaire Beaufort, la jaunisse qu'elle eut en septembre 1643. Et puis l'on a tort de dire que la vengeance est un plat qui se mange froid. C'est dans la première chaleur de l'offense subie qu'on en rêve; à trop attendre, on en perd l'envie.

Mazarin, qui avait vivement conseillé le séjour à Rueil, fit de son mieux pour le rendre agréable à la reine. Il appela d'Italie, à grands frais, la célèbre cantatrice Leonora Baroni qui, disaient les mauvaises langues, avait été à Rome sa maîtresse. La signora Leonora chantait le soir devant la reine et l'on entendait, dans les silences, le frais murmure des jeux d'eau, agrément et gloire du parc de Rueil.

Il y avait aussi des poètes à Rueil. Un jour que la reine se promenait dans sa calèche de Hollande, noire à fleurs de lys d'or, elle rencontra, au détour d'une allée, Voiture, l'amuseur et l'enfant chéri de l'Hôtel de Rambouillet. Voiture salua l'auguste visiteuse, mais d'un air songeur. A quoi pensez-vous? lui demanda-t-elle. Voiture, après s'être éloigné un moment, revint dire à la reine, en vers, le résultat de ses pensées. Il trichait, bien sûr; c'était une habitude chez lui que de composer d'avance les « improvisations » qui pouvaient correspondre à telle ou telle occurrence. Voici la pièce; elle est charmante.

Je pensais que la destinée,
Après tant d'injustes malheurs,
Vous a justement couronnée
De gloire, d'éclat et d'honneurs,
Mais que vous étiez plus heureuse
Lorsque vous étiez autrefois,
Je ne dis pas amoureuse,
La rime le veut toutefois.

Je pensais que le pauvre Amour,
Qui toujours vous prêta ses charmes,
Est banni loin de votre cour,
Lui, son arc, ses traits et ses armes.
Est-ce que je puis persister,
En passant près de vous ma vie,
Si vous avez pu maltraiter
Ceux qui vous ont si bien servie?

Je pensais, car nous autres poètes
Nous pensons extravagamment,
Ce que, dans l'humeur où vous êtes,
Vous feriez, si dans ce moment
Vous avisiez en cette place
Venir le duc de Boukincan
Et lequel serait en disgrâce
De lui ou du père Vincent
. . . .
Je pensais à la plus aimable
Qu'on puisse trouver sous les cieux
A l'âme la plus estimable
Que formèrent jamais les dieux,
A la ravissante merveille
D'une bouche ici sans pareille,
La plus belle qu'on vit jamais;
A deux pieds gentils et bien faits
Où le temple d'Amour se fonde,
A deux incomparables mains
A qui le Ciel et le Destin

Ont promis les sceptres du monde,
A cent appâts, à cent attraits,
A cent mille charmes secrets,
A deux beaux yeux remplis de flamme
Qui rangent tout dessous leurs lois.
Devinez sur cela, madame,
Et dites à quoi je pensais.

Anne ne se choqua pas de ces vers ; au contraire, elle en demanda une copie à Voiture et la relut souvent. Une femme peut refuser l'amour : elle ne refuse jamais l'admiration. Et puis quelle différence entre ce morceau et les insipides dithyrambes que les auteurs officiels ou d'occasion lui adressaient par devoir ou par intérêt ! Il est bien plus agréable d'entendre vanter sa beauté que sa piété, justice, clémence, chasteté, libéralité, etc., comme le faisait par exemple le sieur de la Serre dans son *Portrait de la reyne*, à raison d'un chapitre par vertu.

Mazarin, qui avait accompagné la reine à Rueil, qui l'accompagnait à Fontainebleau et partout ailleurs, logeait aussi auprès d'elle à Paris, ayant loué au président Tubeuf l'hôtel dit de Chevry, dont les jardins touchaient à ceux du Palais-Royal. Dès octobre 1643, on avait percé une porte dans le mur mitoyen ; mais, comme on la faisait garder par des hommes d'armes, cet aménagement put passer pour une mesure de sécurité destinée à protéger le ministre. Il en alla autrement quand, en novembre 1644, Mazarin s'installa au Palais-Royal même. La reine avait déclaré à son conseil que, le cardinal étant alors souffrant, il lui était pénible de traverser tous les jours, et souvent plusieurs fois par jour, le grand jardin du Palais-Royal pour lui communiquer les nouvelles et l'entretenir des affaires de l'État. MM. les ministres auraient approuvé, et avec applaudissement, cette décision.

Tout le monde n'en fit pas autant. Les moins médisants se contentaient de railler la couardise de Mazarin qui, disaient-ils, n'osait même plus traverser un jardin, pourtant gardé. Mais d'autres s'inquiétaient, avec plus ou moins de bonne foi, pour la réputation de la reine. Apprenant que l'appartement de Mazarin communiquerait avec celui de la régente « par une petite galerie », d'Ormesson espérait encore qu'il renoncerait de lui-même à en prendre possession. Mais, le 23 novembre, Mazarin y couchait pour la première fois. Qu'en conclure à cette date?

Assurément qu'il n'y avait rien encore entre la reine et son ministre. Dans le cas contraire, Anne eût été plus prudente. C'est en effet son imprudence qui frappe en ces débuts. Elle, si soucieuse de sa réputation, semble prendre à tâche de se compromettre, malgré tous les avertissements. A Rueil, elle invite Mazarin à se promener avec elle dans l'intimité de sa calèche, et c'est lui qui refuse. A Fontainebleau, quand il y tombe malade en septembre, elle se rend tous les jours dans sa chambre pour prendre de ses nouvelles et, afin qu'il se repose en paix, elle interdit aux gardes de battre le tambour, usage qui ne valait que pendant les maladies des rois. On remarquait surtout que l'influence de Mazarin ne cessait de grandir, que la reine éliminait peu à peu de son entourage tous les hommes, toutes les femmes qui lui étaient hostiles, même sa chère Hautefort. Il est vrai que celle-ci avait passé les bornes, suscitant des vers satiriques contre le ministre, se jetant aux pieds de la reine pour la supplier de penser à sa réputation, quémandant sans relâche, à son habitude, et un jour qu'Anne, excédée, lui faisait des reproches, levant les mains vers le crucifix en s'exclamant : « O Seigneur, vous savez ce que j'ai fait pour elle! »

Devenu surintendant de la maison de la reine en 1645, Mazarin eut beau jeu d'y placer des créatures à lui. En 1646, il devenait maître aussi dans la maison du roi, puisque Anne lui confiait la surintendance de l'éducation de son fils. « J'ai cru, déclarait-elle, que ce choix était comme enfermé dans l'honneur que le feu roi, mon seigneur, lui avait fait de vouloir qu'il fût son parrain. »

M. Vincent conserva toujours avec la reine des relations privilégiées; mais il serait, après la Fronde, exclu du conseil de conscience qui, déjà, depuis le renvoi des évêques de Beauvais, de Limoges et de Lisieux, avait pratiquement cessé d'exister; Mazarin décidait à peu près seul de la collation des bénéfices et selon des critères beaucoup plus politiques que religieux.

Il faut trier un peu tous ces faits. Qu'Anne d'Autriche ait conféré tant de charges à son ministre n'a rien qui doive surprendre. C'était l'usage. Richelieu avait cumulé, avec la charge de premier ministre, celles de surintendant, chef du conseil et grand aumônier de Marie de Médicis (il avait même, en 1617, figuré un moment au nombre des aumôniers de la jeune Anne d'Autriche). Les souverains s'attachaient et récompensaient ainsi les hommes d'État qu'ils jugeaient utiles au pays. Réciproquement, à une époque où les liens d'homme à homme, issus de la féodalité, conservaient tant de force, les ministres ne se jugeaient assurés de leur poste et de leur influence que s'ils étaient en même temps « domestiques » de leur souverain. Dès le début de la régence, Mazarin avait insisté auprès de la reine pour qu'elle lui donnât une charge dans sa maison et un logement auprès d'elle; dès le début, il lui avait demandé plus que sa confiance : son amitié.

Anne avait donné sa confiance. Avait-elle donné son amitié? « Voyez-vous, dit-elle un jour au commandeur de Jars et à Mme de Motteville, on se trompe fort quand on croit que la considération que nous avons pour ceux en qui nous nous confions ait le pouvoir de nous cacher leurs défauts. Je les connais fort clairement [...]. J'en suis fâchée et je ne les aime pas moins quand je trouve en eux les principales choses dont la fidélité et la sûreté sont les premières; je me satisfais de celles-là et souffre le reste. »

Voilà pour le ministre. Mais pour l'homme? Anne aurait-elle, sans « amitié », ajouté tant d'égards et d'attentions aux charges et faveurs qu'elle lui conférait? C'est cela qui donne à penser. Sans doute, on peut se dire, qu'orgueilleuse et têtue comme elle l'était, Anne voulait réagir ainsi contre les médisances, signifier qu'elle les méprisait. Mais tout de même! Richelieu aussi avait paru indispensable, Richelieu aussi avait été menacé – ô combien! Jamais pourtant Louis XIII ne lui avait accordé d'habiter sous son toit. Comment donc ne pas s'interroger? Dès ces premières années de la régence, n'est-il pas vraisemblable qu'un sentiment, auquel Anne d'Autriche n'avait pas encore donné de nom, commençait à s'emparer de son cœur?

Il faut, sans doute, remettre en cause le donné traditionnel. Ce n'est pas parce qu'Anne d'Autriche aimait Mazarin qu'il est devenu son ministre : c'est parce qu'il était son ministre qu'elle a fini par l'aimer. Quel autre mot employer? Les lettres qu'ils échangeront, une fois séparés, pendant la Fronde, ne sont pas des lettres de souveraine à ministre; il n'est que de les comparer à celles qu'échangèrent Anne et Richelieu! Et ces liens si forts « qu'ils ne pouvaient être rompus ni par le temps ni par quelque effort qu'on y fît », qu'évoquera un jour Mazarin, peut-on raisonnablement les attribuer à la seule union mystique qu'il aurait contractée avec la monarchie française en tenant Louis XIV sur les fonts baptismaux?

A Mme de Brienne qui, un soir, après avoir prié avec elle dans son oratoire, lui avait rapporté tout au long les médisances qui couraient, Anne, les yeux mouillés, aurait répondu : « Je t'avoue que je l'aime et je puis même dire tendrement; mais l'affection que je lui porte ne va pas jusqu'à l'amour, ou, si elle y va sans que je le sache, mes sens n'y ont point de part; mon esprit seulement est charmé de la beauté de son esprit. Cela serait-il criminel? Ne me flatte point; s'il y a même dans cet amour l'ombre du péché, j'y renonce maintenant devant Dieu et devant les saints dont les reliques reposent en cet oratoire. Je ne lui parlerai désormais, je t'assure, que des affaires de l'État. »

Ils parlaient donc d'autre chose? Il est vrai que le morceau est assez suspect, parce que Brienne le jeune, à qui nous le devons, l'a rédigé vingt-cinq ans après les faits et de seconde main. Anne n'a pu apprendre par Mme de Brienne les bruits qui couraient, puisque, dès les premières semaines de sa régence, on avait pris à tâche de les lui révéler. La vraie question est plutôt : l'amour, si amour il y eut, n'a-t-il été que spirituel?

L'attitude de Mazarin, ses lettres même, pour passionnées qu'elles paraissent, ne peuvent fournir de réponse assurée. Comme les Italiens, il abusait des protestations et des superlatifs; comme les favoris, il employait tous les moyens pour capter et garder la faveur de la souveraine; il a pu feindre un amour qu'il n'éprouvait pas, ou ne souhaitait pas, du moins, mener à son terme. Les témoignages montrent qu'il n'a jamais été aveuglé par la reine; il l'a toujours jugée, s'irritant parfois de son ignorance et de son insouciance.

Mais elle? Une femme qui, depuis l'âge de quatorze ans, n'a eu dans sa vie qu'un mari qui n'a comblé ni son cœur ni son corps, peut-elle trouver la force de refuser, avant la vieillesse, un amour qui s'offre? La coquetterie de la reine n'était-elle vraiment qu'une de ses coquetteries espagnoles qui se contentent d'hommages? Prend-on, pour soi seule, tant de soins de son apparence et de son corps? Anne était sensuelle, tout le montre : son goût des belles choses, son raffinement et jusqu'à cet appétit et cette gourmandise dont parlent tous les contemporains. On peut même se demander si cette sensualité n'est pas une des causes de son échec conjugal. Louis XIII le pudique, Louis XIII le refoulé a pu être choqué par – exigences serait un grand mot –, disons par la promptitude avec laquelle sa femme répondait à ses avances, quand il en faisait.

Restent les obstacles matériels. Une reine n'est jamais seule. Si Anne n'était plus espionnée, comme autrefois, si elle était veuve, donc libre, elle ne pouvait échapper à la publicité; une de ses femmes couchait, la nuit, dans sa chambre. Mais enfin, si ces obstacles ne pouvaient être tournés, aucune reine, dans l'histoire, n'aurait eu d'amants. Et Dieu sait!...

Dieu, la religion, le péché... Était-ce là les vrais obstacles, les seuls insurmontables? Avec l'âge, Anne était devenue rigoriste, c'est un fait. A une dame de son entourage, qui venait de se séparer de son mari, elle demandait de se retirer au couvent, sa situation de femme seule ne lui permettant plus de vivre honorablement à la cour. Plus tard, en 1657, c'est Anne et Anne seule qui ordonnera l'emprisonnement de Ninon de Lenclos, sa piété étant « extrêmement offensée » de la vie scandaleuse de Ninon et des leçons d'athéisme que recevaient chez elle les jeunes seigneurs de la cour. Il y a autre chose. A Noël 1643, sans doute sur l'insistance de son confesseur franciscain, le P. Fernandez, effrayé pour elle du poids de la régence, Anne était devenue tertiaire séculière de saint François. Je sais bien qu'avant et après elle, beaucoup de reines accomplirent des gestes semblables, à commencer par sa belle-fille Marie-Thérèse, et celle-ci toute jeune encore; je sais que ces gestes, pour les grands de ce monde, et au XVIIe siècle, avaient des motivations plus complexes et engageaient moins qu'aujourd'hui (le prince de Conty ne fera-t-il pas en 1653 le vœu solennel d'entrer dans la Compagnie de Jésus, pour se marier quelques mois plus tard et tromper ensuite sa femme avec des prostituées?). Je sais bien qu'Anne elle-même, malgré ses vœux, ne renonça jamais aux plaisirs qu'elle aimait: la bonne chère, le jeu et la comédie, condamnés par l'Église. Mais tout de même! Choisir, pour devenir la maîtresse d'un cardinal, le moment précis où l'on s'affilie à un ordre religieux, même séculièrement, même peut-être politiquement, c'eût été un raffinement d'hypocrisie tout propre à condamner au feu éternel une femme qui croyait à l'Enfer[1]!

L'hypothèse du mariage secret, lancée dès la Fronde, a eu longtemps la faveur des historiens, précisément parce qu'elle lavait la reine de tout péché. Mais si Mazarin, c'est un fait, n'était pas prêtre, il était cardinal et il apparaît que les cardinaux ne pouvaient se marier qu'en renonçant à leur dignité. En revanche, ils pouvaient aimer, et pas seulement platoniquement, sans que l'opinion s'en émût. Le cardinal de la Valette entretenait une liaison avec la princesse de Condé, et le cardinal Antoine Barberini, un des premiers *padroni* de Mazarin, avait eu dans sa vie, non seulement des femmes, dont la cantatrice Baroni, mais un homme, le castrat Malagigi. A Rome, par-dessus le marché ! Mazarin lui-même, plus tard, écrira sans gêne qu'il a victorieusement résisté aux avances de Mme de Châtillon, une frondeuse et une séductrice patentée. Plaisanterie ? Sans doute, mais qui n'est pas de celles qu'un cardinal se permettrait aujourd'hui.

La vie de Mazarin, jusqu'à ses dernières années du moins, n'eut rien d'austère ; il aimait le monde, le luxe, les soupers fins, restait souvent une partie de la nuit à une table de jeu. Il aimait aussi la compagnie des femmes et s'amusait, nous l'avons vu, qu'on le crût impuissant. Quand, après sa nomination à la prélature, il avait dû quitter l'habit de cavalier pour la soutane et les bas violet, il s'était inquiété de l'effet qu'aurait cet accoutrement sur ses relations féminines : « Préparez-vous à rire... » leur écrivait-il. Le duc d'Anguien, lui demandant un service pour la princesse Marie de Gonzague, observait : « Vous êtes assez porté à faire du plaisir aux dames sans que ma recommandation y soit nécessaire... » Il y a plus. Faisant allusion aux exploits d'alcôve du comte Philippe d'Aglié, amant très ardent de Chrétienne de Savoie et de quelques autres, Richelieu avait un jour écrit à Servien : « Mazarin est un autre Philippe en la passion que vous savez. »

Reste qu'à partir de 1643 on est dans l'impossibilité de citer une maîtresse de Mazarin, alors que la rumeur en avait tant prêté à Richelieu. Jamais, dans aucun pamphlet, le nom d'une femme de la cour ou de la ville n'est associé au sien. « Cet autre Philippe », en devenant ministre, avait donc trouvé la force d'être chaste ? Et pourquoi ? Pour ne pas susciter la réprobation de sa souveraine ? Ou parce qu'il était en secret comblé par elle ?

Mais, je le répète, en ces premières années de la régence, rien ne permet de supposer qu'il y ait eu liaison amoureuse entre la reine et son ministre ; c'est plus tard, pendant la Fronde, que leurs lettres donneront à penser. « L'absence diminue les médiocres passions et augmente les grandes, comme le vent éteint les bougies et allume le feu », a dit La Rochefoucauld. La séparation forcée de la reine et de son ministre (il devra s'exiler deux fois en 1651 et 1652) leur a peut-être révélé à l'un et à l'autre la force des sentiments qui les unissaient.

XI

LA RÉVOLTE ET L'OUTRAGE

Pourquoi La Fronde? Pourquoi la « bonne régence », que chacun avait vantée, courut-elle entre 1648 et 1652 le risque d'être emportée par cette crise très grave?

Parce que les difficultés subsistaient. Si, à l'intérieur du royaume, la « tyrannie » avait cessé, à l'extérieur la guerre continuait, génératrice d'impôts et de misère. « Le désespoir est toujours plus violent en ceux qui ont commencé d'espérer », écrit Guy Joly, s'interrogeant, comme tant d'autres, sur les causes de la Fronde.

Ce sont des miracles qu'on avait espérés de la régente, Retz nous l'a dit. On connaissait sa piété et sa charité; on l'avait vue, sous Richelieu, du parti des persécutés : autant de raisons pour qu'elle se dévouât au bonheur de ses sujets. Sans doute, mais Anne d'Autriche n'était pas le docteur Faust; elle n'avait pas le pouvoir de fabriquer de l'or. Et c'est de l'or qu'il fallait.

Quand Anne arrive au pouvoir, les trois années suivantes sont déjà « mangées ». La gestion de Mazarin, qu'on a tant critiquée, et les libéralités du début de la régence ont seulement aggravé un déficit ancien, qui tenait à la conjoncture (guerre), mais aussi aux structures.

C'est une constante source d'étonnement que l'Ancien Régime, qui a fait tant de choses, qui a fait la

France, après tout, n'ait jamais réussi à se donner les moyens de ses ambitions. Mais n'est-ce pas justement le régime qui est en cause? Un mot caractérise le système fiscal de la monarchie : injustice. Les nobles n'acquittent que l'impôt du sang; le clergé ne consent que des « dons gratuits », âprement discutés. Sont aussi exemptés de l'impôt direct, ou taille, les magistrats, les membres des maisons royales, bref, la plupart des officiers (propriétaires d'offices). Autrement dit, tous ceux qui pourraient payer ne paient pas. Quant aux impôts indirects (gabelle, péages, douanes et tant d'autres que les « donneurs d'avis » inventent tous les jours), là encore la disparité entre les provinces, les villes, les marchandises, les exemptions accordées aux uns et aux autres entraînent complications et contestations et réduisent les ressources. Un historien a pu dire que l'Ancien Régime était un régime d'exception, où l'exception, à son tour, devenait la règle.

Il y a plus grave encore. L'État ne perçoit pas lui-même les impôts indirects. Pressé par la nécessité et faute d'une administration fiscale compétente, il a pris l'habitude de les affermer, par bail ou par traité. Les fermiers, les traitants versent à l'État le montant estimé de tel ou tel impôt, et ils se remboursent ensuite en collectant eux-mêmes ces impôts auprès de la population. Avec quel bénéfice, on l'imagine!... Mazarin va étendre ce système jusqu'à l'impôt direct : il va, comme on disait, mettre les tailles en parti (parti étant synonyme de traité).

Ainsi répartis et collectés, les impôts ne suffisent pas. Alors on a recours à ce qu'on appelle les affaires extraordinaires, c'est-à-dire qu'on vit d'expédients. Depuis longtemps déjà, l'État a mis à l'encan les charges publiques; c'est la vénalité des offices qui, à long terme, n'est pas payante. Car pour placer, pour vendre les offices, eux aussi innombrables (on verra même des contrôleurs de perruques!) le gouvernement fait encore appel à des affairistes qui demandent d'énormes commissions; si l'on ajoute à cela qu'il doit verser des gages aux nouveaux officiers qu'il a créés et que la plupart de ceux-ci, de par leurs fonctions, grossissent le nombre des privilégiés exemptés de la taille, on comprend aisément que l'opération finisse par coûter autant et plus qu'elle ne rapporte.

L'État peut aussi manipuler la monnaie à son avantage (il ne s'en prive pas), émettre des rentes, au capital non remboursable et dont ils reculera généralement le paiement ou retranchera un quartier, voire plusieurs, comme il le fait aussi pour les gages des officiers. Ces banqueroutes partielles sont des escroqueries, cruellement ressenties par ceux qui en sont les victimes.

Reste l'emprunt. L'emprunt est le moyen le plus rapide de se procurer des liquidités, de faire face à la panique des échéances. Après avoir conquis l'Alsace, la France de Richelieu avait failli la perdre parce qu'elle ne pouvait payer les soldes des troupes qui l'occupaient. Et si elle la garda, c'est parce que le banquier Hervart (d'origine allemande, ce qui est piquant) avança de quoi payer quelques soldes en retard. En 1645, Mazarin, envoyant des fonds à Turenne, qui commande l'armée d'Allemagne, lui écrit : « Je ne vous dirai pas avec quelle peine on a trouvé moyen de vous faire cette remise, mais je sais bien que ma seule promesse a contraint quelques banquiers de mes amis à le faire, et je doute fort que, si je continue de la sorte, je ne les mette tous à l'hôpital. » Ainsi donc, par les emprunts aussi, l'État se met à la merci des gens d'affaires qui, préférant ne pas finir à l'hôpital, ne lui prêtent qu'à des taux usuraires. Et les deniers que quelque impôt nouveau fait entrer dans les caisses sont par priorité assignés au remboursement de ces créanciers privilégiés. A moins qu'on ne finisse par leur faire banqueroute à eux aussi !... En attendant, on les amadoue avec des charges, des terres, des titres, ou en honorant leurs somptueuses demeures d'une royale visite. Bien avant que Louis XIV aille à Vaux chez Fouquet, Louis XIII enfant avait été amené chez M. Cenami, un banquier comme Hervart, mais d'origine italienne.

Comment le peuple n'eût-il pas honni et haï tous les gens d'affaires dont le luxe insultait à sa misère!

Grande reine, on l'attend de vous,
De ces tigres délivrez-nous,

chantaient les satiriques.

Rappelons-nous ce La Rallière qui, lors de la naissance du dauphin, avait fait édifier un véritable mur de barriques, d'où le vin coulait à flots. Encore, cette fois-là, le peuple avait-il profité de sa munificence! Quand le Parlement, dès 1644, parla de taxer les gens d'affaire, ce même La Rallière vint au Palais-Royal, avec quelques-uns de ses associés, dire à la reine que toute atteinte à leur crédit serait la ruine de l'État et qu'en somme c'étaient eux, profiteurs, les véritables soutiens de la monarchie. Chantage, mais qui était l'expression de la vérité, puisque l'État vivait du crédit de ses prêteurs.

Richelieu, s'il n'avait pu réformer le système financier, avait du moins affirmé la suprématie de l'État en instituant les intendants de police, justice, finances, qui représentaient l'autorité royale dans les provinces. Est-ce à dire qu'avant eux cette autorités n'était pas représentée? Si, bien sûr, et par de nombreux officiers, mais qui, de par le vice du système, étaient propriétaires de leurs charges (comme les parlementaires) et avaient donc fini par constituer une féodalité civile, tout occupée à défendre ses privilèges et aussi peu maniable que la féodalité seigneuriale qu'ils avaient eu mission de détrôner. Se heurtant à ces deux féodalités et aidant à collecter les taxes, à l'aide de leurs « fusiliers », les intendants, qui ne tenaient leurs charges qu'en « commission », suscitaient la haine générale, celle des officiers, qui voyaient en eux des usurpateurs, celle de la population, qui voyait en eux des oppresseurs supplémentaires.

Révocation des intendants, réforme des finances, poursuites contre les gens d'affaire, nous tenons là les revendications avec lesquelles le Parlement déclenchera la Fronde.

Le Parlement, organe judiciaire, mais qui avait le droit et le devoir de vérifier et d'enregistrer les édits royaux et, en cas de désaccord, de présenter des remontrances, avait toujours cherché à étendre ses attributions. C'est par la manière forte que Richelieu avait mis fin à la petite guerre. Elle reprit avec d'autant plus de vigueur sous la régence que les parlementaires, estimant avoir fait la régente, entendaient bien se faire payer le service rendu. Mais pourquoi ce nom de Fronde? La fronde, objet, était un lance-pierres, arme des garnements parisiens, qui s'en servaient entre bandes rivales ou contre les passants et la police. Celle-ci dispersait les frondeurs, pour les retrouver, quelques heures plus tard, en un autre coin de Paris, occupés au même malfaisant passe-temps.

Récidivistes aussi, les parlementaires, pour qui tout était prétexte à contestation, même l'ordre donné par la reine à Antoine Arnauld d'aller soumettre à Rome sa *Fréquente communion*. Une telle démarche contrevenait aux libertés de l'Église gallicane; il fallait que Sa Majesté eût été bien mal conseillée par son ministre (romain) pour commettre cet impair. Arnauld n'alla pas à Rome. Quelques mois plus tard, Anne, choquée par le luxe des gens de cour et des grands bourgeois, fait dresser un édit contre les dorures des carrosses (nous savons qu'elle-même avait renoncé aux broderies d'or et d'argent sur ses vêtements). Le Parlement, qui réclame des économies, devrait s'empresser de vérifier cet édit. Point du tout; il fait traîner trois mois l'affaire parce que les présidents au mortier n'ont pas été exemptés de cette mesure et, dit-il, ils auraient dû l'être en tant qu'officiers de la couronne. La reine, excédée, fait donner ordre au lieutenant civil, Dreux d'Aubray (c'est le père de la future Brinvilliers), de publier l'édit. Le Parlement convoque Dreux d'Aubray et le réprimande pour avoir osé « faire crier » un édit non vérifié. Pour en finir, Anne décide que personne, pas même le roi son fils, n'aura de dorures sur son carrosse.

C'est à propos des impositions et des créations d'offices que se produisaient les plus sérieux affrontements. Pour les créations d'offices, on comprend bien que, seul, l'intérêt de corps des officiers était en jeu : quand on augmente le nombre des maîtres des requêtes, comme on le fit en janvier 1648, la valeur vénale de la charge diminue. Pour les taxes, faisons au Parlement l'honneur de croire qu'il prenait aussi en considération l'intérêt du peuple. Celui-ci, en tout cas, lui savait d'autant plus gré de son attitude qu'il n'avait pas d'autre moyen de faire entendre ses plaintes.

Un jour de mars 1645, Anne étant à Notre-Dame, des femmes de boutiquiers parvinrent jusqu'à elle et se jetèrent à ses pieds pour lui demander justice en des termes qui étonnèrent : la reine dissipait le bien de son fils; « elle avait un homme chez elle qui prenait tout », et le contrôleur général des finances, Particelli d'Emery (choisi par Mazarin) dépensait en « garces » ce qui restait. Il est vrai que ses mœurs prêtaient à la critique; il avait entretenu un temps Marion de Lorme, qui coûtait cher.

En mai, incident d'une autre origine, mais tout aussi inquiétant. Les paroissiennes de Saint-Eustache ayant refusé leur nouveau curé, un semblant d'émeute s'ensuivit; les harengères sonnèrent le tocsin et toutes les Halles furent en émoi. La reine dut promettre à ces dames de leur donner un curé de leur choix. On l'accusa de faiblesse. Pourtant, quand, en juin, à propos d'une affaire du même ordre à Saint-Sulpice, mais qui avait dégénéré en véritable émeute, elle prit la décision (Mazarin et Séguier étaient absents) d'envoyer une compagnie de gardes rétablir l'ordre, on la critiqua. Mazarin lui-même, une fois revenu, lui fit remarquer qu'une compagnie de gardes n'aurait pas tenu contre une mutinerie et qu'alors « le peuple eût connu sa force ».

Mazarin, en 1643, avait usé avec succès de fermeté à l'encontre de Beaufort et des Importants. Mais les Importants méritaient leur sort, et le ministre bénéficiait alors du délai de grâce que l'opinion accorde à tout nouveau gouvernement. Les circonstances avaient changé. Il ne s'agissait plus de bannir quelques nobles, mais de réduire une population devenue si nerveuse, on l'a vu, que la moindre étincelle suffisait à mettre le feu aux poudres. Et puis Mazarin pouvait-il, en pleine guerre, se permettre de provoquer une crise qui aurait fait fermer les bourses et fuir les capitaux? Pouvait-il, n'étant pas sûr des grands, se mettre à dos des parlementaires qui faisaient figure de pères du peuple? Si la Fronde ne devint pas la révolution que connaissait alors l'Angleterre, et qui éclatera chez nous cent trente ans plus tard, c'est parce que ces messieurs, d'une part, n'avaient pas de doctrine, d'autre part, étaient trop compromis dans le système qu'ils dénonçaient. Quand on ne veut pas même renoncer aux dorures sur ses carrosses!... Et n'oublions pas que beaucoup de ces parlementaires, qui criaient contre les financiers, étaient alliés aux familles de ceux-ci et même associés à leurs affaires.

On se rappelle qu'Omer Talon, lors du lit de justice du 18 mai 1643, avait mis la reine en garde contre les innovations. Il s'agissait déjà des impôts et des intendants, mais aussi du partage d'autorité entre souverain et ministre, tel qu'on venait de le vivre sous Louis XIII. Et voici que cette scandaleuse nouveauté, contraire à toutes les coutumes du royaume, se perpétuait. Et en faveur de qui? D'un étranger! Et d'un étranger qui osait faire la même politique que son prédécesseur! On n'avait pas combattu la tyrannie d'un Richelieu pour accepter celle d'un Mazarini (il signa toujours ainsi). Ce sera l'autre thème des frondeurs, que nous verrons abondamment développé aux cours des années qui vont suivre. La Grande Mademoiselle, fille de Monsieur, qui allait bientôt profiter des circonstances pour jouer les héroïnes, se demande, dans ses Mémoires, par quelle aberration la reine avait pu tomber dans l'erreur jadis commise par son mari et dont elle avait tant souffert. Il fallait qu'elle fût bien sotte et bien oublieuse. Ah! décidément, Louis XIII avait eu raison de mépriser sa femme, de l'écarter des affaires et même de la priver de liberté. On avait été injuste avec le feu roi; tout bien pesé, la France avait fait une grande perte à sa mort!

A cette étonnante réhabilitation de Louis XIII correspondait une réhabilitation plus inattendue encore de Richelieu. Ce tyran, mais de génie, n'avait eu « que des desseins avantageux pour la France ». La guerre qu'il avait entretenue sous Louis XIII, nul doute qu'il y eût renoncé sous un roi mineur : une régence ne peut supporter un tel fardeau. Les circonstances, d'ailleurs, ne justifiaient plus les sacrifices. Quand l'ennemi s'avançait jusqu'à Pontoise et menaçait la capitale, le salut du pays était en jeu; mais maintenant que nos armées victorieuses entraient en Espagne et en Allemagne, pourquoi ne faisait-on pas la paix?

Un Olivier d'Ormesson voyait plus loin; il reconnaissait qu'à situation exceptionnelle il faut des mesures exceptionnelles; bien que parlementaire, il s'inquiétait de la permanente opposition de ses collègues. Tout le monde parle trop haut, notait-il; si le ministre ne prenait pas de fortes résolutions, au lieu de « plâtrer les affaires, à la mode d'Italie », il finirait par succomber et la reine perdrait toute autorité.

La xénophobie dont Mazarin, déjà, était victime, trouvait un aliment dans ses façons de faire. On avait percé à jour ses finasseries et elles paraissaient indignes d'un premier ministre. La réputation de l'homme en souffrait aussi. Dans une France où la moindre raillerie suscitait un duel, comment eût-on compris la tactique de ce temporisateur qui avalait toutes les couleuvres en attendant les occasions favorables? Abusée, comme les autres, Mme de Motteville disait que les injures faisaient à Mazarin le même effet qu'à Mithridate le poison; elles lui servaient de nourriture! Ceux-là même qui eussent refusé les sévérités du ministre s'indignaient de ses humilités. Il ne prenait pas garde, écrit Omer Talon, « que, parmi les Français, toutes sortes de persuasions et de discours sont inutiles s'ils ne sont pas soutenus par autorité ». Mais les accès d'autorité de Mazarin tranchaient par trop avec ce qu'on appelait sa faiblesse pour être tolérés. En vérité, la marge de manœuvre était très étroite. Les historiens qui reprochent à Mazarin ses louvoiements en cette période cruciale ont sans doute raison, mais que pouvait-il faire? Quand bien même les circonstances auraient permis des réformes en profondeur, quand bien même les Français les auraient acceptées, Mazarin n'était pas un réformateur. Plus encore que son intérêt (il profitait, lui aussi, du désordre des finances, nous le verrons), son tempérament l'en détournait. Il était avant tout un diplomate. La priorité des priorités, c'était, pour lui, les affaires étrangères; en ce moment le succès de la guerre contre les Espagnols et des négociations engagées à Münster avec l'empereur. C'est uniquement pour y contribuer et quand le gouvernement se trouvait en position de force, grâce à une victoire militaire, qu'il incitait la régente à quelque « coup de puissance » pour procurer de l'argent à l'Épargne. Ainsi, après Nordlingen, quand, le 7 septembre 1645, il envoya le petit roi tenir un lit de justice au Parlement pour imposer la vérification d'un train d'édits fiscaux. Anne s'était soigneusement fait habiller de noir; elle portait au cou sa croix de perles et diamants, aux oreilles ses perles en poire. Ainsi parée, elle fit grande impression; moins pourtant que le déploiement de gardes qui, du Palais-Royal au Palais, faisaient la haie sur le parcours. Quelle différence avec le lit de justice du 18 mai 1643, où, dans l'enthousiasme et à l'unanimité, Anne avait été proclamée régente par MM. du Parlement, si confiants alors dans sa bienveillance!

Au début de 1648, le déficit atteignant cent cinquante millions de livres, le Parlement persévérant dans son opposition, il fallut bien, une fois encore, recourir au lit de justice. Le 15 janvier, Anne amena de nouveau son fils au Parlement; les édits furent enregistrés, mais MM. du Parlement ressentirent vivement ce deuxième coup de force, et Omer Talon ne perdit pas l'occasion de dire, avec son éloquence habituelle, ce que chacun avait sur le cœur :

« Il y a, sire, dix ans que la campagne est ruinée, les paysans réduits à coucher sur la paille, leurs meubles vendus pour le paiement des impositions auxquelles ils ne peuvent satisfaire, et que, pour entretenir le luxe de Paris, des millions d'âmes innocentes sont obligées de vivre de son et d'avoine et n'espèrent aucune protection que celle de leur impuissance. Ces malheureux ne possèdent aucun bien en propriété que leurs âmes, parce qu'elles n'ont pu être vendues à l'encan...

« Faites, madame, s'il vous plaît, quelque sorte de réflexion sur cette misère publique dans la retraite de votre cœur! Ce soir, dans la solitude de votre oratoire, considérez quelle peut être la douleur, l'amertume et la consternation de tous les officiers du royaume, qui peuvent voir aujourd'hui confisquer tout leur bien sans avoir commis aucun crime. Ajoutez à cette pensée, madame, la calamité des provinces, dans lesquelles l'espérance de la paix, l'honneur des batailles gagnées, la gloire des provinces conquises ne peut nourrir ceux qui n'ont point de pain, lesquels ne peuvent compter les palmes et les lauriers entre les fruits ordinaires de la terre. »

A l'ouïe de ce discours, la reine s'était empourprée. Émotion ou indignation? Car Omer Talon avait dit bien d'autres choses. Il avait dit que les rois devaient donner l'exemple et « mépriser toute sorte de dépenses inutiles et superflues ». Allusion au mécénat pratiqué par la régente à l'instigation de Mazarin et qui visait à répandre en France l'art baroque italien sous toutes ses formes. Certains fastes récents avaient particulièrement choqué : les représentations au Palais- Royal du premier opéra monté en France. Depuis le début de la régence, Mazarin acclimatait chez nous ces « comédies en musique » à l'italienne, qui flattaient les goûts de la reine. *L'Orfeo* de 1647 surpassait tout ce qu'on avait vu jusque-là; les décors multiples, actionnés par une fabuleuse machinerie, le metteur en scène et les interprètes, appelés d'Italie, avaient coûté une petite fortune. Et pourtant la reine et Mazarin avaient récidivé en demandant à Corneille l'argument d'une autre comédie en musique pour le carnaval de 1648. Mais, M. Vincent étant intervenu en personne et vigoureusement auprès d'Anne d'Autriche, la représentation de cette *Andromède* fut différée (seulement différée...).

Omer Talon avait aussi, avait surtout parlé politique. Il avait dit que les Français n'étaient pas des peuplades arriérées et qu'on pouvait traiter comme telles; il importait au roi qu'ils fussent des hommes libres et non pas des esclaves, la grandeur de son État et la dignité de sa couronne se mesurant à la qualité de ceux qui lui obéissaient. Il avait dit, et pour le deuxième fois en trois ans, que c'était chose extraordinaire et sans exemple qu'un roi mineur tînt des lits de justice (surtout quand il a neuf ans et, qu'oubliant ce qu'il doit dire, il se met à pleurer, comme l'avait fait Louis XIV en cette occasion). Au reste, les lits de justice avaient été institués pour permettre aux monarques de délibérer avec leur Parlement et non pas, comme aujourd'hui, « par une espèce d'illusion dans la morale et de contradiction dans la politique », pour lui apporter sans préavis des édits tout dressés, comme le faisait la régente « avec éclat, avec bruit, avec terreur ».

Anne d'Autriche n'avait pas d'idées politiques, ou plutôt elle n'en avait qu'une : sauvegarder l'autorité de son fils, lui remettre intact, à sa majorité, le pouvoir qu'elle avait reçu en son nom. A ce devoir sacré s'ajoutait sa formation et son orgueil d'infante d'Espagne; elle était moins apte qu'aucune autre à accepter une quelconque atteinte à l'autorité royale. L'exemple anglais la confortait dans son intransigeance. N'était-ce pas par le Parlement de Londres qu'avait commencé la révolution d'outre-Manche? De cette révolution Anne avait sous les yeux le triste résultat : la reine d'Angleterre, sa belle-sœur, réfugiée à Paris avec ses enfants, le prince de Galles, héritier de la couronne, et la jolie petite Henriette (qui devait plus tard épouser son cousin le duc d'Anjou et se laisser courtiser par son autre cousin, Louis XIV. On sait l'oraison funèbre que Bossuet lui a consacrée : « O nuit désastreuse, ô nuit effroyable, où retentit tout à coup comme un éclat de tonnerre cette étonnante nouvelle : Madame se meurt! Madame est morte!... »). La famille d'Angleterre vivait de la maigre charité française, négligée par ses quelques serviteurs impayés, impécunieuse au point de manquer de bois, si bien que les enfants, certains jours d'hiver, devaient garder le lit pour ne pas trop souffrir du froid dans le Louvre glacial qu'on leur avait prêté. Et ce n'était rien encore. Charles Ier, resté courageusement en Angleterre pour défendre son trône, allait, en février 1649, périr sous la hache d'un bourreau.

Anne d'Autriche ne se disait pas : si le roi d'Angleterre avait cédé à son Parlement, consenti à des réformes et à une diminution de souveraineté, lui et sa famille n'en seraient pas arrivés à ce degré de malheur; elle se disait : c'est parce que le roi d'Angleterre n'a pas assez tôt maté son Parlement et ses opposants qu'il en est arrivé là; et même danger me menace, moi et mes fils, si mon propre gouvernement n'est pas plus ferme avec mon propre Parlement.

Les choses étant ce qu'elles étaient, Anne avait-elle tort? Le Parlement, comme la population, restaient attachés à la monarchie, ils ne concevaient pas d'autre régime. L'entêtement de la reine, à la longue, sera payant. Sans elle, Mazarin eût été balayé et n'aurait donc pu mener à bien la guerre qui nous a valu, à peu de choses près, notre hexagone. Mais, si la stratégie de la reine était bonne, sa tactique était mauvaise. La vivacité de ses réactions, l'impérieuse expression de son autorité heurtaient les esprits. En 1644, déjà, recevant les présidents Gayant et Barillon, elle s'était oubliée jusqu'à dire au premier : « Taisez-vous ! Je vous connais, vieux fol ! » (La mort de Barillon, dans l'insalubre forteresse de Pignerol où on l'envoya, porta un rude coup au prestige de la régente.)

Mazarin, seul, savait, d'un mot et parfois d'un regard, calmer sa souveraine, la rappeler à cette règle d'or des gouvernants : la dissimulation. Il est fascinant, dans ces débuts de la Fronde, de voir aux prises leurs deux tempéraments. Je dis bien « aux prises », car leurs différends n'étaient pas toujours, comme on l'a dit, des comédies destinées à tromper le public. Sûre de son bon droit, entière, hardie jusqu'à la témérité, Anne d'Autriche, un jour, en plein conseil, blâma Mazarin de ses tergiversations que partageaient, soyons justes, tous les ministres, aussi bien que Monsieur et le prince de Condé, déroutés par une situation « insaisissable », comme devait le dire plus tard de Gaulle de mai 68. Mazarin attendit que tout le monde fût sorti pour tenter de se justifier ; n'y parvenant pas, il dit alors, avec cette humilité dont il savait si bien user : « Enfin, madame, je vois bien que j'ai déplu à Votre Majesté. J'ai mal réussi dans le dessein que j'ai toujours eu de la bien servir ; il est juste que ma tête en réponde. » Anne, qui ne voulait la tête de personne et encore moins celle d'un ministre jusque-là si habile, se radoucit aussitôt, assura Mazarin qu'il ne perdrait pas son affection et sa confiance à l'occasion de péripéties imputables peut-être à la seule malchance. Mais elle rongeait son frein ; les incessantes démarches de MM. du Parlement au Palais-Royal l'exaspéraient et l'épuisaient. Un autre jour, Mazarin l'ayant priée de prendre soin de sa santé, car il lui trouvait mauvais visage, « je ne me soucie pas de mourir, vu le mauvais état de mes affaires », lui répondit-elle. Mme de Motteville a peut-être raison quand elle dit que les sentiments et premières impressions de la reine étaient « naturellement opposées » à la politique de son ministre; mais elle a tort de croire qu'il suffisait de renvoyer celui-ci. Tôt ou tard, l'explosion se serait produite.

C'est le 13 mai de cette année 1648 que le Parlement passa à la rébellion ouverte et, curieusement, à propos d'une affaire où l'on avait voulu le ménager.

Mazarin et son contrôleur général, maintenant surintendant des finances, Particelli d'Emery, avaient cru habile de n'imposer qu'aux trois autres compagnies souveraines (Cour des Aides, Chambres des Comptes, Grand Conseil) un nouveau sacrifice financier. Il s'agissait du droit annuel, plus communément appelé paulette (du nom de son inventeur, Paulet) qui permettait aux officiers de disposer de leurs charges par voie d'hérédité. On n'accorda donc aux membres des Cour des Aides, Chambre des Comptes, Grand Conseil le renouvellement du droit annuel que contre l'abandon de quatre années de leurs gages. C'était une erreur psychologique. D'autant plus indignées par cet impôt sur l'impôt qu'il ne frappait qu'elles, les trois compagnies demandèrent l'appui du Parlement qui, parce qu'il était épargné, ne crut pas pouvoir le refuser. Il avait bien un peu hésité, mais en une telle occasion la solidarité s'imposait et il fallait même qu'elle débouchât sur une action commune; ainsi l'en avaient persuadé ses éléments extrémistes et, parmi eux, un homme qui allait être le héros inattendu de la Fronde : Broussel.

Le conseiller Broussel, « blanchi entre les sacs, dans la poudre de la grand'chambre » (Retz) était un des doyens d'âge du Parlement. Il avait montré en toutes les occasions, dit Mme de Motteville, « l'esprit d'un homme né dans une république, en affectant de paraître avoir les sentiments d'un véritable Romain ». Ce n'était pas une affectation, encore que le genre vieux Romain se portât beaucoup au Parlement. Broussel avait l'esprit étroit, mais des vertus antiques. A la différence de beaucoup de ses collègues, son désintéressement ne pouvait être mis en doute. Il vivait simplement, allait à pied dans les rues, ne dépensait qu'en aumônes. La cour avait songé à l'acheter, mais y avait vite renoncé.

Est-on républicain pour autant? Broussel n'était qu'un réformateur, mais un de ces réformateurs dangereux qui préfèrent la ruine de l'État à l'atteinte aux principes. Il y a des occasions, disait-il, où le meilleur moyen de servir les princes, c'est de leur désobéir. Partant de là, sans s'inquiéter des nécessités de la guerre, il s'était toujours opposé aux impositions et combinaisons imaginées par Mazarin pour procurer de l'argent à l'Épargne; il avait toujours combattu les gens d'affaires en qui il ne voyait que des « corbeaux affamés ».

La réputation de Broussel s'étendait bien au-delà du Parlement, puisque les séances étaient publiques et maintenant très fréquentées. On savait donc en ville la teneur de ses interventions. Aussi le peuple lui portait-il un respect proche de la vénération. Pour la reine, Broussel ne la connaissait pas (sauf pour l'avoir vue au Parlement lors des lits de justice), mais il avait eu sur elle un joli mot, latin, car il usait du latin pour cacher ses audaces. *Habemus iratam Junonem* (nous avons une Junon courroucée), avait-il dit, faisant allusion à ses emportements contre le Parlement.

Voici donc, le 13 mai 1648, les quatre compagnies souveraines alliées par un « arrêt d'union » et leurs délégués siégeant ensemble au Palais, dans la salle Saint-Louis, sous la belle charpente azur et or, pour travailler contre « le retranchement des gages ». Ce n'était qu'un prélude. Il était évident que les rebelles ne s'en tiendraient pas là, qu'ils élargiraient le débat jusqu'à proposer une « réformation de l'État », comme ils l'avaient toujours souhaité.

La réaction d'Anne d'Autriche fut vive : « Établir dans Paris une assemblée de cinquante ou soixante personnes, faire de quatre compagnies souveraines une cinquième, sans autorité du roi et sans autorité légitime [...], c'est chose sans exemple et sans raison, c'est une espèce de république dans la monarchie, l'introduction d'une puissance nouvelle dont les conséquences peuvent être dangereuses et préjudiciables à l'ordre du gouvernement public. » Bien entendu, le texte n'était pas d'Anne elle-même (c'est Séguier qui rédigeait ses déclarations) mais soyons sûrs qu'il correspondait exactement à ce qu'elle pensait.

Fin mai, quatre conseillers du Grand Conseil, deux de la Cour des Aides furent arrêtés de nuit, sept autres parvenant à s'échapper. Mazarin, cette fois, était résolu à la fermeté, persuadé, comme la reine, que l'autorité royale, et pire, le salut du royaume étaient en péril. Les parlements de province emboîtaient le pas à celui de Paris. Beaufort venait de s'évader de Vincennes, avec les sentiments qu'on imagine, et ce coup d'éclat, ajoutant à son prestige, faisaient de lui un meneur tout désigné. Militairement, le tableau n'était pas plus brillant; la défection de nos alliés hollandais, qui avaient conclu une paix séparée avec l'Espagne, ajoutait aux difficultés de nos armées qui, faute d'argent, piétinaient. Les Espagnols disaient qu'elles fuyaient devant eux; ils répandaient aussi le bruit que Paris était soulevé contre son roi. Ce n'était pas vrai, mais cela allait le devenir. Le peuple applaudissait à l'union et à la rébellion des quatre compagnies; il s'attroupait tous les jours au Palais et sur les places publiques; plus grave, il s'armait, tirant des caves et greniers les pistolets, hallebardes, mousquets, qui y dormaient depuis la Ligue. Toutes les nuits, des pétarades éclataient. Protégée de plus près par ses gardes, Anne ne subissait plus l'assaut des femmes du peuple, mais celles-ci l'attendaient, le samedi, à la sortie de Notre-Dame et lui criaient : « A Naples! A Naples! », allusion à la révolution qui avait éclaté là-bas, balayant la domination espagnole.

Entre le 30 juin et le 9 juillet, le Parlement fit connaître les exigences de la chambre Saint-Louis, qui, malgré les ordres réitérés de la régente, n'avait pas cessé de se réunir. Ce qu'on exigeait? Non seulement la diminution des tailles et la remise de ce qui restait dû, mais le contrôle total des dépenses de l'État, la création d'une chambre de justice pour faire rendre gorge aux gens d'affaire, la révocation des intendants, la suppression des lettres de cachet et l'institution d'un *habeas corpus* (aucun prisonnier ne pouvant être retenu plus de vingt-quatre heures sans être interrogé). On voit que les questions financières étaient largement dépassées.

Les concessions que fit le gouvernement, et il en fit beaucoup, n'eurent d'autre effet que d'enhardir le Parlement. « Le procédé de ces messieurs-là est étrange, écrivait Mazarin, [...]. Il semble qu'ayant dessein d'entrer dans une ville dont toutes les portes sont ouvertes, ils veulent néanmoins faire une brèche pour passer la muraille. » Le 22 août, le Parlement décrétait des poursuites contre les principaux partisans, ce qui rendit critique une situation déjà très grave. Les prêteurs s'étaient terrés et les capitaux volatilisés. Même entre particuliers toutes affaires avaient cessé. La reine et les grands, le ministre lui-même, à sa grande douleur, en étaient à engager leurs pierreries, tapisseries, argenteries, pour subvenir aux premiers besoins de l'État. Les Suisses impayés, fidèles au dicton, menaçaient de quitter le service, et l'on manquait de viande aux tables du roi. Anne se vit réduite à accepter de l'argent de la princesse de Condé et de la duchesse d'Aiguillon. Quelle humiliation! On comprend qu'elle fût décidée à sévir contre le Parlement.

Mazarin, à son habitude, attendit le résultat de la bataille de Lens. Ce fut une très grande victoire, encore remportée par le duc d'Anguien, ou plutôt par le prince de Condé (il l'était devenu en 1646 par la mort de son père). Le 26 août, profitant du *Te Deum* à Notre-Dame, on bouclait le quartier de la Cité où habitait Broussel et l'on arrêtait celui-ci (qui sortait de table en pantoufles) ainsi que deux de ses collègues. Malheureusement, malgré les précautions prises, l'opération fut mal conduite; le jeune Comminges, lieutenant des gardes (le neveu de Guitaut), se laissa émouvoir par les supplications de la famille Broussel qui lui expliquait que, le vieil homme s'étant purgé, il fallait qu'il pût se « retirer » quelques instants avant d'aller où le roi l'envoyait. Résultat : tout le quartier fut alerté par la servante de Broussel qui hurlait aux fenêtres et, de proche en proche, tout Paris.

« Je ne vous puis exprimer, écrit Retz, la consternation qui parut dans Paris le premier quart d'heure qui suivit l'enlèvement de Broussel, et le mouvement qui se fit dès le second. La tristesse, ou plutôt l'abattement, saisit jusqu'aux enfants ; l'on se regardait et l'on ne se disait rien.

« L'on éclata tout d'un coup ; l'on s'émut, l'on courut, l'on cria, l'on ferma les boutiques... »

Celui que l'histoire et l'histoire littéraire ont retenu sous le nom de cardinal de Retz ne l'était pas encore, et le désir d'obtenir cette dignité si convoitée ne fut pas étranger à ses intrigues pendant la Fronde. Il s'appelait Paul de Gondi, était coadjuteur de l'archevêque de Paris, son oncle, et lui-même archevêque de Corinthe *in partibus infidelium*. Homme d'Église par force, comme tant d'autres, il avait, c'est lui qui l'avoue, « l'âme peut-être la moins ecclésiastique qui fût dans l'univers ». Mais il se disait que les vices d'un archevêque peuvent être les vertus d'un chef de parti. Il prétend cependant n'avoir eu dans ces débuts que le souci d'aider la reine, à qui il devait sa coadjutorerie. C'est possible, mais ce souci n'était pas désintéressé ; à défaut du cardinalat, à défaut du beau titre de chef de parti qu'il avait « honoré » dans Plutarque, Retz n'eût pas dédaigné celui de gouverneur de Paris ou même de premier ministre. Son influence n'était pas négligeable : entre ses aventures amoureuses et malgré elles, il avait su se faire apprécier du clergé parisien ; de la population aussi, à qui il avait distribué, depuis le mois de mars, 36 000 écus d'aumônes. A tout hasard.

Voici donc Retz partant à travers les rues « en rochet

et camail » (il n'avait, dit-il, pas eu le temps de se changer au sortir du *Te Deum*) pour aller au Palais-Royal informer la régente de la gravité de la situation. Sur le Pont-Neuf, il rencontre le maréchal de La Meilleraie à la tête d'un détachement de gardes et de chevau-légers ; une foule menaçante les entoure et leur jette des pierres. (Dans les rues étroites du Paris d'alors il était impossible de faire manœuvrer des troupes.) Ayant réussi à se dégager, non sans mal (il avait en plus une crise de goutte !), La Meilleraie accompagne Retz au Palais-Royal. Anne est dans son grand cabinet, entourée de Mazarin, du duc d'Orléans, du duc de Longueville, de Guitaut et de quelques autres qui, en bons courtisans, s'emploient à la persuader que la sédition n'est que bagatelle. Retz explique le contraire. Anne, qui n'a aucune confiance en lui, profère « de son fausset aigre et élevé » : « Il y a de la révolte à imaginer que l'on puisse se révolter ; voilà les contes ridicules de ceux qui le veulent. L'autorité du roi y mettra bon ordre. » Aussitôt Mazarin, pour ne pas s'aliéner Retz, de s'exclamer : « Plût à Dieu, Madame, que tout le monde parlât avec la même sincérité que M. le coadjuteur ! Il craint pour son troupeau, il craint pour la ville, il craint pour l'autorité de Votre Majesté. Je suis persuadé que le péril n'est pas au point qu'il se l'imagine ; mais le scrupule sur cette matière est en lui une religion louable. »

La reine, « qui entendait le jargon du cardinal », se calme aussitôt. Une discussion confuse s'engage. « Mon avis, grommelle Guitaut entre ses dents, est de rendre ce vieux coquin de Broussel mort ou vif. » Retz saisit la balle au bond. Le rendre mort, fait-il remarquer, « ne serait ni de la piété ni de la prudence de la reine, mais le rendre vivant pourrait faire cesser le tumulte ». Anne, à ces mots, s'empourpre et s'écrie : « Je vous entends, M. le coadjuteur, vous voudriez que je donnasse la liberté à Broussel : je l'étranglerais plutôt avec ces deux mains ! » Et, tendant ces mains si belles vers le visage de Retz, elle ajoute : « Et ceux qui... » On peut, naturellement, ne pas croire Retz qui, écrivain beaucoup plus qu'historien, ne manque jamais une scène à faire ; mais il est sûrement véridique quand il nous dit que Mazarin, s'étant vivement rapproché de la reine pour lui parler à l'oreille, réussit encore une fois à la calmer, et dans l'instant.

La fin de cette comédie fut admirable. Après avoir promis qu'on libérerait Broussel, *pourvu* que le peuple se dispersât, personne, ajouta Mazarin, ne pouvait « plus agréablement ni plus efficacement » que le coadjuteur aller porter cette bonne nouvelle de par les rues. Retz s'était trop avancé pour reculer, mais il vit le piège : si l'on ne libérait pas Broussel, c'est lui qui paierait pour cette duperie. Il demanda une promesse écrite : on lui répondit que la parole de la reine valait mieux que tous les écrits ; il voulut répliquer, mais « la reine entra brusquement dans sa chambre grise ; Monsieur me poussa, mais tendrement, avec ses deux mains, en me disant : " Rendez le repos à l'État " ; le maréchal m'entraîna, et tous les gardes du corps me portaient amoureusement sur leurs bras en criant : " Il n'y a que vous qui puissiez remédier au mal. " Je sortis ainsi, avec mon rochet et mon camail, en donnant des bénédictions à droite et à gauche, et vous croyez bien que cette occupation ne m'empêchait pas de faire toutes les réflexions convenables à l'embarras dans lequel je me trouvais. »

Retz se donna-t-il autant de mal qu'il le dit pour apaiser la populace ? Le Palais-Royal en douta en le voyant revenir vers le soir, suivi de plusieurs milliers d'hommes et de femmes, sans armes, il est vrai, mais fort patibulaires. En vain, Retz tenta-t-il de faire valoir ses efforts ; en vain, d'une phrase de rhéteur, déclara-t-il à la reine que « Paris soumis et désarmé venait se jeter aux pieds de Sa Majesté ». « Allez vous reposer, monsieur, lui dit Anne, vous avez bien travaillé. » De fait, comment croire que le coadjuteur, en parcourant la ville à pied, en rochet et camail, en confessant même dans le ruisseau, ostensiblement, une première victime des échauffourées, n'avait pas songé à son personnage plutôt qu'à la couronne?

Il le nie, bien sûr. Ce furent, dit-il, le trait d'ironie décoché par la reine, les plaisanteries que le Palais-Royal, ensuite, fit sur son comportement, et qu'on lui rapporta, qui le déterminèrent à « abandonner son destin à tous les mouvements de la gloire », autrement dit à attiser la révolte. Les bourgeois auraient pris les armes sur ses incitations. Ils les auraient prises de toute façon, pour la simple raison qu'on le leur avait demandé.

Le bureau de la Ville (nous dirions le conseil municipal) avait réagi au mouvement populaire en mobilisant les colonels des milices bourgeoises et en demandant aux quarteniers, ou chefs de quartiers, de faire tendre les chaînes aux extrémités des rues. Il s'agissait d'une mesure de précaution destinée à contenir la populace, prête au pillage. Mais beaucoup de bourgeois, une fois armés, ne résistèrent pas à l'entraînement général; tout comme les crocheteurs, ils réclamèrent Broussel. C'est qu'eux aussi, rentiers grugés, voyaient en Broussel un défenseur et en Mazarin un oppresseur; c'est qu'eux aussi étaient « infectés de l'amour du bien public » (Motteville). Et c'est ainsi que les chaînes tendues pour arrêter la populace devinrent l'armature des barricades que cette même populace dressa dans Paris! Le Parlement, les bourgeois, le peuple réunis dans la même opposition au pouvoir : il aurait suffi d'un Danton pour que l'histoire de France fît un bond de cent trente ans. Mais il ne se trouva point de Danton.

Au Palais-Royal, la reine persévérait dans son obstination. Elle craignait peu parce qu'elle ne savait rien, dit Retz. C'est inexact. Même quand elle aura pris conscience du péril, et pendant toute la Fronde, Anne fera preuve d'un courage jamais démenti. Une petite-fille de Charles Quint ne craint que Dieu, disait-elle. Pour l'instant, c'est l'incrédulité qui la rendait inflexible : que Paris, qui l'avait tant aimée et fêtée, pût se tourner contre elle, était-ce imaginable? Mazarin, si méfiant, se fiait lui aussi « entièrement » à Paris, il le reconnaîtra plus tard. Ceci explique que, lorsque le premier échevin Fournier était venu, non sans risques, au Palais-Royal faire part des précautions prises, Anne l'ait remercié, mais en le priant de faire détendre les chaînes. L'ordre fut transmis.

La nuit, qui fut plus calme qu'on pouvait l'espérer, sembla donner raison à la reine. Mais, au matin, on découvrit que les chaînes étaient toujours tendues, les boutiques toujours fermées, les bourgeois toujours armés. On découvrit surtout les premières barricades, édifiées à la faveur de l'obscurité. Ce n'était rien encore. Quand, sur le quai des Grands-Augustins, un émeutier reconnut Séguier se dirigeant vers le Parlement (les chaînes et barricades l'avaient contraint d'abandonner son carrosse), l'insurrection éclata. « Voilà le bougre de chancelier qui vient pour empêcher que le Parlement s'assemble et qu'on ne rende M. Broussel; il faut l'assommer! » s'écria-t-on. Des coups de feu éclatèrent, une grêle de pierres s'abattit sur Séguier, qui n'eut que le temps de courir jusqu'au proche hôtel de Luynes, de s'y cacher dans une sorte de placard, où, sûr de toucher à son heure dernière, il se confessa à son frère, l'évêque de Meaux, qui l'accompagnait. La foule, par miracle, ne l'ayant pas découvert dans sa cachette, se vengea en pillant l'hôtel (propriété du fils de Mme de Chevreuse et de son premier mari). La Meilleraie et le lieutenant civil, arrivés sur les lieux avec deux compagnies de gardes, délivrèrent le chancelier, mais il y eut des morts.

Dans les deux heures qui suivirent, le nombre des barricades décupla (on en compta plus de douze cents) et si vite que certains témoins datent de ce jour-là leur apparition. Elles étaient faites naturellement de barriques, remplies de terre et de fumier, mais aussi de tous les matériaux qu'on avait pu trouver à portée de main : pavés, planches, ferraille...

C'est en se réveillant à neuf heures qu'Anne d'Autriche apprit les événements. L'attentat contre Séguier la frappa plus que tout le reste : le chancelier de France attaqué impunément dans la rue et en danger de perdre la vie!

Il faut que le Parlement ait eu la vue bien courte pour croire que les événements lui profiteraient. Car c'est ce qu'il croyait. La reine, maintenant, n'aurait plus d'autre choix que de céder à toutes ses revendications et de rendre Broussel. On décida d'aller en corps le lui demander. Les barricades s'ouvrirent pour laisser passer l'impressionnante théorie de robes longues. Le peuple croyait que Broussel était emprisonné au Palais-Royal même (il était à Saint-Germain) et que les parlementaires l'en ramèneraient.

Anne ne voulut rien entendre. Sa première réaction fut d'indignation et d'indignation de classe. Elle s'étonnait, elle jugeait même honteux que MM. du Parlement fissent, comme le peuple, tant de bruit pour un Broussel, alors qu'ils avaient vu sans émotion, sous la régence de sa belle-mère, un Condé embastillé! Et d'ailleurs, si Paris se soulevait, à qui la faute sinon au Parlement? C'est en vain que le premier président Mathieu Molé, que le président de Mesmes, un homme dévoué, s'efforcèrent de la persuader « qu'il ne fallait plus songer qu'aux remèdes ». Vous ne pouvez plus dire : « Je ne veux pas », osa dire de Mesmes; il faut voir la réalité; on vous l'a déguisée pour vous flatter. Tout peut arriver; les émeutiers de la rue Saint-Honoré, derrière leur barricade, sont à vingt pas de vos gardes. Votre palais n'étant pas défendable, ni le roi ni vous n'êtes plus en sûreté. Aidez-nous à vous sauver en nous rendant Broussel. A quoi Anne répondit qu'on avait pu constater, par les premières années de sa régence, qu'elle ne voulait que le bonheur de ses sujets, mais qu'il y a des moments, dans la vie des souverains, où manquer à la sévérité, c'est manquer à son devoir.

Sans doute, mais toute la difficulté est de distinguer

ces moments. La sévérité, ici, venait trop tard; Mazarin avait mal joué du temps, son grand allié. Il croyait encore que Broussel lui était un atout et une monnaie d'échange : que le Parlement cessât de s'occuper des affaires de l'État et on lui rendrait le prisonnier, comme il finit par le laisser entendre.

Les parlementaires ne se faisaient pas moins d'illusions en croyant avoir le loisir et la possibilité de retourner au Palais pour délibérer sur cette proposition. Les barricades, cette fois, ne s'ouvrirent pas devant les robes longues. C'est Broussel qu'on voulait. Injuriés, molestés (on tira la vénérable barbe du président Molé), les pères du peuple découvrirent en un instant qu'une révolte, une fois lancée, vit de sa vie propre et ne connaît plus personne.

Molé, avec un courage admirable, sauva l'honneur de la magistrature en restant impavide sous les outrages, en rameutant ses collègues qui détalaient et dont certains flattaient les émeutiers. Mais il ne put obtenir le passage et dut, sur les injonctions du peuple, retourner au Palais-Royal pour obtenir la libération de Broussel. Anne céda. Défaite d'autant plus humiliante que le Parlement, en contrepartie, ne donna qu'une maigre concession : celle de suspendre, et non d'interrompre, les délibérations de la chambre Saint-Louis jusqu'à la Saint-Martin (11 novembre).

Les Parisiens, bien qu'on leur eût fait savoir l'imminente libération de Broussel, ne désarmèrent pas; pendant la nuit, une mystérieuse agitation ne cessa de parcourir la ville. Mazarin resta botté, en costume de voyage; il avait fait préparer des chevaux et entasser des mousquets dans les écuries du Palais-Royal. Même quand, le lendemain matin 28, Broussel fut rentré chez lui, dans un enthousiasme indescriptible qui l'étonna lui-même, des foyers de sédition subsistèrent. En fait, la situation tendait vers l'anarchie. Certains bourgeois disaient garder les armes pour se protéger des pillards; d'autres, au contraire, pour se protéger des représailles du gouvernement : la reine n'avait-elle pas fait masser des gardes autour du Palais-Royal et d'autres éléments de cavalerie et d'infanterie autour de la capitale? Au pont Marie et devant le couvent de l'Ave Maria (près de Saint-Paul), deux barricades étaient contrôlées par des « autonomes » qui ne reconnaissaient aucune autorité, ne laissant passer que ceux qui leur donnaient de quoi boire. Le Parlement et la Ville ayant ordonné la démolition des barricades (la cour n'était plus en mesure de donner un tel ordre), le calme finit par revenir. Mais, vers le soir, nouvel embrasement. Prétexte : les miliciens qui gardaient la porte Saint-Antoine avaient vu deux charrettes emplies de poudre et de mèches sortir de l'Arsenal. Tenter d'en sortir, plutôt, car elles furent aussitôt attaquées et pillées. Du faubourg Saint-Antoine le tumulte gagna le faubourg Saint-Honoré. Anne, qui était sur le point de se coucher, se rhabilla et, d'accord avec Mazarin, fit prendre en conseil une mesure assez courageuse : celle de renvoyer tous les gardes du Palais-Royal dans leurs quartiers. Le prévôt des marchands reçut l'ordre d'aller le dire aux Parisiens. On ne l'écouta pas : les charrettes de poudre avaient trop inquiété, comme les mouvements de cavalerie, confirmés, au bois de Boulogne. La régente, disait la foule voulait enlever le roi pour pouvoir châtier Paris, et ce châtiment serait une nouvelle Saint-Barthélemy. La reine Christine de Suède, qui était, paraît-il, une « guerrière », arrivait pour lui prêter main-forte; d'aucuns affirmaient qu'elle était déjà avec une armée aux portes de Paris!... Vers dix heures du soir, le Palais-Royal fut encerclé par la foule. « Qu'on nous remette le roi, criaient les émeutiers; nous voulons le tenir en lieu sûr à l'Hôtel de Ville. Peu nous importent les autres habitants du Palais-Royal auquel nous mettrons volontiers le feu! »

C'est alors et alors seulement que les masques tombèrent. Saisis de frayeur, les courtisans qui, pendant les trois journées précédentes, n'avaient cessé de minimiser le danger, soudain se débondèrent, racontèrent ce qu'ils avaient vu et entendu dans Paris, sans même cacher à la reine les insolences qui se débitaient contre elle. Peut-être, dit Anne pensivement, n'aurions-nous pas dû renvoyer les gardes. A ceci, Jarzay, un jeune officier des gardes, un jeune fou, qui affectait pour elle un dévouement exalté, s'écria : « Madame, nous sommes ici une poignée de gens qui mourrons à votre porte ! » Un lourd silence tomba. Anne devint extrêmement rouge. Cette fois, elle avait compris. Tout le monde la regardait. « Ne craignez point, dit-elle enfin ; Dieu n'abandonnera pas l'innocence du roi ; il faut se confier en lui. » La foule ne se dispersa qu'à minuit, Anne ayant fait porter à ses meneurs les clés de la ville qu'elle détenait ; ainsi seraient-ils assurés qu'elle ne s'enfuirait point avec le roi.

Ces détails fascinent l'historien. Il faut croire que ceux qui nient le caractère révolutionnaire des journées d'août 1648 (c'est aussi une mode) ne les ont pas lus. Tout fait image : cette reine insultée, assiégée, qui évoque déjà Marie-Antoinette ; ce peuple, jusqu'ici absent de notre livre et qui maintenant l'envahit ; ce ferrailleur qui prend Molé à la barbe, ce « maraud vêtu de gris » qui veut assommer le chancelier, cette vieille femme « portant une hotte » que tue La Meilleraie d'une balle en voulant dégager Séguier et dont la mort déchaîne la fureur populaire... Encore une fois, quelle chose extraordinaire que la Révolution française n'ait pas éclaté !

Manquaient, je l'ai dit, les leaders. Mais d'aucuns, déjà, s'essayaient à l'être. Si l'explosion du 26 août, déclenchée par l'arrestation de Broussel, avait été spontanée, celle du 28, *après* la libération de Broussel, ne le fut pas. C'est par des bruits savamment répandus de bouche à oreille, par des placards, par des billets, jetés dans les rues et dans les maisons depuis la veille, qu'on avait fait accroire au peuple les contes qui l'avaient tant ému : nouvelle Saint-Barthélemy, arrivée de Christine de Suède, etc. Qui *on* ? Retz et sa clientèle, des parents et amis de Broussel, quelques factieux du

Parlement et tous les pêcheurs en eau trouble, tous les éternels opposants, Fontrailles et *tutti quanti*; sans aucun doute, aussi, des agents de l'Espagne mêlés aux mendiants et aux nombreux réfugiés qui, depuis le début de la guerre, fuyaient les provinces frontalières pour affluer vers la région parisienne.. On est mal renseigné, et pour cause, sur l'action de cette cinquième colonne, mais il semble bien qu'elle avait commencé à agir avant l'insurrection. Condé informait Mazarin qu'il avait capturé un espion picard nommé Tagny; or ce Tagny avait été acheté par les Espagnols à Paris même et c'était un marchand des Halles, du nom de Cochefeur, qui lui avait remis l'argent. Précision extrêmement intéressante, quand on se rappelle que les Halles avaient été, étaient toujours un foyer de sédition.

Tout cela n'excuse pas le gouvernement. Quelles occasions n'avait-il pas offertes à ses ennemis! Si gouverner, c'est prévoir, il n'avait rien prévu. Envoyer Séguier interdire le Parlement, alors que, déjà, des barricades s'élevaient dans Paris, c'était de toutes ses erreurs la plus grave; mais le faire sans avoir au préalable mis le roi et la reine à l'abri, quelle faute impardonnable!

La leçon ne sera pas perdue. Désormais, Mazarin se défiera constamment de Paris et n'aura de cesse d'en éloigner les souverains. Quand, le 13 septembre, il emmena le roi à Rueil, c'était une répétition de ce qu'on allait faire au mois de janvier suivant. Anne d'Autriche, notons-le au passage, ne craignit pas de couvrir le départ de son fils et de son ministre en restant à Paris jusque dans l'après-midi, sans rien changer à son programme. Aux députés du Parlement qui, le 22, vinrent à Rueil lui demander de ramener le roi dans sa capitale, elle répondit avec le même sang-froid que Louis XIV, comme n'importe lequel de ses sujets, avait bien le droit de changer d'air et d'achever la belle saison à la campagne.

XII

LE TEMPS DES ABANDONS

Après un compromis avec le Parlement, qui consacrait la défaite de la cour, Anne revint à Paris le 31 octobre, ne rêvant que vengeance. Mais, pour humiliée qu'elle se sentît, elle refusait de blâmer son ministre; il avait agi par politique et non par faiblesse, disait-elle à Mme de Motteville. C'est que les échecs de Mazarin à l'intérieur du royaume étaient plus que largement compensés par le grand succès qu'il venait de remporter en politique étrangère. Par les traités de Westphalie, signés le 24 octobre, l'empereur nous abandonnait tous ses droits sur l'Alsace, la possession des trois évêchés, Metz, Toul, Verdun, indispensables à la sécurité de notre frontière de l'Est, et, sur la rive droite du Rhin, Brisach et Philippsburg. Plus important, peut-être, les traités confirmaient la division politique et religieuse de l'Allemagne. Les souverains des quelque trois cent cinquante États qui la composaient étaient seuls maîtres à l'intérieur de leurs frontières; à l'extérieur, ils recevaient le droit de s'allier entre eux et avec des puissances étrangères, sous la réserve que ces alliances ne seraient dirigées ni contre l'empire ni contre l'empereur. Vaine réserve, puisque la France, puissance garante, pouvait faire entrer ses armes en Allemagne pour défendre contre l'empereur les droits lésés d'un prince. Pour mesurer la portée de cet article, imaginons l'inverse : un souverain étranger autorisé, par traité, à intervenir militairement en France pour défendre contre le roi les prétentions d'un Condé, d'un Beaufort, d'un Bouillon!... A plus long terme, jusqu'au XIXe siècle en fait, une grave menace était écartée : celle qu'aurait constitué l'établissement au cœur de l'Europe d'un grand État centralisé au profit des Habsbourg. Anne d'Autriche, une Habsbourg, sut apprécier à sa juste valeur ce succès diplomatique qui passa presque inaperçu des Français de souche.

Quant au conflit avec les frondeurs, la reine savait que Mazarin était en train de mettre au point la solution qu'elle avait toujours préconisée, celle de la force. C'est qu'il n'y en avait plus d'autre. Rien n'avait changé, sinon pour le pire, et chaque jour qui passait rendait l'affrontement inévitable. Le peuple était toujours aussi nerveux, le Trésor plus vide que jamais, le Parlement plus audacieux; il rappelait à la reine qu'elle lui devait sa régence et demandait à mots couverts, mais publiquement, le renvoi de Mazarin. Les charretiers, dans les rues, fouettaient leurs chevaux aux cris de « bougres de mazarins! ». Il y avait, sur le pont Neuf, un poteau où tous les matins on trouvait affichés des vers injurieux, non seulement contre le cardinal, mais contre la reine. Les observateurs de sang-froid en étaient très frappés. Qu'on vilipendât un ministre, après tout, la chose s'était déjà vue, mais qu'on osât s'en prendre à la personne de la reine, n'était-ce pas le signe que toutes les bornes étaient franchies et que la régence était discréditée sans retour?

Affreuses semaines pour Anne d'Autriche! Du Palais-Royal, d'où son ministre ne pouvait plus sortir, elle-même sortait à peine, chacun de ses déplacements étant interprété comme une tentative de fuite. Pire que tout cela, peut-être, la trahison; la trahison qui rôdait jusque dans sa maison, jusque dans ses conseils, jusque dans sa famille. Dès les barricades, on avait entendu des soldats des gardes dire qu'ils ne tireraient pas sur le peuple et les bourgeois; on avait vu des courtisans qui, devant la reine, blâmaient les parlementaires, prendre contact avec eux pour les inciter à la fermeté. Tous les mécontents voyaient dans les événements l'occasion d'obtenir ce que le gouvernement leur avait jusqu'alors refusé. La Rochefoucauld passait secrètement à la Fronde. Sa maîtresse, la belle Mme de Longueville, qui rêvait de jouer les Chevreuse, s'alliait avec Retz, entraînant son mari et son jeune frère Conty, qui lui vouait une affection passionnée. Quant à Gaston d'Orléans, il avait toujours estimé n'être pas assez récompensé de son effacement de 1643; or il avait rendu depuis d'autres services en s'entremettant avec le Parlement (puisque celui-ci refusait Mazarin comme interlocuteur). Son prestige s'en était accru et sa cour grossissait tous les jours. Jusques à quand résisterait-il aux flatteurs qui lui offraient la régence?

Pour d'autres raisons, la fille de Gaston, Mademoiselle, accumulait des rancœurs dont on ne mesurait pas encore la portée. Cette impétueuse personne voulait épouser le roi. Mais la différence d'âge, l'aversion que le petit Louis XIV éprouvait pour sa cousine et le projet déjà nourri secrètement par Mazarin et la reine d'une alliance espagnole pour mettre fin à la guerre rendaient cet hymen irréalisable. Alors Mademoiselle, en 1647, s'était permis, par l'intermédiaire d'un de ses gentilshommes, Saujon, de prendre des contacts matrimoniaux en Allemagne et aux Pays-Bas espagnols. L'empereur n'était-il pas veuf? Et l'archiduc Léopold, gouverneur des Pays-Bas, célibataire? Ils étaient aussi, comme on sait, des ennemis déclarés de la France. Quand la chose se découvrit, au printemps 1648, Saujon fut arrêté et la reine, qui n'avait plus d'indulgence pour ce genre de délits, se fâcha tout rouge. « Il est fort beau, dit-elle à sa nièce, qu'une personne qui est attachée à votre service, pour récompense vous lui mettiez la tête sur l'échafaud. – Au moins, ce sera le premier! riposta Mademoiselle. – Répondez à ce qu'on vous demande! – Comme je n'ai jamais été *interrogée*, je ne sais pas répondre à ce que Votre Majesté me demande. » A ces insolentes allusions à ses trahisons passées, la reine perdit un peu de ses moyens. L'irascible Mademoiselle, avant de se retirer, osa gourmander son père pour ne pas l'avoir soutenue en cette occasion et même pour n'avoir pas cherché de lui-même à la marier avec l'empereur! Si j'avais une fille et qu'elle me parlât sur ce ton, dit la reine, je l'enfermerais au couvent. Mazarin, dans son coin, ne pouvait s'empêcher de rire.

Heureusement on avait Condé. Mazarin avait pourtant hésité à le faire revenir de l'armée : un protecteur aussi glorieux pouvait se révéler plus dangereux que les rebelles qu'on le chargeait de mettre à la raison. Cela se vérifiera plus tard. Pour l'instant, rendons justice à Condé; il ne balança qu'un court moment sur son devoir : « Je m'appelle Louis de Bourbon et je ne veux pas ébranler la couronne », dit-il à ceux qui le sollicitaient.

En décembre, le plan était arrêté : on ferait sortir de Paris le roi, la reine, la famille royale et le gouvernement pour réduire la capitale par un blocus. Le départ fut fixé au 6 janvier 1649. On connaît tous les détails de la soirée du 5 : l'extraordinaire dissimulation de la reine qui, dans son grand cabinet, pour démentir les bruits qui couraient, resta devant ses courtisans, nonchalamment accoudée à une table, regardant jouer ses enfants; qui, ensuite, s'amusa à leur faire tirer les rois; la fève lui échut et on lui mit sur la tête une couronne de fantaisie. « Il nous faut de l'hypocras! » dit-elle. Et, aux cris de : « La reine boit! » elle trempa ses lèvres dans la coupe, elle qui ne buvait que de l'eau. Après quoi, ses fils étant couchés, elle soupa à son ordinaire devant ses femmes. Les courtisans, rassurés, étaient partis à leurs affaires ou à leurs plaisirs. Il y avait, ce soir-là, un souper chez le maréchal de Gramont, qui réunissait beaucoup de monde, Mazarin compris.

Vers deux heures du matin, Anne se releva, fit

réveiller ses fils. Par un escalier dérobé, qui descendait de son appartement au jardin, on gagna le carrosse qui attendait là. Dans un autre carrosse montèrent le maréchal de Villeroy, précepteur du roi, Guitaut et Comminges, Villequier, autre capitaine des gardes de la reine, et Mme de Beauvais, première femme de chambre, celle qui, dit-on, eut plus tard la gloire de déniaiser Louis XIV.

On s'arrêta au Cours-la-Reine pour attendre le reste des voyageurs. Ce dut être un plaisant spectacle que ces carrosses emplis de gentilshommes mal rasés et de gentes dames ébouriffées. Les princes, les ministres et les quelques officiers qui étaient dans le secret avaient, au milieu de la nuit, tiré leurs familles du lit pour leur faire prendre la fuite. Monsieur amenait sa femme et ses filles, à peine habillées; Condé, sa mère, sa femme, son fils au maillot, son frère Conty et son beau-frère Longueville qui n'avaient pas osé lui résister. Mme de Longueville, quant à elle, avait choisi de rester à Paris; comme elle était enceinte et près de son terme, on n'y vit rien de suspect. Mazarin, pour ne pas éveiller les soupçons, était resté jusqu'à cette heure tardive à jouer chez Gramont, mais il avait fait partir ses domestiques, les trois de ses nièces qu'il avait récemment appelées d'Italie et confiées à Mme de Senecey, la dame d'honneur de la reine. Un de ses fidèles, Millet de Jeure, était allé, au milieu de la nuit, chercher au Palais-Royal une partie de ses papiers et deux « boîtes de velours » emplies de pierres précieuses, la seule valeur aisément négociable.

L'arrivée à Saint-Germain, dans l'aube glaciale (c'était un hiver particulièrement rigoureux), fut plus pittoresque encore, si l'on ose dire. Pour ne point alerter la population parisienne, on n'avait pas fait sortir de meubles de la ville, sauf deux lits de camp pour la reine et le roi. On en trouva deux autres sur place, qui furent attribués à Monsieur et à Mazarin. Tout le reste de ce beau monde coucha sur la paille et s'estima heureux; dans les heures qui suivirent, on n'en trouva plus une botte à acheter dans Saint-Germain. Louis XIV, on le sait, n'oublia jamais cette nuit-là.

L'émotion à Paris fut intense. Affolés, les courtisans, les riches prenaient le chemin de Saint-Germain où s'enfuyaient vers leurs maisons de campagne, quand le peuple ne brisait pas leurs carrosses. Millet de Jeure eut toutes les peines du monde à sortir de la ville avec les pierreries de son maître : les portes étaient déjà fermées et gardées.

La peur n'explique pas tout. A l'automne précédent, nous avons vu déjà combien les Parisiens s'étaient émus du brusque départ du roi pour Rueil. C'est que le roi, quel que fût son âge, était l'incarnation de l'État ; à sa personne s'attachait un caractère sacré. N'oublions pas qu'il était thaumaturge, qu'on lui reconnaissait le pouvoir de guérir les écrouelles. C'est pourquoi le Parlement lui-même, bien qu'il eût reçu une lettre de la reine l'exilant à Montargis (les autres compagnies étaient aussi dispersées), céda au désarroi. Après une longue délibération, les modérés l'emportèrent ; il fut décidé d'envoyer une députation à Saint-Germain pour prier la reine de ramener le roi à Paris.

Les députés ne furent pas reçus. « Je m'étonne de vous savoir là, leur fit seulement dire la reine, je vous croyais à Montargis. » C'était une déclaration de guerre. Si Anne et Mazarin en acceptaient le risque, c'est qu'ils étaient persuadés qu'elle ne pourrait durer longtemps. Les Parisiens n'étaient pas en état de soutenir un siège ni de l'emporter, dans les engagements autour de la capitale, sur les troupes de Condé.

Le 9 janvier, le Parlement, ayant recouvré ses esprits et sa colère, décrétait Mazarin perturbateur du repos public, ennemi du roi et de l'État, lui accordait vingt-quatre heures pour quitter la cour, huit jours pour quitter le royaume et, passé ce délai, ordonnait à tous Français « de lui courre sus ». La si sourcilleuse compagnie, qui luttait pour l'*habeas corpus,* n'avait pas reculé devant la double illégalité qui consistait à condamner un cardinal, non justiciable des tribunaux civils, et à refuser à un accusé tout moyen de défense. Le 13 février, poursuivant sa vindicte, le Parlement ordonnait la saisie de tous les biens meubles et immeubles du ministre. Il s'en prenait de même à ses banquiers (qui étaient aussi les banquiers de l'État) et d'une façon générale à tous les gens d'affaires, condamnés à payer de lourdes taxes sous peine d'emprisonnement. Les perquisitions opérées ici et là rapportèrent moins qu'on l'avait espéré sur la foi des dénonciateurs, dont le zèle était grandement stimulé par le pourcentage qu'on leur promettait sur les « trésors cachés ». Aussi bien, comme il fallait subvenir aux nécessités de la guerre civile en levant et en équipant des troupes, le Parlement, pour la première fois de son histoire, avait donné l'exemple en se taxant lui-même.

Les troupes étaient composées de bourgeois et d'hommes du peuple qui ne savaient pas se battre. Car, si les bourgeois et le peuple étaient grevés d'impôts (et en cette occasion doublement puisque le Parlement leur en réclamait aussi !), ils échappaient, sous l'Ancien Régime, à l'impôt du sang, qu'acquittaient, ne l'oublions pas, les seuls nobles.

Autre difficulté : qui commanderait les troupes ? Par l'intermédiaire de La Rochefoucauld, dépêché secrètement à Saint-Germain, Mme de Longueville avait réussi à faire revenir dans la capitale son mari et son frère Conty. Celui-ci, bien que bossu et n'ayant jamais vu le feu (on le destinait à l'Église), fut bombardé généralissime de l'armée du Parlement. Noblesse oblige : il était prince de sang. Sous lui, comme généraux, les cinq ou six grands seigneurs qui étaient venus s'offrir au Parlement et parmi lesquels on ne s'étonnera pas de retrouver Beaufort et Bouillon. La Rochefoucauld fut lieutenant général.

Des trois éléments qui composaient maintenant la Fronde parisienne, princes, Ville et Parlement, l'union ne se fit pas sans peine. Chacun avait ses intérêts propres. Sauf pour les armuriers, qui faisaient fortune, l'absence de la cour et le siège de Paris occasionnaient un gros manque à gagner au commerçants, et j'y inclus ceux et celles qui faisaient commerce d'amour. La triste situation des « filles d'honneur », privées d'une partie de leur clientèle, alors que les denrées renchérissaient, donnait lieu à de burlesques pamphlets : *L'État déplorable des femmes d'amour de Paris, Les Lamentations de la Durier de Saint-Cloud* (c'était une célèbre maquerelle).

Nichon, quelle étrange misère
Vous cause une petite guerre,
Qu'il faille pour un peu de lard
Vous soumettre à quelque pendard,

chante une autre mazarinade.

Depuis les barricades, la cour s'employait à dissocier la Ville du Parlement. Tout de suite après les événements, Anne, tout sourires, avait reçu les autorités municipales et les chefs de quartiers pour les remercier, comme si elle ignorait que leur loyalisme n'avait pas été sans failles. Elle avait même accepté, on devine avec quelle fureur rentrée, de recevoir Broussel, que Mazarin voulait lui amener. Mais, au dernier moment, Broussel s'était récusé.

L'union des princes, et avec le Parlement et avec la Ville, suscitait encore plus de tiraillements. Pouvait-on croire que des grands seigneurs ne fussent pas secrètement dévoués à leur milieu naturel, la cour? Pour dissiper les méfiances, Conty, Mme de Longueville et Mme de Bouillon allèrent s'installer à l'Hôtel de Ville, qui n'en avait jamais tant vu; violons, belles dames et guerriers en dentelles, c'était une atmosphère de roman héroïque qui s'introduisait dans ce temple de la bourgeoisie. Mais, au bout de quelque temps, les bourgeois, qui avaient l'âme prosaïque, commencèrent à trouver que ce romanesque leur coûtait cher. C'est à l'Hôtel de Ville que Mme de Longueville accoucha d'un fils (de La Rochefoucauld) dont elle demanda à la Ville d'être marraine et qui fut donc baptisé Charles-Paris par le coadjuteur.

Prélude obligé à toute révolution, on commença par prendre la Bastille, prison d'État, qui « endura pour la forme cinq ou six coups de canon » (Retz). Broussel en fut nommé gouverneur, y établit son fils, et ces Catons ne se firent point scrupule d'entamer la cave et les provisions que leur prédécesseur avait laissées sur place. « Ce fut un assez plaisant spectacle, dit encore Retz, de voir les dames, à ce fameux siège, porter leurs chaires dans le jardin de l'Arsenal, où était la batterie, comme au sermon. »

Revenons aux choses sérieuses. La défection du prince de Conty, du duc et de la duchesse de Longueville fut cruellement ressentie à Saint-Germain. Moins pourtant que celle de Turenne. Eh oui! le maréchal de Turenne trahissait aussi. Par solidarité avec son frère Bouillon et par ressentiment personnel. Depuis sa prise de commandement, en 1643, il avait dû sans relâche quémander de l'argent pour équiper ses hommes. Cet état de choses, certes insupportable à un général, était imputable au Parlement, non à la cour, nous le savons; mais Turenne, caractère difficile, soupçonneux, et qu'excitait sa famille, s'était persuadé que Mazarin retenait à son profit l'argent des troupes. (C'était une accusation très répandue.) Et puis, il faut bien le dire, comme beaucoup d'hommes de guerre, Turenne n'aimait pas la paix. Qu'allait-il devenir quand on aurait licencié l'armée d'Allemagne? Mazarin lui promettait le gouvernement d'Alsace, mais, à son habitude, ne tenait pas sa promesse. La reine, disait-on, souhaitait que Turenne se convertît avant de recevoir cette grâce; autre sujet d'irritation pour ce farouche protestant.

Le patriotisme est une notion moins nouvelle qu'on

croit. A preuve la stupeur provoquée par la défection de Turenne, même chez ceux qui l'avaient souhaitée. « Turenne, écrit Retz, qui, de toute sa vie, n'avait, je ne dis pas été de parti, mais n'avait jamais voulu ouïr parler d'intrigues, s'avise de se déclarer contre la cour, étant général d'armée du roi, et de faire une action sur laquelle je suis sûr que le Balafré et l'amiral de Coligny auraient balancé [...]. Il a fallu un mérite aussi éclatant que le sien pour n'être pas obscurci par un événement de cette nature. »

C'est que Turenne ne trahissait pas seul, mais avec son armée, la meilleure armée d'Europe, qu'on avait coutume d'appeler « le bras droit de la régence ». Elle était composée pour l'essentiel des reîtres allemands de Bernard de Saxe-Weimar, qu'après la mort de celui-ci nous avions rengagés à notre service. Cette armée occupait alors les pays rhénans et elle y était indispensable; on pense bien qu'un trait de plume n'avait pas suffi à ramener la paix en Allemagne et que l'empereur, déjà, ne cherchait qu'à tourner des traités qui réduisaient son pouvoir et lui ôtaient la rive gauche du Rhin. Il y a plus grave. Les reîtres weimariens, s'ils étaient bons soldats, étaient aussi des mercenaires de la pire espèce : on imagine ce qu'il fût advenu de Paris, et des Parisiennes, s'ils fussent entrés dans la capitale! Enfin, troisième conséquence de la défection de Turenne, son armée se serait jointe aux troupes espagnoles qui, déjà, étaient sorties des Pays-Bas pour rentrer en France. Un envoyé de l'archiduc Léopold avait même été reçu au Parlement, non sans éveiller des affres de conscience chez les pères du peuple. Le président de Mesmes, les larmes aux yeux, s'était écrié à l'adresse de Conty : « Est-il possible, monsieur, qu'un prince du sang de France propose de donner séance sur les fleurs de lys à un député du plus cruel ennemi des fleurs de lys? » Mais Retz, Bouillon, l'envoyé lui-même avaient protesté qu'il ne s'agissait que de paix. Et avec qui négocier la paix, sinon avec le Parlement? Tous les traités qu'on aurait pu faire avec un ministre condamné par lui, seraient « nuls de droit ». Quant aux dix-huit mille hommes que l'archiduc faisait entrer en France, ils n'étaient destinés qu'à secourir les Parisiens et l'auguste compagnie, « qui était en vénération à toutes les nations du monde ».

Inutile de dire que la vérité était tout autre. L'Espagne ne voulait négocier qu'après restitution de la Catalogne, d'Arras, de Dunkerque, bref d'à peu près tout ce que la France lui avait arraché en quinze ans de haute lutte. Et le Roi Catholique, frère tant aimé d'Anne d'Autriche, écrivait : « Si la reine, ma sœur, est obligée de quitter la France avec son fils, j'entends qu'elle ne soit pas reçue dans mes États. »

La conjoncture était grave, beaucoup plus grave qu'au moment du traité d'Espagne de Cinq-Mars. Mais la reine, cette fois, était du bon côté. S'il est vrai, qu'au su de la trahison de Turenne, elle eut un moment d'affolement, cet affolement est tout à son honneur. C'est pour parer au danger qui menaçait la France qu'elle voulut traiter à la hâte avec les frondeurs. Mais la situation fut sauvée par une autre voie.

Dès qu'il s'agissait d'intrigue et de diplomatie secrète, Mazarin était imbattable. J'ai montré ailleurs avec quelle habileté il détacha l'armée de Turenne de son chef[1]. Il faut ajouter ici qu'Anne d'Autriche fut associée de bout en bout à l'action de son ministre; c'est elle qui eut l'idée d'envoyer à Turenne un de ses coreligionnaires, Ruvigny, pensant que celui-ci aurait plus de chances qu'un autre de le ramener dans le devoir. En fin de compte, c'est, comme d'habitude, par l'argent qu'on surmonta le péril. Et, les financiers étant dans ce chapitre si fort malmenés, il n'est que juste de rendre hommage à l'auxiliaire de ce succès, Barthélemy Hervart; ce banquier, qui, déjà, avait aidé Richelieu à conserver l'Alsace, aida Mazarin à gagner les soldats de Turenne, non seulement en avançant 1 500 000 livres pour payer leurs soldes en retard, mais en se rendant sur les lieux pour mieux les convaincre.

Abandonné par ses troupes, Turenne s'enfuit à Heilbronn. C'est peu de dire que la nouvelle consterna les frondeurs. De plus, ils avaient faim, ils avaient froid et ils pataugeaient, le dégel ayant entraîné une forte crue de la Seine. On circulait en barque dans les bas quartiers. Si la vue des étendards et des drapeaux avait, au début « réjoui les boutiques » (Retz), elle ne les réjouissait plus. Et puis l'on pense bien que Mazarin ne restait pas inactif; il travaillait le moral des Parisiens par des hommes à lui, répondait aux pamphlets par d'autres pamphlets. Un de ses premiers soins, après son arrivée à Saint-Germain, avait été d'y installer une imprimerie dont le journaliste Renaudot s'était vu confier la direction.

La lassitude s'emparait aussi des assiégeants. Quoi de moins exaltant que ces escarmouches avec des bourgeois qui détalaient au premier engagement? De l'armée de Condé, Bussy-Rabutin écrivait à sa cousine Sévigné, restée dans la capitale : « Sans l'espérance de vous faire quelque plaisir au sac de Paris et que vous ne passerez que par mes mains, je crois que je déserterais. Mais cette vue me fait prendre patience. »

Le Parlement chercha la négociation, et une « paix », qui n'était et ne pouvait être qu'un compromis assorti d'une amnistie réciproque, fut signée à Rueil le 11 mars 1649. Les grands seigneurs, Conty, Beaufort, Bouillon, La Rochefoucauld, etc., voulurent traiter à part. Ils demandaient des places fortes, des gouvernements, des commandements, des terres, des titres, de l'argent, des tabourets pour leurs femmes, le dédommagement des châteaux et maisons que Richelieu leur avait jadis rasés, bref, « toute la France », comme écrit Mme de Motteville. On ne saurait mieux dire. Il faut seulement rappeler que ces grands seigneurs étaient des frondeurs qui venaient de prendre les armes contre leur roi.

Condé allait bientôt joindre sa voix à celle de tous ces quémandeurs et il demanderait plus encore. Comment ne l'eût-il pas fait, lui qui n'avait pas trahi, lui qui pouvait se vanter d'avoir rétabli dans leur pouvoir la reine, le roi et Mazarin ? Non seulement par sa présence, non seulement par son action militaire et par son entremise avec le Parlement, mais par sa générosité. C'est grâce à ses bijoux de famille, remis en gage au banquier Hervart, que celui-ci avait pu trouver partie des millions nécessaires pour gagner les troupes de Turenne. C'est encore Condé qui, le 18 août, ramena la reine et ses enfants à Paris, s'étant fait fort d'y assurer leur sûreté et même de leur ménager un accueil triomphal. De fait, Mazarin lui-même fut acclamé. Mais, avec un tel homme, on peut s'interroger sur la spontanéité des acclamations. Les harengères, en tout cas, corporation redoutée, avaient été gagnées par la saine méthode, se voyant accorder une substantielle réduction du droit d'étal.

Le 5 septembre, à l'occasion de l'anniversaire du roi et pour fêter ses retrouvailles avec sa capitale, l'Hôtel de Ville offrit un bal aux souverains. Anne demanda que la réjouissance eut lieu de jour, afin, dit-elle à ses femmes, de faire une malice aux « dames fardées » dont beaucoup avaient été frondeuses. Bien entendu, il s'agissait d'une mesure de précaution. Louis XIV ouvrit le bal en dansant une courante avec Mademoiselle, sa cousine, qui avait deux têtes de plus que lui. Ce dut être un curieux spectacle. Moins pourtant que celui des bourgeoises invitées (sans néanmoins avoir le droit de danser). Anne regardait avec étonnement ces femmes dont les toilettes et les bijoux n'étaient pas loin d'égaler ceux des dames de la cour, malgré les édits qui leur interdisaient ce luxe. Un nouveau monde et, à long terme, un nouveau danger.

Comment les prétentions de Condé et des siens en vinrent à réduire l'autorité du cardinal, à menacer celle de la régente, c'est de l'histoire. Mais la politique n'explique pas tout. Monsieur le Prince n'avait jamais été facile ; enhardi par sa puissance, il devint odieux. Entre vingt incidents, il faut conter celui de Jarzay, parce qu'il concerne la reine et mit le feu aux poudres.

Nous connaissons Jarzay. C'est ce jeune officier des gardes qui, pendant les barricades, alors que le Palais-Royal était encerclé par la foule, avait dit à la reine qu'il se ferait tuer devant sa porte. D'autres paroles et d'autres gestes, tout aussi théâtraux, avaient depuis lors témoigné de son extravagance autant que de son dévouement. Mais, à cause de ce dévouement, Anne le traitait avec indulgence; elle l'avait nommé capitaine des gardes du petit duc d'Anjou et l'admettait dans son « particulier », c'est-à-dire au nombre des quelques gentilshommes, Jars, Mortemart, Guitaut, qui avaient permission, aux heures du soir, de venir lui faire leur cour.

On sait ce que signifiait alors cette expression et l'on sait le sens qu'elle a pris de nos jours. Eh bien, c'est ce sens-ci que choisit de lui donner Jarzay, outrant ses compliments, posant de trop longs regards sur les belles mains de sa souveraine. Faut-il croire que celle-ci ne s'en aperçut pas, alors que tout son entourage s'en amusait? J'ai dit qu'une femme peut refuser l'amour, mais qu'elle ne refuse jamais l'admiration. Anne d'Autriche avait maintenant quarante-huit ans; il semble bien qu'elle ait pris plaisir, sans vouloir se l'avouer, aux compliments de Jarzay. Depuis le siège de Paris, elle n'avait plus beaucoup de distractions. Mazarin, on s'en doute, avait d'autres préoccupations que de la divertir. Harassé de travail, irrité par les pamphlets, craignant pour sa vie, il n'était plus le charmeur qu'il avait été, ne parlait à sa souveraine que d'affaires graves et nécessairement ennuyeuses. Jarzay, au contraire, amusait la reine, joignant à ses galanteries beaucoup d'esprit et un vrai talent de conteur.

Anne ignorait que Jarzay était manœuvré par Condé, que tous deux se plaisaient à dire dans le monde « qu'une femme espagnole, quoique dévote et sage, se pouvait toujours attaquer avec quelque espérance »; elle ignorait que Jarzay avait gagné sa première femme de chambre, Mme de Beauvais, pour se pousser auprès d'elle. Mais le jour où, par l'intermédiaire de celle-ci, Jarzay eut fait déposer une lettre d'amour sur la toilette de la reine, l'affaire devint affaire d'État. Mazarin, qui en avait appris les dessous, réagit très vivement à ce qu'il considérait comme une provocation délibérée, comme une « malignité frondeuse ». Il en parla dans ce sens à la reine et obtint d'elle le renvoi de Mme de Beauvais et de Jarzay. Pour la première, Anne résista un peu : Mme de Beauvais, autrement dit Cathau la borgnesse, coiffait si bien ! Pour Jarzay, la reine n'hésita pas, disons-le à son honneur, mais elle fit la chose en deux temps. « Il paraît que j'ai un amant ! » s'exclama-t-elle un jour devant les dames de son entourage. Et se moqua de Jarzay. Elle savait que ses paroles seraient répétées et pensait que cela suffirait. Cela ne suffit pas : Jarzay se présenta le lendemain devant elle. Il fallut donc l'exécuter publiquement. « Voyez un peu le joli galant ! s'exclama la reine. Vous me faites pitié. Il faudrait vous envoyer aux Petites-Maisons, mais il est vrai qu'il ne faut pas s'étonner de votre folie, car vous tenez de race. » Allusion à un parent de Jarzay, qui avait joué le même jeu avec Marie de Médicis, ce dont Henri IV avait fait des gorges chaudes.

Une telle algarade, prononcée par une reine, en pleine cour, suffisait alors à ruiner un homme. Jarzay s'éclipsa, mais ne manifesta pas tout le repentir qu'on pouvait attendre. Après tout, « l'aventure était belle, le crime honorable, et il n'était pas honteux d'en être accusé ». C'est Mme de Motteville qui nous conte cela, en admirant le sang-froid et le petit discours de la reine. Elle ignorait que ce discours avait été soufflé à Anne par Mazarin (on le retrouve presque mot pour mot dans ses carnets).

Condé, à son habitude, le prit de très haut. Il accueillit Jarzay sous son toit, alla répétant que « le vieux galant avait chassé le jeune » (thème immédiatement exploité par les pamphlétaires) et se plaignit qu'on eût fait affront, sans l'avoir consulté, à un homme qu'il protégeait. Anne d'Autriche se vit contrainte à des explications tout à fait contraires à la majesté d'une reine et la dignité d'une femme. A quelque classe que nous appartenions, point n'est besoin de justification pour refuser des hommages qui nous déplaisent ou portent atteinte à notre réputation. J'ai fait ce que j'ai pu pour avertir Jarzay, dit Anne à Condé, et c'est parce qu'il n'a pas voulu comprendre que j'ai dû recourir à la sévérité. Condé n'en exigeât pas moins qu'elle revît Jarzay et le pardonnât.

L'histoire, à plus d'un titre, mérite considération. D'abord parce qu'elle décida de la perte de Condé. Ensuite, parce qu'elle éclaire d'un jour intéressant les relations de la reine et de Mazarin. Si celle-là avait été la passionnée maîtresse de celui-ci, comme d'aucuns le prétendaient, le prétendent encore, aurait-elle prêté l'oreille aux galanteries de Jarzay? Et celui-ci, pour extravagant qu'il fût, aurait-il tenté sa chance? Quant à Mazarin, ne réagit-il aussi vivement à cette affaire que par politique? C'est ce qu'il dit; c'est aussi ce que disait Mme de Motteville, toujours soucieuse, il est vrai, de blanchir la reine, mais qui pourtant n'aimait pas le ministre et ne cesse, dans ses Mémoires, de l'égratigner. Il fut jaloux, écrit-elle, mais « comme un avare à qui l'on veut ôter son trésor ». Entendons que le trésor des favoris, c'est le souverain dont ils dépendent et que tout individu qui s'en approche et l'influence constitue un danger. Nous avons vu cela avec Richelieu et Louis XIII, avec Buckingham et Charles Ier d'Angleterre. Jarzay pouvait influencer la reine, lui arracher en faveur de Condé d'autres concessions, politiquement désastreuses, voire même obtenir pour son propre compte quelque poste de responsabilité. Du moins Mazarin le craignait-il et c'en était assez.

Le 18 janvier 1650, Condé était arrêté avec son frère Conty et son beau-frère Longueville. Les trois princes s'étaient rendus tellement insupportables, à tout le monde, que Paris alluma des feux de joie pour fêter l'événement. Cachée dans une maison amie, Mme de Longueville eut le temps et le triste plaisir de les voir avant de s'enfuir en Normandie.

Mazarin eut-il tort ou raison? Il privait la France d'un stratège incomparable, et l'arrestation des princes, acte d'arbitraire, événement inouï, ne pouvait que coaliser les grands contre lui. C'est vrai; mais, à long terme, Mazarin eut raison. La monarchie, que dis-je! l'État luttait pour sa survie et celle-ci passait par la mise à la raison des derniers féodaux.

XIII

LA CHUTE DU CARDINAL

Pour insolentes qu'elles fussent, les audaces de Condé, de Jarzay étaient peu de chose au regard des insultes qu'Anne d'Autriche eut à subir pendant toute la Fronde. Pour mesurer la fermeté d'âme incroyable dont elle fit preuve au travers de ces cinq années, il nous va bien falloir donner, et sans les expurger, quelques échantillons de cette affreuse littérature qu'on nomme mazarinades ou feuillantines (l'origine de cette dernière appellation étant à elle seule significative : on enfermait au couvent des Feuillantines les femmes de mauvaise vie).

« La fermeté d'âme incroyable »... Étrange rencontre! J'avais écrit ces mots avant de les retrouver, tels quels, dans le testament de Mazarin. Le cardinal tint à rendre hommage, en ses derniers moments, à celle qui, pendant cette longue épreuve, n'avait cessé de le soutenir en dépit de tout et, le soutenant, de travailler à la grandeur d'un pays d'autant plus ingrat qu'il n'était pour eux que d'adoption.

Il est triste de penser que les mazarinades n'auraient pu prospérer, ni même voir le jour, sans la tolérance du régime. Sous Richelieu, on ne pouvait faire imprimer qu'à l'étranger les libelles diffamatoires, ou seulement satiriques, et ils ne circulaient, imprimés ou manuscrits, que sous le manteau. Qui était surpris à les diffuser, que dis-je! à les lire, voyait se refermer sur lui, sans jugement, les portes de la Bastille. Cette sévérité de vingt années, ce muselage de l'opposition peuvent fournir une explication, sinon une excuse, au déchaînement de pamphlets qui commença avec la régence et se transforma, pendant la Fronde, en déchaînement d'ordures.

Autre explication : la Fronde, comme toutes les guerres civiles, donnait naissance et prétexte à toutes les licences ; elle amenait la moralité publique à son point le plus bas. Phénomène déjà constaté soixante ans plus tôt, au sortir des guerres de religion, au temps desquelles les observateurs se croyaient revenus. Dans tous les milieux, débauches et viols se multipliaient. Des frondeurs dansaient tout nus et portes closes chez le conseiller Coulon. Mlle de Chevreuse devenait, chez sa mère, la maîtresse du coadjuteur, qui, à la différence de Mazarin, était prêtre. Encore, s'il n'y avait eu que le coadjuteur !... Elle traitait ses amants comme ses jupes, écrit celui-ci ; « elle les mettait dans son lit quand elles lui plaisaient et les brûlait, par une pure aversion, deux jours après [...]. Elle prit tout d'un coup de la passion pour une fille de chambre fort jolie, qui allait à tout. » On dira que Mlle de Chevreuse avait de qui tenir. Son père, à soixante-dix ans passés, entretenait à Dampierre un petit sérail ; à Pâques, le même carrosse qui allait chercher le confesseur emmenait les « mignonnes » et les ramenait, celui-ci parti. Quand Chevreuse venait voir la reine, elle lui disait, en criant de toutes ses forces (il était devenu sourd), qu'il fallait avoir moins d'amour pour la beauté, qu'il était temps de songer au ciel et à la vertu ! Quant à la duchesse de Chevreuse, nous la connaissons. C'est elle d'ailleurs qui, revenue en France à la faveur de l'amnistie, utilisait, à défaut de ses charmes flétris, ceux de sa fille pour se faire des alliés. Car on pense bien qu'elle n'était revenue que pour intriguer, à son habitude.

Le plus inquiétant n'était peut-être pas le libertinage des mœurs, mais celui des esprits. On n'insultait pas que la reine, ses serviteurs et ceux du roi, en paroles et en actes, puisqu'on prenait à parti, dans les rues, les valets de pied qui portaient leurs livrées : on insultait jusqu'à Dieu lui-même. Les esprits forts se faisaient gloire de manger de la viande en Carême, un crime, à l'époque, et aussi un exploit, toutes les boucheries étant alors fermées. Fontrailles et quelques-uns de ses amis frondeurs, quand ils rencontraient une procession, dégainaient leurs épées pour charger le crucifix, aux cris de : « Voilà l'ennemi ! » Les Mémoires sont remplis de faits semblables. A Orléans, c'est un jeune bourgeois qui, pendant la messe, se précipite sur le curé pour le bourrer de coups; à Sannois, c'est un laquais qui, au moment de l'Élévation, se rue sur l'autel, arrache l'hostie des mains du prêtre, puis répond froidement à ceux qui l'appréhendent : « Quel est mon crime ? Je voulais savoir s'il y avait autre chose que du pain dans ce que j'ai saisi. » Condamnés par les juridictions locales, les coupables faisaient appel au Parlement qui, généralement, réduisait leurs peines ou les acquittait.

Il y avait toujours eu en France, depuis la Renaissance, un courant de libertinage qui explosait aux périodes de pouvoir faible. Un poète, par ailleurs doué, comme des Barreaux, l'incarna pendant la Fronde, où il ne vit qu'une absurdité sanglante.

Et si je dîne dans un camp,
J'irai fort bien souper dans l'autre,

écrivait-il.

Peu lui importait le pays, la morale, la religion et même l'honneur. L'homme est fait pour jouir :

Tout le reste est sottise,
Car je sais bien qu'on vit content
En buvant, mangeant et f.....t
. . . .
Soyez sodomiste et voleur
Piquez-vous d'être sans croyance,

Soyez fourbe et faux-monnayeur,
Je vous en promets récompense...

Le racisme aussi remontait à la surface et il ne s'en prenait pas qu'à Mazarin, qualifié de « gredin de Sicile ». Jean Bourgeois, un marchand épinglier, au passage de la compagnie des fripiers de la rue de la Tonnellerie, s'exclamait : « Voilà la synagogue qui passe ! » Les fripiers, dont beaucoup, en effet, étaient juifs, se saisirent de Bourgeois, le frappèrent et le contraignirent à faire amende honorable. Il porta plainte au Châtelet (juridiction parisienne) qui ordonna l'arrestation d'un des fripiers. Les juifs obtinrent la relaxe de leur coreligionnaire, puis enhardis par ce succès (et, eux aussi, par les circonstances) tendirent un guet-apens à Bourgeois et l'assassinèrent horriblement, à coups de poinçons et de lisières, leurs outils habituels.

Les pamphlets dirigés contre la reine sont de deux sortes. Il y a les pamphlets politiques qui n'épargnent la femme que pour mieux accabler la régente. Tel est, par exemple, *La Vérité prononçant ses oracles sans flatterie*, composée pendant le siège de Paris. Il est absurde, y lit-on, de croire que la politique de la reine soit le fait de son attachement pour Mazarin, voire de son mariage avec lui. La vérité est qu'elle est mal intentionnée. Peu lui importe que les Parisiens manquent de pain ; n'a-t-elle pas donné ordre de ruiner le reste des moissons que la fureur de ses soldats avait épargné ? N'a-t-elle pas protesté qu'elle ne rentrerait dans la capitale qu'à bord d'un vaisseau flottant sur le sang de ses ennemis ? Mazarin n'est qu'un instrument ; cet étranger n'a jamais eu de mauvais desseins sur lesquels cette étrangère n'ait enchéri. Espagnole, elle ne songe qu'à l'Espagne, et c'est pour mieux livrer la France à son frère qu'elle y fomente la guerre civile. Nous ne connaissions pas la vraie nature d'Anne d'Autriche ; maintenant nous la connaissons, et c'est connaître la tyrannie. Tyrannie qui se perpétuera, puisque le roi est élevé par sa mère et son ministre, qui ne peuvent lui inculquer que les vices qu'ils pratiquent : elle, la cruauté, lui, la fourberie.

Est-il besoin de réfuter de telles accusations ? La plus odieuse de toutes, on le remarquera quand même au passage, est celle qui attribue la disette à une volonté politique. La charité, pour Anne d'Autriche, était un double devoir : celui d'une chrétienne et celui d'une reine. Elle la pratiqua constamment, mais jamais autant que pendant la Fronde, où elle s'occupa précisément et personnellement du ravitaillement des populations martyres. Car si l'on manquait de pain blanc à Paris, on manquait de tout dans l'Est et dans le Nord.

Mais n'en arrivait-on pas à ce point d'absurdité d'imputer à la reine la décadence des mœurs, les excès et les crimes en tous genres qui se commettaient ? « C'est elle qui pille, qui tue, qui meurtrit, qui assassine et, par une invention du Démon, contre la nature et la possibilité de son sexe, qui ravit la pudeur aux femmes et aux filles la virginité ! »

L'autre espèce de mazarinades ne s'embarrasse pas de raisonnements, pour mensongers qu'ils soient ; c'est la femme qu'on salit :

Vous f... est le seul coup d'État
Qu'ait jamais fait votre ministre.

Ou encore : « Toute la cour sait que la reine a dit qu'elle oublierait plutôt Dieu que Mazarin. Et, par là, il semble qu'elle ait rendu véritable la rencontre de son anagramme qui porte qu'elle est *Chérie de Satan.* »

Quelquefois on s'adresse au petit roi :

Sire, vous n'êtes qu'un enfant,
L'on vous dérobe impunément
Et le larron baise votre mère
Laire là

Même on dit qu'il a protesté
De baiser votre Majesté
Aussi bien que son petit frère,
Laire là.

Bientôt on accusera Mazarin d'avoir effectivement perverti le petit roi qu'il avait la charge d'éduquer. Accusation d'autant plus scandaleuse qu'on prétendait en même temps qu'il était son père :

Sans le secours de Mazarin,
Où seriez-vous, roi très-chrétien ?
Dame Anne, bien apprise,
Pour vous faire par son canal
Fils aîné de l'Église,
Vous eut d'un cardinal.

Est-il besoin de répéter que Mazarin n'était pas en France au moment de la conception de Louis XIV ? Est-il besoin de dire que, bien loin d'avoir jamais songé à le pervertir, il s'inquiétait au contraire de sa santé morale et de ses fréquentations, devinant, avec beaucoup de prescience, un « vicieux » chez le jeune Vivonne (fils de Mortemart) qui, en effet, allait devenir un homosexuel notoire ?

Les appels au meurtre, très fréquents contre le cardinal, étaient parfois dirigés contre la reine. On avait trouvé une coureuse, nommée dame Anne, qu'on faisait chanter aux carrefours :

Mais je voudrais bien étrangler
Notre p... de reine, ô gai,
Notre p... de reine, ô gai !

Le plus triste est que cette littérature n'était pas toujours spontanée. Retz s'indigne vertueusement dans ses Mémoires qu'on ait osé insulter la reine, mais il reconnaît avoir payé des pamphlétaires. Et nous savons qu'il y avait une presse à l'hôtel de Condé, où l'on imprimait de ces horreurs.

Le pire fut probablement atteint avec *La Custode de la reyne qui dit tout* (« custode » signifiait rideaux de lit), parce qu'elle mêlait l'ordure à la diffamation politique :

Son crime est bien plus noir qu'on ne le pense pas
Elle consent, l'infâme, au vice d'Italie
Et croirait sa débauche être moins accomplie
Si son cul n'avait part à ses sales ébats.

. . . .

Peuple, n'en doutez plus, il est vrai qu'il la f...
Et que c'est par ce trou que Jules nous canarde

Après quoi, l'auteur nous dépeint la reine au milieu de ses transports, livrant son royaume à son amant :

Jules, que j'aime plus que le roi ni l'État
Je te veux témoigner ma passion extrême
En perdant le royaume, en me perdant moi-même,
Afin que tu profites en ce noble attentat.

Et il y a vingt-six strophes de ce ton!

Après la publication de *La Custode*, qui avait scandalisé jusqu'aux frondeurs, la justice, renonçant à sa coupable indulgence, appliqua la loi dans sa rigueur : depuis un siècle déjà, elle punissait de pendaison les diffamateurs coupables de lèse-majesté. Mais l'imprimeur et co-auteur de *La Custode*, un nommé Morlot, fut délivré par une bande de jeunes gens, où se trouvaient aussi « des manteaux noirs » (c'est-à-dire des bourgeois), alors qu'on le menait de la Conciergerie à la place de Grève, lieu du supplice. La douzaine d'archers de la ville qui escortait le condamné ne put ou ne voulut résister, et le bourreau lui-même abandonna son échafaud. L'affaire fit grand bruit. Un chroniqueur anonyme nous a livré, avec sa propre indignation, celle de tous les gens de bien : « Peu s'en fallut que cet attentat impardonnable à l'autorité royale et à la justice souveraine de Sa Majesté, en plein jour, dans la ville capitale du royaume, à la vue du Parlement, pour un homme de néant, par des gens de la lie du peuple et pour un sujet si peu favorable, ne nous rejetât dans de nouveaux troubles par la légitime appréhension que nous conçûmes que le roi n'en fût offensé au point qu'il, etc. »

Cet événement, en effet, eut lieu en juillet 1649, alors que la paix avait été conclue entre le Parlement et la cour et qu'on attendait le retour de celle-ci à Paris. Aussi le bureau de la Ville décida-t-il d'envoyer à la reine une députation (où l'on relève le nom d'un sieur Tartarin, quartenier) pour exprimer ses regrets de l'enlèvement de Morlot, qu'on n'avait pu retrouver. Anne d'Autriche, si coléreuse, n'eut pas un mot de colère et sa dignité impressionna. Dans sa réponse, elle ne parla que du roi son fils, regrettant que les diffamateurs n'épargnassent même pas la personne sacrée de celui-ci.

La résistance physique de cette femme indolente n'était pas moins étonnante que sa résistance morale. Finies, les matinées de farniente, les belles soirées du Palais-Royal, les sérénades au jardin de Renard! On sillonnait les provinces pour les ramener dans le devoir. Après l'inconfortable séjour à Saint-Germain de janvier 1649, Anne s'était rendue à Compiègne pour, de là, pousser une pointe vers la frontière du Nord menacée par les Espagnols et par la trahison, celle de Turenne et de bien d'autres, hélas!

En février 1650, après l'arrestation des princes, Anne, avec son fils et son ministre, se rend en Normandie pour pacifier la province soulevée par Mme de Longueville. L'expédition, qui dura vingt jours, fut pénible, à cause des rigueurs de la saison et d'une épidémie qui sévissait à Rouen. Pour remplacer, à la charge de procureur des États de Normandie, un frondeur destitué, on nomma une personnalité rouennaise : Pierre Corneille. Les pamphlétaires ne laissèrent pas passer l'occasion : si l'on avait confié ce poste à un homme qui ne savait faire que des vers, c'est qu'il était un pensionnaire de Mazarin, donc un ennemi du peuple.

Le 5 mars 1650, quinze jours après son retour à Paris, la reine part pour la Bourgogne. Le 4 juillet, après un nouveau voyage dans le Nord, nouveau départ, pour la Guyenne, via Fontainebleau, Pithiviers, Orléans, etc. Sept cents kilomètres sur les routes (et les roues) de l'époque. L'intendance ne suit pas et la reine est parfois obligée d'attendre ses bagages et ses femmes dans la misérable chambre de quelque misérable hôtellerie. Comment pouvait-elle supporter tant de fatigues?

Cette fois-là, elle n'y résista pas et, pendant le voyage de retour, tomba évanouie, un matin, à la messe. Il fallut la saigner quatre fois et elle était difficile à saigner : on ne trouvait pas ses veines. C'est allongée dans son carrosse, aménagé en conséquence, qu'elle regagna Paris à petites journées. Mazarin avait dû la quitter pour courir contre les Espagnols et s'inquiétait, non seulement de la savoir malade, mais de la savoir triste. C'est que, pour apaiser les frondeurs, Anne était obligée de sacrifier des serviteurs loyaux. Le duc d'Épernon, gouverneur de Guyenne, une brute il est vrai, mais depuis toujours un fidèle partisan de la reine, allait bientôt payer de sa charge l'accommodement conclu avec les frondeurs bordelais. Il le prenait mal et « persécutait » la régente jusque sur son lit de malade pour la dissuader d'agir à son encontre.

L'attitude de Monsieur suscitait bien d'autres inquiétudes. Laissé à lui-même dans Paris, le faible Gaston y écoutait les voix des démons tentateurs : celles des Espagnols, celles des flatteurs, celles des amis des princes qui sollicitaient son appui pour obtenir leur libération. Retz, Mme de Chevreuse, le vieux Châteauneuf, l'assemblée du clergé, tout le monde s'en mêlait et surtout le Parlement qui, luttant pour l'abolition des lettres de cachet, se devait de refuser que des innocents (les princes l'étaient en droit) fussent sans jugement traînés de prison en prison. Après Vincennes, on les avait transférés à Marcoussis, et l'on venait de les transférer au Havre, précisément pour les éloigner de leurs amis parisiens et aussi des Espagnols et de leur allié Turenne, qui s'étaient avancés profondément en territoire français.

Il faut lire dans Retz, dans La Rochefoucauld, le récit des tractations qui aboutirent, le 30 janvier 1651, à ce qu'on appelle l'Union des deux Frondes, l'ancienne et la nouvelle. Il est hors de question d'entrer dans le détail de cette coalition hétéroclite qui rassemblait, au nom de la liberté des princes, tous les ambitieux du royaume. On retiendra seulement deux faits, parce qu'ils sont l'un et l'autre signes des temps. C'est une femme, la princesse palatine, qui avait réussi ce tour de force que d'allier entre eux les amis et les ennemis de Condé ; née Anne de Gonzague, elle était la sœur de cette Marie de Gonzague que nous avons vu intriguer, elle aussi, en d'autres temps. Mazarin, parlant des femmes, dira plus tard à don Luis de Haro, le négociateur espagnol de la paix des Pyrénées : « Vous autres, Espagnols, vous en parlez bien à votre aise : vos femmes ne se mêlent que de faire l'amour, mais en France ce n'est pas de même et nous en avons trois qui seraient capables de gouverner ou de bouleverser trois grands royaumes : la duchesse de Longueville, la princesse palatine et la duchesse de Chevreuse. » Il est vrai que, songeant aux folles galanteries de ces dames, il se consolait avec la pensée que : « Telle qui gouvernerait sagement un royaume aujourd'hui se fera demain un maître à qui on ne donnerait pas douze poules à gouverner. »

Le second fait est encore plus caractéristique (et mélancolique) : si Mazarin n'avait pas vaincu, à Rethel, les Espagnols, peut-être ne se serait-on pas coalisé contre lui. Mais voici que le ministre, sans le secours de Condé ni de Turenne (et même contre celui-ci), se permettait de gagner des batailles ! Il allait devenir trop puissant et se servirait de sa puissance pour sévir, comme après Rocroi; conséquence : il fallait l'abattre.

Quand Mazarin prit conscience du danger, il était trop tard. On l'avait pourtant averti de ce qui se tramait; on lui avait dit que, s'il ne libérait pas Condé, celui-ci s'allierait avec les frondeurs. Mais, habitué à duper les autres, Mazarin craignait toujours d'être dupé lui-même et ne fit pas confiance aux informateurs. Et puis, tous les témoins le soulignent, Mazarin, en cet hiver 1650, n'était plus lui-même. La fatigue, peut-être? Ce que nous appellerions le surmenage? Ou encore l'état de santé de la reine, mal rétablie de sa longue indisposition de l'été précédent et qui venait de rechuter? Ce dernier facteur contribua sûrement aux hésitations du cardinal. Était-il possible, avec une reine malade, de sortir de Paris, comme on l'avait fait en janvier 1649, et pour affronter l'inconfort de quelque château démeublé ou de nouvelles pérégrinations à travers la France? Mazarin cédait à la nervosité; sa légendaire dissimulation l'abandonnait. Il ne put s'empêcher, devant Monsieur, de comparer le Parlement de Paris à celui de Londres et tous les opposants à autant de Fairfax et de Cromwell, c'est-à-dire à des régicides en puissance. Or, je l'ai dit, aucun factieux en France, et surtout au Parlement, ne songeait à attenter à la vie du roi. Aussi ces propos, rapportés, suscitèrent-ils l'indignation générale. S'il faut en croire Retz, Monsieur était sorti du Palais-Royal en s'exclamant qu'il avait eu à faire à un enragé (Mazarin) et à une furie (la reine).

Bref, ce qu'on n'avait pas cessé de craindre depuis le début des troubles se produisit; Monsieur, oncle du roi, chef du conseil et lieutenant général du royaume, passa ouvertement à la Fronde. Il ne s'agissait plus seulement de la liberté des princes, mais du renvoi de Mazarin, ouvertement, hautement et continûment réclamé.

Devant une coalition aussi puissante, le cardinal ne pouvait plus rien. Les efforts personnels de la reine auprès de son beau-frère furent vains : Monsieur refusait d'assister au conseil tant que Mazarin y siégerait ; il refusait même, non seulement d'aller voir la reine au Palais-Royal, mais encore de la recevoir au Luxembourg, où elle proposait, contre les préséances, d'aller discuter avec lui. Monté par Retz, par Mme de Chevreuse et aussi par sa femme, une Lorraine qui haïssait la France, Gaston, arguant de sa qualité de lieutenant général, alla jusqu'à convoquer les maréchaux de France, comme les chefs de quartier, pour leur dire de ne plus prendre leurs ordres que de lui.

Dans la nuit du 6 au 7 février 1651, Mazarin quitta Paris sous un déguisement, drapé dans le manteau de Millet de Jeure, coiffé du chapeau (à plumes) du capitaine de ses gardes. Optimiste malgré tout (c'était sa nature), il n'allait qu'à Saint-Germain d'où il comptait bien revenir, l'orage passé ; et l'orage passerait quand son absence aurait fait comprendre qu'il était indispensable au royaume. Tout de même, l'entrevue qu'il eut avec la reine pouvait être la dernière. Mme de Motteville y assista sans déceler d'émotion sur le visage de sa souveraine. Anne, dans les grandes occasions, gardait un sang-froid qui étonnait. Mais, le lendemain soir, à son cercle, après avoir écouté, sans trouver la force d'y participer, la conversation de ses courtisans, elle avoua à Mme de Motteville qu'elle avait perdu le sommeil. Pourtant, ajouta-t-elle, « je voudrais qu'il fût toujours nuit [...]. Le silence et la solitude me plaisent, parce que, dans le jour, je ne vois que des gens qui me trahissent. »

Quand, le 10 février, Anne eût été contrainte sous la menace de consentir à l'éloignement de Mazarin et à la libération des princes, c'est avec le même sang-froid qu'elle convoqua chez elle, en pleine nuit, le marquis de Navailles, un fidèle du ministre, pour qu'il allât le prévenir. Mazarin pourrait ainsi jouer la dernière carte qui lui restait en allant lui-même au Havre, avant la délégation des frondeurs, traiter avec les princes. Anne lui avait remis d'avance pour cette éventualité un pouvoir rédigé en secret dans son oratoire. Pouvoir très ample, qui donnait en fait à Mazarin la possibilité de disposer à son gré du sort des princes. Mais la place du Havre dépendait du jeune duc de Richelieu, neveu du cardinal défunt, qui, malgré son nom, s'était allié aux frondeurs. Mazarin ne fut admis dans la forteresse que sans son escorte. Dès lors, il ne lui restait plus qu'à libérer les princes.

Condé se montra beau joueur. Alors que son frère Conty et son beau-frère Longueville le pressaient de monter en carrosse, il retint le cardinal à dîner. Mais c'est en vain que celui-ci rejeta la responsabilité de son emprisonnement sur Monsieur et sur Retz, en vain qu'il attribua le mérite de sa libération à la reine, en vain qu'il demanda pour celle-ci le soutien des princes, en vain qu'il s'humilia, s'inclinant si bas en prenant congé qu'on crût qu'il allait baiser les pieds de Condé. Il n'obtint que de vagues promesses, assorties de quelques railleries et dut, on devine dans quels sentiments, se diriger vers la frontière. Matériellement, sa situation était difficile; moralement, elle était affreuse. Le Parlement avait prononcé son expulsion, ainsi que celle de sa famille, et la reine lui écrivait d'obéir à cet arrêt. Ses neveux et nièces, pour lesquels il avait rêvé de glorieux mariages, le rejoignirent non sans peine à Péronne et il erra quelque temps avec eux dans le Nord, sous la neige, à la recherche d'un gîte. De sa grandeur passée il ne lui restait qu'une trentaine de pages et laquais (une misère!). Parmi les hommes d'armes qui l'accompagnaient, un mousquetaire nommé d'Artagnan, promis par la littérature à la gloire que nous savons. D'Artagnan serait bientôt licencié, comme beaucoup d'autres. Comment le cardinal eût-il fait vivre tout ce monde, alors que ses biens et revenus étaient une fois de plus confisqués et que le Parlement refusait de laisser sortir de Paris jusqu'à « ses hardes » ?

Craignant d'être capturé par des soldats ennemis ou rebelles, ne voyant plus d'apparence à son retour à

Paris, Mazarin sortit enfin du royaume. L'archevêque-électeur de Cologne lui offrait son château de Brühl. Pour y parvenir, il fallait traverser les Pays-Bas. Mazarin se vit obligé, humiliation suprême, de demander un passeport aux Espagnols!

On peut penser ce qu'on veut de Mazarin : qu'il était moins habile qu'on croit, qu'un autre, à sa place, eût prévu de plus loin et donc empêché le rebondissement de la Fronde; on peut regretter que son attachement aux biens de ce monde ait donné à ses ennemis des armes contre lui (s'achète-t-on, même à crédit, un hôtel à Paris et un palais à Rome, réunit-on une collection de tableaux, de sculptures et de livres précieux, alors que les Français manquent de pain?). Mais il y a deux choses qui parleront éternellement pour Mazarin : sa mansuétude et son loyalisme. Il aurait pu, certes, empêcher le rebondissement de la Fronde et même sa naissance, mais en faisant tomber des têtes, comme Richelieu. Quant à son loyalisme, il suffit de savoir que les Espagnols, lorsqu'il prit contact avec eux, le traitèrent mieux que bien : ils l'escortèrent jusqu'à Juliers et lui firent des offres. Nous ne sommes pas surpris, dirent-ils, que la reine vous soutienne; elle est espagnole et les Espagnols savent rester fidèles à leurs serviteurs; le roi, notre maître, pourrait aussi vous le prouver. Eh bien, ces offres de l'ennemi que le Français Turenne avait acceptées, que le Français Condé allait bientôt accepter, l'Italien Mazarin les refusa; il resta fidèle au pays qui le rejetait et ne cessa, pendant son exil, de le servir en conseillant la reine.

XIV

SEULE CONTRE TOUS

La reine!... Elle était seule maintenant pour faire face aux dangers et ces dangers étaient bien plus grands qu'ils ne l'avaient jamais été. Le départ de Mazarin et celui de sa famille, l'ordre de libération des princes n'avaient pas suffi à calmer les esprits. On craignait que la régente ne s'enfuît pour retrouver hors de Paris sa liberté d'action, son ministre, ses armées, et en emmenant le roi, incarnation de la légitimité. C'est en effet ce qui avait été prévu avec Mazarin, au cas où l'agitation continuerait. Mais Anne ne put même pas sortir du Palais-Royal : un de ses familiers, au courant de son projet, l'avait trahie. Au reste, les frondeurs, une fois joués en janvier 1649, n'avaient pas été longs à s'emparer des portes de la ville et ils arrachaient leurs masques aux dames qui s'y présentaient pour s'assurer qu'il ne s'agissait pas de la reine. Dès le 9 février au soir, le Palais-Royal avait été encerclé par la foule et surveillé par des patrouilles que commandaient des gens de Monsieur. On vit même, comme en 1649, les chaînes tendues aux extrémités des rues et des barricades dressées autour de la résidence royale. Terrible nuit! Pour dissiper les soupçons, Anne dut admettre dans sa demeure et jusque dans la chambre du roi endormi (ou feignant de l'être) non seulement le capitaine des Suisses de son beau-frère, mais une délégation de cette foule qui hurlait sous ses fenêtres.

La reine veilla jusqu'à trois heures du matin; ses quelques familiers, pour tromper le sommeil, s'étaient mis à jouer aux cartes dans sa chambre, tandis que Mme de Motteville, vaincue par la fatigue, s'endormait à même le tapis, tête contre le lit. Anne fit dire une messe dans son oratoire, à l'issue de laquelle elle appela deux des bourgeois qui gardaient ses portes pour leur faire admirer ses reliquaires, pour leur dire aussi qu'elle ne pouvait être mieux protégée que par eux et qu'elle se sentirait en sûreté aussi longtemps qu'ils seraient là. C'était une tactique dont on avait pas cessé d'user depuis le début de la Fronde, sachant bien, qu'en dépit de leurs excès, les bourgeois aimaient et vénéraient la royauté.

La détention de la reine dura un mois, pendant lequel elle eut loisir de méditer sur les inconvénients du Palais-Royal. Quelle erreur aussi que d'être revenue y habiter! Le maréchal du Plessis-Praslin avait pourtant, après la première Fronde, attiré l'attention de Mazarin sur l'insuffisance stratégique de cette demeure. Mais le cardinal avait préféré jouer la confiance. Réinstaller la famille royale au Louvre, ou l'installer à l'Arsenal, comme le suggérait du Plessis- Praslin, c'eût été une sorte de provocation à l'égard de la population parisienne, avec laquelle on venait alors de se réconcilier.

Même quand la reine eut recouvré un semblant de liberté, sa situation resta périlleuse. Qu'elle revînt un peu tard d'une promenade faite avec ses fils, et la foule grondante se massait de nouveau autour du Palais-Royal! Les carrosses de ses visiteurs étaient fouillés, parfois mis en pièces. C'est d'ailleurs, il faut le dire à son honneur, pour éviter des représailles sur ses serviteurs qu'elle renonça définitivement à ses idées de fuite. Politiquement, les dangers n'étaient pas moins graves. Chaque fois qu'Anne résistait aux exigences de son beau-frère et des frondeurs, chaque fois qu'elle tentait un coup d'autorité, chaque fois qu'elle était soupçonnée d'agir pour Mazarin, on la menaçait de lui ôter la régence et la garde de ses enfants. Des projets sinistres étaient discutés au Luxembourg. Retz, le mauvais génie de Monsieur, proposait d'enlever le roi, d'enfermer la régente au couvent, ou pire encore. Mais Monsieur, rendons-lui cette justice, n'était pas un homme de violence.

Condé était rentré dans la capitale le 16 février, acclamé de ces mêmes Parisiens qui avaient fêté par des feux de joie son arrestation. Lorsqu'il eut, embrassant Monsieur, manifesté publiquement sa bonne entente avec lui, lorsqu'il eut retrouvé ses charges, ses gouvernements, ses places fortes, ses officiers et tous ces amis qu'attire le succès, la situation des deux princes parut si forte et celle de la reine, si désespérée, que La Rochefoucauld, dans ses Mémoires, se demande pourquoi ceux-là n'ôtèrent pas en effet la régence à celle-ci. Peut-être, écrit-il, Monsieur le Prince était « encore trop ébloui de l'éclat de sa liberté »; peut-être aussi « la grandeur de l'entreprise l'empêcha d'en connaître la facilité ».

Il y avait d'autres raisons et La Rochefoucauld le sait bien. La coalition, formidable en apparence, ne l'était pas en fait; elle ne reposait, comme toutes celles qui l'avaient précédée, que sur la haine du ministre, ce bouc émissaire; et elle n'avait été rendue possible que par des concessions et promesses réciproques qu'au moment de l'échéance personne ne voulut tenir. Comment, par exemple, Conty eût-il épousé Mlle de Chevreuse, ainsi qu'il avait été prévu pour allier à la maison de Condé celles de Guise, Luynes et Rohan, dès lors qu'on lui faisait savoir que sa fiancée était la maîtresse du coadjuteur? Comment Mme de Chevreuse, ulcérée par cette rupture, ne se fût-elle pas retournée contre les Condé, elle et tous les siens? Comment Retz, qui ambitionnait le cardinalat et le pouvoir, eût-il accepté que le Parlement exclût les cardinaux du pouvoir? Et puis, ôter la régence à la reine, cela voulait dire la donner à Monsieur. Comment Condé eût-il accepté ce transfert, alors que la reine, même avec la régence, paraissait impuissante, et Monsieur, même sans la régence, tout-puissant? Quant au Parlement, pouvait-il donner son accord, même pour promouvoir des réformes et diminuer l'autorité de la couronne, à la convocation projetée des états généraux, lui qui s'était toujours dit et voulu supérieur aux états généraux? Sur un autre plan, pouvait-il voir sans remords le roi et la reine *in libera custodia,* alors que les princes paradaient dans la capitale? Même pendant le siège de Paris, dans le danger commun, le Parlement, les grands, les bourgeois, le peuple avaient eu du mal à s'entendre; par quel miracle leurs intérêts eussent-ils soudain coïncidé, leur permettant d'opposer un front uni et sans failles à la régente?

Tout cela ne diminue pas le mérite d'Anne d'Autriche. S'il est vrai que Mazarin, de loin, l'aida à disloquer la coalition, s'il est vrai qu'il avait laissé auprès d'elle trois conseillers habiles, Lionne, Servien, Le Tellier (pour ne pas parler d'un jeune commis qui allait se révéler plus habile que tous, Jean-Baptiste Colbert), encore fallait-il que la reine fût capable de faire front, de porter la parole, de négocier personnellement avec Condé, avec Monsieur, avec Retz, avec bien d'autres, et souvent en improvisant, car l'allié du jour devenait l'ennemi du lendemain, car les lettres de Mazarin, envoyées par des voies compliquées, ne lui parvenaient pas toujours à temps, quand elles lui parvenaient. Or de tout cela Anne d'Autriche fut capable. C'est elle qui sauva son ministre, c'est elle qui sauva son fils, c'est elle qui sauva son royaume. On l'a dite bornée; c'est vrai; elle n'avait qu'une idée : maintenir le navire à flot jusqu'au 5 septembre 1651, date de la majorité de son fils. Louis XIV majeur, tout changeait. A une régence discutée succédait un roi indiscutable qui couvrirait de son autorité sacrée toutes les décisions prises.

L'autre enseignement à tirer de cette période concerne les relations personnelles d'Anne et Mazarin. Nous voici arrivés aux fameuses lettres qui donnent à penser. A les citer sans commentaires, tout paraît simple : c'est l'amour qui attachait la reine à son ministre, c'est l'amour qui lui donnait la force de le défendre. Qu'on en juge. Lettre de Mazarin, du 11 mai 1651 :

« Mon Dieu ! que je serais heureux et vous satisfaite si vous pouviez voir mon cœur, ou si je pouvais vous écrire ce qu'il en est, et seulement la moitié des choses que je me suis proposé. Vous n'auriez pas grand-peine, en ce cas, à tomber d'accord que jamais il n'y a eu une amitié approchante à celle que j'ai pour vous. Je vous avoue que je ne me fusse pu imaginer qu'elle allât jusqu'à m'ôter toute sorte de contentement lorsque j'emploie le temps à autre chose qu'à songer à vous ; mais cela est, et à tel point qu'il me serait impossible d'agir en quoi que ce pût être, si je ne croyais d'en devoir user ainsi pour votre service.

« Je voudrais aussi vous pouvoir exprimer la haine que j'ai contre ces indiscrets qui travaillent sans relâche pour faire que vous m'oubliiez et empêcher que nous ne nous voyions plus [...]; la peine qu'ils nous donnent ne sert qu'à échauffer l'amitié qui ne peut jamais finir.

« Je crois la vôtre à toute épreuve et telle que vous me dites ; mais j'ai meilleure opinion de la mienne, car elle me reproche à tout moment que je ne vous en donne pas assez de belles marques et me fait penser à des choses étranges pour cela et à des moyens hardis et hors du commun pour vous revoir [...]. Si mon malheur ne reçoit bientôt quelque remède, je ne réponds pas d'être sage jusqu'au bout, car cette grande prudence ne s'accorde pas avec une passion telle qu'est la mienne. »

Le 6 juillet : « Si vous voyiez l'état dans lequel je suis, je vous ferais pitié ; et il y a de petites choses qui me tourmentent au dernier point. Par exemple, je sais que vous avez dit plus d'une fois au Correspondant *(Lionne)* pourquoi il ne prenait pas les chambres de 26 *(lui, Mazarin)*, lui témoignant tendresse de ce qu'il se mouillait en passant la cour. Cela m'a fait perdre le sommeil deux nuits de suite, et des choses semblables seraient capables de me faire mourir. »

Le 2 août : « Vous m'avez dit un mot si à propos et si touchant à l'égard de la fenêtre que je vous avoue que je suis demeuré tout immobile et ravi de joie quand j'ai lu cet endroit. Au reste, vous pourrez dire à Serafin *(elle)* que H *(lui)* lit son écriture comme un imprimé, nonobstant que bien souvent il y manque des lettres, et il ne faut pas s'en étonner, car il ne s'exerce à autre chose, hors le temps qu'il emploie à lire un certain livre espagnol. *, accompagné de *. »

Qu'est-ce que cette fenêtre et ce livre espagnol, sinon des réminiscences, pour nous incompréhensibles, mais pleines de signification pour les deux correspondants ? Déjà, en mai, Mazarin avait écrit : « Je songe quelquefois s'il ne serait pas mieux pour mon repos que vous ne m'écrivissiez pas, ou que, le faisant, ce fût froidement ; que vous me disiez vous être moquée de moi quand vous m'avez donné les nouvelles d'Espagne et parlé de la fenêtre... »

Le 8 août : « Je finirai en vous disant que jamais vous ne vous expliquez mieux et ne dites des choses plus obligeantes que quand vous retenez la plume et vous empêchez de déclarer certains sentiments. Croyez, je vous en supplie, la même chose de moi, et comptez-moi en tout temps et en tout rencontre pour votre serviteur obligé et sans réserve, et, pour dire quelque chose de plus, *. »

Ce signe, cette sorte d'astérisque, qu'on retrouve dans presque toutes les formules finales, faut-il n'y voir que les trois *f* croisés dont Mazarin se servait alors comme signature (c'est Millet de Jeure qui le dit) pour déjouer les soupçons ? Le contexte autorise une interprétation plus précise ; « Adieu, toujours *... Je suis, jusqu'au dernier soupir, *, *, et encore mille fois *. » Il y a, dans ces lettres de Mazarin, un autre signe : ‡. On l'a identifié aux sentiments de la reine, et avec raison si, là encore, on se reporte au contexte ; « Je ne saurais vous dire autre chose, pour vous dire tout, si ce n'est que * ne cède pas à ǂ et qu'il y aura toujours compétence entre eux. » Ou encore : « *, *, beaucoup plus que ǂ! »

Voilà qui paraît clair. Voilà qui paraîtrait concluant, si nous ne possédions d'autres lettres, adressées à d'autres destinataires par ce même Mazarin en cette même période. Or, dans ces lettres-là, il apparaît à l'évidence qu'il n'est pas sûr de la reine. Et je ne parle pas des maladresses qu'il craint qu'elle ne commette, mais de ses sentiments, de sa détermination à le soutenir et à le rappeler.

Dans les jours qui suivent son éloignement, Mazarin, sous-estimant les pressions que la reine a subies, s'indigne qu'elle ait accordé aux princes une libération inconditionnelle, contre ce qui avait été convenu entre eux deux; bien que la sachant malade et surveillée, il ne comprend pas qu'elle n'ait pas réussi à sortir de Paris et il comprend encore moins qu'elle ait consenti à son exil hors du royaume. Il faut savoir, qu'avant de s'enfuir, Mazarin, assuré du dévouement de la plupart des chefs militaires (nommés par lui), avait envisagé la résistance par les armes, à Paris même. Mais la reine, sachant que Monsieur avait déjà gagné les chefs de quartiers et milices bourgeoises, s'était refusé à « hasarder » la vie de ses fils.

S'estimant déshonoré par son bannissement, Mazarin veut obtenir réparation. Il accepte, pour pouvoir se défendre, d'être mis en jugement, bien que cardinal. « Au nom de Dieu, s'exclame-t-il à l'adresse de Le Tellier, que la reine déclare ses intentions de ce que j'aurai à faire! » Il sait, qu'à force de supplier et de se plaindre, il risque de se rendre importun (le mot revient souvent), mais « l'affaire me touche trop pour me taire ». Tous les fidèles sont priés de rappeler à la reine les services qu'il a rendus, les succès qu'il a remportés depuis le début de la régence et même depuis qu'il est entré au service de la France. Le 7 mars, crise de découragement, quand il croit découvrir par des lettres qu'il a interceptées, par des ragots qu'on lui a communiqués, que la reine, si elle a beaucoup d'amitié pour lui, ne lui a jamais porté une véritable estime; au train où vont les choses, écrit-il, elle ne parlera bientôt plus de moi « que pour me mépriser ». Et ce cri : « Comme c'est tout pour moi d'avoir ou de n'avoir pas les bonnes grâces et l'estime de la reine, quand on touche cette corde, je m'abandonne au désespoir. »

Autre lettre, à Lionne, du 20 avril : « J'ai trop bonne opinion de la reine pour avoir le moindre soupçon qu'elle m'ait oublié [...]. Mais si, par quelque malheur que je ne puis comprendre, vous aviez reconnu quelque changement dans son esprit et que cela vous empêchât de lui parler de mes affaires, etc. »

C'est bien pire quand il apprend qu'Anne a rappelé Mme de Beauvais, qu'il avait fait chasser, et qu'elle a nommé un nouveau chancelier dans sa maison sans le consulter : « Ayant l'honneur d'être surintendant de la maison de la reine, qui est la qualité que je chéris plus que toutes les autres et avec laquelle je prétends de mourir, on pourvoit à la charge de chancelier de sa maison sans que j'en sache quoi que ce soit... » Si encore ce chancelier était un ami!... Mais c'est Longueil, un factieux du Parlement, un complice de Retz! « Je vois que, petit à petit, S. M. rétablit et donne accès auprès d'elle à ceux qui me haïssent le plus. »

Rien ne rassure le cardinal, pas même la touchante lettre de son confident Millet de Jeure, à propos d'une promenade faite avec la reine à Rueil : « Elle me demanda si je ne m'étais pas aperçu de son émotion pendant qu'elle y était, vu qu'elle m'avait souvent regardé et qu'elle y avait pensé mourir de déplaisir au ressouvenir de vous y avoir vu autrefois se promenant dans les allées avec tant de suite et d'éclat; que cette réflexion l'avait toute saisie. » Mais Millet était un inconditionnel du cardinal; n'écrivait-il pas cela à seule fin de lui faire plaisir?

Mazarin ne se serait senti rassuré que si la reine

s'était conformée en tout à ce qu'il lui prescrivait. Il lui traçait sans relâche des plans de conduite minutieux, qui parfois font sourire, tant ils trahissent le *comediante* qu'il était. Apprenant que le roi a dansé au Palais-Royal un ballet, pourtant fort modestement monté, il prend feu et flamme. Ce n'est pas cela du tout qu'il faut faire! Il faut que la reine bannisse tout espèce de divertissement, qu'elle refuse de tenir cercle et même d'assister au conseil, qu'elle et ses enfants « affectent en tout et partout le personnage de prisonnier, afin de toucher un chacun et attirer la commisération »; il faut qu'elle publie qu'elle est au désespoir, que le roi et son frère se rendent malades à force de pleurer; il faut qu'elle aille avec eux au Parlement, qu'elle convoque des délégations de toutes les compagnies souveraines et du bureau de la Ville pour se plaindre des mauvais traitements dont on l'abreuve, « accompagnant son discours de larmes, s'il était possible »! Mazarin connaissait pourtant la fierté d'Anne d'Autriche, il savait qu'elle n'eût jamais consenti à ces comédies humiliantes.

Mais Mazarin, il le reconnaît parfois, n'était plus en état de juger sainement de ce qui se passait à la cour et à Paris. Et puis, sous le choc de ce brutal renversement de fortune, n'était-il pas naturel qu'il s'irritât et s'inquiétât de tout? qu'il soupçonnât tout le monde, même Lionne, Servien et Le Tellier, même le fidèle Colbert, de le trahir? N'était-il pas naturel qu'il leur mentît, qu'il ne leur confiât pas la teneur exacte des lettres de la reine (que nous ignorons, nous aussi, puisqu'il n'en est pas resté pour cette période)? Tout cela doit être pris en considération. Il n'en reste pas moins que, même à ses confidents les plus intimes, comme l'Italien Ondedei, à qui il écrit dans leur langue natale, Mazarin avoue qu'il n'est pas sûr de la reine et demande qu'on s'emploie pour lui auprès d'elle, qu'on insiste surtout pour qu'elle hâte son rappel (et qu'elle lui envoie quelque argent). Nous apprenons même par une lettre à Ondedei combien, dès avant son départ,

Mazarin craignait qu'on ne parvînt à influencer la reine en sa défaveur et comment il avait essayé de se prémunir contre ce risque. Pour obtenir ce que je demande, écrit-il à Ondedei le 18 juillet, « vous montrerez à la reine le cachet *(il segno)* que je vous ai confié, par le moyen duquel je suis assuré que, même si je l'avais offensée et que je méritasse la mort, elle me ferait grâce. Et je vous prie d'insister, en grandissime secret, pour que, au cas où elle aurait quelque répugnance à me satisfaire, elle se souvienne de ce qui est arrivé au comte d'Essex en Angleterre. Sa Majesté connaît l'histoire. »

Sua Maesta ne sa l'historia... Triste histoire, puisque la bague envoyée par le comte d'Essex à Elisabeth d'Angleterre, en gage de leur liaison passée, arriva trop tard : la tête du favori, accusé de trahison, avait déjà roulé sur l'échafaud.

Quand Mazarin dit-il vrai ? Quand il écrit à la reine que rien ne pourra les séparer, ou quand il croit et dit à d'autres qu'elle pourrait bien l'abandonner ? Et, s'il tente de parler à son cœur plus qu'à sa raison, ne serait-ce pas pour se rattacher sentimentalement une femme qui, peut-être, doute de lui politiquement ? On peut se poser la question, comme on peut porter au compte de ce qu'il appelle lui-même l'*encarecimiento* (exagération) ses protestations « d'amitié ». Ceux qui veulent que Mazarin n'ait pas aimé Anne d'Autriche (et vice versa) font par ailleurs remarquer qu'il n'était pas besoin d'être italien pour user d'un style aussi apparemment passionné. Le mot passion abonde dans le langage du temps, comme le mot tendresse, comme le mot caresse. Mazarin ne parle-t-il pas de la tendresse qu'il avait eue pour Turenne, des caresses que la reine doit faire à La Rochefoucauld pour le regagner ?...

Alors que croire ? Peut-on, sans autres preuves, affirmer la réalité de la liaison ? Mais ces preuves décisives existent-elles ? Les aurons-nous jamais, après trois cents ans ? Patience, patience ! La surprise en sera meilleure.

Mazarin avait, pour douter de la reine, d'autres raisons que sa méfiance congénitale et l'amertume de son exil. Les absents et les morts n'ont pas d'amis, dit un proverbe espagnol qu'il aimait à citer. Et il savait, en digne élève de Richelieu, que l'absence est plus funeste à un favori qu'à quiconque. Dans une cour, on ne peut se fier qu'à soi-même pour capter et garder l'esprit du monarque. Richelieu et Louis XIII étant ce qu'ils étaient, le premier avait dû, il est vrai, faire appel à d'autres, amis ou amies de cœur, pour satisfaire au besoin d'affection du second; nous savons comment cela s'était terminé. Mazarin, « l'enchanteur », ayant affaire non plus à un roi, mais à une reine, avait pu jouer à la fois le rôle de favori politique et d'ami de cœur. Sans préjuger, encore une fois, de ses sentiments ni de ceux d'Anne d'Autriche, il reste vrai qu'il n'avait jamais laissé oublier à celle-ci qu'il était un homme devant une femme. Mais Mazarin n'avait pu jouer ce double rôle qu'au prix d'une assiduité de chaque instant et en multipliant les témoignages d'un dévouement admiratif et passionné. Il faut parler aux rois avec des paroles de soie, disait Richelieu. Mazarin y réussissait beaucoup mieux que son maître. Le verbe était son arme favorite, avec tout le monde; son éloquence italienne vous enveloppait, vous étourdissait, vous séduisait et vous persuadait; mais, quand il vous avait quitté, on découvrait que ses paroles n'étaient que ses paroles, auxquelles les effets ne correspondaient pas (d'où les fureurs de ses interlocuteurs déçus et trompés). La reine, privée de son « discours » quotidien, n'allait-elle pas réagir ainsi et voir toutes choses dans une autre lumière? Pourquoi ne cite-t-on pas, à ce propos, la lettre où Mazarin explique lui-même au maréchal d'Hocquincourt, et parfaitement, cette crainte? « Nonobstant que la bonté du roi et de la reine à mon égard soit au point que je puis souhaiter, il m'est impossible de pouvoir faire prendre, par la voie des lettres, les résolutions qui sont absolument nécessaires [...], en quelques termes que je puisse écrire et de quelque fortes raisons que je me puisse servir [...]. Enfin, il faut tenir pour constant que je persuaderai plus avec deux paroles que je ne ferai avec cinquante lettres et la mission d'autant de gentilshommes. »

Autre chose : si les « paroles » étaient plus que jamais nécessaires, c'est parce que la reine en entendait d'autres, toutes contraires, et depuis le début de la Fronde. On ne cessait de lui répéter que, seul, son ministre faisait problème. Lui disparu, tout s'apaiserait!... M. Vincent lui-même – et nous savons combien la reine écoutait M. Vincent – en était persuadé. En février 1649, quand Cromwell avait fait trancher la tête de Charles Ier, le cardinal s'était servi de l'horreur suscitée par ce régicide pour s'affermir auprès de sa souveraine. Le roi d'Angleterre, votre beau-frère, lui avait-il dit, a cru, au début des troubles dans son pays, désarmer son Parlement et ses opposants en leur sacrifiant son ministre, Strafford; eh bien, c'était une grave erreur, et la preuve! Le Parlement anglais, après cela, s'est cru assez fort « pour obtenir tout » et le sacrifice du roi a suivi celui du ministre.

Comme Richelieu, encore, avec Louis XIII, Mazarin s'était toujours efforcé de persuader Anne d'Autriche qu'il n'avait d'autres ennemis que ceux de l'État. Dès le début de la régence, il lui avait dit : « Si je vous sers bien, je serai haï. » Les frondeurs prétendaient le contraire : votre ministre est haï parce qu'il vous sert mal; il a confisqué le pouvoir à son profit et pour son intérêt personnel; si le roi est prisonnier de quelqu'un, c'est de lui.

Avec le procès intenté par le Parlement, le 12 mars, au cardinal, à ses domestiques étrangers, et, de nouveau, à ses banquiers, les chefs d'accusation s'étaient précisés de manière infamante. On chiffrait par dizaines de millions de livres le fruit des rapines du ministre, lui imputant à dépenses personnelles toutes celles qu'il avait faites pour le service de l'État. C'est par l'argent, nous le savons, que Mazarin gagnait secrètement tel ou tel prince, tel ou tel ministre, tel ou tel chef de guerre étrangers, sans parler des Français, ecclésiastiques, parlementaires, gens de lettres, qui lui servaient d'intermédiaires, d'informateurs ou de propagandistes; et c'est en consentant à ses banquiers des avantages inavouables qu'il les amenait à prêter encore et toujours à une France insolvable. Si, aujourd'hui encore, ces dépenses « spéciales » ne sont pas comptabilisées, on voit ce qu'il en pouvait être à une époque où régnait dans les finances le désordre que nous avons évoqué! Mazarin, après avoir profité du système, en devenait la victime, aucun document ne lui permettant d'établir l'utilisation des fonds qu'il avait tirés de l'Épargne, la provenance de ceux qu'il avait déposés chez ses banquiers. On accusait aussi et surtout le cardinal d'empêchements à la paix, lui qui était entré dans l'histoire en se jetant entre deux armées rivales, lui qui, il le rappelait à juste titre, aurait sans aucun doute amené les Espagnols à traiter, si nos dissensions intestines ne leur avaient offert un atout inespéré! Et pourquoi le cardinal avait-il prolongé la guerre? encore par intérêt, parce qu'il trafiquait sur les fournitures aux armées, parce qu'il recevait du Grand Turc une pension annuelle de trois cent mille ou de six cent mille ou d'un million de livres pour empêcher la paix entre les princes chrétiens!

Qu'on accusât Mazarin de concussion et déprédation n'était pas l'inquiétude majeure d'Anne d'Autriche : elle ne connaissait rien aux finances et elle n'avait jamais vu de ministres pauvres. La magnificence, alors, était la marque obligée du pouvoir et, sans la Fronde, on n'eût pas reproché son luxe à Mazarin. Avait-on reproché, sinon *in petto*, le sien à Richelieu? Et pourtant, même en ce domaine, les accusations et insinuations, à la longue, ne restaient pas sans effet sur la reine; en témoigne une curieuse lettre qu'adressera Colbert à son maître en janvier 1653, après la mort du surintendant de La Vieuville : « La reine me fit hier l'honneur de me demander si M. le surintendant défunt avait fait de si grandes affaires pour Votre

Éminence et de telle nature que, pour les tenir secrètes, elle fût obligée de laisser les affaires en l'état qu'elles étaient, sans donner l'autorité aux directeurs *(des finances)* afin de la conserver à M. de Bordeaux *(contrôleur général)*. Je fis réponse à Sa Majesté qu'il ne s'était passé aucune affaire dont je ne fisse le rapport à Sa Majesté en présence de deux mille personnes. Elle me dit qu'elle le croyait, mais que M. Ondedei, avec la princesse palatine, lui avaient voulu persuader le contraire. Je ne ferais pas ce discours à Votre Éminence, s'il ne m'avait été fait par la reine même, de qui Votre Éminence le peut savoir, et je crois être obligé en conscience de lui faire rapport d'un *(discours)* de cette nature. Je la supplie seulement que personne ne voie ma lettre. »

Plus profondes et plus persistantes étaient les inquiétudes d'Anne d'Autriche quant à la guerre et à la Fronde. Sa dissimulation, l'absence de lettres d'elle pour cette période obligent l'historien à la prudence. Quand Millet de Jeure écrit qu'elle ne douta jamais de Mazarin et n'eut jamais d'autre intention que de le rappeler, il ne faut pas oublier qu'il était un inconditionnel du cardinal. Il faut aussi considérer que, sur le seul plan politique, deux motifs très puissants militaient pour le rappel du cardinal : d'abord, bien sûr, la nécessité que la reine avait de ses conseils, mais aussi celle de venger l'affront subi : pour une régente, c'était bien un affront, et lourd de conséquences, que de se voir contrainte par ses sujets à renvoyer son premier ministre. Tous les témoins en conviennent. Pourtant ils n'ont pas tous ressenti les choses comme Millet de Jeure. La duchesse de Nemours écrit dans ses Mémoires que, contrairement à ce que les frondeurs croyaient et publiaient, la reine et son ministre furent souvent en désaccord pendant leur séparation. Et nous savons par Mme de Motteville, qu'avant même le départ du cardinal, Anne s'était ouverte à Le Tellier de ses perplexités : le renvoi du ministre était-il ou non de nature à ramener la paix à l'intérieur comme à l'extérieur du royaume? Le maréchal du Plessis-Praslin qui, en tant que gouverneur du duc d'Anjou, vécut toute cette période auprès d'Anne d'Autriche, affirme dans ses Mémoires qu'il eut toutes les peines du monde à obtenir d'elle le rappel de Mazarin; il lui aurait même dit : si vous ne voulez pas y consentir, alors prenez un autre ministre. Mais il est vrai qu'il ajoute : « Je l'en savais incapable. »

Phrase clé, qui résout les apparentes contradictions et nous permet de déchiffrer le comportement d'Anne d'Autriche pendant cette période. Agir est simple quand on ne se pose pas de questions. Mais Anne avait maintenant une conscience aiguë de ses responsabilités. Si la femme, en elle, ne souhaitait rien tant que le retour de Mazarin, la régente ne voulait qu'une chose : le bien de l'État. Était-il sûr que le retour de Mazarin fût un bien? Telle était la question. Et si le cardinal craignait parfois qu'elle ne répondît par la négative, c'est qu'il savait que la reine l'emportait toujours sur la femme, ce qui, après tout, était lui rendre hommage.

« Cornélien », cet épithète souvent employé à tort et à travers s'applique parfaitement au dilemme que dut, dans la solitude de son cœur, trancher Anne, admiratrice et protectrice de Corneille. Et même quand elle eut tranché, restèrent des divergences sur la tactique, Mazarin voulant revenir le plus tôt possible, Anne, par prudence, souhaitant attendre la majorité du roi.

Nous avons dit que la coalition des Frondes portait en elle les germes de sa destruction. Mazarin, de loin, ses amis et la reine, sur place, firent le reste. En juillet 1651, la situation est complètement retournée. Condé, une fois encore, s'est brouillé avec à peu près tous ses alliés, et le cardinal a secrètement acheté, par d'habiles promesses, les chefs de la Fronde. Retz, qui avait tant travaillé à la libération de Monsieur le Prince, est devenu son ennemi enragé, au point de songer à l'assassiner. Osa-t-il le proposer lui-même à la reine? Il eut en tout cas avec elle, au Palais-Royal, quelques entretiens nocturnes et secrets, qui mériteraient un chapitre. Anne, écoutant gracieusement cet homme qu'elle haïssait, lui promettant le cardinalat, lui laissant espérer le pouvoir, et Retz, pour mettre tous les atouts dans son jeu, n'oubliant pas, comme d'autres avant lui, de poser de longs regards sur les célèbres mains de sa souveraine, de « passer de la rêverie à l'égarement » et de manifester la plus vive jalousie à l'encontre du cardinal ! Et ces conversations de mort et de galanterie se déroulaient dans l'oratoire de la reine, sous le regard des pieuses statues !...

Assassiner Condé. Était-ce une solution ? Retz n'était pas le seul à le penser et d'autres que lui en ont parlé à la reine. Anne a consulté des casuistes, comme elle l'avait fait en janvier 1649, pour savoir si elle pouvait assiéger Paris sans mettre son âme en danger. Dans ce cas comme dans l'autre, les casuistes ont répondu qu'en certaines circonstances, pour le bien de l'État... Anne, cependant, a reculé une fois de plus devant le crime ; elle n'a même pu se résoudre à une seconde arrestation de Condé. Ces actes de violence ou d'arbitraire lui avaient d'ailleurs été déconseillés par un des hommes qu'elle consultait depuis le départ de Mazarin, le marquis de Senneterre, vieux courtisan nourri dans le sérail et qui en connaissait les détours. *Les* Senneterre, dit Retz, quand il veut désigner les plus subtils esprits. Il est assez piquant, comme le remarque Mme de Motteville, que ce soit un politique qui ait déconseillé un crime que des ecclésiastiques autorisaient. Mais nous connaissons les jésuites...

Condé n'a pas ignoré les projets formés contre lui. Il a craint et pour sa vie et pour sa liberté dont il avait tant souffert, déjà, d'être privé. Ce ne sont pourtant pas ces seules craintes, jointes à sa haine du Mazarin, qui vont bientôt faire de lui un traître et un rebelle. Mais ses autres motifs furent si futiles qu'on aura peine à les croire. Il faut pourtant les évoquer : ils donnent la mesure de l'égoïsme et de l'inconscience, également criminels, de certains acteurs de la Fronde. Si la révolte, à son début, avait quelques motivations réformistes, maintenant qu'elle est aux mains des grands, c'est l'intérêt tout cru qui s'exhibe.

Mme de Longueville, sœur de Condé et de Conty, a déjà joué un rôle important dans la rupture de la coalition. C'est elle qui a sournoisement brisé les fiançailles de son cadet avec Mlle de Chevreuse : elle ne voulait pas qu'il lui échappât, elle haïssait les Chevreuse et elle ne pouvait s'accommoder d'une jeune et jolie belle-sœur qui aurait eu le pas sur elle (Longueville n'était pas prince du sang). La belle Geneviève, qui « n'aime pas les plaisirs innocents », selon son mot resté célèbre, refuse maintenant de reprendre la vie commune avec son mari, résultat qu'amènerait immanquablement le retour à l'ordre. Elle n'a jamais aimé Longueville; après l'avoir trompé avec La Rochefoucauld et peut-être avec Turenne, auprès de qui elle s'est un moment réfugiée à Stenay, elle est sur le point de le tromper avec le duc de Nemours (créant ainsi une nouvelle discorde entre frondeurs). Pour éviter la reprise d'une vie conjugale, que tant d'infidélités commises rendraient plus orageuse encore, et pour continuer à jouer les héroïnes, il n'y a qu'un moyen : la guerre civile, qui l'entraînera aux quatre coins du royaume. Condé, lui, ce curieux personnage qui veut la puissance sans vouloir le pouvoir, n'est pas inconscient; il va hésiter trois mois encore et, lorsqu'il se résoudra à la guerre civile, il dira à sa sœur et à ses amis : « Je prends l'épée malgré moi; souvenez-vous que je serai peut-être le dernier à la remettre au fourreau. » La prophétie s'accomplira : pendant huit ans, le premier prince du sang de France mettra son épée et son génie de stratège au service de l'ennemi.

Les Espagnols profitaient déjà de la situation. Et l'on comprend les impatiences et les désespoirs de Mazarin, apprenant à Brühl, impuissant, la chute de places fortes qu'on avait eu tant de mal à conquérir. Les frondeurs se souciaient-ils de nos défaites? « Il semblait, écrit Mme de Motteville, que Paris seul fût la France et que, hors de ses murailles, il n'y eût rien au monde qui pût toucher les hommes d'aucune curiosité. Nous avions toutefois une belle armée, que l'on n'occupait à rien, parce que les brouilleries de Paris la tenaient en léthargie. La reine, craignant d'en avoir à faire pour remédier à quelque mal extrême, où le roi et elle se pourraient trouver, n'osait l'employer contre les ennemis, parce que les Français, ses ennemis domestiques, lui faisaient plus de peine que les étrangers. »

C'était vrai, hélas! Et, si la lutte avec Condé s'engagea d'abord au Parlement, c'est parce que les futurs adversaires voulaient se donner le temps de fourbir leurs armes. Anne profite de l'appui de Retz pour mettre Condé en accusation, pour stigmatiser son ingratitude, son mépris de l'autorité royale et les coupables contacts qu'il a déjà pris avec les Espagnols. Monsieur, à son habitude, hésite. Il a renoué avec sa belle-sœur, mais sans renoncer à lui faire accepter la convocation des états-généraux qui, seuls, pourraient reculer l'âge de la majorité du roi et donc prolonger l'autorité du conseil de régence. Car, le 6 septembre 1651, Louis, ayant atteint sa quatorzième année, sera majeur selon les coutumes du royaume. Le 26 août, Gaston, après une longue visite à la reine, passe dans l'appartement de son neveu; c'est pour entendre, avec la surprise qu'on imagine, ce roi de treize ans lui déclarer : « Mon bon oncle, il faut que vous me fassiez une déclaration si vous voulez être dans mon parti ou dans celui de Monsieur le Prince. » Et Monsieur ayant répondu trop vaguement que c'était lui faire injure que de ne pas le croire attaché aux intérêts du roi, celui-ci insiste : « Mon bon oncle, puisque vous voulez demeurer dans mon parti, donnez lieu que je n'en puisse douter. »

Pour cela, il faudrait d'abord que Monsieur se montrât plus ferme au Parlement, où le premier président, Mathieu Molé, a bien du mal à jouer les arbitres. Il s'efforce de réconcilier la reine avec Condé, mais les emportements des partis en présence rendent la tâche impossible. Le Palais est devenu un champ clos où s'affrontent les adversaires, et pas seulement en paroles. Qui ne connaît la scène tragi-comique du 21 août, où Retz, coincé dans l'entrebâillement d'une porte, à dessein refermée sur lui par La Rochefoucauld, craignit d'avoir l'arrière-train transpercé par les amis de Condé qui avaient dégainé leurs épées!...

Le 5 septembre, Anne consentait à envoyer au Parlement une lettre qui déchargeait Condé des accusations portées contre lui; mais, sous prétexte de lui donner plus de solennité, elle en reculait la promulgation jusqu'après la proclamation de la majorité. En même temps, pour se concilier l'ensemble des parlementaires, toujours hostiles au cardinal, elle laissait enregistrer une nouvelle déclaration contre celui-ci. Fallait-il que Mazarin fût inquiet pour s'alarmer d'une ruse qui ne trompait aucun bon esprit, pour s'en plaindre à la reine sans même attendre les explications qu'elle allait lui fournir! Il faut citer sa lettre; l'homme s'y peint tout entier avec sa sensibilité à fleur de peau et son outrance italienne :

« J'ai pris dix fois la plume pour vous écrire sans l'avoir pu, et je suis si hors de moi du coup mortel que je viens de recevoir que je ne sais pas si tout ce que je vous pourrai dire aura ni rime ni raison...

« Le roi et la reine, par un acte authentique, m'ont déclaré un traître, un voleur public, un insuffisant et l'ennemi du repos de la chrétienté.

« Je sais bien qu'on n'aura pas fait voir à la reine le contenu dans la pièce que Sa Majesté a consenti qu'on publiât et registrât au Parlement avec son nom [...] car je suis trop assuré de sa bonté, de sa justice et de la pureté de sa conscience pour croire qu'elle eût voulu donner les mains à noircir de crimes un cardinal qui a si bien servi...

« Je suis assuré que, quand la reine saura le déplorable état où ce coup m'a réduit [...] elle en aura du regret; mais cela n'empêchera pas, si elle n'a la bonté d'y apporter un prompt remède que, dans quinze jours, toute l'Europe ne soit persuadée que le cardinal Mazarini est le plus abominable de tous les hommes et, qu'étant attaqué dans la partie la plus sensible, si je ne vois pas lieu de mettre mon honneur à couvert, je ne choisisse la mort [...]. J'ai honte de me montrer à mes domestiques, je ne dors plus et je ne suis plus reconnaissable...

« Plût à Dieu qu'il me fût permis de faire imprimer vos dernières lettres, car [...] j'en tirerais beaucoup d'avantage; mais il faut, pour mon malheur, que cela soit secret et que la déclaration soit vue de toute la terre...

« Je n'en puis plus, je ne sais pas ce que je dis et je connais bien que je ne vous exprime pas la moindre partie de la douleur que je ressens... »

On se croirait au *Cid* :

Percé jusques au fond du cœur
D'une atteinte imprévue aussi bien que mortelle...

La proclamation de la majorité eut lieu le 7 septembre au Parlement. Seul de tous les grands officiers de la couronne, Condé n'y assista pas. Au moment où Louis XIV, dans le jardin du Palais-Royal, s'apprêtait à monter à cheval, il lui fit remettre une lettre par Conty. Le roi, sans l'ouvrir, la tendit avec dédain à Villeroy, son gouverneur.

Les gardes suisses et françaises, qui faisaient la haie du Palais-Royal au Palais, avaient du mal à contenir la foule; les fenêtres, les toits étaient noirs de monde. Parmi l'étincelante cavalcade (les chevaux même étaient couverts de housses brodées d'or), Louis XIV figurait déjà ce soleil qu'il allait prendre pour emblème, et pas seulement par son habit, si surchargé d'or qu'on n'en distinguait plus l'étoffe ni la couleur. Monté sur un barbe isabelle dont la fougue, savamment matée, attestait la précoce maîtrise du cavalier, le roi joignait à la gravité de son père l'aisance et la majesté de sa mère. Et, comme elle, il était beau. Déjà courtois, ainsi qu'il devait toujours l'être, il gardait le chapeau à la main pour saluer ses sujets. Ce fut un coup de foudre; la foule hurlait sa joie.

La reine venait derrière son fils, dans un carrosse où avait pris place le petit Monsieur, qu'on appelait ainsi pour le différencier de son oncle, lequel se trouvait aussi dans le carrosse. Une fois au Parlement, quand Louis XIV eut prononcé sa brève allocution, développée ensuite par le chancelier, Anne d'Autriche s'adressa à son fils :

« Monsieur,

« Voici la neuvième année que, par la volonté du défunt roi, mon seigneur, j'ai pris le soin de votre éducation et du gouvernement de votre État. Dieu ayant, par sa bonté, donné bénédiction à mon travail et conservé votre personne, qui m'est si chère et précieuse à tous vos sujets, à présent que la loi du royaume vous appelle au gouvernement de cette monarchie, je vous remets avec grande satisfaction la puissance qui m'avait été donnée pour la gouverner, et j'espère que Dieu vous fera la grâce de vous assister de son esprit de force et de prudence pour rendre votre règne heureux. »

Louis XIV répondit :

« Madame,

« Je vous remercie du soin qu'il vous a plu prendre de mon éducation et de l'administration de mon royaume. Je vous prie de continuer à me donner vos bons avis et je désire qu'après moi vous soyez le chef de mon conseil. »

Tous les parlementaires mirent un genou en terre pour rendre hommage à leur souverain. Anne avait voulu le faire aussi, mais son fils, en l'embrassant, avait prévenu son geste.

La majorité ne mettait pas fin aux difficultés du gouvernement, encore moins à la détresse du royaume, mais son impact était grand, tant sur le plan sentimental que politique. Et s'il est vrai qu'Anne d'Autriche et Mazarin continueraient jusqu'en 1661 à gouverner par Louis XIV interposé, la personnalité du jeune roi, mûri par les épreuves, allait tout de suite redonner du lustre à l'autorité de la couronne.

Un exemple. Dès le lendemain de la majorité, Condé voulut s'opposer à la formation du nouveau ministère (prévu par les accords secrets entre la reine et les frondeurs), c'est-à-dire à l'entrée au conseil de Châteauneuf, Molé, La Vieuville. Condé ne s'était-il pas opposé avec succès, deux mois plus tôt, au maintien auprès de la reine de Servien, Lionne et Le Tellier? Monsieur appuya les prétentions de son cousin, menaça, comme il l'avait déjà fait, lui aussi avec succès, de ne pas reparaître au Palais-Royal si l'on installait les nouveaux ministres. Louis XIV, aussitôt, redemanda les sceaux à Séguier pour les donner à Molé; aussitôt, il appela Châteauneuf et La Vieuville au conseil où ils prirent séance le 8 septembre. C'est Anne qui avait inspiré cette fermeté à son fils; mais elle n'aurait pu le faire s'il n'avait été maintenant investi de la plénitude de l'autorité royale et décidé à l'exercer. Monsieur, oubliant ses menaces, reparut au Palais-Royal dès le lendemain matin pour assister au lever du roi, qui commença dès lors à tenir sa cour, comme il devait le faire pendant soixante-trois ans. Et c'est sans l'appui de Monsieur que Condé prit les armes.

On connaît l'autre coup d'autorité que devait faire Louis XIV trois ans plus tard, à l'âge de dix-sept ans. Le Parlement ayant voulu, comme aux beaux jours de la Fronde, remettre en discussion des édits pourtant enregistrés au cours d'un lit de justice (dont l'un portait création du papier timbré, que nous subissons encore), le roi se rendit inopinément au Palais en costume de chasse, et, prenant la parole personnellement, sans avoir recours à son chancelier, brisa dans l'œuf, en quelques phrases sévères, cette nouvelle tentative de rébellion administrative. Scène fameuse, qui frappa les imaginations et dont la légende a fait : « L'État, c'est moi ! »

Dès la majorité proclamée, la question du retour du cardinal était posée. Et l'on va voir que la reine n'avait pas eu tort de différer ce retour, qu'elle eût peut-être été bien avisée de le différer encore. Mais Mazarin n'en pouvait plus d'attendre. Outre ses légitimes inquiétudes quant à l'avenir de la France et de la monarchie, ses ressources s'épuisaient, et il craignait que Châteauneuf, qui agissait fermement contre Condé, subtilement avec la reine, ne reprît auprès de celle-ci son ancienne influence. Par Ondedei, Anne envoya à Mazarin des promesses de prompt rappel ; Louis XIV, de sa main, donna mêmes assurances. Aucune date, cependant, n'était fixée. Et pour cause. Retz, Beringhen, Senneterre, le maréchal de l'Hôpital, gouverneur de Paris, le sage Mathieu Molé lui-même disaient à la reine que le retour du cardinal mettrait la France à feu et à sang. Et tous lui conseillaient, non sans raison, ou de s'accommoder d'abord avec Condé ou de le vaincre, car le retour de Mazarin lui amènerait immanquablement de nouveaux alliés, à commencer par Monsieur. Monsieur, qui, jusqu'ici, n'avait pas pris les armes, mais qui, il ne fallait pas l'oublier, ne s'était lié à la Fronde que par haine du ministre et pour le faire chasser. Châteauneuf, on s'en doute, donnait mêmes avis. La reine lui répondait que Mazarin ne rentrerait que pour se justifier, qu'il ne voulait rien, plus rien avoir à faire avec le gouvernement du royaume. Châteauneuf avait une manie : lever les bras au ciel (ce qui convenait assez bien à ses soixante-douze ans et à sa barbe blanche). On racontait qu'il n'y avait pas manqué en cette occasion et s'était exclamé, dans cette posture : « Hé ! madame, hé ! qu'en voulez-vous donc faire ? »

Ce que la reine voulait faire de Mazarin ? Les pamphlétaires l'expliquaient avec moults détails. Ne revenons pas sur ces ordures : il suffit d'en avoir donné un échantillon. Mazarin, informé de l'état d'esprit général, s'occupait à lever des troupes (les « petites boîtes » de diamants avaient encore une fois rempli leur office). « Je ne veux pas rentrer les mains vides », écrivait-il à ses amis et à la reine. Il ne voulait pas, surtout, recommencer ce jeu de bascule qui consistait à combattre une faction en s'appuyant sur une autre, contre laquelle il faudrait ensuite se retourner, et il savait que le meilleur moyen de terrasser la Fronde, c'était en définitive de vaincre les Espagnols.

Anne avait autorisé ces levées de troupes. Elle ne renonçait pourtant pas à obtenir pacifiquement le retour de son ministre. Il suffira de conter l'une de ses tentatives de négociation pour mesurer les inextricables difficultés qu'elle avait eu à affronter pendant toute cette période, pour comprendre aussi que sa prudence et sa dissimulation, pour grandes qu'elles fussent, étaient à peine suffisantes.

La reine et le roi se trouvaient alors (octobre 1651) à Bourges, pour chasser du Berry Mme de Longueville et son frère Conty, enfermé dans la citadelle de Montrond. Anne avait avec elle une partie du conseil. Mais ce n'était pas au conseil, composé comme nous l'avons vu, qu'elle pouvait se fier. Aussi le retour du cardinal était-il préparé et organisé par un petit groupe d'amis sûrs. De qui s'agissait-il? D'abord de trois spécialistes des affaires italiennes, qui avaient, à ce titre, des liens particuliers avec Mazarin : le maréchal du Plessis-Praslin et le marquis de Navailles, déjà nommés, et un prince de la maison de Savoie, Thomas de Carignan, passé depuis 1642 au service de la France et qui avait épousé une Bourbon-Soissons, que la reine aimait et appréciait.

Du Plessis-Praslin devait à Mazarin son maréchalat et le poste de gouverneur du petit duc d'Anjou, pour avoir aidé, à Rethel, à vaincre les Espagnols. Quant à Navailles, le cardinal, avant de partir, lui avait promis le duché-pairie et donné le gouvernement de Bapaume. Militaire autant que courtisan, Navailles savait parler « fortement » et pouvait aussi agir sur la reine par sa femme, qui était fille d'honneur. On s'étonnera peut-être qu'une femme mariée pût être fille d'honneur; c'est qu'on oublie les circonstances, l'atmosphère de délation dans laquelle vivait la reine. Le mariage des Navailles était resté secret, afin que la jeune femme pût continuer, sous son nom de fille, à remplir ses fonctions, qui consistaient aussi à transmettre à la reine les lettres de Mazarin. Si on l'avait sue mariée à un partisan du cardinal, elle n'aurait pu le faire (et elle fut d'ailleurs un moment mise en cause).

Autre fidèle de Mazarin, le duc de Mercœur, un Vendôme, qui était devenu son parent en épousant, avec beaucoup d'abnégation, ou de prévoyance, une de ses nièces exilées, Laure Mancini (peut-être l'aimait-il; les « mazarinettes » étaient, comme leur oncle, charmeuses et séduisantes).

De rang très inférieur, mais admis dans la confidence de la reine et de ces hauts personnages, les messagers habituels du cardinal, Ondedei, Brachet, Bartet et Millet de Jeure. Celui-ci avait été nommé par Mazarin, avant son départ, sous-gouverneur du duc d'Anjou. Couverture admirable, la reine, comme on sait, ne se séparant jamais de ses enfants, surtout de ce petit dernier. Millet pouvait donc, comme Mme de Navailles, lui transmettre les lettres du cardinal sans éveiller les soupçons.

Mais tous ces serviteurs du cardinal étaient-ils, tous, les confidents de la reine, son conseil secret, comme on a dit? Oui et non. Anne avait, pendant un temps, nourri des préventions contre le maréchal du Plessis et elle refusait de l'admettre, lui comme Mercœur et le prince Thomas, au conseil (officiel), bien que Mazarin le lui demandât. Pourquoi? Excès de prudence? Crainte de réactions hostiles qui auraient finalement desservi le cardinal? Probablement, mais enfin c'est un fait et Mazarin le déplorait. Par ailleurs, la reine avait d'autres confidents; Montagu, naturellement, mais de celui-ci la loyauté envers Mazarin ne pouvait être mise en doute; il n'en allait pas de même avec Senneterre, trop prudent pour se compromettre avec qui que ce soit. Le vieux maréchal d'Estrées était aussi très écouté de la reine. Dès que Mazarin apprenait la faveur dont ces *outsiders,* ou d'autres, jouissaient auprès de la reine, il ne ménageait aucune peine pour les « récupérer » à coups de flatteries et de promesses, mais enfin ce n'étaient pas des créatures à lui.

Bourges était la première étape de la reconquête par la reine de son royaume. Il était question qu'elle se rendît ensuite en Guyenne, un sanctuaire de Condé (il s'en était fait donner le gouvernement), et les ennemis de Mazarin dans le conseil poussaient à cette expédition pour éloigner un peu plus la reine de la frontière de l'Est. Les amis du cardinal, au contraire, disaient à Anne : c'est maintenant qu'il faut le faire revenir, « à petit bruit »; après, vous serez trop loin et il aura le plus grand mal à vous rejoindre. Mazarin, en ce mois d'octobre 1651, s'était un peu rapproché de la France, ayant quitté Brühl pour Huy, sur la Meuse; mais la distance de Huy à la Guyenne restait considérable. Et la saison empêcherait le cardinal de passer les rivières à gué ou en bateau; il serait obligé d'emprunter les ponts, c'est-à-dire d'entrer dans les villes et, dans les villes, il courait le risque d'être capturé. Monsieur y veillait.

Lorsque Anne eut enfin décidé d'envoyer à Mazarin l'ordre qu'il attendait, resta la question du messager. Dans la petite cour de Bourges, l'absence de Millet de Jeure serait remarquée, puisque ses fonctions l'attachaient au duc d'Anjou. La reine choisit donc Bartet et lui remit une lettre écrite de la main du roi. Mais Bartet, comme le dit si drôlement Millet, était « l'homme à désavouer » du cardinal; entendons que Mazarin se servait de lui pour « amuser un chacun par des doubles négociations ». A force de jouer double jeu pour son maître, Bartet en était arrivé à faire la même chose pour son propre compte. Bref, à tort ou à raison, sincèrement ou hypocritement, Bartet dit à la reine qu'elle ne pouvait rappeler Mazarin envers et contre tout le monde; il valait mieux, pour la propre sécurité du ministre et pour son retour aux affaires, obtenir quelques assurances du « tiers parti ». Il désignait ainsi ceux qui, comme Châteauneuf, comme Monsieur, comme Retz et leurs amis, étaient restés ou redevenus hostiles à Condé, sans pour autant être favorables à Mazarin. Anne consentit à ce que Bartet, en passant par Paris pour se rendre auprès du cardinal, fît part à « ces messieurs » de ses intentions. Mais, lorsque après le départ de Bartet, elle révéla le fait au maréchal du Plessis. « Vous avez tout ruiné! » s'exclama sans ambages celui-ci. De fait, Bartet fit savoir de Paris à la reine que « ces messieurs » estimaient préférable de différer encore et demandaient qu'au cas où Mazarin rentrerait quand même dans le royaume, il s'arrêtât dans la capitale avant de se rendre à Bourges, afin de conférer avec eux « des moyens et expédients pour faire agréer et autoriser son rétablissement et repousser unanimement M. le prince de Condé ».

Les ennemis de Mazarin ainsi alertés par les manigances de Bartet, une nouvelle difficulté surgissait. Le cardinal ne pouvait parvenir jusqu'à Bourges sans l'appui des gouverneurs de places et commandants militaires. Mais quel secrétaire d'État, maintenant, accepterait de contresigner les ordres à ceux-ci? Le maréchal du Plessis trouva la solution en les faisant rédiger et signer en cachette par le roi seul. Louis XIV dut même, et s'en amusa beaucoup, subtiliser un écritoire.

Tout était-il donc aplani? Oh, que non! Dès que Mazarin eut mis le pied en France (24 décembre 1651) les prévisions des pessimistes se réalisèrent : le Parlement mit sa tête à prix et assigna la récompense de ceux qui le livraient sur le produit de la vente de sa bibliothèque, cette bibliothèque de quarante mille précieux volumes que le cardinal avait déjà libéralement ouverte aux « doctes et aux curieux ». On eut beau jeu alors, à Bourges, de jouer sur les sentiments qu'on prêtait à la reine. Voyez les dangers que court le cardinal ! lui dirent certains membres de son entourage. Qui peut assurer que même sa propre escorte ne le livrera pas, par appât du gain ? Et ce même Bartet, que Millet accuse de toutes les duplicités, « tenta le cœur de la reine et lui fit voir ce pauvre cardinal mort ou mourant d'un coup fatal [...]. Comme il repassait souvent sur le pitoyable état de M. le Cardinal assassiné et qu'il exposait toujours cette crainte devant les yeux de la reine, sa fermeté pensa succomber aux persuasions de ce fourbe, qui semblait languir de douleur en représentant cet affreux spectacle à Sa Majesté... »

Mazarin ne fut ni assassiné ni capturé. La reine différa son départ pour la Guyenne afin de l'attendre et il la rejoignit le 28 janvier 1652 à Poitiers. Le roi fit à son parrain l'honneur d'aller à sa rencontre et de le ramener jusqu'à son logis. Les premiers compliments échangés, Mazarin s'enferma avec la reine pour un long tête-à-tête. Ce que voyant, Châteauneuf préféra démissionner sans attendre qu'on le lui demandât.

On sait comment Turenne, rentré dans le devoir, aida victorieusement Mazarin à s'opposer à Condé, ce même Condé qui, deux ans plus tôt, avait victorieusement aidé Mazarin à s'opposer à Turenne. On connaît le fameux combat du faubourg Saint-Antoine, où Monsieur le Prince ne fut sauvé que parce que Mademoiselle, triomphant des hésitations de son père, lui ouvrit les portes de la ville, après avoir ordonné au gouverneur de la Bastille (le fils de Broussel) de tirer le canon sur les troupes royales. Mazarin, qui, des hauteurs de Charonne, observait le combat aux côtés du roi, s'exclama : « Ce canon-là a *toué* son mari ! » La grande, la pauvre Mademoiselle perdait en effet par ce geste tout espoir d'épouser son cousin Louis XIV. Après avoir médité en exil sur ses infortunes, après avoir refusé deux ou trois souverains d'Europe, elle tomberait dans les bras, ou plutôt dans les griffes d'un Lauzun. Mais ceci est une autre histoire.

Le combat du faubourg Saint-Antoine avait été

furieux; des deux côtés, on avait fait de consternants prodiges de valeur. La Rochefoucald, blessé aux yeux, perdit pour de longs mois la vue, et le jeune Paolo Mancini, neveu de Mazarin, un garçon de quinze ans, reçut un coup mortel, ce qui remplit d'espoir les frondeurs : accablé par ce deuil, le cardinal n'allait-il pas abandonner la partie?... Agenouillée dans la chapelle des Carmélites de Saint-Denis, Anne d'Autriche avait attendu en priant et en tremblant l'issue de cette journée. Quel que fût le vainqueur, c'était des Français qui mouraient. La grande salle du couvent avait été transformée en infirmerie et la reine passa une partie de la nuit à soigner les blessés, ce à quoi elle n'était pas inexperte, se rendant souvent, incognito, dans les hôpitaux, pour assister les malades.

Par la grâce de Mademoiselle, Condé se trouvait maître de Paris et ce fut une des causes de sa perte. Les impôts qu'il prétendit lever, les exactions de ses mercenaires, l'incendie et les massacres qui eurent lieu le 4 juillet à l'Hôtel de Ville dégoûtèrent la masse bourgeoise du désordre. Mais il faudrait encore beaucoup de temps, de sang et d'argent pour pacifier la France et vaincre les Espagnols. Quant à l'affreuse misère provoquée dans tout le royaume par ces cinq années de guerre civile, une décennie n'y suffirait pas et, malgré l'aide de la reine, M. Vincent mourrait à la tâche.

Mazarin, sagement, s'éloigna de nouveau le 19 août, pour faire la preuve que sa présence au pouvoir n'était pas la cause des troubles et que les frondeurs, même sans lui, étaient incapables de s'entendre et à plus forte raison de gouverner. Ce second exil ne ressemblait en rien au premier. De Sedan, où commandait le loyal Fabert, puis de Bouillon, le cardinal dirigea véritablement la politique de la France. Il avait fait entrer ses amis au conseil, dicté au roi une déclaration qui le disculpait de toutes les accusations portées contre lui, déclaration enregistrée par le Parlement qu'il avait fait transférer à Pontoise, réduisant ainsi à l'illégalité ceux des parlementaires qui n'avaient pas voulu suivre. Mais surtout, mais surtout, Mazarin était maintenant sûr de la reine. Pourquoi? Parce que tout indique que leur liaison était maintenant totale et qu'elle l'était devenue pendant les sept mois qu'il avait passés auprès d'elle du 28 janvier au 19 août 1652. Il avait trop souffert de ses incertitudes pour ne pas user de tous les moyens pour se l'attacher (nous savons qu'on lui prêtait beaucoup de « moyens » en ce domaine) et elle avait trop souffert de son absence pour résister encore. Il lui avait écrit, au moment de revenir de son premier exil : « Tout périra ou je vous verrai dans quinze jours. En disant cela, je suis hors de moi. Songez, je vous prie, à ce qui arrivera quand 26 *(lui)* verra 22 *(elle)*. Je ne vous en dirai davantage, car vous savez le reste à cause de ‡ et de *, qui sont en une parfaite amitié ensemble, nonobstant tout ce qu'on a fait pour les brouiller. »

Jusqu'à sa mort, Mazarin écrira sur ce ton à la reine, parsemant ses lettres de ces petits signes mystérieux, compréhensibles à eux seuls. Je ne parle pas de la correspondance officielle, d'un style bien différent, mais de la correspondance secrète qui, même après la fin des troubles, ne s'échangera que dans des conditions d'extrême prudence : « Je voudrais vous dire mille choses des sentiments de la Mer *(lui)* à l'égard de 22 *(elle)*, mais je juge plus à propos de le faire de vive-voix. » Ou encore : « Je fais état de vous dépêcher demain un gentilhomme [...] et, cependant, je ne vous parlerai pas ni des Anges *(elle)* ni de la Mer, ni de ‡ ni de *, car les lettres courent grand risque d'être prises. »

Mais rien de tout cela, puisque nous avons décidé d'être prudente, de ne croire que sur preuves à la réalité de la liaison, ne suffirait encore à emporter la conviction. Aussi bien avons-nous d'autres textes : des lettres de la reine, onze précieuses lettres autographes dont l'authenticité ne saurait être mise en doute. Quelle surprise attend l'historien qui les lit! Cette reine si fière est devenue la plus passionnée des femmes. On va en juger. Mais rappelons d'abord, pour une meilleure compréhension, qu'Anne parle généralement d'elle au masculin (précaution) et que, si certains chiffres restent incompréhensibles, * signifie toujours les sentiments de Mazarin, ǂ ceux d'Anne d'Autriche ; qu'enfin, nous l'avons vu, les deux correspondants, encore par précaution, se désignent par des chiffres ou pseudonymes variés (dont une clé contemporaine nous livre la traduction [1]). Si l'on veut se faire une idée de l'orthographe de la reine, plus que fantaisiste (Mazarin lui-même s'en plaignait !), qu'on se reporte au fac-similé dans les illustrations.

La première de ces lettres est de janvier 1653. Mazarin, après avoir annoncé son retour (du second exil), a demandé permission de différer pour rester avec les troupes qui s'occupent à fortifier la Champagne contre Condé. Voici ce que lui répond Anne d'Autriche :

« Ce dimanche au soir,

« Ce porteur m'ayant assuré qu'il ira fort sûrement, je me suis résolu de vous envoyer ces papiers et vous dire que, pour votre retour, que vous me remettez, je n'ai garde de vous en rien mander, puisque vous savez bien que le service du roi m'est bien plus cher que ma satisfaction ; mais je ne puis m'empêcher de vous dire que je crois que, quand l'on a de l'amitié, la vue de ceux que l'on aime n'est pas désagréable, quand ce ne serait que pour quelques heures. J'ai bien peur que l'amitié de l'armée ne soit plus grande que toutes les autres. Tout cela ne m'empêchera pas de vous prier d'embrasser de ma part notre ancien ami et de croire que je serai toujours telle que je dois, quoiqu'il arrive. 8 »

On remarquera que cet « ancien ami », qu'embrasse Anne d'Autriche, ne peut être que Mazarin lui-même, puisque le roi (dont le pseudonyme habituel est d'ailleurs « le Confident ») ne se trouvait pas alors auprès du cardinal.

Le 26 janvier, Mazarin n'étant pas encore revenu, Anne lui écrit :

« Je ne sais plus quand je dois attendre votre retour, puisqu'il se présente tous les jours des obstacles pour l'empêcher. Tout ce que je vous puis dire est que je m'en ennuie fort et supporte ce retardement avec beaucoup d'impatience et si 16 *(Mazarin)* savait tout ce que 15 *(elle)* souffre sur ce sujet, je suis assuré qu'il en serait touché. Je le suis si fort en ce moment que je n'ai pas la force d'écrire longtemps ni ne sais pas trop bien ce que je dis. J'ai reçu de vos lettres tous les jours presque et, sans cela, je ne sais ce qui arrivera. Continuez à m'en écrire aussi souvent, puisque vous me donnez du soulagement en l'état où je suis. J'ai fait ce que vous m'avez mandé touchant... *(signes indéchiffrables)*. Au pis-aller, vous n'avez qu'à rejeter (?) la faute du retardement sur 15 *(elle)*, qui est un million de fois ‡ et jusques au dernier soupir. L'Enfant *(Ondedei)* vous mandera toutes choses. Adieu, je n'en puis plus, et lui sait bien de quoi. »

Le 28 janvier, Anne ayant grâcié quatre parlementaires frondeurs et Mazarin le lui ayant reproché, elle s'en excuse :

« Votre lettre, que j'ai reçue du 24, m'a mis bien en peine, puisque 15 *(elle)* a fait une chose que vous ne souhaitiez pas... » Suivent de longues explications, après lesquelles la reine conclut : « Voilà comme l'affaire s'est passée véritablement, et, si elle vous a déplu, vous pouvez croire que ce n'a pas été nullement à ce dessein-là, puisque 15 *(elle)* n'a ni n'est capable d'en avoir d'autres que ceux de plaire à 16 *(lui)* et lui témoigner qu'il n'y a rien au monde pareil à l'amitié que 22 *(elle)* a pour 16 *(lui)*, et 15 ne sera point en repos qu'il ne sache que 16 n'a pas trouvé mauvais ce qu'il a fait, puisque non seulement en effet, il ne voudrait pas lui déplaire, mais seulement de la pensée, qui n'est employée guère à autre chose qu'à songer à la chose du monde qui est la plus chère à ϴ, qui est ⊟ [...]. J'en dirais davantage si je ne craignais de vous importuner par une si longue lettre, et, quoique je sois bien aise de vous en écrire, je m'ennuie si fort que cela dure, que je voudrais fort vous entretenir autrement. Je ne dis rien là-dessus, car j'aurais peur de ne pas parler trop raisonnablement sur ce sujet. »

Le 29 janvier, encore des excuses. Anne regrette d'avoir pu donner à Mazarin le soupçon qu'elle écoutait trop le maréchal d'Estrées, et elle conclut : « Je viens de recevoir une de vos lettres du 22, en quoi vous me donnez espérance de vous revoir, mais, jusqu'à ce que je sache le jour positivement, je n'en croirai rien, car j'ai été trompé bien des fois. Je le souhaite fort *(votre retour)* et je vous assure que vous ne le serez jamais *(trompé)* de ‡, puisque ce n'est que la même chose que ✳. »

Et cela continue. Mazarin est revenu à Paris le 3 février 1653, presque en triomphe, mais pour repartir dès le mois de juillet à l'armée, avec le jeune Louis XIV qui doit s'accoutumer au feu et dont la présence exalte le moral des troupes royales. Chaque printemps, jusqu'à ce que la paix des Pyrénées mette fin à la guerre, Mazarin repartira ainsi, avec ou sans le roi, pour surveiller les opérations, et Anne d'Autriche, à chaque séparation, renouvellera ses plaintes. Le 6 juillet 1654, tandis qu'il est au siège de Stenay : « Puisque c'est par raison et non par volonté que vous ne revenez pas, je ne trouve rien à redire. Je veux grand mal à ceux de Stenay de vous obliger à demeurer plus longtemps que je ne voudrais, et vous croirez aisément que je ne suis point fâchée quand je vois le Confident *(le roi)* et ce qu'il aime, ici... »

En août 1655, pendant que Mazarin est sur la frontière du Nord : « Votre lettre du 8 a été reçue plus tard que celle du 9... J'en étais en peine ; car, comme je suis assurée que vous m'écrivez tous les jours, cela me manquait... »

Le 13 août : « Vous m'avez donné une grande joie, par votre lettre du 10, de l'espérance de vous revoir dans cinq ou six jours. Je ne vous en dirai pas davantage sur ce sujet, car vous n'en douterez pas [...]. Vous me faites bien du plaisir de me dire que le

Confident *(le roi)* est satisfait des soins que je prends pour lui. J'en recevrai beaucoup pour moi toutes les fois que je trouverai moyen de l'obliger [...]. Embrassez le Confident et croyez-moi de tout mon cœur ‡. »

Le même jour, Anne ayant reçu une lettre de Mazarin, lui écrit à nouveau : « Je ne sais si, à la fin, la quantité de mes lettres ne vous importuneront point. Voici la deuxième d'aujourd'hui, mais, si vous êtes aussi aise d'en recevoir que nous, je suis bien assuré qu'elles ne le seront point *(importunes)* [...]. Dites au Confident que je suis bien aise qu'il se souvienne de ce que je lui dis en partant [...]. Je ne lui écris point, puisque aussi bien il sait que vous serez l'interprète de ma lettre, qui sera pour vous deux; mais je la finis en vous priant toujours d'une même chose, qui est de l'embrasser bien pour moi, et de croire que je serai, tant que je vivrai, ‡. »

En août 1658, Anne, qui a maintenant cinquante-sept ans, écrit de Compiègne à Mazarin : « Le valet de pied arriva ici hier au soir et votre lettre qu'il m'apporta m'a mis en grand peine, vous sachant souffrant bien du mal. Vous ne doutez pas que celui-là n'en fait souffrir beaucoup à d'autres personnes, puisque vous savez à quel point elles ont de l'amitié pour vous. Tout ce que je vous puis dire là-dessus est qu'au nom de Dieu vous ayez bien soin de votre santé préférablement à toute autre chose et je vous avoue que l'air de Calais, où vous voulez aller, me fait bien de la peine, car vous savez qu'il est fort mauvais [2] [...]. Je meurs d'envie de savoir dans combien vous pourriez revenir; c'est pourquoi, si vous le jugez à peu près, faites-le moi savoir afin que nous prenions nos mesures [...]. Le Confident ne vous écrit pas, puisqu'aussi bien vous ne connaissez de différence de nos écritures non plus que de nos sentiments, puisqu'ils sont une même chose pour vous et que, encore qu'il n'y ait qu'une seule main qui écrive les cœurs sont conformes en amitié; mais 22 *(elle)* m'a prié de vous dire qu'il ne pourrait céder à qui que ce soit, puisque ‡ ‡ ‡ [...]. Je voudrais dire bien des choses de vive-voix qui ne se peuvent pas écrire, mais il faut avoir patience jusqu'à votre retour que je souhaite de tout mon cœur qu'il soit bientôt et que cette lettre vous trouve avec aussi peu de douleur que [je] désire que vous en ayez; c'est tout dire et je finis en disant ‡‡ ‡. »

Peut-on, après de telles lettres prétendre qu'il n'y eut jamais entre Anne d'Autriche et Mazarin qu'affection et confiance? De plus, il n'y a pas que le style de ces lettres, il y a leur sceau.

Essayons de ne pas être pédante. Dans l'histoire bien pratiquée, la critique externe d'un document n'est pas moins nécessaire que sa critique interne, et elle peut être aussi révélatrice. Les lettres, au XVIIe siècle, se présentaient sous forme de plis cachetés à la cire. Sur cette cire on imprimait des sceaux qui authentifiaient les expéditeurs. Le sceau officiel d'Anne d'Autriche était aux armes de France et d'Espagne. Ce ne sont pas de telles armoiries qui figurent sur les sceaux, de taille réduite (celle d'une bague, d'un cachet), des lettres secrètes à Mazarin.

J'avais d'abord, je l'avoue, examiné négligemment ces empreintes. Puisque les lettres étaient autographes... Lecteur, pardonne-moi, comme on disait autrefois! Si je te parle de moi, si je t'introduis dans le détail de mes recherches, c'est pour te faire apprécier les rigueurs de l'histoire en même temps que les bonheurs de l'historien. Quelle récompense pour celui-ci, quand, après avoir passé, croyant parfois avoir perdu, huit jours ou même huit semaines de son temps sur un détail dont il ne tirera pas huit lignes dans son ouvrage, il trouve enfin ce qu'il cherchait! J'ai donc, par pure conscience, examiné ces empreintes à la loupe (les trois du moins restées intactes), puis je les ai montrées à un héraldiste (M. Pastoureau, que je remercie de son aide). Or qu'y avons-nous distingué? Un chiffre, ce qu'on appelait un « chiffre énigmatique », fait de lettres entrelacées, à la mode du temps. Les plus lisibles de ces lettres étaient les AA qui correspondent au monogramme d'Anne d'Autriche, tel qu'on le trouve, par exemple, sur les reliures de ses livres. Les autres lettres moins faciles à identifier, se révélèrent être un I, deux C, deux M, deux E et un H. Pour ces trois dernières, elles signifient toujours, dans l'emblématique du temps, *Hoc est emblema* (ceci est l'emblème). L'emblème d'Anne d'Autriche, évidemment (AA). Mais que pouvait signifier ICM? Là encore, des reliures nous fournissent la réponse : celles de Mazarin où figure souvent le monogramme accompagnant ses armoiries : Jules, cardinal Mazarin (le « j » étant toujours figuré dans les inscriptions par un I majuscule). Résultat et traduction : « Ceci est l'emblème d'Anne d'Autriche et de Jules, cardinal Mazarin. » Joli, non? Émouvant, non? Mais il y a plus. Le double M, dans l'emblématique du temps, est le rébus bien connu de l'impératif d'aimer [3]. Est-ce là tout? Non! il y a plus, plus encore! Autour de ces lettres entrelacées, on voit très clairement, imprimés dans la cire, quatre S fermés, c'est-à-dire barrés d'un trait oblique (voir reproduction dans le cahier d'illustrations). Or que signifie l'S fermé dans l'emblématique? L'amour et la fidélité! Si l'on veut savoir pourquoi, qu'on se reporte à l'appendice. Disons seulement ici que ce signe cryptique était en faveur en Espagne, où les théoriciens de l'amour demandaient à celui-ci quatre qualités dont les initiales étaient des S : *sabio, solo, solicito, secreto*. Ajoutons que, quand bien même Anne d'Autriche eût oublié toute sa culture espagnole, elle ne pouvait ignorer le sens de l'S fermé. Pourquoi? Parce qu'elle s'en sert pour signe final (comme si les protestations d'amour n'eussent pas suffi) dans deux de ses lettres autographes à Mazarin, lequel, d'ailleurs, l'utilise aussi quelquefois. Personne, jusqu'ici, ne s'était interrogé sur ce signe, pas plus que sur le sceau; or les S fermés des lettres ne pouvaient s'éclairer que par ceux du sceau et vice versa.

Je me répète, mais que c'est émouvant, l'histoire! Ce gage d'amour dormait depuis trois cents ans entre les pages d'un in-folio de la Bibliothèque nationale et personne ne s'en doutait.

Quand et comment Anne et Mazarin avaient-ils fait graver ce cachet? Difficile à dire, mais il y a bien des chances qu'il s'agisse du *segno* auquel Mazarin fait allusion en 1651 dans la lettre à Ondedei citée plus haut, en se reférant à la liaison d'Elisabeth d'Angleterre avec le comte d'Essex.

Retrouverons-nous jamais d'autres lettres secrètes d'Anne d'Autriche à Mazarin? Il y en eut des centaines, puisqu'ils s'écrivaient tous les jours et même plusieurs fois par jour, quand ils étaient séparés. Ces lettres disparues, si on en retrouve, ne pourront démentir celles que nous venons de citer; elles pourront seulement, peut-être, permettre de dater plus précisément le début de la liaison. Cependant, je m'en tiens à mon hypothèse, pour les raisons déjà évoquées et pour d'autres aussi. Une raison pratique, d'abord. Aussi longtemps qu'ils résidèrent à Paris, au Palais-Royal, la reine et son ministre, soumis à une stricte étiquette, environnés de courtisans et de serviteurs, ayant la nuit des femmes ou valets de chambre auprès d'eux pouvaient difficilement se rejoindre sans provoquer le scandale. Les conditions étaient tout autres au retour du premier exil, date que je propose pour le début de la liaison. La guerre civile désolait le royaume; Anne et Mazarin, à Poitiers où ils se rejoignirent et dans les autres villes ou châteaux où ils se rendirent ensuite, n'avaient auprès d'eux qu'un embryon de cour, et le protocole était considérablement allégé. Et plus tard, après son second retour, Mazarin était devenu trop puissant pour qu'on se permît de critiquer, ou seulement de remarquer ses visites nocturnes à la reine.

Autre raison. Pourquoi possédons-nous ces lettres d'Anne d'Autriche? Avant tout parce que Mazarin les avait gardées, M. de la Palice le dirait. Mais pourquoi ne les aurait-il gardées qu'à partir de janvier 1653, sinon parce qu'elles avaient pour lui, à partir de cette date, une valeur particulière? C'était les lettres *d'après*.

J'ajouterai, à l'intention de ceux qui croiraient encore que la liaison fût chaste, cette phrase très précise d'une lettre de Mazarin. De Stenay, où il se trouvait en août 1658, cloué au lit par une crise de goutte, il écrivait à la reine, en jouant sur le mot souffrance (celle de sa maladie, celle de l'amour) : « [...] vous ne sauriez vous imaginer le soulagement que l'on a, dans la maladie que je souffre, quand l'on reçoit certaines visites, de fois à autre, le soir, à l'honneur desquelles on ne peut aspirer dans l'état où je suis. » Ah ! qu'en termes galants...

En réalité, les preuves de la liaison et de la liaison charnelle surabondent, pour qui prend la peine de les chercher. Et la seule question qui se pose, c'est de savoir comment la reine conciliait cette liaison avec sa piété si constante et si connue. On ne sache pas qu'elle se soit jamais écartée des sacrements. Puisque Mme Laurain-Portemer, dans ses travaux si documentés, nous dit que Mazarin et Anne d'Autriche n'ont pu contracter mariage, il y a donc là une contradiction. Mais nous avons déjà remarqué que ce n'était pas la seule, qu'Anne malgré sa piété, n'avait jamais renoncé au jeu et à la comédie. Et cette piété l'empêcha-t-elle de mentir et de se parjurer, avec tout un couvent, au moment de l'affaire du Val-de-Grâce ?...

Des contradictions de la sorte, on en retrouverait dans presque toutes les biographies de l'époque. Les gens du XVIIe siècle craignaient plus que tout de se séparer de l'Église ; qu'on se rappelle le mot merveilleux de Mme de Montespan au vicaire de Versailles qui prétendait, en lui refusant l'absolution, l'empêcher de faire ses Pâques : « Quoi, mon père ! Parce que je viole quelques commandements, dois-je les violer tous ? » D'où l'utilité des confesseurs jésuites, qui savaient l'art de concilier les inconciliables, de

[...] rectifier le mal de l'action
Avec la pureté de notre intention

comme le dira Molière dans *Tartuffe,* quand il se moquera à son tour des casuistes, ajoutant ce mot affreux :

Et ce n'est pas pécher que pécher en silence.

On se rappellera que, tant que sa mère vécut, Louis XIV ne crut pas pouvoir autoriser la représentation de *Tartuffe*; et aussi que le P. Leroy, confesseur d'Anne d'Autriche, appartenait à la Compagnie de Jésus... Elle le renvoya d'ailleurs, pour des raisons non précisées, peu avant ou peu après la mort de Mazarin, pour prendre un des confesseurs espagnols amenés en France par sa belle-fille. C'était un homme simple, nous dit Mme de Motteville, « et peut-être qu'il l'était trop pour confesser à la mort une reine qui avait été régente ». Nous savons qu'avant le P. Leroy, Anne avait eu un autre Espagnol, le P. Fernandez, que Richelieu lui avait laissé parce qu'il ne se mêlait pas de politique. Ces trois prêtres, ces trois morts, ont emporté le secret de la reine dans leur tombe. Eux seuls auraient pu nous dire comment elle s'arrangea avec sa conscience et comment ils l'y aidèrent. Peut-être aussi Montagu, le confident de toujours, qui, devenu prêtre, assista la reine à sa mort.

XV

L'AMOUR D'UNE REINE

L'amour dont témoignent ces lettres fut-il jusqu'au bout sans nuages? Ce serait trop beau! Anne était reine, je l'ai assez dit (parce qu'on ne l'avait jusqu'ici pas assez dit) et Mazarin était un homme d'État dont la plus chère maîtresse fut toujours la politique. Les divergences étaient inévitables. Et d'autant plus, qu'à son retour dans le royaume, l'immense travail qui attendait Mazarin, puis la maladie, qui, à partir de 1658, le tortura, lui prenaient beaucoup de son temps et de ses forces et altéraient son caractère. Quoi d'étonnant à ce qu'il négligeât parfois les formes et prît des initiatives sans en référer à sa souveraine? Et les secrétaires d'État, qui savaient bien qu'en définitive tout dépendait de lui, répondaient à la reine, quand elle les pressait sur quelque affaire, qu'il fallait d'abord en parler à Son Éminence.

Déjà, en septembre 1652, Anne s'était irritée que Mazarin eût entamé des tractations avec Condé; toujours inconsciente des problèmes d'argent, elle ne comprenait pas qu'une double guerre en demandait beaucoup, beaucoup trop, et s'indignait qu'on pût pardonner un prince du sang qui avait pris les armes contre son roi, alors qu'il aurait dû en être le plus ferme soutien. Cette rancune persistante contre Condé fut une des causes de la longueur des négociations qui précédèrent la paix des Pyrénées; les Espagnols voulaient obtenir la réhabilitation de Monsieur le Prince, la reine répugnait à l'accorder.

Pour apaiser le petit orage de 1652, Mazarin avait dû faire intervenir le fidèle Montagu et déployer toute l'éloquence soumise et passionnée dont il savait si bien user : « Je ne veux entrer en aucune contestation ; je suis coupable, puisque vous le croyez. Je vous demande mille pardons des fautes que vous voulez que j'ai commises ; mais j'aurais grande peine de m'en corriger, ne les connaissant point. Je ne souffrais pas assez ; il était juste que Dieu me visitât dans ma solitude, et je le prie de tout mon cœur de m'ôter la vie, puisqu'elle me donne lieu de fâcher la personne pour laquelle j'ai plus de respect et pour laquelle je la voudrais sacrifier mille fois...

« Ce qui forme l'excès de ma douleur, c'est qu'assurément celui qui a parlé contre moi à 22 (*la reine*) ne s'arrêtera pas et fera progrès, puisqu'il a fait un si grand chemin en si peu de temps et a cru un si faible fondement. Je vous dirai en outre que j'étais incapable de croire jusqu'à présent que Zabaot (*la reine*) pût éclater contre la Mer (*lui*) et s'en ouvrir à personne ; mais j'en suis détrompé avec un sensible déplaisir, qui m'accompagnera au tombeau. Je prie Dieu que vous et ϴ (*elle*) ayez autant de bonheur que j'aurai de malheur et que vous rencontriez des serviteurs plus capables que moi, non pas plus fidèles, car cela ne se peut pas. »

La reine ne résistait pas à ces protestations (et à ces menaces voilées de démission), et tous les petits orages se terminaient par des redoublements de tendresses. C'est dans ses lettres surtout qu'Anne se laissait aller aux épanchements, et Mazarin lui en fera un jour la remarque : « ... je ne sais pas si je me trompe, mais il me semble que vous ne me parlez pas en la manière que vous me faites l'honneur de m'écrire ; et, en effet, j'ai toujours été fort content et touché au dernier point de vos lettres et ce n'a pas été de même de ce que vous m'avez dit ; mais, avec cela, je choisirais sans hésiter d'être auprès de vous et souffrir beaucoup de choses plutôt que d'être éloigné et recevoir les grâces que vous me départez par vos lettres. *. » Pour lui, d'ailleurs, quelle que fût l'humeur de la reine, ses sentiments, disait-il, restaient inaltérables ; ayant un jour reçu d'elle une lettre particulièrement « obligeante », il lui répondait : « ... je vous supplie d'être persuadée que cela ne m'oblige (*pas*) d'être plus à vous et dans plus de passion pour votre service que lorsque je crois de n'avoir pas sujet d'être content et de pouvoir avoir quelque petite défiance de votre bienveillance. Enfin je ne souhaite rien plus que d'en être assuré toute ma vie. Mais quand mon malheur voudrait autrement (ce que pourtant j'espère qui ne sera jamais), je vous proteste que je ne changerais pas et qu'il ne serait pas en mon pouvoir de le faire. »

Les vraies difficultés vinrent de Louis XIV. Le Parlement, jadis, avait proposé au jeune roi son grand-père pour modèle. Comment se serait-on douté que Louis XIV imiterait Henri IV jusque dans ses déportements ? A peine eut-il seize ans qu'on découvrit qu'il était, selon la terminologie du temps, de complexion amoureuse. Et c'est ici qu'entrent en scène les célèbres nièces de Mazarin.

Olympe fut la première distinguée, en 1655. C'était la sœur de cette Laure Mancini qui avait épousé le duc de Mercœur. Ai-je dit qu'une autre nièce du cardinal était devenue princesse de Conty ? Et c'est Conty lui-même, Conty le frondeur, dont le frère était condamné à mort pour haute trahison, qui, dès 1653, las de la Fronde et de la disgrâce, avait sollicité l'honneur de cet hymen !

Ces alliances avec des princes de sang, comme la toute-puissance qu'avait maintenant acquise le cardinal, autorisaient les mazarinettes à jouer le premier rôle à la cour. Au Louvre (où l'on s'était prudemment réinstallé), elles étaient de tous les divertissements du jeune roi. A une soirée intime, organisée par Anne en

1655 pour la reine d'Angleterre et sa fille Henriette, Louis XIV, au lieu d'inviter celle-ci à danser, commit la faute de choisir Mme de Mercœur. Anne en fut si choquée qu'elle se leva pour aller séparer les danseurs, rappelant à son fils qu'il devait inviter, avant toute autre, sa cousine, la princesse d'Angleterre. « Je n'aime pas les petites filles », répondit alors ce fils jusque-là si soumis. Henriette n'avait que onze ans, et Louis XIV, à seize ans et demi, en paraissait vingt.

La duchesse de Mercœur était très jolie, mais comme elle était aussi une bonne épouse, fidèle à son mari, on peut n'attribuer le geste du roi en cette circonstance qu'à la familiarité qu'il avait avec elle depuis l'enfance, puisqu'elle était arrivée en France en 1647.

Avec Olympe, qui était vive et audacieuse, les choses prirent assez vite une autre tournure et elles se prolongèrent. En 1656, Louis organise en l'honneur de la jeune fille une somptueuse course de bague et l'on remarque, qu'autour du soleil gravé sur son écu, la devise est en italien. Que dit-elle? « *Ne piu ne pari* » (Ni plus grand ni d'égal). On admirera cette modestie. Mais le roi était si persuadé de la grandeur des Bourbons, de leur prééminence sur toutes les maisons princières d'Europe, Habsbourg compris, qu'il lui arrivait d'en disputer même avec sa mère, encore que plaisamment.

Olympe perdit les glorieuses espérances qu'elle avait osé concevoir quand son oncle la maria, au début de 1657, avec le fils du prince Thomas, Eugène de Savoie, pour qui l'on fit revivre le titre de comte de Soissons (sa mère étant la dernière survivante de cette branche des Bourbons). Le couple aurait pour second enfant un autre prince Eugène, le fameux stratège que la France ne sut pas conserver.

On a distingué avec raison entre les deux générations des nièces de Mazarin. Les aînées, qui devinrent respectivement Mercœur, Conty, Modène, avaient connu la Fronde, le bannissement et l'exécration publique; elles puisèrent dans ces épreuves une certaine sagesse et tinrent honorablement leur rang. Les plus jeunes, Olympe, Hortense, la bientôt célèbre Marie et sa petite sœur Marie-Anne, étaient des enfants gâtés, qui défrayèrent, toutes, la chronique scandaleuse de leur temps. Hortense, après avoir épousé le jeune La Meilleraie, qu'on avait fait duc Mazarin, quitterait un jour son mari pour aller vivre dans une intimité jugée incestueuse avec son frère Philippe Mancini (qu'on avait fait duc de Nevers) et sombrerait dans l'alcoolisme. La comtesse de Soissons serait compromise dans l'affaire des Poisons, de même que Marie-Anne, duchesse de Bouillon. Si celle-ci eut le bon goût de protéger La Fontaine, on ne saurait lui pardonner d'avoir suscité la *Phèdre* de Pradon contre celle de Racine.

Dès le début de son mariage, Olympe de Soissons mena joyeuse vie et l'on remarqua avec étonnement que le roi était aussi assidu auprès de la jeune femme qu'il l'avait été auprès de la jeune fille. Il resta longtemps « demi enchanté » par elle, dit Mme de Motteville. Peut-être cependant n'y trouvait-il pas tout à fait son compte, puisqu'il courtisait en même temps une fille d'honneur de la reine, Mlle d'Argencourt.

Anne n'ignorait pas le tempérament de son fils et elle faisait la part des choses. Cependant, quand elle le vit courtiser Mlle d'Argencourt sans cesser de fréquenter Olympe, elle commença à s'inquiéter. C'est que Louis XIV faisait à la fille d'honneur des propositions très précises, qui choquaient (eh oui!) la vertu de la reine. Il y eut entre la mère et le fils des conversations d'où Louis sortit les yeux rouges et Mlle d'Argencourt fut éloignée.

Olympe mariée, Mazarin avait « mis sur le théâtre », comme dit Mme de Motteville, sa sœur cadette, Marie Mancini, jusqu'alors élevée à la Visitation. On la trouva « excessivement laide ». Ses portraits, plus tardifs, il est vrai, nous montrent pourtant un bien joli et piquant minois. Mais Marie était mince, brune, avec un teint mat, ce qui ne correspondait pas aux canons de l'époque. Son caractère déplaisait aussi ; on la jugeait trop vive, trop hardie, pour tout dire mal élevée. Mais ses détracteurs même se plaisent à reconnaître son intelligence, son esprit, sa culture. Somaize la range au nombre des précieuses, ces précieuses que Molière allait bientôt si cruellement caricaturer, mais à qui nous devons plus d'équité. C'étaient tout simplement une variété de féministes qui, ne pouvant changer les lois, alors si défavorables aux femmes, s'efforçaient de changer la société, comme, en leur temps, Mmes de Rambouillet et de Sablé. Si leur pudeur paraissait excessive, c'est que la rudesse des mœurs et la crudité du langage appelaient une réaction. La Fronde et vingt années de guerre avaient eu le plus désastreux effet sur la moralité publique et sur les manières. Les jeunes gens étaient devenus « brutaux », nous dit Bussy-Rabutin ; passant, chaque année, six mois dans les camps, ils ne voulaient à leur retour que des succès rapides et faciles. Sevrées d'hommes pendant le même temps, les femmes aussi se montraient avides de plaisir et faisaient « plus de la moitié du chemin », crainte d'être laissées pour compte. C'est toujours Bussy qui parle, et il faut lire son *Histoire amoureuse des Gaules* pour mesurer à quel point la jeune cour, celle de Louis XIV, était, allait devenir différente de la vieille cour, celle d'Anne d'Autriche, où l'on se faisait un devoir de sauvegarder les apparences, faute de toujours respecter la morale. Les précieuses se donnaient du *prix* (d'où leur nom) pour en donner à l'amour ; elles voulaient apprendre ou réapprendre aux soudards que le cœur passe avant le corps, que les femmes doivent être courtisées avant d'être conquises. Tandis que Julie d'Angennes, fille de Mme de Rambouillet, imposait quatorze années de chaste attente à son soupirant Montausier, Mlle de Scudéry, dans sa *Carte du Tendre*, enseignait aux amants l'itinéraire galant qui n'aboutissait aux Terres inconnues du plaisir charnel qu'en passant par les étapes de Grand Esprit, Joli Cœur, Petits Soins, Soumission...

Anne d'Autriche avait fait apprécier Corneille à son fils, mais c'est Marie Mancini, et pour cela l'histoire lui doit beaucoup, qui enseigna les raffinements de la galanterie au jeune Louis XIV, qui lui inculqua le goût des romans et de la poésie.

Les empressements du roi auprès de « Mlle Manchine » furent remarqués au cours d'un séjour à Fontainebleau, à l'automne 1658. Anne ne s'en inquiéta pas. Elle traitait en nièces les nièces du cardinal, les emmenait à sa suite dans les couvents, s'intéressait à leurs progrès en français. Et puis, connaissant l'orgueil de race de son fils, elle le jugeait incapable d'une mésalliance. Au reste, Marie lui paraissait laide, comme à tout le monde.

Louis XIV, atteignant ses vingt ans, avait passé l'âge où les rois ont coutume de se marier. C'est qu'on ne voulait pour lui qu'une épouse, l'infante d'Espagne. Le projet n'était pas nouveau. On en parlait depuis 1646 et, au congrès de Münster, les Espagnols avaient même fait des propositions dans ce sens. La Fronde était survenue par là-dessus, qui avait rendu à l'Espagne l'espoir d'un triomphe militaire.

Il n'en allait plus ainsi à l'automne 1658. Deux alliances conclues par Mazarin, l'une avec les princes allemands contre l'empereur (Ligue du Rhin), l'autre avec l'Angleterre (oui, Mazarin avait fait accepter à Anne d'Autriche une alliance avec l'Angleterre de Cromwell !), enfin la glorieuse campagne du printemps précédent, marquée par la victoire des Dunes, tout cela, joint à la guerre hispano-portugaise, avait porté des coups très durs aux Habsbourg. Il fallait tout l'orgueil espagnol de Philippe IV pour qu'il résistât encore. Afin de le contraindre à offrir à la France et la paix et l'infante, Mazarin eut recours à une ruse, la plus célèbre de sa carrière : il emmena la cour à Lyon pour y négocier (comprenons : pour feindre d'y négocier) le mariage de Louis XIV avec la princesse Marguerite de Savoie, sa cousine. On partit de Paris le 26 octobre.

Avant même qu'on fût arrivé à Lyon (le 24 novembre), l'Espagne faisait savoir qu'elle y dépêchait un négociateur, don Antonio Pimentel – ce Pimentel qu'a incarné John Gilbert aux côtés de Greta Garbo dans *La Reine Christine*. Il est vrai que le diplomate espagnol, pendant son ambassade en Suède, avait été honoré des faveurs de Christine; gageons qu'il n'y avait répondu que par politique : la fille de Gustave-Adolphe, un garçon manqué qui préférait le titre de *rex* (roi) à celui de *regina* (reine), était bien loin d'avoir la troublante beauté de la star, sa compatriote. Après avoir abdiqué, par dégoût de sa rude Suède et pour se consacrer aux arts, aux lettres (et aux hommes), elle parcourait en habit masculin l'Europe stupéfiée par ses excentricités. Au cours d'un premier voyage en France, en 1657, elle avait pourtant conquis Anne d'Autriche en lui déclarant qu'après avoir contemplé ses belles mains elle pouvait repartir contente. Un second séjour, en 1658, s'était plus mal terminé. A Fontainebleau, où elle était l'hôte de la France, Christine n'avait pas craint de faire assassiner, dans la galerie des Cerfs, son favori Monaldeschi. Affreuse boucherie, affreux scandale, qui avait outré la reine.

Tout cela était oublié, et surtout par Louis XIV, tandis qu'on faisait route vers Lyon. Le roi avait trouvé une fort agréable compagne de voyage en Marie Mancini qui, dédaignant le confort (relatif) des carrosses, chevauchait à son côté dans les intempéries. Le roi aimait qu'on l'amusât; il aimait surtout qu'on l'aimât. Or il savait que Marie avait versé des larmes abondantes pendant la maladie qui, l'été précédent, l'avait mis à deux doigts de la mort. On imagine que la reine n'en avait pas été moins affligée; si le roi devait mourir, avait-elle dit, je m'enfermerais pour toujours au Val-de-Grâce.

Cette maladie de Louis XIV joue un rôle important dans notre histoire. La reine ne pouvait plus ignorer ce qui devenait une idylle. Mais le moyen de faire de la peine à un fils qu'on vient d'arracher à la mort? Et, de toute façon, n'allait-on pas bientôt le marier? Or Louis semblait assez gai à cette idée. Même après son entrevue avec la princesse de Savoie, dont les témoins les plus bienveillants n'osent écrire qu'elle était jolie, il se déclara satisfait, confia à sa mère qu'il était prêt à l'épouser. Il voulait, et très vite, une femme dans son lit, se faisant encore scrupule d'aller en chercher dans le lit des autres. Il est vrai que Louis ne manifesta point de chagrin quand on lui fit savoir que le mariage n'avait aucune chance de se conclure. Mais ce pouvait être parce que, déjà politique, il comprenait qu'une alliance avec l'infante d'Espagne serait infiniment plus glorieuse et profitable.

La ruse de Mazarin avait été payante, mais coûteuse. Le cardinal écrivait à Nicolas Fouquet, surintendant des finances, qu'il fallait trouver 500 000 livres pour régler les frais du voyage et des cadeaux faits à la cour de Savoie afin d'adoucir son amertume. On peut parler d'affront : dès le lendemain de la première rencontre, Louis XIV, averti de l'arrivée de Pimentel, avait manifesté la plus grande froideur à la princesse Marguerite et, quelques jours plus tard, Mazarin s'était chargé d'expliquer en termes clairs à Madame Royale, mère de Marguerite, qu'on ne voulait plus de son alliance. Madame Royale était une sœur de feu Louis XIII et donc une belle-sœur d'Anne d'Autriche. Celle-ci aurait pu la plaindre et compatir. Point du tout. Veut-on savoir quelle fut sa réaction quand elle apprit que Madame Royale s'était enfermée avec Mazarin pour lui demander des explications? « Que je *le* plains! Elle le va bien tourmenter! »

Ne souhaitant que l'infante, Anne était naturellement ravie de l'échec du projet savoyard; elle vit sans regret les princières visiteuses quitter Lyon pour regagner Chambéry. Quant à Louis XIV, il ne songeait déjà plus à la princesse Marguerite. Marie Mancini lui avait fait honte d'avoir voulu épouser une femme aussi laide, et les deux jeunes gens, dès le départ de la cour de Savoie, avaient retrouvé leur familiarité accoutumée.

Tandis que la reine, à son habitude, consacrait ses matinées aux couvents, ses après-midi au cardinal (il avait la goutte) et ses soirées au jeu, Louis XIV, après quelques heures données à l'exercice de ses mousquetaires, au jeu de paume et à son ministre, conversait avec Marie « tout le reste du jour ». Le soir, quand sa mère s'était retirée, il la ramenait à son logis; « au commencement il suivait le carrosse, puis servait de cocher, et, à la fin, il se mettait dedans », nous dit la Grande Mademoiselle. Quand il y avait clair de lune, on prolongeait le plaisir en faisant quelques tours sur la place Bellecour. Le comte de Soissons, époux d'Olympe Mancini, « était dans un chagrin non pareil de ce que le roi n'en usait plus comme à l'ordinaire avec sa femme »! Chagrin qui se prolongea pendant tout le voyage de retour, puisqu'à chaque étape Louis XIV montra le même empressement pour Marie. Pimentel suivait incognito la cour couchant dans des auberges, pour continuer à négocier avec Mazarin.

Une fois à Paris, Anne d'Autriche dut se rendre à l'évidence. Elle avait pu, pendant le voyage, ignorer les promenades au clair de lune qui se faisaient hors de sa présence; mais, au Louvre, elle voyait de ses yeux Marie « obséder » le roi et lui parler sans gêne à l'oreille en sa présence. Sut-elle être parfois l'objet de ces chuchotis? Marie aurait osé révéler à Louis XIV les galanteries passées de la reine et même les ragots qui couraient depuis le début de la régence, c'est-à-dire les relations de son oncle à elle avec sa mère à lui! C'est Mme de la Fayette qui le dit et nous ne sommes pas obligés de la croire; mais il est de fait que Louis XIV échappait tous les jours un peu plus à sa mère. Les remontrances restèrent sans effet et cette première brouille avec un fils tant aimé fut très sensible à la reine. Que Marie, se jugeant sûre du roi, ne ménageât plus personne et se conduisît en vraie « peste de cour », la visite de don Juan d'Autriche allait en donner une preuve supplémentaire.

Don Juan d'Autriche était le fils naturel de Philippe IV d'Espagne et d'une comédienne. Il venait de quitter le gouvernement des Pays-Bas et avait demandé à passer par la France pour regagner l'Espagne. La reine, qui ne souhaitait rien tant que de marier son fils à l'infante et qui, depuis quarante ans, n'avait ni vu ni revu aucun membre de sa famille espagnole, attachait la plus grande valeur, sentimentale et politique, à la visite de ce neveu. Nul doute que don Juan ne fût chargé de rapporter à Madrid les impressions qu'il aurait reçues du roi et de la famille royale de France.

Le prince traînait à sa suite une folle (oui, on avait encore des folles, des fous, des nains, et pas seulement en Espagne). Les cheveux courts, vêtue en homme et l'épée au côté, cette créature, que les mémorialistes appellent bizarrement Capitor (probablement *la Pittora*), était très laide, mais très drôle et même spirituelle. Tout le monde s'en amusait, se l'arrachait, la couvrait de cadeaux. Marie, seule, la prit en grippe. Non sans raisons. La Capitor, avec cette liberté de ton qui était l'apanage des folles, se moquait d'elle, la disait laide, vantant au contraire la beauté de l'infante. On peut croire que c'était sur ordre et pour faire comprendre à la reine et au roi l'étonnement et l'inquiétude de la cour d'Espagne à savoir le promis de l'infante tout occupé d'une autre. Déjà, Pimentel, pendant le retour de Lyon, avait demandé à Mazarin si le roi n'était pas trop amoureux pour se résoudre à convoler. Bref, quand Louis XIV, pour plaire à Marie, eût renvoyé la folle qui l'avait d'abord tant amusé, on frôla l'incident diplomatique. Quelques jours plus tard, la reine subissait une autre contrariété, son fils lui annonçant qu'il avait l'intention de danser un ballet (avec Marie, bien sûr) pendant le Carême. Anne déclara qu'elle irait passer le Carême au Val-de-Grâce pour ne pas être témoin de cette impiété. « Vous êtes libre d'y aller », lui répondit Louis. Mazarin raccommoda la mère et le fils, qui renonça à son ballet.

Le pire restait à venir. Au mois de juin 1659, les

négociations avec l'Espagne avaient si bien progressé que Mazarin s'apprêtait à partir pour Saint-Jean-de-Luz, afin d'y conclure la paix et le mariage du roi avec l'infante. Dans ce contexte, on imagine le coup de tonnerre provoqué par Louis XIV lorsqu'il déclara à sa mère et à son ministre qu'il n'aimait que Marie, qu'il n'aimerait jamais qu'elle et voulait l'épouser! Il fut aussitôt décidé que Marie et ses sœurs, sous la garde de leur gouvernante, Mme de Venel, quitteraient la cour pour se rendre à La Rochelle (dont Mazarin s'était fait donner le gouvernement).

« Le soir qui précéda le jour du départ de Mlle de Mancini », écrit Mme de Motteville, donnant à Marie une particule prématurée, « le roi vint chez la reine, extrêmement abattu de tristesse. Elle le tira à part et lui parla longtemps; mais, comme la sensibilité d'un cœur qui aime demande la solitude, la reine prit elle-même un flambeau qui était sur la table, et, passant de sa chambre dans son cabinet des bains, elle pria le roi de la suivre. » Louis XIV sortit de cet entretien « avec quelque enflure aux yeux ». Sa mère ne semblait pas moins touchée. Le lendemain 21 juin, Louis accompagna Marie jusqu'au carrosse qui allait l'emporter et ne put, à la vue de tous, retenir ses larmes. On connaît le mot de la jeune fille : « Vous pleurez, vous êtes le maître et je pars! » Racine devait s'en souvenir dans *Bérénice* :

Vous êtes empereur, seigneur, et vous pleurez!

Marie partie, le roi vint embrasser sa mère et, dans l'instant, sans elle et sans son frère, s'en alla cacher son chagrin à Chantilly (qu'on avait repris aux Condé après le leur avoir rendu!)

On a accusé Mazarin d'avoir voulu faire monter sa nièce sur le trône de France. On a même dit qu'il n'avait renoncé à ce rêve secrètement caressé que le jour où la reine lui avait fait savoir, en termes des plus vifs, qu'elle s'y opposerait au besoin par la force. Anne aurait été, à l'insu du cardinal, jusqu'à consulter des juristes pour faire dresser une protestation préalable contre cette mésalliance. Quand bien même ces accusations ne proviendraient pas de mémorialistes hostiles au cardinal (Mme de Motteville, Brienne), il faut refuser dans cette affaire de se fier aux on-dit. Les contemporains ignoraient les lettres de Mazarin à la reine, que nous connaissons. Or, dans leur multiplicité (ne négligeons pas les inédites), elles constituent une véritable chronique, qui nous permet de suivre presque au jour le jour le déroulement de ce drame et l'attitude du ministre, comme celle de la reine. Avant d'y venir, remarquons seulement que la paix des Pyrénées fut le couronnement de la carrière de Mazarin et qu'elle lui procura une gloire universelle. Le mariage de Louis XIV avec Marie Mancini aurait anéanti l'édifice si patiemment et si péniblement échafaudé; camouflet pour les Espagnols, immense déception pour les Français, il eût relancé non seulement la guerre étrangère, mais la guerre civile, et, par voie de conséquence, provoqué un troisième et définitif exil de Mazarin, qu'Anne d'Autriche, cette fois, n'aurait pas retenu ni fait revenir. Nous la connaissons assez, au terme de ce livre, pour comprendre que jamais, quoi qu'il lui en eût coûté, elle n'aurait abdiqué ses devoirs de reine en renonçant à l'infante, c'est-à-dire à la paix. Au reste, pendant la grave maladie du roi, dans l'été 1658, elle avait fait le vœu de consacrer toutes ses forces à procurer à la France cette paix indispensable.

Le seul reproche qu'on peut faire à Mazarin, c'est d'avoir réagi un peu tard. Il savait par Pimentel, depuis le retour de Lyon (janvier 1659), que l'Espagne s'inquiétait des assiduités du roi auprès de sa nièce. Alors pourquoi avoir attendu cinq mois pour séparer les amoureux? Comment expliquer ce qu'on ne peut appeler de l'aveuglement? Mazarin s'est-il dit, comme Anne d'Autriche, que Louis XIV était bien trop orgueilleux pour avoir l'idée d'épouser une Mancini? Peut-être. Mais croyons plutôt qu'il a été pris au piège de sa tactique, je veux dire de la tactique habituelle des favoris. Pour ceux-ci, posséder l'esprit du souverain est une nécessité absolue : la famille de Mazarin devait donc environner le roi, comme Mazarin lui-même et ses amis environnaient la reine. (Et, déjà, le cardinal s'était fait donner par Anne la disposition des charges de la maison de la reine future!)

Pour concéder encore un point aux détracteurs de Mazarin, j'ajouterai que, peut-être, peut-être, si Marie avait été différente... Mais elle était la moins maniable des créatures, de toutes ses nièces celle que le cardinal jugeait le plus défavorablement. Elle voulait capter le roi pour son seul profit, pas du tout pour celui de son oncle. Un Cinq-Mars en jupons qui, comme celui-ci, desservait le ministre auprès du monarque. Mazarin ne l'ignorait pas et en parle à plusieurs reprises dans ses lettres. Mais, pas plus qu'Anne d'Autriche, il semble n'avoir su que sa propre nièce poussait l'audace jusqu'à rapporter au roi les bruits qui couraient sur ses relations avec la reine. Dans le cas contraire, il aurait réagi plus vivement encore.

Si Mazarin a donc commis la faute – et il semble bien qu'il l'ait commise – de s'opposer trop tard à une idylle qu'il n'ignorait pas, il s'est racheté, et au-delà, par le combat épuisant, pathétique, qu'il a mené à partir de juin 1659 pour faire renoncer Louis XIV à son amour. Vous souhaitez être un grand roi et vous avez tout pour l'être, lui répétait-il inlassablement; alors commencez par ne pas devenir le jouet de vos passions, « car, quand ce malheur arrive, quelque bonne volonté qu'on ait, on est hors d'état de faire ce qu'il faut » (lettre du 26 juin). Louis XIV, avec une casuistique quelque peu enfantine, répondait à son ministre qu'il était parfaitement capable de surmonter ses passions, sauf une « qui lui tenait dans la tête », celle-là même dont on voulait qu'il se défît! « C'est à proprement parler pour ne rien dire, lui répliquait Mazarin. Car vous aurez toujours une passion qui vous dominera et vous direz de ne pouvoir pas vaincre celle-là et que vous serez maître des autres qui ne feront aucune peine. Je vous conjure donc de vous bien appliquer pour vous rendre maître de toutes... »

On voit que Mazarin comprenait la passion au sens racinien, celui d'un entraînement destructeur. Mais on avouera que la situation, une fois encore, était cornélienne. Un ministre contraint de sacrifier sa propre nièce à la raison d'État ; une reine contrainte de refuser à son fils la nièce de l'homme qu'elle aimait ! Ce fut peut-être pour eux deux la plus douloureuse épreuve de toutes celles qu'ils avaient jusqu'alors affrontées. Et elles sont belles aussi, les lettres que Mazarin, jour après jour, écrit à la reine pour la réconforter ; elle est émouvante, leur commune sollicitude pour le souverain de vingt ans qui subissait la pire épreuve de la jeunesse, celle de l'amour contrarié. Dès le 28 juin, donc deux jours après son départ pour Saint-Jean-de-Luz, Mazarin écrit à la reine :

« J'attends avec impatience de savoir que vous soyiez avec le Confident *(le roi)* à Fontainebleau, car assurément il en recevra une très grande consolation. Ma nièce a eu un peu de fièvre, mais à présent elle se porte bien. Elle est affligée au-delà de ce que je saurais vous dire, mais elle me témoigne d'être entièrement résignée à mes volontés [...]. Si elle en use ainsi, je ne plaindrai aucune des choses qui pourra contribuer à son bonheur. Le mien consistera toujours à me conserver l'honneur de votre bienveillance et vous me ferez la justice de croire que je mettrai le tout pour cela jusques au dernier moment de ma vie. * * *. »

Marie n'était point du tout résignée, et l'on s'était bien trompé en croyant que la séparation diminuerait la passion réciproque. Quand Anne retrouve son fils à Fontainebleau, elle constate qu'il est au dernier degré du désespoir et le mande à Mazarin. Réponse de celui-ci, en date de 6 juillet :

« Je suis inconsolable de l'état dans lequel vous me mandez avoir trouvé le Confident et je voudrais y pouvoir remédier en sacrifiant ma vie et je le ferais avec une grande joie. Je sais l'amitié et la tendresse que vous avez pour lui, c'est pourquoi je suis persuadé que rien ne vous est si sensible que de voir malade la personne que vous aimez le plus. Je lui écris tout ce que je dois pour le soulager et pour l'obliger à modérer sa passion. Je m'assure que, de votre côté, vous n'oublierez rien pour le consoler et lui faire connaître à quel point il importe à son bien et à sa réputation de prendre une bonne résolution et d'autant plus qu'il est à la veille de faire le voyage de Bayonne. Et vous voyez bien que, quand l'infante serait un ange, il n'en serait pas content si son esprit demeure dans l'assiette où il est à présent. »

M. Valot, le médecin du roi, qui écrit à Mazarin chaque semaine, confirme que Louis XIV est malade. Malade d'amour. La reine elle-même, qui s'épuise à raisonner et consoler son fils, en perd sa belle santé. On notera qu'Anne d'Autriche n'était pas insensible au chagrin de Marie et que son attitude envers les nièces de Mazarin restait affectueuse. C'est d'un commun accord avec le cardinal qu'elle avait autorisé les amoureux à s'écrire, à condition que cette correspondance passât par des hommes sûrs (Colbert remettait au roi les lettres de Marie, et son cousin, Colbert du Terron, à Marie celles du roi). « La Confidente *(la reine)* et moi, écrit Mazarin à Louis le 10 juillet, avons fait en diverses occasions d'étranges métiers pour vous témoigner notre complaisance... » Il est vrai qu'il ajoute : « ... mais sans aucun scrupule, sachant que, dans tous vos commerces, il n'y a rien que de très honnête et qui répond à votre vertu. »

Paroles de soie, comme disait Richelieu. Mazarin commençait à douter de cette vertu royale et avait écrit le 7 juillet à la reine en des termes bien différents. Un souverain ne manque jamais de flatteurs et même d'entremetteurs pour servir ses passions ou seulement ses caprices. Il y en avait déjà autour de Louis XIV et, parmi eux, ce jeune Vivonne que Mazarin avait depuis longtemps jugé « vicieux » (et dont la sœur, non moins immorale, serait dans quelques années, sous le nom de Montespan, la triomphante maîtresse de ce même Louis XIV).

Vivonne avait déjà créé un beau scandale, au printemps précédent en choisissant le Vendredi saint pour aller ripailler au son des violons dans sa maison de Roissy (le Roissy de l'aéroport, Dieu! que la France a changé!) et y composer un « catéchisme » d'impiétés, avec quelques jeunes seigneurs de son acabit. Deux d'entre eux, nous dit Bussy, s'étaient aussi livrés à d'autres jeux. Entre hommes. Bussy sait ce dont il parle, puisqu'il était de cette fameuse débauche de Roissy, avec, hélas! un neveu de Mazarin, Philippe Mancini, que son oncle avait pour cela expédié à Brisach. On conçoit donc les inquiétudes et même la colère du cardinal, lorsqu'il apprit que Vivonne faisait figure de confident et de favori auprès de Louis XIV, qu'il l'excitait à la désobéissance, qu'il poussait l'audace jusqu'à lui mal parler de sa mère (on devine que ces médisances devaient être de la même nature que celles dont Mme de la Fayette accuse Marie Mancini). Il fallait que la reine fît de sérieuses remontrances à son fils. Anne s'y employa, mais sans succès. N'écoutant que son cœur et ses flatteurs, Louis XIV résistait aux objurgations du cardinal et de sa mère. Le 16 juillet, Mazarin lui écrivait une superbe lettre, trop connue pour qu'on en cite autre chose que des extraits :

« On dit (et cela est confirmé par des lettres de la cour à des personnes qui sont à ma suite) [...] que vous êtes toujours enfermé à écrire à la personne que vous aimez et que vous perdez plus du temps à cela que vous ne faisiez à lui parler quand elle était à la cour.

« On ajoute que j'en suis d'accord et que je m'entends en secret avec vous, vous poussant à cela pour satisfaire à mon ambition et pour empêcher la paix.

« On dit que vous êtes brouillé avec la reine et ceux qui m'écrivent en termes plus doux disent que vous évitez, autant que vous pouvez, de la voir [...].

« Dieu a établi les rois [...] pour veiller au bien, à la sûreté et au repos de leurs sujets, et non pas pour sacrifier ce bien-là à leurs passions particulières, et, quand il s'en est trouvé d'assez malheureux qui aient obligé par leur conduite la providence divine à les abandonner, les histoires sont pleines des révolutions et des accablements qu'ils ont attirés sur leurs personnes et sur leurs États. »

Si le roi persévère dans son attitude, « je tiens pour constant, ajoute Mazarin, qu'on pourrait prendre à Madrid les résolutions que nous prendrions nous-mêmes en un cas pareil à celui-là. C'est pourquoi je vous supplie de considérer quelle bénédiction vous pourriez attendre de Dieu et des hommes si, pour cela, nous devions recommencer la plus sanglante guerre qu'on ait jamais vue [...].

« Je conclus tout ce discours en vous disant que, si je vois par la réponse que je vous conjure de me faire en toute diligence, qu'il n'y ait pas lieu d'espérer que vous vous mettiez de bonne façon et sans réserve dans le chemin qu'il faut [...], je n'ai d'autre parti à prendre, pour vous donner cette dernière marque de ma fidélité, [...] qu'à me sacrifier, et, après vous avoir remis tous les bienfaits dont il a plu au feu roi, à vous et à la reine de me combler, me mettre dans un vaisseau avec ma famille pour m'en aller en un coin d'Italie passer le reste de mes jours et prier Dieu que le remède que j'aurai appliqué à votre mal produise la guérison que je souhaite plus que toutes les choses du monde [...]. Vous ne sauriez avoir un conseil plus fidèle que celui de la Confidente *(la reine)* et qui vous puisse plus soulager et vous aider, en l'état où vous êtes, à prendre les résolutions que Dieu et toute la chrétienté vous demandent, car il est certain que, si elle pouvait donner sa vie pour votre contentement, elle le ferait avec grande joie, et vous auriez grand tort, si vous croyiez qu'elle ne vous aime pas quand elle ne vous flatte pas en certaines choses qui, étant à présent de votre sens, sont pourtant éloignées de la raison, et, à dire vrai, il faudrait, par la même conséquence, que vous crussiez que personne au monde ne vous aime, puisque personne ne saurait approuver vos pensées. »

Le même jour (comment trouvait-il le temps d'écrire tant de lettres et aussi longues ?), Mazarin fait part de son anxiété et de son découragement à la reine. L'une et l'autre sont tels qu'il a failli « prendre la poste » pour revenir à la cour, « sans le bruit et les conséquences qu'une résolution de tant d'éclat aurait produit dans la présente conjoncture ». Et il confirme que, si le roi ne fait pas ce qu'il doit en brisant « un commerce qui lui est si dangereux », il s'exilera sans retard et sans retour avec ses nièces. « Toute la terre » verra ainsi qu'il est allé jusqu'au sacrifice pour servir son maître. « Je crains de perdre l'esprit, conclut-il, car je ne mange plus ni ne dors plus et je suis accablé de peine et d'inquiétude. Vos lettres m'assistent fort en cela et me donnent une grande consolation... »

Oui mais... Mais Anne d'Autriche, si elle trouve la force d'assister et de consoler son ministre, si elle montre assez d'autorité pour éloigner le jeune Vivonne, est sans défense devant le chagrin de son fils. Elle, dont la fermeté a fait l'admiration de tous pendant la Fronde, s'en trouve dépourvue dès qu'il s'agit de voir souffrir la chair de sa chair. « Si vous lui donnez raison en ce qu'il fait [...], écrit Mazarin, il sera toujours bien aise d'en user comme il fait par votre approbation. » Et, le 29 juillet : « Je vois bien par vos lettres et celles du Confident que la tendresse que vous avez pour lui ne vous a pas permis de tenir bon et que vous vous êtes laissé gagner. »

En effet, Anne d'Autriche a autorisé son fils à revoir Marie en descendant vers Bordeaux. Au moins, adjure Mazarin, que le roi n'aille pas à La Rochelle : ce serait trop visible et trop choquant ; il faut que l'entrevue ait lieu dans une ville proche, où l'on fera venir non seulement Marie, mais ses sœurs, sous prétexte de saluer la reine.

Cette entrevue, qui eut lieu le 13 août à Saint-Jean-d'Angély, eut le plus néfaste résultat, comme il était prévisible. Marie « est plus folle qu'elle n'a jamais été depuis qu'elle a eu l'honneur de vous voir à Saint-Jean-d'Angély, écrit Mazarin au roi le 28 août, et se tient plus assurée qu'elle n'a jamais été de pouvoir disposer entièrement de votre affection [...]. Si vous êtes obligé de vous marier, elle prétend de rendre, pour toute sa vie, malheureuse la princesse qui vous épousera...

« Je vous demande [...] quel personnage prétend-elle de faire après que vous soyez marié ? A-t-elle oublié son devoir au point de croire que, quand je serais assez malhonnête homme ou, pour mieux dire, infâme, pour le trouver bon, elle pourra faire un métier qui la déshonore ? »

Oui, elle est folle, la pauvre Marie, folle de dépit et de douleur dans sa solitude de Brouage, cette forteresse mélancolique au bord de l'océan, où elle s'est installée, exprès, pour accorder la tristesse de son cœur à celle du paysage. Elle malmène sa gouvernante, houspille ses sœurs, interroge les astres et passe ses journées avec un Arabe faiseur d'horoscopes. Elle recourt à de misérables ruses, des ruses d'enfant, pour retarder le mariage de son bien-aimé ; elle ose (de quoi se mêle-t-elle !) transmettre à son oncle une requête des échevins de La Rochelle, qui ont espéré, en s'adressant à elle, se faire dispenser de la contribution exceptionnelle demandée à toutes les municipalités pour couvrir les frais du mariage. Mazarin répondit aux Rochelais de la bonne manière, c'est-à-dire à sa manière inimitable :

« Messieurs,

« Ma nièce m'a écrit pressamment en votre faveur sur l'occasion de la demande qui vous a été faite de la part du roi afin que Sa Majesté pût recevoir quelque assistance qui fût digne de l'affection que vous avez pour son service dans la présente conjoncture [...]. Et comme, sans les offices que ma nièce a interposés en votre faveur, j'ai tant de raisons pour vous procurer toute sorte de soulagement et d'avantages, je m'y fusse volontiers employé si je n'eusse cru de faire tort au zèle, à la fidélité, à la passion que vous avez pour le service du roi, si j'eusse tâché de vous ôter les moyens de le faire paraître en une rencontre dans laquelle il me semble que les sujets de Sa Majesté devraient, à l'envi l'un de l'autre, faire des efforts pour l'aider à bien sortir des grandes dépenses qu'elle est obligée de faire pour son mariage. »

Louis XIV ne se comportait guère mieux que Marie. Malgré les instances de sa mère, il n'écrivait plus au cardinal que de petites lettres boudeuses et se plaignait de tout. A Bordeaux, où il venait d'arriver, il s'ennuyait plus qu'ailleurs, disait-il, la région n'étant pas giboyeuse. Anne s'impatientait. Pourquoi son ministre ne lui écrivait-il pas plus souvent? Et pourquoi les négociations n'aboutissaient-elles pas? Seule, la certitude d'un prochain mariage aurait pu divertir son fils, l'aider à oublier Marie. « J'avais impatience d'arriver dans cette ville, écrit-elle à Mazarin le 24 août, parce que je croyais que nous vous y trouverions, selon que vous l'aviez espéré [...]. Je trouve que les affaires ne sont point avancées [...]. Ce qui me donne le plus de peine est qu'on me mande de tous côtés que beaucoup de personnes travaillent pour empêcher la paix. Si vous étiez moins éclairé, je vous dirais que vous devriez être fort sur vos gardes, car je crains qu'on n'ait dessein de vous amuser... »

Et, renchérissant là-dessus, le roi de vingt ans ose écrire à son ministre et parrain : « ... on pourrait douter du succès de votre voyage. »

On imagine avec quel plaisir Mazarin accueillait de telles remarques! A ses harassantes conférences avec don Luis de Haro, dont le « flegme » mettait ses nerfs à rude épreuve, s'ajoutaient les souffrances de sa goutte qui ne lui laissaient plus aucun répit. Il répondait au roi qu'il « fallait aller le pas », et à la reine : « Vous me permettrez que je vous dise, avec le respect que je vous dois, que vous avez peu de charité de vous plaindre que je ne me donne pas l'honneur de vous écrire assez souvent; car, sans exagération, je vous puis jurer que je n'ai pas un moment à moi et que c'est un miracle que je puisse fournir au travail qui m'accable sans discontinuation. Et comme je mande à M. Le Tellier en détail tout ce qui se passe dans la conférence, afin que le Confident et vous en puissiez être informés à point nommé, je crois satisfaire à votre curiosité d'en user ainsi que non pas d'employer le temps à faire de petites lettres dans lesquelles je ne puis que répéter les mêmes choses que vous savez fort bien et que je vous assure que vous ne doutez pas à cause des ✳. » Quel ton! A peine poli! celui d'un amant excédé... Aussi Mazarin, regrettant ce mouvement d'impatience, s'empressait-il de se faire pardonner en écrivant : « Mon cœur et toutes mes pensées sont à Bordeaux. C'est tout dire. ✳‡. » Ou encore, s'essayant, sans grand succès, il faut l'avouer, au style précieux : « Je cache tant que je puis à ma goutte la pensée que vous auriez de venir ici si elle durait encore longtemps, car, si elle en avait connaissance, elle serait assez glorieuse pour s'opiniâtrer à ne me quitter pas, afin de se pouvoir vanter d'un bonheur qu'aucune autre goutte n'aurait eu jamais. »

Cela vaut le sonnet de Trissotin sur la fièvre de la princesse Uranie!

Un autre jour, Mazarin ayant écrit que, si les négociations n'aboutissaient pas avant l'hiver et si le roi ne changeait pas d'attitude, il ne viendrait pas à Bordeaux, mais irait s'enfermer à La Rochelle en quittant Saint-Jean-de-Luz, la reine réagissait comme on peut l'imaginer à une telle perspective. Aussitôt Mazarin lui répondait (12 septembre) :

« Villacerf m'a rendu votre lettre du 8 hier au soir en sortant de la conférence [...]. La plainte que vous me faites de vous avoir mandé que je m'en irais à La Rochelle après qu'il n'y avait plus rien à faire ici m'a touché et obligé au dernier point. Et je m'assure que vous m'aurez fait la,justice de voir avec quel cœur je vous écrivais une chose de cette nature puisque je ne pouvais espérer jamais de repos éloigné de vous... »

Quand le mariage du roi fut enfin « entièrement arrêté », Marie Mancini renonça et l'annonça à son oncle par une lettre qu'il jugea digne de Caton, ainsi qu'il le mandait à la reine. Anne était chargée de faire savoir à son fils la résolution de Marie et d'insister auprès de lui pour « qu'il eût la bonté de n'y apporter aucun changement ». Il y eut pourtant encore quelques lettres et quelques présents échangés en secret entre les amoureux. Louis fit porter à Marie un petit chien (symbole de fidélité?) et plus tard, mais avec l'autorisation de sa mère, un « fil de perles » de 28 000 livres en cadeau d'adieu.

Puisque la reine et Mazarin s'écrivaient au moins autant que Louis XIV et Marie, on pourrait multiplier à l'infini les citations. Celles que nous avons données suffisent à montrer qu'il n'y eut jamais, en cette affaire, de divergences de fond entre Anne et son ministre; jamais elle ne crut qu'il voulait faire monter sa nièce sur le trône; et, si l'un d'eux manqua parfois de fermeté, ce ne fut pas lui. Mais les malveillants prétendirent le contraire et se servirent de l'affaire pour tenter de le discréditer, jusques auprès de la reine.

Le cardinal conservait des ennemis dans la maison d'Anne d'Autriche, parce qu'il se refusait à acheter tout le monde, par de l'argent ou des faveurs, et aussi parce que la reine, qui mettait la loyauté au-dessus de tout, se faisait scrupule, quand la politique ne l'exigeait pas, à renvoyer ceux qui l'avaient servie dans les temps de malheur. Il subsistait ainsi autour d'elle un petit noyau d'irréductibles dont les quémandeurs déçus venaient grossir le nombre.

Nous ignorons l'identité de la « personne » (Motteville? Brienne?) dont Mazarin se plaint à la reine dans ses lettres du mois d'octobre, avec une vivacité bien compréhensible. Se voir accusé d'avoir protégé une idylle à laquelle on vient de mettre fin avec tant de peine! Ce regain d'accusations avait pour origine la mort d'un sieur Du Boscq, échanson de la reine et l'un de ses plus anciens serviteurs. C'est à lui qu'avait été confiée la cassette où se trouvaient les lettres de Marie Mancini à Louis XIV. Après la disparition de Du Boscq, « la personne » dont se plaint Mazarin s'en empara et menaça d'en faire mauvais usage, ignorant sans doute que la reine elle-même avait autorisé cette correspondance. L'affaire fut finalement étouffée et Anne écrivit à Mazarin de longs et tendres « éclaircissements » pour lui faire comprendre pourquoi elle gardait le (ou la) coupable à son service. Car elle le (la) garda.

Mais si la reine, en Anne d'Autriche, manifestait ainsi, de temps en temps, son autorité, la femme, jusqu'au bout, conserva pour Mazarin le même attachement passionné. La dernière lettre connue qu'elle lui écrivit – la plus belle – en porte témoignage. Elle est du 30 juin 1660, Anne a maintenant cinquante-neuf ans :

« Votre lettre m'a donné une grande joie. Je ne sais si je serai assez heureuse pour que vous le croyiez et que, si j'eusse cru qu'une de mes lettres vous eût autant plu, j'en aurais écrit de bon cœur; et il est vrai que [d'en voir tant et des transports avec lesquels l'on les reçut?] et je les voyais lire, me faisait souvenir d'un autre temps dont je me souviens presque à tous moments. Quoi que vous en puissiez croire et douter, je vous assure que ceux de ma vie seront employés à vous témoigner que jamais il n'y a eu d'amitié plus véritable que la mienne et, si vous ne le croyez pas, j'espère de la justice [que j'ai?] que vous vous repentirez quelque jour d'en avoir jamais douté, et, si je vous pouvais aussi bien faire voir mon cœur que ce que je vous dis sur ce papier, je suis assurée que vous seriez content, ou vous seriez le plus ingrat des hommes du monde et je ne crois pas que cela soit [...] 22 *(elle)* me prie de vous dire que, jusques au dernier soupir, ⹋⹋⹋⹋, quoique vous en croyiez. ⹋ [1]. »

XVI

« IL FAUT PARTIR »

A la date où Anne d'Autriche écrivait ces lignes, Mazarin n'avait plus que huit mois à vivre. Les harassantes négociations avec l'Espagne avaient épuisé cet homme de cinquante-huit ans dont la dévorante activité masquait une santé fragile, minée par la goutte et la gravelle. Mais quelle récompense que le mariage de Louis XIV avec l'infante, le 9 juin 1660, à Saint-Jean-de-Luz! La paix rendue à l'Europe, le roi heureux! la blondeur, la fraîcheur et le naïf amour de Marie-Thérèse (elle ressemblait en moins bien à sa tante) avaient fait oublier l'autre Marie à Louis.

Pour la reine, qu'il faut maintenant appeler la reine mère, bien beau moment aussi que ces noces qui unissaient son fils à sa nièce et mettaient fin au conflit entre ses deux patries! Et puis elle avait pu, pendant trois semaines, se retremper dans l'atmosphère de son pays natal, retrouver des plaisirs et des raffinements oubliés : le délicieux chocolat espagnol, noir, épais, velours pour le gosier; les boissons fraîches servies avec des glaçons ou sur un lit de neige – oui, des glaçons et de la neige en juin, grâce à ces glacières dont les Espagnols avaient le secret et qu'ils transportaient partout avec eux. Pour le plaisir de l'oreille, le son des guitares, qu'Anne était bien la seule, côté français, à apprécier : nos compatriotes, n'aimant que ce qu'ils connaissaient, s'avouaient horrifiés par ces harmonies étrangères. Ils n'approuvaient guère davantage les comédiens espagnols, jugés bouffons et irrespectueux, mais qu'Anne allait entendre tous les jours, son frère les ayant envoyés à Saint-Jean-de-Luz sur sa demande expresse.

Cependant que Mazarin et don Luis de Haro, dans l'île des Faisans, continuaient à se disputer courtoisement, mais âprement, quelques bourgades, les deux cours rivalisaient de galanterie, au prix pour l'une et l'autre d'effroyables dettes. Anne, négligeant ces détails, rayonnait d'une double fierté : son fils était le plus beau, mais qu'ils avaient fière allure, les hidalgos de son pays, avec leurs habits noirs, leurs dentelles blanches et les cordons de diamants qui ornaient leurs chapeaux ! Ils se postaient, le soir, sous les balcons de ses filles d'honneur pour leur sussurer des compliments où il y avait « plus de six soleils, vingt étoiles et trente roses » (Mathieu Montreuil). Mazarin offrant une épée à un gentilhomme de la suite de Philippe IV, l'Espagnol, sans un mot, dégainait la sienne, superbe lame de Tolède ciselée, pour la jeter par la fenêtre (sous laquelle deux soldats de l'une et l'autre nation en venaient aux mains pour se l'approprier !)

Les retrouvailles d'Anne d'Autriche avec son frère, après quarante-trois ans de séparation, avaient été émouvantes. Évoquant les quinze années de guerre qu'elle avait dû mener contre lui, « je crois, avait dit Anne à Philippe IV, que Votre Majesté me pardonnera d'avoir été si bonne Française : je le devais au roi, mon fils, et à la France. » Belle parole, qui pourrait lui servir d'épitaphe.

Dès le retour de Saint-Jean-de-Luz, la cour et Mazarin s'étaient réinstallés au Louvre. Le cardinal n'y occupait qu'un appartement relativement modeste, mais décoré avec un goût exquis, comme toutes ses résidences. C'est dans ce « pied-à-terre » que Molière et sa troupe représentèrent, le 30 octobre 1660, *L'Étourdi* et *Les Précieuses ridicules*. Tout le monde rit beaucoup et les comédiens reçurent des gratifications et de

Louis XIV et de Son Éminence, qui avait toujours aimé à protéger les gens de lettres et les protégerait encore après sa mort, ayant laissé un fonds pour subvenir à leurs pensions.

Bien que Mazarin fût déjà très atteint, la vie de cour était plus brillante que jamais en l'honneur de la jeune reine. Au début de février 1661, un ballet, où le roi devait danser, était en répétition dans la galerie des Rois. L'imprudence d'un ouvrier mit le feu aux décors, et cet incendie fut un grand choc pour le cardinal, qu'on ne sauva pas sans peine de son appartement menacé par les flammes. On le transporta dans son hôtel de la rue de Richelieu, l'ex-hôtel de Chevry, qui s'appelait maintenant le palais Mazarin. Titre mérité : le cardinal, qui ne s'en servait que pour recevoir, en avait fait un véritable musée ou s'entassaient ses collections reconstituées : tapisseries, antiques, toiles de maîtres, bibliothèque, curiosités, pour ne pas parler des écuries dont le luxe avait jadis excité la verve des pamphlétaires. Le palais Mazarin est devenu notre Bibliothèque nationale. L'auteur de ce livre a passé bien des fois, pour se rendre au cabinet des Manuscrits, devant la galerie haute, celle que le cardinal avait fait décorer par Romanelli. C'est là que se déroula la scène inoubliable, surprise et racontée par Brienne le jeune : Mazarin en robe de chambre et bonnet de nuit, traînant ses pantoufles au milieu de ses chefs-d'œuvre, et soupirant : « Il va falloir quitter tout cela! »

Le cardinal voulut mourir à Vincennes, sa forteresse, où s'entassaient d'autres trésors et quelques millions « réservés » que Colbert, après la mort de son maître, mettrait à la disposition de Louis XIV, s'assurant ainsi un joli début de carrière. Vincennes était un château de la couronne, mais Mazarin, qui s'en était fait donner le gouvernement après la mort de Chavigny, y avait imprimé sa marque, là comme ailleurs : agrandissements et embellissements par Le Vau, repeuplement en gibier des bois et fossés, pour que Louis XIV pût s'y livrer à son exercice favori, le même que son père, le même que tous les rois de France : la chasse. Mais le sol était ingrat, disait Colbert à son maître, les arbres y venaient mal, et l'on était obligé d'acheter aux Halles les « fruits de Vincennes » qu'on envoyait à la reine ! Ce qu'Anne, bien sûr, ignorait.

La cour, qui s'était transportée à Saint-Germain après l'incendie du Louvre, rejoignit Mazarin à Vincennes quand il y fut installé. Anne n'ignorait plus la gravité de l'état du cardinal, s'en étant informée auprès de ses médecins. Elle lui rendait visite tous les jours et plusieurs heures par jour, ainsi que le roi. Il leur fallait fendre une foule que Colbert avait du mal à contenir : dans l'incertitude de l'avenir, et Mazarin disposant encore de la toute-puissance, chacun tentait d'obtenir de lui, par l'intermédiaire de ceux qui l'approchaient, et surtout de ses confesseurs, une dernière faveur.

C'est à Vincennes que Mazarin donna ses ultimes conseils à Louis XIV, qui prit soin de les dicter à un secrétaire. Il s'en pénétra si bien, qu'à la fin de sa propre vie, cinquante ans plus tard, il les consignerait à son tour pour son successeur. En quoi il eut peut-être tort. Affirmer en tout et partout l'autorité monarchique, ne plus prendre de premier ministre et gouverner par soi-même, ces préceptes édictés par Mazarin (acte de foi dans les capacités du jeune roi et aussi dans la France, maintenant apaisée) ne pouvaient être indéfiniment valables. La monarchie absolue était une réponse nécessaire à la Fronde, mais elle créait pour l'avenir les conditions d'une autre révolte. Il aurait fallu un nouveau Mazarin, doué de la même intelligence, de la même prescience, pour, cinquante ans plus tard, conseiller l'évolution qui aurait pu éviter la Révolution. Mais ne refaisons pas l'histoire : cinquante ans plus tard, de toute façon, Louis XIV n'aurait pas plus écouté Mazarin qu'un autre.

Anne n'était pas une « pleureuse », comme elle le disait elle-même. Le 22 février, on la vit pourtant sortir en pleurant de la chambre du cardinal. L'état du malade empirait ; atteint d'œdème pulmonaire, il avait des étouffements de plus en plus prolongés. Le 5 mars, Anne ordonna les prières des quarante heures dans les églises, ce qui ne s'était jamais fait que pour les rois. Le 7, Mazarin prit congé d'elle et de toute la famille royale, leur demandant de ne plus venir le voir : il voulait donner les moments qui lui restaient au salut de son âme. (Il en avait tout de même, depuis la veille, consacré quelques-uns à refaire son testament, le roi ayant refusé la fortune qu'il voulait, ou prétendait vouloir lui léguer.) Anne passa chez sa belle-fille Marie-Thérèse, qui tenait cercle, puis, au bout d'un moment, tenaillée par l'inquiétude, retourna dans la chambre de Mazarin. Colbert s'approcha d'elle pour lui dire que, d'après les médecins, le malade ne passerait pas la nuit. Une fois de plus, en public, celle qui ne pleurait pas ne put retenir ses larmes.

Ce même 7 mars, Louis XIV convoqua sans Mazarin, pour la première fois, son conseil. « Je vis alors, écrit Mme de Motteville, le vivant prendre la place du mourant, avec un commencement de grandeur, de suite et de bruit qui me fit admirer les changements du monde. »

La reine mère alla passer la nuit dans l'appartement de son fils. De la chambre où elle avait couché jusque-là, elle entendait gémir le cardinal. On voit, qu'à Vincennes comme ailleurs, Anne et Giulio n'étaient jamais bien loin l'un de l'autre.

Mazarin vécut encore vingt-quatre heures. C'est le 9 mars, à deux heures du matin, qu'il rendit l'âme. Il avait, par testament, « supplié » la reine mère d'accepter un diamant de quatorze carats connu sous le nom de « la Rose d'Angleterre », un anneau d'or, orné d'un « rubis cabochon d'orient parfait », deux grands cabinets de miniatures à colonnes d'améthyste, dits de la Paix et de la Guerre, un autre cabinet, de lapis, et six guéridons provenant de Rome ; il la « remerciait de ses bontés » et lui demandait de bien vouloir accorder sa protection à ses nièces. Anne avait déjà accepté de confier à la princesse de Conty la surintendance de sa maison, à la comtesse de Soissons celle de la maison de la reine, et elle marierait bientôt la cadette, Marie-Anne Mancini, au jeune duc de Bouillon, un des plus beaux partis de France.

Nous avons dit plus haut que le cardinal avait aussi voulu rendre hommage dans son testament à celle qui l'avait toujours soutenu avec une « fermeté d'âme incroyable ». Mais le plus émouvant est ailleurs : Mazarin ordonnait que son cœur fût porté et conservé à l'église du couvent des Théatins, sur ce qui est aujourd'hui le quai Voltaire. Était-ce seulement parce que son confesseur, un théatin, l'avait souhaité? Ou parce que cette église des Théatins, jadis inaugurée par la reine, s'appelait Sainte-Anne-la-Royale?

Que pensait-elle, Anne la Royale? Une fois de plus, nous constatons une extraordinaire divergence entre les récits des mémorialistes et ce que nous savons par la correspondance secrète de la reine et de Mazarin, que les mémorialistes ignoraient. Car de croire, comme le disent Mme De Motteville, Brienne le jeune et Montglat, qu'Anne parut soulagée de la mort du cardinal, dont elle ne supportait plus l'humeur et « l'avarice », est-ce possible? Si oui, il faut que ce revirement ait été bien soudain, puisque, huit mois plus tôt, elle lui écrivait encore dans les termes que nous avons vus. Mais les mémorialistes sont entraînés par leur logique, et le fondement de leur logique est erroné : ils croyaient que Mazarin avait voulu faire monter sa nièce sur le trône et que la reine lui en tenait encore rigueur. Nous savons ce qu'il en était.

Ce qui est vrai, c'est qu'une fois de retour à Paris, tout de suite après la mort du cardinal (le royaume n'attend pas), Anne demanda qu'on ne parlât plus du défunt; il fallait, disait-elle, que le roi, très abattu, retrouvât le calme et le courage nécessaires pour s'occuper des affaires de l'État. Raison valable, mais qui se doublait assurément d'une autre, plus personnelle, qu'elle ne voulait pas donner à voir. Anne d'Autriche savait ce qu'interdisait la majesté royale et avait toujours eu sur elle-même, dans les grandes occasions, le plus puissant empire. Mais si la cour prit le deuil, ce qui ne s'était jamais vu pour un ministre (pas plus que les prières des quarante heures), c'est bien parce qu'elle le voulut ainsi et pas seulement parce que Mazarin était le parrain de Louis XIV.

Anne ne souhaitait plus qu'une chose : la retraite. Il ne faut pas croire cette pipelette d'abbé de Choisy (d'ailleurs âgé de dix-sept ans à l'époque) quand il nous dit qu'elle accueillit d'un sourire incrédule la résolution de son fils de gouverner seul. Ne l'avait-elle pas élevé pour cela ? Et avait-elle jamais souhaité le pouvoir sinon pour le lui transmettre ? Souvent, déjà, elle avait répondu à ceux qui lui reprochaient d'avoir laissé Mazarin prendre trop d'autorité qu'il avait une « légitime excuse », sachant bien qu'elle ne s'en souciait pas. Sans doute, Anne aurait été flattée que son fils lui demandât de rester au conseil, mais elle s'inclina sans murmurer quand il lui fit comprendre que sa présence n'y était plus nécessaire. Elle n'était pas de la race des mères abusives, comme, avant elle, les Médicis, Catherine, puis Marie, sa belle-mère, dont l'autoritarisme et l'appétit de pouvoir l'avaient tant fait souffrir. Cette « indifférence pour toutes les choses du monde », que remarquait en elle Mme de Motteville, c'était sa manière de faire confiance à son fils et de rester fidèle à Mazarin.

Fidélité dont témoignait aussi le cadre dans lequel elle vivait et vécut jusqu'à sa mort. C'est Romanelli, le décorateur du palais Mazarin, qui avait conçu et réalisé au Louvre son appartement neuf, dit l'appartement d'été (dans la Petite Galerie). On y trouvait en bonne place les deux cabinets de la Paix et de la Guerre, les guéridons venus de Rome, un Bacchus des collections de Mazarin et deux admirables Véronèse, que Mazarin, toujours lui, avait fait acheter à la couronne.

Dans le grand cabinet de la reine mère, son cabinet

de travail et de réception, les fresques de Romanelli étaient un hommage au cardinal-ministre. On y voyait, on peut y voir encore, au centre du plafond, une Rome majestueuse et armée, entourée de l'Histoire, de la Poésie et de la Renommée, allégories destinées à exalter les origines italiennes du cardinal, jadis tant dénigrées. Dans les scènes latérales, les peintres n'avaient pas craint de représenter Cincinnatus, incarnation de la vertu civique et du désintéressement. C'était aller un peu loin, mais il est vrai que, sur le plan politique, Mazarin, à la différence de Richelieu, n'avait jamais joué les dictateurs; et, s'il avait conseillé à Louis XIV de ne plus prendre de premier ministre, c'est parce qu'il savait combien dangereuse pouvait être la puissance d'un premier ministre.

Autre « héros romain » représenté au plafond, Scipion. Pourquoi? parce qu'il symbolisait la continence, et que la vie du cardinal, disait le P. Bissaro, son confesseur, avait toujours été « d'une dignité et d'une intégrité telles que jamais personne n'a pu le taxer de grave scandale, et cette justice, ses ennemis eux-mêmes la lui rendent ». Il faut croire que le P. Bissaro ignorait les mazarinades, les billets anonymes glissés dans le lit de la reine et les allusions de Richelieu aux succès d'alcôves de son protégé. Mais passons. La chambre d'Anne d'Autriche n'était-elle pas dénommée la chambre des Vertus, « autant, disait un commentateur, parce qu'elle les représente que parce qu'elle a été choisie pour le repos de la plus grande et de la plus vertueuse reine »? La Religion, vêtue de blanc, trônait au plafond, entre la Tempérance tenant un mors à la main, et la Chasteté occupée à chasser l'Amour. Là encore, c'était oublier bien des choses, ne fût-ce qu'une certaine scène dans un jardin d'Amiens. Mais l'art officiel n'a jamais eu pour objet de rappeler les faiblesses des grands de ce monde.

Dans le superbe « cabinet de bains » de l'appartement d'hiver, malheureusement disparu, les décorateurs n'avaient pas cédé à l'hagiographie. Tout n'y était que luxe, raffinement et féminité : la marqueterie de bois odoriférants, le petit lit de repos garni de brocart or et argent avec campanes de broderie et dont les deux matelas étaient recouverts de satin aurore, les fauteuils, les pliants, les guéridons et la grande horloge, dont les bois d'un « vernis bleu » s'harmonisèrent aux couleurs des tentures et lambris; enfin, située à peu près au point géographique qu'occupe aujourd'hui la Vénus de Milo, la baignoire de la reine, sur chapiteaux de bronze doré, logée dans une niche que Le Sueur avait décorée de la fable de Psyché et où l'eau se déversait par une sorte d'urne surmontée d'un amour sculpté.

Nous avons vu Anne d'Autriche, à la veille du départ de Marie Mancini, entraîner son fils dans ce cabinet des bains pour le consoler. C'est qu'il lui servait de boudoir, comme on ne disait pas encore; de toutes les pièces de ses deux appartements, c'était celle où elle se plaisait le plus. Eh bien, il faut admettre que la femme qui avait voulu un tel décor et pour y passer tant d'heures, qui mirait encore, avec un reste de complaisance, sa blondeur opulente dans la glace au cadre d'or ciselé, émaillé à son chiffre et à ses armes – il faut admettre que cette femme était la même qui se rendait si souvent dans les églises et dans les hôpitaux, qui protégeait M. Vincent et le jeune abbé Bossuet, qui ne manquait jamais, le Jeudi saint, de laver les pieds des pauvres. Dualité que symbolise parfaitement la topographie : le cabinet des bains avoisinait l'oratoire!

Refuser cette dualité, c'est refuser l'époque et le personnage. Il est aussi absurde de ne voir en Anne d'Autriche qu'une coquette dénuée d'intelligence, comme on l'a fait trop longtemps, que de la réduire à ses œuvres pies, comme le firent après sa mort ses panégyristes. L'un d'eux n'ira-t-il pas jusqu'à dire, qu'à la différence de tant d'autres reines, celle-ci n'avait laissé à la postérité que de saints édifices, pas un seul monument profane? Et ces appartements, alors? Et ce célèbre cabinet de bains?...

Au reste, les saints édifices aussi, sur l'ordre de la reine mère, se paraient d'un baroque éclatant, qui eût mieux convenu à des palais qu'aux demeures du Christ. Là encore, l'influence de Mazarin disparu se faisait sentir.

La nouvelle église du Val-de-Grâce avait été commencée en 1645 sur les plans de François Mansart. Après la Fronde, qui avait interrompu les travaux, un autre projet fut demandé à Le Muet, et c'était un projet d'inspiration italienne, avec médaillons, caissons, entrelacs guillochés et marqueterie de marbres. Quand le Bernin vint en France, en juin 1664, l'église était presque achevée. Mais Anne savait avec quelle passion et quelle persévérance Mazarin s'était efforcé d'attirer dans le royaume le grand artiste baroque, son compatriote. C'est pour cette raison, et pas pour une autre, qu'elle lui demanda un nouveau projet d'autel.

Si Anne d'Autriche, en dehors de ses œuvres pies et bâtisses pieuses, n'éprouvait plus qu'indifférence « pour toutes les choses du monde », pourquoi restait-elle à la cour ? Parce que le roi, son fils, commençait à se mal conduire et qu'elle pensait être seule capable de modérer son orgueil et la violence de son tempérament.

Sur la plan politique, la volonté de puissance de Louis XIV ne s'embarrassait de scrupules d'aucune sorte. Au lendemain de la mort de Mazarin, le roi, pour exaucer un des derniers souhaits du cardinal, avait accordé le gouvernement de Bretagne au jeune La Meilleraie, devenu duc Mazarin après son mariage avec Hortense Mancini. Jusque-là, rien que de louable. Mais Louis oubliait une chose : ce gouvernement appartenait à sa mère depuis 1643, par l'effet d'une *combinazione* de Mazarin lui-même (il s'agissait alors d'empêcher les Vendôme de le recouvrer, et la reine était la seule personne à laquelle ils ne pussent le disputer). La simple courtoisie exigeait donc du fils qu'il demandât à sa mère de remettre le gouvernement de Bretagne à la disposition de la couronne, ce qu'elle eût fait sans aucun doute. Mais Louis XIV se dispensa de cette formalité. Anne avait prouvé ses bonnes intentions envers la famille de Mazarin en accordant les charges que nous savons à la princesse de Conty et à la comtesse de Soissons, que pourtant elle n'aimait pas, à cause de sa coquetterie et de sa mauvaise influence sur le roi. Mais en ce qui concernait l'octroi de la Bretagne au mari d'Hortense, la désinvolture de son fils suscita chez la reine mère un de ses mouvements d'orgueil qu'elle n'avait jamais réussi à maîtriser tout à fait. Elle fit savoir et à Louis et au jeune La Meilleraie-Mazarin que c'était assez d'honneur pour celui-ci que d'être son lieutenant en Bretagne.

Le roi s'inclina. Mais ce fut la dernière fois; dans les autres différends qui allaient bientôt opposer la mère et le fils, et particulièrement dans la célèbre affaire Fouquet, Anne d'Autriche put mesurer l'inflexible résolution du jeune despote qu'elle avait engendré.

Anne aimait Fouquet, parce qu'il était aimable, parce qu'il était une créature de Mazarin, parce qu'il avait ramené le vieux Corneille au théâtre et surtout, parce qu'à la différence des surintendants des Finances qui l'avaient précédé, il fournissait toujours l'argent qu'on lui demandait, avec une célérité qui tenait de la magie. Comprenons qu'il avait la confiance des prêteurs, à cause des avantages inavouables qu'il leur consentait : car c'était là tout le mystère.

Fouquet cultivait la bienveillance de la reine mère par tous les moyens, y compris la corruption, plaçant des créatures à lui dans sa maison, en achetant d'autres. Il avait gagné jusqu'au confesseur, ce cordelier d'Espagne que Mme de Motteville jugeait un peu trop « simple » pour être auprès d'une reine. Et si Mlle de Manneville, fille d'honneur d'Anne d'Autriche, était, comme dit joliment Choisy, la « nymphe » favorite du surintendant, gageons que l'amour n'inspirait pas, seul, cette prédilection.

On sait que Fouquet, malgré les informateurs qu'il

entretenait partout, ne prévit pas sa chute; on en sait moins les raisons, qui ne tiennent pas toutes à l'extraordinaire dissimulation du roi de vingt-trois ans. Les Mémoires inédits de Millet de Jeure nous révèlent que le surintendant se croyait « suffisamment protégé de la reine mère ». Fouquet n'avait pas compris que les temps étaient changés, que Louis XIV voulait qu'on tînt tout de lui; il n'avait pas compris que Colbert qui, à sa différence, se rendait sans escorte chez le roi, « avec un sac de velours sous son bras, comme le moindre petit commis de l'Épargne » (Motteville), avait déjà profondément miné le terrain sous ses pas; il ignorait que Mazarin lui-même, avant de mourir, avait déconseillé au roi de le garder; il ignorait enfin que la toujours redoutable duchesse de Chevreuse avait compris tout ce qu'il n'avait pas compris et jouait Colbert contre lui!

On ne peut se défendre d'une certaine admiration pour Mme de Chevreuse. Alors que ses amis frondeurs, au fond de leurs retraites ou de leurs prisons, remâchaient leur amertume, les plus favorisés se distrayant avec la littérature (sans même en tirer gloire, un grand seigneur ne pouvant alors s'abaisser à signer un livre), notre éternelle intrigante, à soixante-deux ans, était tout entière projetée vers l'avenir. « La maison des rois est comme un grand marché où il faut aller nécessairement trafiquer pour le soutien de la vie et pour les intérêts de ceux à qui nous sommes attachés », écrit Mme de Motteville. Dans ce genre de trafic, la duchesse avait du génie, le mot n'est pas trop fort. De même que, jadis, veuve du connétable de Luynes et quasi chassée par Louis XIII, elle s'était en moins de six mois rétablie à la cour par son mariage avec Chevreuse, elle allait maintenant rétablir sa famille dans la nouvelle cour, celle de Louis XIV, en mariant son petit-fils à une fille du commis au sac de velours dont elle avait, par une extraordinaire clairvoyance, pressenti la prodigieuse carrière. Alliance inouïe, quand on y songe, que celle de l'héritier de tant de titres, de tant de charges et de tant de terres (il cumulait les deux héritages Luynes et Chevreuse) avec la descendante des drapiers de Reims qui tenaient boutique à l'enseigne du *Long vestu* ! Il est vrai que l'exemple hardi donné par Mme de Chevreuse serait suivi : les trois filles de Colbert devinrent toutes les trois duchesses.

Mme de Chevreuse, avec, peut-être, l'assentiment de Louis XIV, s'employa à desservir Fouquet dans l'esprit d'Anne d'Autriche. Quoi qu'en aient dit certains, il ne semble pas qu'elle y ait réussi. Le surintendant tenait par trop de liens à la reine mère ; il lui était trop utile, à cause des « sommes considérables » qu'il lui donnait à l'insu du roi, auquel, nous dit Millet de Jeure, elle n'osait les demander.

La situation financière d'Anne d'Autriche reflétait exactement le mal dont souffrait et mourut la monarchie. Si la dot de la reine mère n'avait jamais été entièrement payée par l'Espagne, le douaire et les frais de maison que s'était engagé à lui verser son mari ne l'avaient pas été davantage. Nous avons vu Richelieu, jadis, écrire aux surintendants des Finances pour leur demander de satisfaire aux « justes prétentions de la reine ». Au début de la régence, Mazarin avait tenté de normaliser la situation en faisant accorder à Anne d'Autriche, « en remplacement » de ce qu'on lui devait, plusieurs domaines de la couronne (nous avons parlé de la Bretagne ; il y avait aussi le Bourbonnais, la Marche, la forêt de Saint-Gobain, etc.). Mais les nécessités politiques (compensations accordées aux spoliés du règne précédent, exigences des frondeurs) n'avaient pas permis à la régente d'entrer en possession de la totalité de ces domaines dont, par ailleurs, les revenus, qu'elle aurait dû toucher, rentraient irrégulièrement, ou ne rentraient que pour servir à colmater quelque autre brèche. Afin de compenser les nouvelles pertes subies de ce fait par la reine, on lui avait, en un second temps, accordé 471 800 livres par an, qui s'ajoutaient à une allocation d'un peu plus d'un million de livres pour ses appointements de régente, les dépenses de sa maison (elle payait jusqu'à ses gardes) et celles du Val-de-Grâce. Mais tout cet argent, Anne ne le touchait que sur le papier : là encore, la pénurie chronique de l'Épargne freinait les paiements. On se contentait de faire de temps en temps, « au nom du roi », un don ou une avance à la reine. Encore devait-elle souvent reverser à l'Épargne une partie de ces dons et avances, une nouvelle urgence étant survenue!

Voilà pourquoi Anne d'Autriche était endettée; voilà pourquoi son trésorier devait constamment supplier MM. de l'Épargne ou le roi lui-même de bien vouloir ordonner le paiement de ce qui lui était dû. Comme Turenne, autrefois, Anne aurait pu dire qu'il lui fallait solliciter sans cesse « et jusqu'au dégoût ».

Fouquet lui épargnait ces dégoûts; il se faisait un devoir et un plaisir de la satisfaire. Aussi, quelle consternation quand la reine mère apprit que le roi, son fils, voulait, non seulement renvoyer, mais faire arrêter ce magicien des finances! Est-il vrai, comme le dit Brienne le jeune, que cette arrestation devait être opérée au cours de la trop célèbre fête que Fouquet offrit, le 17 août 1661, au roi et à toute la famille royale dans son château de Vaux-le-Vicomte? Louis XIV n'aurait renoncé à ce coup de force, à ce crime contre l'hospitalité que sur les instances de sa mère, scandalisée au point de qualifier de « déshonorante » une telle action commise en une telle occasion. Dans son *Élégie aux nymphes de Vaux,* La Fontaine écrira, après l'arrestation du surintendant :

Les Destins sont contents : Oronte est malheureux.
Vous l'avez vu naguère au bord de vos fontaines,
Qui, sans craindre du sort les faveurs incertaines,
Plein d'éclat, plein de gloire, adoré des mortels,
Recevait des honneurs qu'on ne doit qu'aux autels.
Hélas! qu'il est déchu de ce bonheur suprême!

Que vous le trouveriez différent de lui-même!
Pour lui les plus beaux jours sont de secondes nuits:
Les soucis dévorants, les regrets, les ennuis,
Hôtes infortunés de sa triste demeure,
En des gouffres de maux le plongent à toute heure.

Que n'eût pas écrit La Fontaine, si « Oronte » avait été empoigné par des gardes, pendant que la Béjart, éblouissante, sortait de sa coquille pour entamer le prologue des *Fâcheux*!

Aussi bien, pourquoi Louis XIV eût-il commis cette inutile provocation? On attache trop d'importance à la fête de Vaux; elle fut, certes, une erreur du surintendant: aucun roi, et encore moins l'orgueilleux Louis XIV, ne pouvait accepter d'un de ses sujets (surtout d'un surintendant des Finances!) un tel déploiement de faste. Mais cette erreur de Fouquet ne changea rien à son destin, qui était déjà scellé; elle n'eut d'autre effet que de renforcer la résolution du roi et d'accroître sa rancune contre le corrompu-corrupteur qui, autre erreur, et combien grave! avait même tenté d'acheter Mlle de la Vallière.

Millet de Jeure qui, après diverses missions à l'étranger, était revenu à la cour au lendemain de la mort du cardinal et jouissait toujours de la confiance d'Anne d'Autriche, est un témoin plus crédible que Brienne le jeune. La version qu'il donne de l'action de la reine mère en faveur de Fouquet, et que corrobore dans ses grandes lignes Mme de Motteville, est sans doute la bonne.

Quelque temps avant la fête de Vaux, Anne avait demandé au surintendant de lui fournir les 200 000 livres à elle allouées chaque année pour les dépenses du Val-de-Grâce et qui n'avaient pas encore été payées. Mais elle l'avait prié de n'en point parler au roi. S'agissant d'une dépense ordinaire, et aussi pieuse, cette cachotterie étonne. Peut-être Anne avait-elle déjà compris que son fils voulait contrôler jusqu'à ses charités. Mais Fouquet crut se faire un mérite auprès du souverain en trahissant la confidence de la reine mère. Pourquoi? Parce qu'il n'ignorait pas les soupçons qui pesaient sur lui et voulait se donner les apparences d'un gestionnaire irréprochable? Sans doute, mais aussi parce que tel était l'homme; dans une cour deux sûretés valent mieux qu'une... Quelques jours plus tard, le roi informait sa mère de l'imminente arrestation du surintendant. Anne ne cacha pas son mécontentement. Louis XIV, alors, se servit de l'indiscrétion de Fouquet pour lui faire comprendre qu'elle défendait une mauvaise cause : « Enfin, madame, lui aurait-il dit, vous croyez cet homme fort fidèle à vos intérêts particuliers, mais je veux vous convaincre de sa mauvaise foi. Il m'a découvert que vous lui aviez récemment demandé deux cent mille livres et lui aviez ordonné de me cacher cette libéralité. Vous savez que je ne vous refuse rien et que je préviens même souvent vos demandes et vos besoins, que vous pouvez me faire connaître avec confiance; mais vous devez juger, par ce mystère, du cœur et de la fidélité du surintendant pour ce qui vous regarde. »

Il faut croire qu'Anne ne fut pas ébranlée : pendant le procès de Fouquet, alors que son fils excitait les juges à la sévérité, elle ne cessa, pour sa part, de solliciter secrètement leur indulgence. C'est donc à elle, et pas seulement aux quelques courageux magistrats qui votèrent contre la mort, que Fouquet dut de ne pas finir sur l'échafaud. Anne avait fait plus, en envoyant chercher les enfants de Fouquet pour les confier à leur grand-mère et en recevant celle-ci, qui était venue se jeter à ses pieds. Elle la connaissait bien : qui, dans le monde de la charité, ne connaissait Mme Fouquet? C'était une sainte; apprenant l'arrestation de son fils, son premier mouvement avait été une action de grâces : « Merci, mon Dieu! Je vous avais toujours demandé son salut : en voilà le chemin. »

On retrouve Anne d'Autriche tout entière dans cette affaire Fouquet, la dernière affaire politique à laquelle elle ait été mêlée : la femme ne fut que compassion et charité ; la reine accepta les rigueurs de la raison d'État et observa le secret avec la nécessaire dissimulation dont elle avait déjà donné tant de preuves. Hostile à l'arrestation du surintendant, elle aurait pu prévenir celui-ci, comme sa belle-mère, assurément, l'aurait fait, ne fût-ce que pour contrarier son propre fils. Anne se tut, quoi qu'il lui en coûtât. Et quand Louis XIV, de Nantes, où avait eu lieu l'arrestation (on craignait que Fouquet ne se réfugiât et fortifiât dans Belle-Isle, qu'il avait achetée), fit savoir l'événement à sa mère, c'est elle qui convoqua le chancelier pour qu'il allât apposer les scellés sur toutes les maisons de Fouquet, lui donnant son propre capitaine aux gardes comme escorte.

J'ai parlé de la raison d'État. Elle pouvait excuser les rigueurs et les procédés de Louis XIV dans l'affaire Fouquet. Mais quelles excuses trouver à la vie privée du roi, au scandale qu'il donnait, aux chagrins qu'il causait ? C'est pour adoucir celui de sa belle-fille qu'Anne demeura à la cour.

Onze mois après les noces, Marie-Thérèse était trompée. Et c'est parmi ses filles d'honneur que Louis choisissait des maîtresses. Quelle tentation aussi, pour un roi, que ce vivier de créatures en fleur, où même Louis XIII était allé puiser, encore que platoniquement ! Les caprices du nouveau roi n'avaient rien de platonique, et, circonstance aggravante, ils étaient simultanés et non successifs. Mlle de la Mothe-Houdancourt rivalisa un moment avec Mlle de la Vallière, qui n'avait elle-même été distinguée que pour servir de paravent à une troisième intrigue, celle que Louis entretenait avec la propre femme de son frère, Henriette d'Angleterre : cette petite Henriette qu'il trouvait jadis trop jeune et trop maigre, mais qui, à dix-huit ans, était devenue une des beautés de la cour ; joignant les grâces de l'esprit aux charmes du visage, « elle posssédait au souverain degré le don de plaire », dit Mme de la Fayette.

Le pire n'était pas que Louis XIV trompât sa femme, même aussi tôt et aussi continûment, mais qu'il refusât qu'on prétendît l'en empêcher. On se souvient que Louis XIII s'était scandalisé que Saint-Simon osât lui suggérer d'utiliser le prestige de sa couronne pour venir à bout de Marie de Hautefort. Son fils réagissait bien différemment; une seule chose le scandalisait : que le prestige de sa couronne ne fermât pas la bouche à tous les censeurs. Mme de Navailles avait cru pouvoir lui demander de choisir ses maîtresses ailleurs que chez les filles d'honneur de sa femme. Étant elle-même dame d'honneur de Marie-Thérèse, elle avait la responsabilité de ces jeunes personnes. Louis ne retint des remontrances de Mme de Navailles que la nécessité d'agir plus prudemment et, à Saint-Germain, emprunta les toits pour aller rendre visite à Mlle de la Mothe-Houdancourt. Ce qu'apprenant, Mme de Navailles fit grillager les lucarnes. Elle y risquait sa charge et celles de son mari. De fait, malgré les interventions répétées de la reine mère, ils finirent par être tous les deux chassés. Ce fut une date dans la vie d'Anne d'Autriche. Les Navailles disgrâciés! Eux qui, pendant les années d'épreuve, avaient si fidèlement servi d'intermédiaires entre elle et Mazarin! Et disgrâciés par qui? Par ce même Louis XIV dont ils avaient aidé à sauver le trône! Et pour quel motif? Pour lui avoir demandé de respecter la morale! « Vous punissez leur vertu », osa dire Anne à son fils.

Louis répondit à la réprobation de sa mère en rompant avec elle. Pendant plusieurs jours, en public, il affecta de ne lui point adresser la parole. Anne n'avait pas coutume de verser des larmes, nous le savons. Pourtant, la Molina, femme de chambre de sa belle-fille, la surprit un soir à pleurer dans la solitude de son oratoire. Devant cette Espagnole, Anne ouvrit son cœur et se plaignit du roi, ce qu'elle n'eût assurément pas fait devant d'autres. « *Ah, Molina, estos hijos!* » s'exclamait-elle. Le Tellier, Colbert, Montagu s'en mêlèrent, et Louis XIV, qui aimait sincèrement sa mère, vint faire sa paix avec elle ; il pleura même, lui aussi, sur son épaule, mais n'essaya même pas de lui faire croire, comme jadis à Mazarin, qu'il pourrait surmonter ses passions. Non ! déclara-t-il, il ne le pouvait pas, pas plus que réformer sa conduite et renoncer à la vengeance. L'âge cornélien était bien révolu...

Si Anne se lamentait sur « ses fils » au pluriel (*estos hijos*), c'est que son cadet, Philippe d'Anjou, devenu duc d'Orléans à la mort de Gaston, lui causait aussi bien des soucis. Avait-elle deviné son homosexualité latente ? Non, mais elle s'irritait de sa mollesse et de sa vanité, de l'inexplicable plaisir qu'il prenait à parler chiffons et à se déguiser en femme, de l'inexplicable indulgence qu'il témoignait à certains jeunes seigneurs qui le traitaient avec une familiarité qu'un fils de France n'aurait pas dû tolérer. L'échec conjugal du couple Philippe-Henriette était patent. Comme son père Louis XIII et sans doute pour les mêmes motifs, le jeune Monsieur ne connaissait de l'amour que la jalousie. « Le miracle d'enflammer le cœur de ce prince n'était réservé à aucune femme du monde », écrit Mme de la Fayette. Philippe ne satisfaisait pas son épouse qui, par là même, lui donnait tous les jours de nouveaux motifs de jalousie. Fiancée, elle avait déjà, au cours d'un voyage en Angleterre, inspiré la plus folle passion au jeune duc de Buckingham, qui, apparemment, chassait de race et s'était précipité en France, étrange répétition de l'histoire, pour la revoir et la courtiser. Anne d'Autriche avait dû non seulement raisonner sa belle-fille, mais le fils de son ancien adorateur, on devine dans quels sentiments ambigus. Et Montagu, qui avait servi la passion du Buckingham de jadis, s'était employé, à la demande de la reine mère, à chapitrer le Buckingham du présent !

Buckingham évincé, Louis XIV avait pris sa place auprès d'Henriette. Quel nouveau souci, quel nouveau tourment pour Anne d'Autriche ! Son fils aîné prêt à commettre le péché d'adultère avec la femme de son fils cadet ! Que cette liaison, jugée par elle incestueuse, n'ait été évitée que par un autre adultère, celui que commit Louis XIV avec Mlle de la Vallière, enfin consentante, ne lui fut pas une consolation. Anne eut du moins la chance de mourir assez tôt pour ignorer les quatre bâtards que son fils devait avoir de la Vallière, les huit bâtards qu'il aurait ensuite de la Montespan. Et comment aurait-elle deviné qu'une jeune veuve méritante, qu'elle pensionnait sous le nom de Mme Scarron, succéderait, sous le nom de Mme de Maintenon, aux deux précédentes maîtresses de son fils ?

Après le renvoi des Navailles, en juin 1664, la reine mère s'était résolue à mettre à exécution son projet de retraite. La maladie l'en empêcha. Depuis l'été 1663 elle était souffrante. Pour réconforter sa languissante belle-fille Marie-Thérèse, qui allait d'accouchements en fausses couches et n'ignorait plus son infortune, la reine mère avait négligé sa propre santé. S'en fût-elle préoccupée que le cours de sa maladie n'en aurait pas changé : du clystère à la saignée, de la poudre de vipère à la ciguë, la médecine du temps était bien incapable de guérir un cancer du sein. On vit les Diafoirus jouer autour du lit d'Anne d'Autriche le même ridicule ballet dont ils avaient donné le spectacle au chevet de Louis XIII et au chevet de Mazarin. « Ils m'ont tué », avait dit le cardinal ; et nous savons que Louis XIII, dans son exemplaire agonie, n'avait pu se retenir de s'emporter contre ses propres médecins. Il ne faut pas s'étonner des virulentes caricatures de Molière : elles sont à peine chargées ; et si elles eurent tant de succès, c'est qu'elles vengeaient des générations de malades qui, tous, mouraient avec la cruelle amertume de se dire qu'en d'autres temps ils eussent été sauvés.

Dans cette galerie de mourants illustres, Anne seule, si délicate pourtant, si irritable, supporta sans impatience pendant ses treize mois de souffrances, de décembre 1664 à janvier 1666, les soins inutiles et les inutiles palabres de ses médecins. Sa foi l'aidait. Quand, le 27 mai 1665, à Saint-Germain, Montagu lui parla de testament et de confession, elle le remercia : « Vous me faites plaisir, ce sont là les plus solides et les plus véritables marques de l'amitié. » Elle donna ordre à ses affaires avec Tubeuf et Le Tellier, puis fit appeler son confesseur, pour se préparer au « grand voyage de l'éternité ». La *dualité* subsistait cependant. Sans oublier les soins qu'elle devait à son salut, Anne « en donnait quelques-uns à sa propreté et à son ajustement ». Mme de Motteville, qui nous l'apprend, s'en choquait un peu : « J'avoue que, parlant selon les préceptes de saint Paul, il aurait été à souhaiter, pour l'édification du public, que cette grande reine, par un détachement plus précis de ces bagatelles, eût plus fait voir en son extérieur que Dieu seul régnait en elle. » S'agissait-il seulement de coquetterie ? Anne avait toujours été persuadée que sa qualité de reine, l'exposant au public, l'obligeait à ces « bagatelles ». On la voyait, dès qu'entrait un visiteur, se soulever sur son coude, posture habituelle, reprendre un visage riant et trouver la force de converser de choses indifférentes. Jamais elle ne se plaignait. Pourtant elle souffrait de plus en plus. Mais Dieu n'exigeait-il pas qu'elle fît pénitence ? En août, après une opération manquée, Montagu, à qui elle avait fait promettre de l'avertir quand l'heure serait venue, lui dit : « Il faut partir. » Elle ne manifesta pas d'émotion ; depuis quelque temps déjà, elle se préparait au « voyage » par des confessions quotidiennes. Ah, qu'on aimerait connaître les péchés dont, *tous les jours,* Anne d'Autriche trouvait à s'accuser !

Ses fils, au début, avaient été parfaits, appelant de nouveaux médecins à son chevet, aidant à la soigner, à la changer de lit. Le roi venait la veiller la nuit ; il faisait mettre un matelas sur le « tapis de pied » du lit, s'y allongeait tout habillé et parfois, vaincu par la fatigue, s'y endormait. Mme de Motteville songeait, en le voyant ainsi, à ces « héros que les romans représentent couchés dans un bois ou sur le bord de la mer ».

Mais, la maladie se prolongeant, un rien d'impatience gagnait la famille. Marie-Thérèse qui, pleurante, avait d'abord demandé : « Si elle meurt, que deviendrai-je ? » se consolait maintenant à l'idée de rester reine de France. Quant au roi et à Monsieur, qui avaient déjà fait quitter Saint-Germain à leur mère, ils commençaient à se fatiguer d'aller la voir au Val-de-Grâce, où elle avait voulu être transportée. De même Mme de Beauvais, la femme de chambre; de même les médecins, qui prétextèrent les ridicules « cérémonies » qu'exigeait une communauté de religieuses avant d'admettre des visiteurs pour demander qu'on ramenât le malade au Louvre. Louis XIV s'empressa de donner les ordres nécessaires. Violence morale, puisque Anne avait toujours souhaité mourir au Val-de-Grâce; violence physique, car elle était maintenant intransportable. Après avoir badigeonné d'eau de chaux (!) la plaie de son sein, on la mit dans une chaise à porteurs où elle ne pouvait même pas s'allonger. Quelques-uns de ses officiers suivaient en portant des cordiaux et du vinaigre pour la ranimer quand elle tombait en défaillance.

Une fois de retour au Louvre, Anne s'alita, pour ne plus se relever, dans son lit de velours bleu à ramages; les rideaux étaient de soie brodée d'or; les quatre piliers, surmontés de pommes ornées de bouquets de plumes aurore et bleu et d'aigrettes blanches. Au chevet, un crucifix encadré de deux petits tableaux pieux; dans la ruelle, un cabinet de pierres naturelles. Un balustre d'argent, où venait s'appuyer la foule des visiteurs (les reines enfantent et meurent en public), séparait ce lit monumental du reste de la chambre, où l'on remarquait une Vierge du Guerchin, une table espagnole également d'argent, comme les chenêts et la grille de feu ornés de sphynges, comme les six flambeaux à figures de Maures.

Avec la dignité qu'on lui avait toujours connue, Anne ne voulait pas qu'on la vît souffrir; quand ses douleurs devenaient trop fortes et qu'elle craignait d'en pleurer, elle demandait à tout le monde, même à ses fils, de quitter la pièce. Il y eut des moments où l'on pensa, où elle pensa elle-même que, malgré sa foi, elle allait céder au désespoir. « Je n'en puis plus », laissa-t-elle un jour échapper; et refusa d'écouter la « harangue chrétienne » que tentait de lui faire sa dame d'honneur. Puis, quand une brève rémission la rendait à elle-même, regardant son sein gangrené, elle remerciait Dieu de l'avoir condamnée « à pourrir » avant sa mort. Pour échapper à la puanteur qui émanait de ses plaies, elle tenait devant son visage un éventail de peau d'Espagne, et ses femmes, quand elles la changeait, lui mettaient sous les narines des sachets de senteur.

Ses médecins l'achevèrent à l'opium (on disait jus de pavot) qui, seul, lui procurait quelques heures de miséricordieux sommeil. Sa dernière joie fut d'obtenir de son fils le rappel des Navailles. Louis XIV présenta la grâce comme venant de lui seul, et Anne ne voulut pas qu'on détrompât la cour, ni même les Navailles : « Ce que je voulais faire est fait [...]. Grâce à Dieu, je ne me soucie point des louanges; je suis bien aise que le roi les ait toutes; je souhaite qu'il vive assez vertueusement pour les mériter.

Mme de Motteville ne tarit pas d'éloges sur le courage et la résignation de sa maîtresse; l'un et l'autre étaient en effet admirables, mais ils l'étaient d'autant plus que la chrétienne, en Anne d'Autriche, n'avait pas encore tué la femme : la dualité persista jusqu'au bout. Un jour, après avoir d'une main mal assurée caressé son drap, Anne regarda fixement la comtesse d'Ille, une de ces dames espagnoles dont elle aimait maintenant à s'entourer, et soupira : « *Ha! condessa, savanas de batista; condessa, savanas de batista!* » (Ah! comtesse, des draps de batiste...) Rappel (ou regret?) pathétique du passé, celui d'une femme qui avait « trop aimé la beauté de son corps », comme elle se le reprochait, et que Mazarin avait coutume de plaisanter sur sa « délicatesse », lui disant qu'en enfer on ne lui fournirait que des draps de Hollande.

A la veille de sa mort, le 19 janvier 1666, soulevant et contemplant une de ses mains, jadis si belles, Anne murmura, comme pour elle-même, avec un petit hochement de tête : « Ma main est enflée, il est temps de partir. »

Sur quoi, l'archevêque d'Auch, son grand aumônier, se permit de lui dire qu'elle n'avait plus de temps à perdre et ne devait penser qu'à recevoir les sacrements. Sévérité bien inutile à l'égard d'une mourante qui se repentait tous les jours de ses péchés.

Avant de communier, Anne voulut parler à chacun de ses fils en particulier. Puis la chambre se remplit à nouveau quand arriva, porté de Saint-Germain-l'Auxerrois, en grande cérémonie, le Saint-Sacrement. « Il faut vous anéantir devant Dieu, dit l'archevêque; bien que fille de tant de rois et d'empereurs, mère, tante et sœur des plus puissants princes de la terre, vous deyez considérer que vous allez être égalée à la moindre créature, que toutes vos grandeurs ne vous serviront plus de rien, que le seul repentir de vos péchés, votre pénitence et votre humilité, en ce terrible moment, vous seront utiles et salutaires; vous allez paraître devant Dieu pour être jugée selon vos œuvres... »

Dans son émotion, Anne reprit des couleurs, ses yeux brillèrent et on la retrouva un instant telle qu'on l'avait si longtemps connue. « Regardez la reine, ma mère, dit Louis XIV; je ne l'ai jamais vue aussi belle. » Puis il se mit à pleurer. Anne, sans faiblir, fixa les yeux sur lui et prononça : « Faites ce que je vous ai dit; je vous le dis encore, le Saint-Sacrement sur les lèvres. »

Ce qu'Anne exigeait de son fils? Qu'il renonçât à la vengeance, qu'il cessât, « pour l'amour d'elle », de persécuter tant de gens de la vieille cour et même de sa propre maison, qui avaient été, parfois injustement, entraînés dans la disgrâce de Fouquet. Elle avait, dit plus tard son confesseur, intercédé aussi pour un courtisan d'humeur satirique qui s'était permis, après tant d'années, de composer sur elle quelques vers injurieux, du genre de ceux qu'on commettait pendant la Fronde.

Ce même 19 janvier, dans la soirée, Anne, ne sentant plus son pouls, demanda l'extrême-onction. La ferveur avec laquelle elle reçut les saintes huiles n'eut d'égal que le soin qu'elle apporta, en les recevant, à ne pas tacher ses « cornettes » (coiffes de nuit), comme le dit Mademoiselle, stupéfaite que « cette aversion du malpropre » persistât jusqu'à l'ultime moment.

Vers minuit, Anne ayant laissé tomber sa tête sur le côté, Louis XIV crut qu'elle était morte et s'évanouit. Il fallut le transporter dans le cabinet des bains et il y resta, n'ayant plus le courage de contempler cette longue agonie.

Malgré son affaiblissement, qui s'aggravait de minute en minute, Anne avait encore toute sa connaissance et priait sans discontinuer. Lorsque l'archevêque d'Auch lui demanda de remercier Dieu pour toutes les grâces qu'elle avait reçues de lui pendant sa vie, elle tourna les yeux vers Montagu, le témoin de son passé, le confident et de Buckingham et de Mazarin, pour dire : « M. de Montagu, que voilà, sait ce que je dois à Dieu, les grâces qu'il m'a faites et les grandes miséricordes dont je lui suis redevable. » L'assistance ne comprit pas ces paroles et pourquoi elles étaient adressées à Montagu. Seule, Mme de Motteville, se rappelant « les folles adorations » suscitées jadis par la reine et dont l'Anglais connaissait le secret, en déduisit qu'il savait aussi qu'elle avait trouvé la force d'y résister. Plus tard, curiosité de mémoraliste, elle demanda à Montagu si son interprétation était la bonne. Montagu confirma et renchérit : ce prêtre, cet abbé de Saint-Martin, qui fréquentait à Pontoise la mère Jeanne Séguier, supérieure des carmélites, n'avait jamais connu, dit-il, de cœur plus pur, d'intentions plus honnêtes que ceux de la reine, et il était heureux qu'elle se soit rendu justice avant de mourir! On remarquera tout de même le mot « intentions »...

La dernière parole d'Anne d'Autriche, prononcée

d'une voix presque inaudible, fut pour demander le crucifix qui se trouvait au-dessus de son lit. C'est en l'embrassant qu'elle mourut, peu avant cinq heures du matin, le 20 janvier 1666. On la revêtit pour ses obsèques, comme elle l'avait demandé, de la robe des tertiaires de Saint-François et, comme elle l'avait demandé, on porta son corps à Saint-Denis aux côtés de celui de son mari. Tout rentrait dans l'ordre, sauf un détail : le cœur de la reine n'irait pas à Saint-Denis, mais au Val-de-Grâce. Il y serait gardé par les chères religieuses qui, dans toutes les circonstances de sa vie, même dans la trahison, lui avaient manifesté une inviolable fidélité.

Ainsi finit la vie d'Anne d'Autriche, la dernière régente de notre monarchie; et, puisqu'une régente est responsable de son ministre et que Mazarin, sans l'appui de celle-ci, n'aurait rien pu, alors, disons-le, c'est à cette Espagnole que la France doit d'être devenue un État et une puissance, d'avoir retrouvé la paix intérieure et extérieure (que Louis XIV s'emploierait à compromettre), d'avoir conquis l'Artois, l'Alsace, Brisach, Philippsburgh, la Cerdagne, le Roussillon et partie de la Flandre. Malgré ses faiblesses et, parfois, sa frivolité, Anne d'Autriche avait aussi, avec une inlassable persévérance, organisé la charité dans son royaume. Le nom de saint Vincent de Paul, qu'elle protégea si continûment, suffirait à sa gloire. Mais il y en a d'autres. Corneille, Descartes, Pascal, Molière, Bossuet, La Rochefoucauld, Turenne, Condé, pour les citer en vrac et ne citer que ceux-là, est-il une reine qui puisse se vanter d'avoir régné sur autant de génies?

Rien de tout cela ne suffit à émouvoir les sans-culottes; en 1793, ils profanèrent et jetèrent à la voirie le corps et le cœur de celle dont son fils Louis XIV avait dit : « Elle mérite d'être mise au rang de nos plus grands rois. »

Appendice

L'S FERMÉ ET LES SIGNES D'AMOUR DANS LA CORRESPONDANCE ANNE D'AUTRICHE-MAZARIN

L'S fermé ($), qui apparaît à la fin du Moyen Age, semble avoir signifié à l'origine quelque chose de secret, de clos, signification qu'il a d'ailleurs gardée, concurremment à l'autre, à l'époque qui nous occupe (c'est pourquoi on le trouve à la fin de certains textes sans connotation amoureuse).

Par quel cheminement est-il devenu signe d'amour? Diverses hypothèses ont été avancées. Je me demande s'il ne faut pas voir dans le dessin même de cet S barré une réminiscence de l'arc de Cupidon ou du « lacs (nœud) d'amour », symboles utilisés depuis l'Antiquité. Au XVIe siècle, en tout cas, c'est par le biais du rébus, jeu de l'esprit et forme d'énigme populaire dont l'époque était friande, que l'S fermé prit le nom de fermesse, alias fermeté ou constance en amour. (Par le même procédé, l'S doré devenait « riche S » = richesse!) On trouve alors la fermesse sur des reliures, tapisseries, lambris, jetons de mariage, parfois accompagné de devises (« jusqu'à la mort », ou, en espagnol, *hasta la muerte*), de dessins (mains qui s'étreignent) ou autres signes ou lettres qui en précisent le sens. La représentation qu'en donne Loys Papon en 1581, dans ses *Emblèmes d'amour*, est accompagnée du commentaire suivant, qui se réfère à la fois à l'arc, au nœud et au rébus :

Fermesse dont l'Amour peint un chiffre d'honneur,
Commune en l'écriture et rare dans le cœur,
Tes liens en vertu les fidèles assurent.
Mais ainsi que ta forme est d'un arc mis en deux,
Le désir inconstant froisse et brise les nœuds,
Cependant que les mains ta fermesse figurent.

Sur la « reliure d'amour » de Marguerite d'Ailly (bien connue des bibliophiles) où cette veuve éplorée a multiplié les symboles de fidélité à son époux défunt, l'S fermé ou fermesse est accompagné de cœurs embrasés, des lettres grecques Φ et Δ, qui se lisent *fi-delta*, c'est-à-dire fidélité, et des doubles M qui, comme le sceau d'Anne et Mazarin, représentent à la fois l'initiale d'un des amants et le rébus de l'impératif du verbe aimer. Tabourot, dans *Les Bigarrures du seigneur des Accordz*, cite le fermesse parmi d'autres rébus d'amour, aussi approximatifs que les précédents : un gentilhomme italien, pour avoir toujours sur lui le nom de sa bien-aimée, portait, dit-il, une chaîne *(catena)* au milieu de laquelle pendait une figurine représentant un roi de cartes, « qui se dit *ry* en langue bolonaise ». Traduction : Cate-ri-na. Les Français se sont tellement plu à ces rébus et en ont tellement composé, dit encore Tabourot, que « qui voudrait prendre la peine de les ramasser, il y aurait assez de papier pour charger des mulets ». Mais il indique que cette mode est déjà passée à l'époque où il écrit. Elle reprit cependant, et précisément à cause du livre de Tabourot, qui connut trois rééditions au XVIIe siècle dont deux du vivant d'Anne d'Autriche, la dernière, notons la date, en 1648, au début de la Fronde. Menestrier, plus tard, dans sa *Philosophie des images énigmatiques*, dira, à propos des devises, que cet art, né en France, est ensuite devenu italien et que c'est Mazarin qui en rapporta « le goût et l'inclination » dans notre pays.

Mais Anne d'Autriche connaissait certainement le sens de l'S fermé avant Mazarin et avant la réédition de 1648 du livre de Tabourot. Pas seulement parce qu'il avait été utilisé par son beau-père Henri IV, mais parce qu'il est utilisé aussi par ses amies et complices, Mmes du Fargis et de Chevreuse, dans les années 1630. Je l'ai trouvé dans la correspondance amoureuse de Craft avec la seconde; une lettre de 1635 (Bibl. nat., ms. fr. 3747, f. 9), où le jeune Anglais se désigne par « le pauvre », contient cette formule : « Croyez, croyez, croyez votre pauvre, qui méritera toujours cette croyance de M.$\$\$$ » (M pour Marie, prénom de Mme de Chevreuse). Au bas d'une lettre de Mme du Fargis à son amant Cramail, on voit même quatre S fermés disposés autour d'un chiffre, comme dans le cachet d'Anne et de Mazarin (Bibl. nat., ms. fr. 23351, f. 200). Si bien qu'on en arrive à se demander si ce n'est pas Anne d'Autriche elle-même qui avait révélé le sens de ce signe à ses amies. En effet, le fermesse appartenait à l'emblématique espagnole (et c'est près de la frontière espagnole, en Navarre, qu'il semble avoir été utilisé pour la première fois par une Française, Jeanne d'Albret). On le trouve dans *Don Quichotte*, où il résume et symbolise, comme je l'ai dit page 423, les qualités demandées au parfait amour, qui, toutes, ont pour initiales des S *(sabio, solo, solicito, secreto)*. Menestrier, dans l'ouvrage cité ci-dessus, parle du goût des Espagnols pour les énigmes et « devises énigmatiques ». Dans l'état actuel de nos connaissances, il semble que l'utilisation de l'S fermé ou fermesse par Anne d'Autriche, comme signe d'amour, dans les années 1650, soit la plus tardive qu'on puisse relever.

Autre remarque. Il n'est pas indifférent qu'entre tous les signes d'amour que leur proposait la symbolique du temps, Anne d'Autriche et Mazarin aient choisi l'S fermé : il était moins répandu et plus cryptique que d'autres; et la preuve en est que les sbires de Richelieu, qui interceptèrent et transcrivirent les correspondances de Mmes du Fargis et de Chevreuse (grâce à quoi nous les connaissons) n'en comprirent pas la signification et se bornèrent à le reproduire sans commentaires, alors qu'ils explicitaient en marge les autres chiffres ou signes. Par ailleurs, le fermesse impliquait une fidélité profonde et à toute épreuve, celle qu'évoque le mot amitié, qu'Anne et Mazarin n'auraient donc pas employé dans le seul souci de dissimuler leurs sentiments aux curieux. C'est aussi le mot d'amitié qu'utilise Mlle de Scudéry pour parler du parfait amour et Anne d'Autriche elle-même qualifie d'amitié les sentiments qu'elle portait à son fils.

L'inventaire après décès de la reine mentionne un curieux bijou ainsi décrit : « Un poinçon d'un diamant à jour en forme de bateau avec une arête dessus. » Le poinçon est un outil de graveur, mais le mot désigne sans doute ici une sorte d'épingle qu'on piquait dans les chapeaux ou dans les coiffures. L'important est que « l'esquif d'amour » appartenait, comme le fermesse, à l'emblématique du temps. Loys Papon (*op. cit.*, p. 87) en donne une représentation qu'il accompagne de ces vers :

Cet arc mis en esquif, où la trousse est en bas,
Sur la corde tendue aux sagettes d'un mât,
Double-aile sur la hune, air-soufflé de ce voile,
Montre combien de vents aux vagues du plaisir
Sous les rames d'Amour vogue notre désir,
Mais toujours un écueil fait périr la nacelle.

Ce poinçon de diamant en forme de bateau, possédé par Anne d'Autriche, ne faisait pas partie des bijoux de la couronne ni de ceux qu'elle avait apportés d'Espagne. Serait-il possible qu'il lui ait été offert par Mazarin? L'hypothèse prend quelque consistance quand on sait que le cardinal, en août 1659, faisait tailler par l'orfèvre Lescot « un diamant en poinçon » (Bibl. Nat., ms. Baluze 331, f. 228). Mais, on peut voir aussi dans ce bijou un cadeau ou un souvenir de Buckingham. La seule chose dont on peut être raisonnablement assuré est qu'il ne provenait pas de Louis XIII! Tabourot, dans l'édition de 1648 de ses *Bigarrures*, donne un exemple d'énigme (rébus) faite à partir d'un diamant, qu'il a relevée dans Rabelais : une dame envoie à Pantagruel une bague formée d'un anneau sur lequel sont gravés les mots du Christ à l'agonie, *lama sabactani*, et ornée d'un faux diamant. Traduction : « Dis, amant faux, pourquoi m'as-tu abandonnée? »

« On peut, écrit Menestrier, faire des énigmes des lettres de quelque alphabet que ce soit, ou par rapport à leurs figures, ou par rapport à leur son ou à leur prononciation, ou par rapport à leur situation ou à leur couleur ou à leur disposition. » Qui entreprendrait donc une édition critique de la correspondance Anne d'Autriche-Mazarin, en se reférant aux nombreux traités d'emblématique du temps, pourrait peut-être élucider les signes d'amour qu'ils emploient. Car certains chiffres ne sont pas encore parfaitement identifiés et d'aucuns ont un sens différent selon qu'ils s'adressent à la reine ou à d'autres correspondants. Que signifie le signe ▯+ qu'emploie Anne dans sa lettre du 28 janvier 1653 pour désigner « la chose du monde qui lui est la plus chère »? Quant au signe Ɵ par lequel elle se désigne elle-même dans la même phrase, c'est, d'après Menestrier, une abréviation grecque qui se lit *os*. Mais que signifiait *os* pour les deux correspondants?

Restent les trois *f* croisés, dont, nous dit Millet de Jeure, le cardinal signait ses lettres pendant son exil. Doivent-ils être confondus avec l'espèce d'astérisque, signe d'amour, que nous avons relevé dans ses lettres à la reine? Sans doute pas, car cet astérisque est fait de quatre et non de trois traits croisés. Par ailleurs, la représentation que donne Millet de ces trois *f* croisés ressemble plus à l'S fermé qu'à un astérisque, ce qui ne fait que compliquer le problème. Ou bien Millet a confondu les deux signes, celui qu'il connaissait et celui qu'il avait pu apercevoir sur des lettres de Mazarin à la reine (et vice-versa) sans en comprendre le sens; ou bien la confusion vient du copiste qu'il employait (ses mémoires ne sont pas entièrement autographes). Une chose est sûre : Millet a ignoré que les signes cryptiques utilisés en fin de lettres par les deux correspondants n'étaient pas seulement des moyens d'identication destinés à tromper l'ennemi. Nous avons vu que, même après le retour d'exil, alors que l'incognito n'était plus politiquement nécessaire, le cardinal et la reine ont continué à utiliser ces mêmes signes pour déguiser leurs sentiments.

Encore une fois, il nous faudrait, pour élucider ces petits mystères, une édition critique de la correspondance Mazarin-Anne d'Autriche. Celle qu'a donnée Ravenel des lettres du premier à la seconde, si elle a le mérite de nous les avoir révélées, est incomplète et insuffisante, car il s'est mépris sur certains chiffres et pseudonymes. Il faut dire que la tâche reste ardue. Les innombrables lettres de Mazarin sont disséminées dans divers fonds d'archives et nous ne possédons plus les originaux de celles qu'il écrivit à la reine. Les copistes qui les ont transcrites, ignorant la signification des signes cryptiques, ont mal reproduit ceux-ci, au point, parfois, de les rendre méconnaissables. Si l'on distingue clairement, à la fin de certaines lettres, l'S fermé, ailleurs il est si déformé qu'ont peut le confondre avec un autre signe ou y voir un simple gribouillis. Quant aux onze lettres autographes d'Anne d'Autriche, si l'S fermé y est clairement tracé de sa main en deux endroits, à l'image de celui du sceau, l'écriture en est difficile à lire et l'orthographe décourageante (Mazarin lui-même s'en plaignait). Je crois avoir rectifié quelques erreurs de lecture commises par les deux éditeurs successifs, Cousin et Chéruel, mais, devant certains mots, j'ai dû m'avouer vaincue. La reine, par exemple, avait une si curieuse façon de tracer les *e* que le mot *et*, parfois, peut être pris pour un signe cryptique. La difficulté apparaît clairement dans la lettre du 26 janvier 1653, celle qui se termine par : « L'Enfant vous mandera toutes choses. Adieu, je n'en puis plus et lui sait bien de quoi. » S'il faut bien lire *et*, à qui se rapporte le *lui*? Au personnage cité sous le nom de l'Enfant et qui semble être Ondedei? Mais comme il n'est pas vraisemblable que la reine ait confié ses tourments amoureux à qui que ce fût, il faut probablement voir, à la place du *et*, le signe V par lequel Anne se désigne parfois elle-même.

On peut consulter sur le sujet de l'S fermé, outre les ouvrages de Papon et Tabourot mentionnés ci-dessus, les études contemporaines de Longpérier, Hobson, et celle contenue dans *Bibliothèque d'un humaniste* (voir Bibliographie) et la nôtre : *les signes cryptiques dans la correspondance d'Anne d'Autriche avec Mazarin,* 1982 (extrait de *Bibliothèque de l'École des Chartes).*

NOTES

CHAPITRE II

1. Points de repère qui sont représentés par cette figure : , qu'on n'a pu encore déchiffrer (peut-être *nota*), mais qui est suffisamment explicitée par les mentions portées dans le corps du texte.

CHAPITRE III

1. Pour apporter toutes les pièces à cette histoire qui devait avoir tant de conséquences, il faut citer les propos de Retz, qui situe cette scène du jardin d'Amiens dans le jardin du Louvre à Paris et nous dit, qu'après le « tête-à-tête », la reine aurait envoyé Mme de Chevreuse demander à Buckingham s'il était sûr qu'elle ne fût pas en danger d'être grosse ! Il paraît impossible de retenir cette version : à Paris et dans le jardin du Louvre, Buckingham eût couru trop de risques. Retz écrit trente ans après les faits ; il a probablement mal retenu ce qu'on lui a raconté et sa médisance naturelle aura fait le reste. Et puis soyons cyniques, nous aussi : pourquoi la reine eût-elle craint une grossesse, puisque les relations conjugales n'étaient pas interrompues ?

2. Il y a ici une petite difficulté de datation. Si Buckingham est bien parti le surlendemain du scandale, il faut que celui-ci ait eu lieu le 14 juin. Or c'est le 15 que Chaulnes offrit un bal à l'occasion du baptême de son fils. Mais rien n'empêche de penser qu'on avait déjà dansé, avec moins de faste, le 13.

3. Cet épisode, dont plusieurs mémorialistes se font l'écho,

n'est pas daté. Il se peut qu'il ait eu lieu plus tard, en 1630, à l'époque où Richelieu jouait le jeu de la séduction auprès de la reine.

4. On appelait ferrets des petits ornements (en métal à l'origine, d'où le nom) qui garnissaient les extrémités des liens servant à lacer le pourpoint ou à attacher les hauts-de-chausses à la chemise.

5. « Estat des meubles et pierreries de la feue reine mère » (Bibl. nat., ms. fr., n.acq. 9560, f. 67). Anne ne possédait pas ces ferrets au début de son mariage, puisqu'ils ne figurent ni dans l'inventaire des bijoux apportés d'Espagne, ni dans celui des bijoux à elle donnés par le roi (tous deux de 1617). C'est donc plus tard qu'elle les acquit, ou que son mari les lui donna, comme l'écrit La Rochefoucauld.

CHAPITRE IV

1. Il a pris langue avec Buckingham dès mai 1625, quand celui-ci séjournait en France, mais son interlocuteur habituel est Carlisle.

2. La fusée, c'est la quantité de laine ou de fil enroulée autour du fuseau ou écheveau. D'où, par extension, le sens ici donné au mot, celui d'embrouillamini.

CHAPITRE V

1. Littré ne connaît que le mot *tabar*, qui vient de Tabarin, et désigne des manteaux ou capes à l'imitation de ceux portés par le célèbre farceur. Il est probable que le bonnet de fou appelé *tababar* a la même étymologie.

2. A condition de ne pas s'en tenir aux seuls fragments imprimés des journaux de Richelieu (voir Bibliographie). Les manuscrits, et notamment le ms. Baluze 145 de la Bibl. nat., donnent des textes plus complets.

3. C'est à Auxerre, écrit Richelieu dans son journal, que le roi, pour sa part, les lui révéla. Mais on ne sache pas que le roi et Richelieu se soient arrêtés ensemble à Auxerre en revenant de Lyon, puisque, depuis Roanne, le cardinal voyageait en compagnie de la reine mère dans l'espoir de la reconquérir. En revanche, Louis XIII et son ministre passèrent quelques jours ensemble à Auxerre en février 1631, quand ils poursuivaient Monsieur qui, une fois de plus, s'enfuyait du royaume.

Ce qui explique et confirme que le cardinal aït cherché à savoir par ailleurs ce qu'il subodorait mais dont le roi lui faisait mystère ou qu'il n'osait lui dire.

4. Voir page 54.

CHAPITRE VI

1. Richelieu fait allusion à une lettre de Mirabel à la reine dont la copie figure à la Bibl. nat. (ms. fr. 3747, f. 19). Elle ne comporte pas le mot *padrones*; on y lit seulement des souhaits pour pouvoir un jour « *vivir mui gustosos del campo* ». Mais le ton général est en effet nettement antifrançais, nos compatriotes y étant traités de *grandes brabatas* et leur *inconstancia* y étant fustigée.

2. Disons une fois pour toutes que le mot *chambre*, au XVIIe siècle, a un sens plus large qu'aujourd'hui, comme en anglais le mot *room*. C'est ce que nous appellerions une *pièce* d'un appartement. Par ailleurs, nous avons déjà signalé qu'il faut distinguer entre chambres de lit et chambres de parade. Celles-ci, pour le roi comme pour la reine, étaient assez vastes pour qu'on pût y danser, comme le dit Montagu.

3. Signalons que, lorsqu'il ne s'agissait pas de lettres compromettantes, la reine et Mme de Chevreuse s'écrivaient tout bonnement par la poste.

4. Il est inexplicable que Victor Cousin, qui, le premier, publia ce document (dans *Mme de Chevreuse*), ait lu *honte* là où il y a *bonté*, et qu'il ait été suivi en cela par tant d'historiens. Les deux manuscrits de la relation (minute de Richelieu, copie d'un de ses secrétaires) sont très lisibles et le doute n'est pas permis. Si Richelieu s'efforçait, non sans peut-être un secret plaisir, de faire « honte » à la reine, fidèle à sa tactique, il se gardait bien d'en parler et surtout de l'écrire dans un acte destiné au roi.

5. Dans le brouillon du texte, Richelieu a ajouté en marge de ce paragraphe : « Contre ce que j'avais promis au roi. » Ces mots ne figurent pas dans le texte définitif, bien assez compromettant pour qu'il fût besoin d'en aggraver les termes!

6. Lettre citée de mémoire par La Porte.

7. D'après les renseignements fournis par Mlle de Chémerault au cardinal, un parent de Mlle de Hautefort, Chamblay, aurait aussi en quelques occasions servi de messager à la reine. On conçoit que celle-ci n'ait pas voulu le dénoncer.

Mlle de Chémerault disait encore qu'Anne d'Autriche avait offert ses portaits en médaillon à deux Anglais (sans doute Montagu et Craft) pour les remercier de leurs services. Richelieu essaya de savoir par la mère de Saint-Étienne si la reine n'avait pas aussi offert des bijoux; la mère répondit, qu'en fait d'objets précieux, Sa Majesté n'avait jamais apporté au couvent que deux reliquaires qu'on pouvait voir à la sacristie.

8. L'affaire du Val-de-Grâce, coup de pied dans la fourmilière, retentit jusqu'aux Pays-Bas, inquiétant la famille et les complices de la reine. En témoigne une curieuse lettre adressée en octobre 1637 par Gerbier à Auger (Bibl. nat., ms. fr. 3747, f. 43 v°-44). Dans cette lettre, où la reine est désignée par le pseudonyme « Le Bon », Gerbier semble protester de son innocence et attribuer la perquisition faite au Val-de-Grâce à une dénonciation de Mme du Fargis, la plus active pourtant des comploteuses. Peut-être ne s'agissait-il que d'égarer Richelieu et sa police aux cas où la lettre serait interceptée (et elle le fut, en effet!) :

« Mais ouvrez les yeux et lisez une merveille : on a dit que Gerbier aurait été accusé à *(par?)* ce sieur Le Bon. Dieu, en quel monde vivons-nous! Patience! S'il faut être martyr, ce sera pour une image de la déité.

« J'ai parlé au frère du Bon *(le cardinal-infant)*, qui s'étonne comme il s'est laissé surprendre et offrait de renvoyer toutes les lettres du Bon ouvertes, n'y ayant que souhaits de bonne santé.

« Bref, de quoi était-il question, n'y ayant eu aucun manquement? Du reste, chimères, car ils eussent plus tôt fait de retenir des originaux.

« Quant à ce que le cancan s'est fait au Val-de-Grâce, tout cela, pièce de la Fargis. Il n'y a que trop sujet de soupçon, ladite s'étant piquée contre Auger quand il a refusé d'accepter ses lettres et n'a accusé la réception d'un chiffre que la Fargis envoyait à du Fargis, lequel, positivement, a mandé qu'il ne se fiait pas d'Auger. Du reste, la Fargis est la plus perfide de son sexe et a encore une fois trahi Le Bon, Châteauneuf l'a dit lors à 136 [...]. Du reste, je m'en rapporte s'il y en a eu d'autres aussi, n'est-ce pas prudence *(imprudence?)* de se fier, de s'être commis au tiers et au quart? Pauvres Auger et Gerbier en pâtissent, mais, mais quelle faiblesse pour être de Madame de Chevreuse, de laquelle un homme a passé ici qui a dit à quelqu'un que la susdite lui avait ordonné de se bien garder de Gerbier! Je vous jure qu'après la mort de celui à qui

Gerbier soûlait être (Boukinkan, *rajouté dans l'interligne*), rien ne lui a tant frappé au cœur et en a été malade effectivement. Gerbier conjure, s'il est possible, de faire dire ces mots au Bon, puisque Auger dit avoir voie pour lui faire parler. Je vous en prie, je vous en conjure, et arrive après ce qui pourra à Gerbier, il mourra content, au moins soulagé. Donnez-moi donc, je vous prie, cette marque de bonne volonté. »

A travers ce style des plus confus (ou mal déchiffré) on perçoit bien cependant les éternelles misères de l'émigration et de l'espionnage, ces petits mondes clos et menacés, où chacun jalouse l'autre, où personne ne fait confiance à personne.

9. Dans une lettre en date du 2 septembre 1638, Louis XIII écrit à Richelieu que la reine « est de deux jours dans le dixième mois ». On s'est fondé sur ce texte pour dire qu'il y avait eu un ou des rapprochements conjugaux avant le 5 décembre 1637. C'est possible. Mais l'essentiel demeure : action déterminante de Mlle de la Fayette et fécondation dans la nuit du 5 décembre, puisque Anne accoucha exactement neuf mois plus tard.

CHAPITRE VII

1. Lors de la seconde grossesse de sa femme, en 1640, Louis XIII la préviendra encore qu'il n'est pas sûr de pouvoir assister à son accouchement.

2. La donation était signée depuis le 6 juin 1636. On y lit que le cardinal ne s'était porté « à bâtir cette maison avec tant de dépense que dans le dessein qu'elle ne servira qu'à la première ou du moins à la seconde personne du royaume » (le roi ou le dauphin). Vu l'état du Trésor, c'était un moyen de désarmer les critiques.

3. On pouvait assister au conseil sans en être membre ou sans y prendre part, par exemple, en se tenant debout derrière la chaise du roi, comme Cinq-Mars avait pris l'habitude de le faire pendant une absence de Richelieu. Et le souverain, si tel était son bon plaisir, pouvait éventuellement demander leur avis à ces *outsiders*.

4. En 1637, la petite Mademoiselle était venue passer le mois d'août à Chantilly. Anne, délaissée par la cour à la suite de l'affaire du Val-de-Grâce, avait accueilli avec joie cet enfant qui la distrayait et c'est alors qu'elle s'était particulièrement liée avec Mme de Saint-Georges.

5. Aff. étr., France, mém. et doc. 842, f. 256.

6. Le 5 juillet, par exemple, Richelieu écrivait à Chavigny : « Pensant et repensant à l'affaire des conjurés, je me suis avisé qu'il est impossible qu'il n'y ait pas un traité particulier fait entre eux ; ce qui fait qu'il faudra le demander à Monsieur, aussi bien que le traité d'Espagne. Si l'on peut avoir ces deux pièces, le procès sera fait aux prisonniers sans peine. » Ce texte confirme deux points importants : 1) Richelieu n'avait en main qu'une copie du traité d'Espagne ; 2) la reine n'a pas parlé. Si elle avait parlé, Richelieu aurait su qu'il n'y avait pas de traité particulier entre les conjurés.

7. C'est en fait sur cette seule lettre, qui a dû être expédiée entre le 1er et le 7 juin, qu'on s'était fondé jusqu'ici pour supposer qu'Anne d'Autriche aurait envoyé à Chavigny une copie du traité d'Espagne. Un courrier parti de Saint-Germain au tout début de juin pouvait en effet parvenir à Arles le 9-10, date à laquelle Richelieu reçut copie du traité. Mais il était matériellement impossible, même en crevant ses chevaux, qu'un courrier pût parvenir à destination avant le 5 juin. Or le 5, nous l'avons établi, la décision de laisser la reine à Saint-Germain auprès de ses enfants, était déjà prise et par le roi seul. Au reste, les lettres de Brassac ne font aucune allusion à un document quelconque que la reine aurait joint à ce fameux message transmis par Le Gras à Chavigny ; leur contexte indique assez clairement qu'il s'agissait seulement pour elle de se démarquer de Cinq-Mars.

8. « Vous assurerez votre amie qu'elle peut dormir de bon sommeil », aurait écrit Goulas, serviteur de Monsieur, à Mme de Saint-Georges, le « contact » de Gaston avec Anne d'Autriche. Qui veut trop prouver ne prouve rien ; difficile tout de même de retenir une remarque : si la reine avait tout révélé à Richelieu un mois plus tôt, que craignait-elle ?

9. De Thou n'a pas eu en main le traité d'Espagne, mais il en a connu l'existence au retour de Fontrailles, qu'il rencontra à Carcassone, début avril. Il vécut alors d'affreuses semaines, déchiré entre son patriotisme et sa fidélité à ses amis, prêt un jour à tout révéler au roi, le lendemain à s'enfuir à l'étranger. C'est pourquoi son exécution révolta les consciences. Il était infiniment moins coupable que Monsieur, que Cinq-Mars, que Bouillon, que Fontrailles. Mais Monsieur était le frère du roi, Bouillon sauva sa tête en donnant Sedan, et Fontrailles avait prudemment pris le large.

CHAPITRE VIII

1. Dès la naissance du dauphin, Richelieu avait souhaité qu'Urbain VIII se fît représenter par Mazarin, qui était alors à Rome et trouverait ainsi le moyen de revenir à Paris.

2. « Un des chefs de ses conseils », écrit Mazarin lui-même. C'est que Monsieur et Condé restaient, de par leur rang, chefs des conseils. En théorie... Il n'est pas question de faire ici un cours de droit constitutionnel et d'expliquer ce qu'étaient les divers conseils de la monarchie d'Ancien Régime. Quand nous disons « le conseil », il s'agit du conseil d'En-Haut, que présidait la régente et où se prenaient les décisions politiques. Quant à la date exacte à laquelle Mazarin devint chef du conseil, on remarquera qu'il note lui-même dans ses carnets, le 20 mai, qu'il est nécessaire que la reine lui accorde ce titre. Mais il faut croire que c'était chose faite le 21, puisque le duc de Longueville l'annonce ce jour-là au duc d'Anguien dans une lettre très circonstanciée (Aumale, *Histoire des princes de Condé*, t. V, p. 395).

CHAPITRE IX

1. Pourquoi la reine protégeait-elle le général des postes de Savoie? Nous l'ignorons. Toujours est-il que ce Gontery (c'était son nom) fut ensuite « récupéré » par Mazarin qui le prit dans sa maison et en parle avec affection dans ses lettres à la reine. Il ne faut pas oublier que régnait en Savoie une belle-sœur d'Anne d'Autriche et que Mazarin connaissait bien le duché, y ayant accompli plusieurs missions.

2. D'aucuns ont imaginé que Mazarin avait aussi intercédé pour la reine et que c'est ainsi qu'il aurait gagné sa confiance. Mais, dans ce qui nous reste de ses carnets et de ses notes pour 1642, il n'y a pas un mot sur la reine, alors qu'il parle du rôle de Cinq-Mars, de Monsieur, de Bouillon et de Fontrailles dans la conspiration.

CHAPITRE X

1. S'il faut en croire le P. Irénée Du Parcq, dans l'oraison funèbre qu'il consacra à la reine, Anne aurait reçu l'habit des tertiaires franciscaines « dès l'enfance » par les soins de sa mère. Ceci est en contradiction avec la date de 1643 fournie

par le P. Jean-Marie de Vernon dans *Tertii ordinis Sancti Francisci Assisiatis Annales perpetui*, pp. 86-87. Quoi qu'il en soit, si Anne était déjà tertiaire de Saint-François à son arrivée en France, on notera que cela ne l'avait pas empêchée d'agréer les hommages de Bellegarde, de Montmorency et de se compromettre avec Buckingham.

L'appartenance de Louis XIV à la confrérie de Sainte-Radegonde gêna encore moins sa vie privée...

CHAPITRE XII

1. C. Badalo-Dulong (l'auteur), *Banquier du Roi, Barthélemy Hervart*, Paris, Ségur, 1951, pp. 33-77.

CHAPITRE XIV

1. Cette clé de 1652, incluse dans le manuscrit Baluze 329 de la Bibl. nat., ff. 2-3, fut sans doute établie par Mazarin lui-même, car nous y trouvons, à propos du surintendant de Maisons, désigné par « le Postillon », l'explication suivante, que le cardinal seul, de son exil, pouvait donner : « Un postillon de Mons-en-Hainaut ressemble à M. de Maisons comme deux gouttes d'eau. »

2. Louis XIV était tombé gravement malade à Calais en juin 1658.

3. On peut aussi former le mot AMO (j'aime) avec les lettres du sceau. On sait que la nature même de ces emblèmes voulait qu'ils signifiassent dans le minimum d'espace le maximum de choses, plus de choses en tout cas que le profane n'en pouvait comprendre. C'est ainsi que les deux C accolés forment un O, l'O de AMO. On notera aussi que les règles du genre voulaient que toutes les lettres fussent doubles, pour raisons d'esthétique et pour que le chiffre pût se lire dans les deux sens. On peut le constater aujourd'hui encore sur une aile du Louvre, où Henri II fit graver l'inscription : , ce qui signifie, non seulement Henri et Catherine (de Médicis), mais aussi Henri et Diane (de Poitiers), le roi ayant malignement mélangé l'initiale du prénom de sa femme à celle du prénom de sa maîtresse !

CHAPITRE XV

1. Il faut préciser que l'original de cette dernière lettre connue d'Anne d'Autriche à Mazarin, qui se trouvait à la Bibliothèque nationale, a disparu. Nous n'en avons que la transcription faite par Walckenaër dans ses *Mémoires touchant la vie et les écrits de Mme de Sévigné* (t. III, pp. 471-472) et reproduite ensuite avec quelques variantes par Victor Cousin dans *Madame de Hautefort*, pp. 403-404, et Chéruel dans *Histoire de France sous le ministère de Mazarin*, t. III, pp. 431-432. Il nous est donc impossible de tenter de rétablir le membre de phrase commençant par : « Et il est vrai... » qui, dans les versions qu'ils en ont donné est incompréhensible. Mais nous n'avons aucune raison de mettre en doute l'authenticité d'un document révélé par ce grand érudit qu'était Walckenaër. D'ailleurs, la description qu'il en donne, les chiffres employés et le ton général correspondant bien à ceux des autres lettres de la reine. Si cette lettre-ci est datée de Saintes, c'est parce qu'en revenant de Saint-Jean-de-Luz, après le mariage de Louis XIV, la reine s'était arrêtée là, tandis que Mazarin allait à Brouage et à l'île d'Oléron avec le roi. On notera le rapprochement implicite fait par Anne elle-même entre l'idylle de son fils avec Marie et sa propre liaison avec Mazarin (phrase entre crochets, p. 450, relative au nombre des lettres reçues par son fils et aux « transports » avec lesquels il les lisait).

SOURCES ET BIBLIOGRAPHIE

D'une bibliographie surabondante, qui devrait comprendre à peu près tous les mémoires et recueils de correspondance concernant la période 1600-1660 (mais où, curieusement, ne figure aucune biographie d'Anne d'Autriche), les limites du présent ouvrage nous imposaient de ne retenir que l'essentiel.

On ne trouvera donc pas dans la liste ci-dessous les titres et cotes de tous les ouvrages et sources (imprimées ou manuscrites) consultés par nous, mais seulement de ceux et celles qui nous ont effectivement apporté des éléments nouveaux, afin que le lecteur ou chercheur puisse éventuellement s'y reporter.

SOURCES MANUSCRITES

Bibliothèque nationale

Ms. Clairambault 634-638 (« Abrégé de la vie et des actions glorieuses de la très-illustre et très-auguste reyne Anne d'Autriche »).

Ms. Clairambault 1093, f. 159 (notice biographique, placard imprimé).

Mss. fr. 1552, 4266, 18552, n.a. 9560 (domaines, bijoux et meubles d'Anne d'Autriche, succession de Marie de Médicis).

Ms. Baluze 328, f. 22 (douaire).

Mss. fr. 10412-10414 (comptes).

Mss. fr. 4025-4027 (« Histoire particulière de Louis XIII », par Jean Héroard).

Ms. fr. 10321 (« Particularitez de la vie du roy Louis XIII », par Jean Héroard).
Ms. fr. n.a. 4197 (entrée à La Rochelle).
Mss. fr. 2446, 23351 (correspondance de Mme du Fargis).
Ms. fr. 3747 (correspondance Craft-Mme de Chevreuse).
Ms. fr. 1753, ff. 332-336 v° (lettre du P. Caussin).
Ms. fr. 12686 (chansonnier Clairambault).
Ms. fr. 12617 (chansonnier Maurepas).
Mss. fr. 23345, n.a. 1207, Baluze 145 (journaux de Richelieu).
Ms. Clairambault 1020 (« La Fayette. Intrigue de Cabinet ».)
Mss. fr. 10215, n.a. 4334 (affaire du Val-de-Grâce).
Mss. fr. 12686, Clairambault 634-635, f. 102 (maternité d'Anne d'Autriche).
Ms. n.a. f. 1207 (écrits de Leveneur de Tillières sur Anne d'Autriche).
Ms. fr. 20632 (lettres d'Henri Arnauld).
Mss. fr. 10324, 10423 (mémoires et anecdotes sur la régence, 1643-1652).
Ms. Baluze 174 (« Carnets » de Mazarin). Ces carnets, d'une lecture très difficile, ont été partiellement publiés par Cousin (*Journal des Savants*, années 1854, 1855) et par Chéruel (*Revue des Questions historiques*, t. IV, 1877) et font actuellement l'objet d'une édition critique par Mme M. Laurain-Portemer).
Mss. fr. 4168-4175 (lettres et actes pendant la régence, copies, de 1643 à 1647).
Mss. fr. 4208, 4209, 4215, Baluze 175, 216, 329 (lettres de Mazarin).
Ms. Clairambault 1144 (lettres autographes d'Anne d'Autriche à Mazarin).
Ms. Baluze 328 (une lettre autographe et copies de lettres de la même au même).
Mss. fr. 4215, Baluze 331, Mélanges Colbert 52 B (correspondance Anne-Mazarin au sujet de l'affaire Mancini).
Ms. fr. 4209 (lettres Colbert à Le Tellier, 1650).
Ms. Clairambault 396, f. 459 (« Très humble remontrance faite à la Reyne par le P.P.F. Yves de Paris », placard imp., 1644).

Archives des affaires étrangères

Mém. et doc., *France* 782, f. 231 (complot de Chalais).
Mém. et doc., *France* 782, f. 381 (aff. du Val-de-Grâce).

Mém. et doc., *France* 245, 842, 843, 844, 845 (lettres de Brassac et Le Gras sur l'affaire Cinq-Mars).

Bibliothèque Mazarine

Ms. 2117 (recueil de pièces historiques sur le règne de Louis XIII).

Ms. 2131 (recueil de pièces sur le ministère de Richelieu, journal de 1630, etc.).

Mss. 2214, 1719 (lettres de Mazarin).

Bibliothèque Méjanes, Aix-en-Provence

Ms. 502 (anciенn. 153), « Mémoires sur l'histoire de France de 1635 à 1682 », par Millet de Jeure. (Photocopie à l'Institut de recherche et d'histoire des textes.)

SOURCES IMPRIMÉES

Actes royaux, éd. Isnard (A.) et Honoré (S.), t. II *(1610-1655)*. Paris, 1938.

ANTHOINE, *Fragments du Journal de la maladie et de la mort de Louis XIII*, éd. Cramail (A.), Fontainebleau, 1880.

ARNAULD (abbé), *Mémoires*, éd. Michaud et Poujoulat, 2e série, t. IX, Paris, 1838.

ARNAULD D'ANDILLY (R.), *Mémoires*, éd. Petitot, 2e série, t. XXXIII-XXXIV, 1824.

AUBERY (A.), *Mémoires pour l'histoire du cardinal duc de Richelieu*, Paris, 1660, 2 vol.

BASSOMPIERRE, *Journal de ma vie*, éd. Chantérac (de), S.H.F., Paris, 4 vol.

BIROAT (J.), *Oraison funèbre d'Anne d'Autriche... prononcée dans la Sainte-Chapelle de Paris*, Paris, 1666.

BONTEMPS (H.), *Oraison funèbre d'Anne d'Autriche... prononcée dans l'église des religieuses de la Miséricorde*, Paris, 1666.

BOUILLON (duc de), *Mémoires* (par son secrétaire Jacques de Langlade), Paris, 1692.

BOYER DES ROCHES, *Les Larmes publiques à la mort d'Anne d'Autriche, reine de France et de Navarre*, Paris (s.d).

BOYER DU PETIT-PUY (P.), *Remarque des signalés bienfaits rendus à l'État par Sa Très Auguste Majesté Anne d'Autriche*, Paris, 1649.

BRIENNE (H.-A. de Loménie, comte de), *Mémoires*, éd. Michaud et Poujoulat, 3e série, t. III, Paris, 1838.

BRIENNE (L.-H. de Loménie, comte de, dit le jeune Brienne), *Mémoires*, éd. Bonnefon (P.), S.H.F., Paris, 1916-1919, 3 vol.

BUSSY-RABUTIN, *Correspondance*, éd. Lalanne (L.), Paris, t. I, 1858.

BUSSY-RABUTIN, *Histoire amoureuse des Gaules*, éd. Livet (C.-L.), revue et annotée par Boiteau (P.), Paris, 1856.

CAMPION (H. de), *Mémoires... suivies d'un choix des lettres d'Alexandre de Campion*, éd. Moreau (C), Paris, 1857.

CHOISY (abbé de), *Mémoires pour servir à l'histoire de Louis XIV*, éd. Michaud et Poujoulat, 3e série, t. VI, Paris, 1839.

COLBERT (J.-B.), *Lettres, instructions et mémoires*, éd. Clément (P.), t. I (1650-1661), Paris, 1861.

Contrat du mariage de Louis, treizième de ce nom, roi de France et de Navarre... avec la sérénissime infante, dame Anne d'Autriche (s.l.n.d.).

CORDEY (J.), *L'inventaire après décès d'Anne d'Autriche et le mobilier du Louvre*, dans *Bulletin de la Société de l'histoire de l'art français*, année 1930, pp. 209-275.

COSME DE SAINT-MICHEL (le P.), *Oraison funèbre d'Anne d'Autriche... prononcée dans l'église et paroisse royale de Saint-Germain-l'Auxerrois*, Paris, 1666.

DÉAGENT (G.), *Mémoires*, Grenoble, 1668.

Description de ce qui a été fait aux passages des sérénissimes princesses Elisabeth de France, vers le royaume d'Espagne, et de Madame Anne d'Autriche vers le royaume de France, Tolose, 1615.

DINET (le P. J.), *L'Idée d'une belle mort ou d'une mort chrétienne, dans le récit de la fin heureuse de Louis XIII*, Paris, 1656.

DRUBEC (abbé F. de), *Oraison funèbre d'Anne d'Autriche, prononcée dans l'église de l'abbaye royale du Val-de-Grâce*, Paris, 1667.

DUBOIS, *Mémoire fidèle des choses qui se sont passées à la mort de Louis XIII...*, éd. Michaud et Poujoulat, 1re série, t. XI, Paris, 1838.

DUBUISSON-AUBENAY, *Journal des guerres civiles (1648-1652)*, éd. Saige (G.), Paris. S.H.F., 2 vol. 1883-1885.

DU PARCQ (le P. I.), *Oraison funèbre de la reyne mère Anne d'Autriche*, Paris, 1666.

El Ajuar de Ana de Austria, infanta de Espana, Lo publica, prologa y anota Dalmiro de La Valgorma y Diaz-Varela, Madrid, 1949.

ESTRADES (G. d'), *Correspondance authentique de 1637 à 1660*, éd. Saint-Léger (H. de) et Lemaire (L.), S.H.F., Paris, t. I, 1924.

ESTRÉES (maréchal d'), *Mémoires sur la régence de Marie de Médicis (1610-1616) et sur celle d'Anne d'Autriche (1643-1650)*, éd. Bonnefon (P.), S.H.F., Paris, 1910.

FONTENAY-MAREUIL, *Mémoires*, éd. Michaud et Poujoulat, 2e série, t. V, Paris, 1837.

FONTRAILLES, *Relation des choses particulières de la Cour arrivées pendant la faveur de M. de Cinq-Mars*, éd. Michaud et Poujoulat, 3e série, t. III, Paris, 1838.

FROMENTIÈRES (J.-L. de), *Oraison funèbre d'Anne d'Autriche*, Paris, 1666.

FUIRON (A.), *Discours funèbre sur la vie et la mort de la Reine très-chrétienne, prononcé le 16 février 1666 en l'église Saint-Sauveur de Paris*, Paris, 1666.

GODEFROY (T.), *L'Ordre et cérémonies observées aux mariages de France et d'Espagne... l'an 1615*, Paris, 1627.

GOULAS (N.), *Mémoires*, éd. Constant (C.), S.H.F., Paris, 1879-1882, 3 vol.

GRISELLE (E.), *État de la maison du roi Louis XIII... de celles de sa mère... de ses sœurs... et de sa femme Anne d'Autriche*, Paris, 1912.

GRISELLE (E.), *Supplément à la maison du roi Louis XIII*, Paris, 1912.

GRISELLE (E.), *Louis XIII et Richelieu, lettres et pièces diplomatiques*, Paris, 1911.

GUIFFREY (J.), *Inventaire général du mobilier de la couronne sous Louis XIV (1663-1715)*, t. I, Paris, 1882.

HÉROARD (J.), *Journal de Jean Héroard sur l'enfance et la jeunesse de Louis XIII (1601-1628)*, éd. Soulié (E.) et Barthélemy (E. de), Paris, 1868, 2 vol.

JEAN-MARIE DE VERNON (le P.), *Tertii ordinis Sti Francisci Assisiatis annales perpetui...*, Parisiis, 1686.

JOLY (G.), *Mémoires contenant l'histoire de la régence d'Anne d'Autriche*, éd. Michaud et Poujoulat, 3e série, t. II, 1838.

LABADIE (E.), *Nouveau supplément à la bibliographie des mazarinades* [de C. Moreau], Paris, 1904.

LA CHATRE, *Mémoires*, éd. Michaud et Poujoulat, 3e série, t. III, 1838.

LA FAYETTE (Mme de), *Histoire de Mme Henriette d'Angleterre*, éd. Michaud, t. III, Paris, 1839.

LAGUILLE (le P. L.), *Fragments de mémoires sur la vie de Madame la marquise de Maintenon*, éd. Fournier (E.), dans *Variétés historiques et littéraires*, t. VIII, Paris, 1858.

LA PORTE (P. de), *Mémoires*, éd. Michaud et Poujoulat, Paris, 3e série, t. VIII, 1839.

LA ROCHEFOUCAULD, *Œuvres*, éd. Gilbert (D.-L.), 5 vol. Paris, 1868-1883.

LA SERRE (J. Puget de), *Le Portrait de la Reyne*, Paris, 1644.

Lettre du baron de Sainct-Surin à un sien ami dans l'armée du roi, écrit de la citadelle Saint-Martin-de-Ré, ce 10 septembre, Paris, 1627.

LEVENEUR DE TILLIÈRES, *Mémoires inédits*, Paris, 1863.

LOPÈS (H.), *Oraison funèbres de la feue reine Anne d'Autriche, prononcée dans l'église métropolitaine et primatiale Saint-André de Bordeaux*, Bordeaux, 1666.

LORET (J.), *La Muze historique*, éd. Ravenel (J.), La Pelouze (E. de) et Livet (C.-L.), Paris, 1857-1878, 4 vol.

LOUIS XIV, *Mémoires*, éd. Longnon (J.), s.d. [1927].

MAGNIEN (C.), *Panégyrique et oraison funèbre d'Anne d'Autriche*, Paris, 1666.

MAROLLES (M. de), *Mémoires...*, Paris, 1656-1657, 2 vol.

MAZARIN, *Lettres du cardinal Mazarin à la reine, à la princesse palatine, etc., écrites pendant sa retraite hors de France en 1651 et 1652*, éd. Ravenel (J.), Paris, 1836.

MAZARIN, *Lettres du cardinal Mazarin, où l'on voit le Secret de la Négociation de la paix des Pirénées* [éd. d'Allainval], Amsterdam, 1745.

MAZARIN, *Lettres du cardinal Mazarin pendant son ministère*, éd. Chéruel (A.) et d'Avenel (G.), Paris, 1872-1906, 9 vol.

MENESTRIER (Le P. C.-F.), *Les Grâces pleurantes sur le tombeau de la reine très chrétienne Anne d'Autriche*, Grenoble, 1666.

MOLÉ (M.), *Mémoires*, éd. Champollion-Figeac (A.), S.H.F., Paris, 1855-1857, 4 vol.

MONTAGU (William Drogo, duke of Manchester), *Court and Society from Elisabeth to Anne*, Londres, t. II, 1884.

MONTCHAL (C. de), *Mémoires...*, Rotterdam, 1718.

MONTGLAT (F. de), *Mémoires*, éd. Michaud et Poujoulat, 3e série, t. V, 1838.

MONTPENSIER (Mlle de), *Mémoires*, éd. Chéruel (A.), Paris, 1858-1859, 4 vol.

MONTRÉSOR (C. de), *Mémoires*, éd. Michaud et Poujoulat, 3e série, t. III, Paris, 1838.

MONTREUIL (M.), *Lettre de Mathieu de Montreuil, chanoine*

du Mans, contenant une relation de ce qui s'est passé au mariage du roi, éd. Danjou (F.). *Archives curieuses de l'histoire de France*, 2e série, t. VIII, Paris, 1839.

MOREAU (C.), *Bibliographie des mazarinades*, S.H.F., Paris, 1850-1851, 3 vol.

MOREAU (C.), *Choix de mazarinades*, S.H.F., Paris, 1853.

MOTTEVILLE (Mme de), *Mémoires*, éd. Riaux (F.), Paris, 1855, 4 vol.

NAVAILLES (P. de), *Mémoires*, Paris, 1701.

NEMOURS (duchesse de), *Mémoires*, éd. Michaud et Poujoulat, 2e série, t. IX, 1838.

Ordre observé à la séance du roy Louis XIV en son lit de justice [le 18 mai 1643], Poictiers, 1643.

ORLÉANS (Gaston d'), *Mémoires* (attr. à Algay de Martignac), éd. Michaud et Poujoulat, 2e série, t. IX, Paris, 1838.

ORMESSON (O. d'), *Journal...*, éd. Chéruel, t. I (1643-1650), 1860.

PATIN (G.), *Lettres à Charles Spon, médecin à Lyon...*, éd. Réveillé-Parise (J.-A.), t. II, Paris, 1846.

Pièces du procès de Henri de Talleyrand, comte de Chalais, pub. par Laborde (J.-B. de), Londres, 1781.

PLESSIS-PRASLIN (du), *Mémoires des divers emplois et principales actions du maréchal du Plessis*, éd. Michaud et Poujoulat, 3e série, t. VII, Paris, 1839.

PONTIS (L. de), *Mémoires*, éd. Michaud et Poujoulat, 2e série, t. VI, Paris, 1837.

Réception faite à Henriette de France, fille de Henri IV, par la ville d'Amiens, dans *Documents historiques inédits*, pub. par Champollion-Figeac, t. III, Paris, 1847.

Réception royale faite à l'entrée de la reine dans la ville de La Rochelle, avec la harangue à elle faite par le sieur de l'Escale, Paris, 1632.

Récit de la maladie de la reyne, fait le sixième février 1620, Paris.

Récit véritable fait aux reynes par M. de Camp-Rémy, envoyé à Leurs Majestés de la part du roi, de la honteuse retraite des Anglais, Paris, 1628.

Registres de l'Hôtel de Ville de Paris pendant la Fronde, Paris, 2 vol., 1847-1849.

Relation de ce qui s'est passé pendant le séjour du roi à Dijon et depuis qu'il en est parti, jusqu'au 8 avril 1631 (s.l.), 1631 (attr. à Richelieu).

Relation de la sortie du démon Balaam du corps de la mère prieure des Ursulines de Loudun..., Paris, 1635.

RETZ, *Mémoires*, éd. Champollion-Figeac (A.), Paris, 1859.

RICHELIEU, *Journal de M. le Cardinal duc de –, qu'il a faict durant le grand orage de la cour, ès années 1630 jusques à 1664*, éd. Danjou (F.), *Archives curieuses de l'histoire de France*, 2e série, t. V, Paris, 1838.

RICHELIEU, *Journal de M. le Cardinal duc de Richelieu qu'il a faict durant le grand orage de la cour, en l'année 1630 et 1631* (s.l.), 1648.

RICHELIEU, *Lettres, instructions diplomatiques et papiers d'État*, publiés et recueillis par Avenel (L.-M.), Paris, 1853-1877, 8 vol.

RICHELIEU, *Les Papiers de Richelieu*, éd. Crillon (P.), *Monumenta Europae historica*, Paris, t. I (1624-1626), t. II (1627), 1977, t. III (1628), 1979.

RICHELIEU, *Mémoires*, d'après les manuscrits originaux, S.H.F., Paris, 10 vol., 1907-1931.

RICHELIEU (attr. à), *Relation de ce qui s'est passé pendant le séjour du Roy à Dijon, et depuis qu'il en est party, jusqu'au 8 avril 1631* (s.l.), 1631.

RICHELIEU, *Testament politique*, éd. André (L.), Paris, 1947.

RODRIGUEZ VILLA (A.), *Cartas autografas de Felipe III a su hija Dona Ana, reina de Francia*, dans *Revista de Archivos, Bibliotecas y Museos*, 3a epoca, t. I, Madrid, 1897.

SAINT-SIMON, *Mémoires*, éd. Boislile (A. de), G.E.F., Paris, 1879-1928, 4 vol.

SENAULT (le P. J.-F.), *Oraison funèbre d'Anne d'Autriche*, Paris, 1666.

SERRONY (H.), *Oraison funèbre d'Anne d'Autriche*, dans *Collection des procès-verbaux des Assemblées du Clergé de France*, t. IV.

SEVIGNÉ (Chevalier de), *Correspondance*, éd. Lemoine (J.) et Saulnier (F.), S.H.F., Paris, 1911.

SIRI (V.), *Il Mercurio...*, 1644-1682, 15 tomes en 17 vol. (s.l.n.d.).

SIRI (V.), *Memorie recondite*, Lyon, 1679, 8 vol.

SOCARD (E.), *Supplément à la bibliographie des mazarinades*, Paris, 1876.

SUFFREN (le P.), *Véritable récit de ce qui s'est passé en la maladie du roi en la ville de Lyon*, éd. Danjou (F.), *Archives curieuses de l'histoire de France*, 2e série, t. V, Paris, 1838.

TALLEMANT DES REAUX, *Historiettes*, éd. Adam (A.), Paris, 1960-1961, 2 vol.

TALON (O. et D.), *Œuvres*, éd. Rives (D.), Paris, 1821, 6 vol.

VALLIER (J.), *Journal*, éd. Courteault (H.) et de Vaissière (L.), S.H.F., 1902-1918, 4 vol.

VINEUIL (Ardier de), *Lettres à M. d'Humières sur la conspiration de Cinq-Mars*, éd. Fournier, *Variétés historiques et littéraires*, t. VIII, Paris, 1857.

Vœu de la reine à Notre-Dame de la Paix, de l'imprimerie de Gaillon, 1643.

WALCKENAER (Ch.-A.), *Mémoires touchant la vie et les écrits de Marie de Rabutin-Chantal, dame de Bourbilly, marquise de Sévigné*, t. III, Paris, 1845.

OUVRAGES CONSULTÉS

ADAM (A.), *Histoire de la littérature française au XVIIe siècle*, Paris, 1948-1956, 5 vol.

ADAM (A.), *Théophile de Viau et la libre pensée française en 1620*, Paris, 1936.

AULANIER (C.), *La Petite Galerie, appartement d'Anne d'Autriche, salles romaines*, Paris, 1955.

AUMALE (duc d'), *Histoire des princes de Condé pendant les XVIe et XVIIe siècles*, Paris, 1889-1896, 7 vol.

AVENEL (G. d'), *Le Dernier Épisode de la vie du cardinal de Richelieu. Louis XIII, Cinq-Mars, Aug. de Thou*... (Extrait de la *Revue des Questions historiques*), Paris, 1868.

BADALO-DULONG (C., l'auteur), *Banquier du roi, Barthélemy Hervart 1606-1676*, Paris, 1951.

BASCHET (A.), *Histoire secrète du mariage de Louis XIII et d'Anne d'Autriche. Le Roi chez la Reine*, Paris, 1933.

BATIFFOL (L.), *La Duchesse de Chevreuse*, Paris, 1927.

BATIFFOL (L.), *Le Roi Louis XIII à vingt ans*, Paris, 1910.

BATIFFOL (L.), *Richelieu et le roi Louis XIII*, Paris, 1934.

Bibliothèque d'un humaniste, catalogue de vente E. Ader, 5-6 décembre 1966, éd. Blaizot (G.) et Scheler (L.) (une étude sur l'S fermé).

BONDOIS (P.-M.), *L'Affaire du Val-de-Grâce (août 1637)*, dans *Bibliothèque de l'École des Chartes*, t. LXXXIII, janvier-juin 1922.

BOURELLY (J.), *Le Maréchal de Fabert (1599-1662)*, Paris, 1879-1881, 2 vol.

BOUTEILLER (E. de), *Le Maréchal de Fabert d'après ses mémoires et sa correspondance inédite*, Tours, 1873.

CAPEFIGUE (J.B.H.R.), *Anne d'Autriche, reine régente*, Paris, 1861.

CAPEFIGUE (J.B.H.R.), *Richelieu, Mazarin, la Fronde et le règne de Louis XIV*, Paris, 1844, 2 vol. (Ces deux ouvrages contiennent des extraits des archives de Simancas.)

CARRÉ (H.), *Henriette de France*, Paris, 1947.

CHANTELAUZE (R. de), *Le Cardinal de Retz et l'affaire du chapeau*, Paris, 1878, 2 vol.

CHANTELAUZE (R. de), *Louis XIV et Marie Mancini* d'après de nouveaux documents, Paris, 1880.

CHÉRUEL (A.), *Histoire de France pendant la minorité de Louis XIV*, Paris, 1879-1880, 4 vol.

CHÉRUEL (A.), *Histoire de France sous le ministère de Mazarin (1651-1661)*, Paris, 1882, 3 vol.

CHEVALLIER (P.), *Louis XIII*, Paris, 1979.

CONSTANTIN (C.), *Anne d'Autriche* dans *Dictionnaire d'histoire et de géographie ecclésiastique*, t. I, col. 319-323.

COSTE (P.), *Le Grand Saint du Grand Siècle, Monsieur Vincent*, Paris, 1931, 3 vol.

COUSIN (V.), *Jacqueline Pascal*, Paris, 1869.

COUSIN (V.), *Mme de Chevreuse*, Paris, 1876.

COUSIN (V.), *Mme de Hautefort*, Paris, 1868.

DARRICAU (R.), *L'Action charitable d'une reine de France : Anne d'Autriche*, dans XVIIe *siècle*, année 1971, n° 90-91, pp. 111-125.

DARRICAU (R.), *Contribution à l'historiographie d'Anne d'Autriche : Oraison funèbre de la reine, prononcée au Val-de-Grâce, le 9 février 1666 par Guillaume Le Boux, évêque de Dax*, dans *Bulletin de la Société de Borda*, 1966, pp. 15-34, 141-154.

DARRICAU (R.), *Guillaume Millet de Jeure, confident de Mazarin (1620-1690)*, dans *Bulletin philologique et historique jusqu'à 1715*, du *Comité des travaux historiques et scientifiques*, année 1957, pp. 351-387.

DARRICAU (R.) et LAURAIN (M.), *La Mort du cardinal Mazarin*, extr. de l'*Annuaire-Bulletin de la Société de l'histoire de France*, 1960, pp. 58-120.

DEPPING (G.), *Le Chevalier de Jars, son histoire, son procès (1633)*, Paris, 1881.

DEPPING (G.), *Une victime de Richelieu, la Mise du Fargis*, Paris, 1894.

DETHAN (G.), *Gaston d'Orléans, conspirateur et prince charmant*, Paris, 1959.

DETHAN (G.), *Mazarin et ses amis..., étude sur la jeunesse du Cardinal d'après ses papiers conservés aux archives du Quai d'Orsay*, suivi d'un *Choix de lettres inédites*, Paris, 1968.

DETHAN (G.), *Recherches nouvelles sur la personnalité de Mazarin* (extr. de *Revue des travaux de l'Académie des Sciences morales et politiques*, 1er semestre 1969, pp. 203-210).
DULONG (C.), *Mazarin et ses banquiers*, dans *Il Cardinale Mazzarino in Francia*, Accademia nazoniale dei Lincei, Roma, 1977.
FRANKLIN (A.), *La Cour de France et l'assassinat du maréchal d'Ancre*, Paris, 1914 (contient la « Relation exacte de tout ce qui s'est passé à la mort du maréchal... », attr. à Chaulnes).
GRIFFET (le P. H.), *Histoire du règne de Louis XIII*, Paris, 1758, 3 vol.
GUILLOT (G.), *Le Cœur d'Anne d'Autriche et le Val-de-Grâce*, dans *Revue Mabillon*, 1905, pp. 211-272, 307-320.
HAUTECŒUR (L.), *Le Louvre et les Tuileries de Louis XIV*, Paris et Bruxelles, 1927.
HAYEM (F.), *Le Maréchal d'Ancre et Léonora Galigaï*, Paris, 1910.
HENKEL (A.) et SHÖNE (A.), *Emblemata, Handbuch zur Sinnbildkunst des XVIe und XVIIe Jahrhunderts*, Stuttgart, 1967-1976, 2 vol.
HOBSON (G.D.), *Les Reliures à la fanfare et le problème de l'S fermé*, Amsterdam, 1970.
LABORDE (L. de), *Le Palais Mazarin*, dans *De l'Organisation des bibliothèques dans Paris*, Paris, 1845-1846.
LAURAIN-PORTEMER (M.), *La Politique artistique de Mazarin* dans *Il Cardinale Mazzarino in Francia*, Accademia nazionale dei Lincei, Roma, 1977.
LAURAIN-PORTEMER (M.), *Le Statut de Mazarin dans l'Église*, dans *Bibliothèque de l'École des Chartes*, t. CXXVII, 1969, pp. 1-64 et t. CXXVIII, 1970, pp. 65-140.
LAURAIN-PORTEMER (M.), *Mazarin militant de l'art baroque au temps de Richelieu (1634-1642)*, dans *Bulletin de la Société de l'Histoire de l'art français*, année 1975, pp. 65-100.
LEDOS (G.), *Anne d'Autriche*, dans *Dictionnaire de biographie française*, t. II, col. 1309-1320.
LONGPÉRIER (A. de), *De l'S barré de Henri IV*, dans *Revue numismatique*, t. I, 1856, pp. 268-276.
MAURICHEAU-BEAUPRÉ (C.), *L'Art au XVIIe siècle en France*, Première Période 1594-1661, Paris, 1946.
Mazarin, homme d'État et collectionneur 1602-1661, Exposition organisée pour le troisième centenaire de sa mort,

Bibliothèque nationale, Paris, 1961 (notices de Mme M. Laurain-Portemer).

MENESTRIER (Le P. C.-F.), *La Philosophie des images*, Paris, 1682-1683.

MIGNOT (C.), *L'Église du Val-de-Grâce au faubourg Saint-Jacques de Paris, Architecture et décor (nouveaux documents 1645-1667)*, dans *Bulletin de la Société de l'Histoire de l'art français*, 1975, pp. 101-136.

MOUSNIER (R.), *Paris capitale au temps de Richelieu et de Mazarin*, Paris, 1978.

PAPON (L.), *Œuvres...*, éditées par M.N. Yemeniz, précédées d'une notice par Guy de la Grye [R. de Chantelauze], Lyon, 1857, 2 vol.

PAPON (L.), *Supplément aux œuvres du chanoine Loys Papon*, Lyon, 1860.

PERRENS (F.-T.), *Les Mariages espagnols sous le règne de Henri IV et la régence de Marie de Médicis, 1603-1615*, Paris, 1869.

PRAZ (M.), *Studies in Seventeenth Century Imagery*, Rome, 1964.

PRIORATO (G.), *Istoria del ministerio del cardinale Mazarini*, Cologne, 1669.

PRIORATO (G.), *Vita e condizioni del cardinale Mazarini*, Cologne, 1662.

ROCHEMONTEIX (Le P. C. de), *Nicolas Caussin, confesseur de Louis XIII et le cardinal de Richelieu*, Paris, 1911.

SALVINI (J.), *Anne d'Autriche et sainte Radegonde, aperçus sur la vie sipirituelle d'Anne d'Autriche*, dans *Bulletin de la Société des Antiquaires de l'Ouest*, 1963-1964, pp. 331-343.

TABOUROT (E.), *Les Bigarrures et Touches du seigneur des Accordz*, Paris, 1648.

TAPIÉ (V.-L.), *La France de Louis XIII et de Richelieu*, Paris, 1966.

VAISSIÈRE (P. de), *Conjuration de Cinq-Mars*, Paris, 1928.

VAULTHIER (G.), *Anne d'Autriche et l'église du Val-de-Grâce*, dans *Mélanges Guiffrey*, Archives de l'art français, t. VIII, 1916.

VAUNOIS (L.), *Vie de Louis XIII*, Paris, 1961.

VERNADEAU (P.), *Le Médecin de la reyne*, Paris, 1934.

INDEX DES NOMS DE PERSONNES [1]

1. On trouvera dans cet index tous les noms des personnages historiques et de fiction (de l'époque), contenus dans le texte, l'appendice et les notes, à l'exclusion de ceux qui reviennent à toutes les pages ou à peu près, soit Anne d'Autriche, Louis XIII, Marie de Médicis, Louis XIV, Richelieu, Mazarin.

DU MÊME AUTEUR

Chez d'autres éditeurs

BANQUIER DU ROI. *Barthélémy Hervart 1606-1676,* Ségur, 1951.

TRENTE ANS DE DIPLOMATIE FRANÇAISE EN ALLEMAGNE. *Louis XIV et l'Électeur de Mayence (1648-1678),* Éditions d'histoire et d'art, Plon, 1956.

ASIE JAUNE, ASIE ROUGE, Flammarion, 1958.

L'AMOUR AU XVIIe, Hachette, 1969.

LA VIE QUOTIDIENNE À L'ÉLYSÉE AU TEMPS DE CHARLES DE GAULLE, Hachette, 1974.

LA VIE QUOTIDIENNE DES FEMMES AU GRAND SIÈCLE, Hachette, 1984.

En collaboration avec Alfred Fabre-Luce :

UN AMOUR DÉCHIFFRÉ. *La Rochefoucauld et Mme de La Fayette,* Grasset, 1951.

Impression Brodard et Taupin
à La Flèche (Sarthe),
le 14 octobre 1985.
Dépôt légal : octobre 1985.
Numéro d'imprimeur : 6921-5.
ISBN 2-07-032315-3 / Imprimé en France

36686